KB140493

문화와 역사를 담다
013

중국
과학기술계의
별들을 담다

匠心——走近中國院士

李舒亚 著

Copyright © 2017 by Anhui People´s Publishing House.

Korean Translation Copyright © 2020 by Minsokwon Korea

Korean edition is published by arrangement with Anhui People´s Publishing House.

All rights reserved.

이 책의 한국어판 출판권은

Anhui People´s Publishing House와의 독점 계약으로 민속원에 있습니다.

저작권법에 의해 한국 내에서 보호를 받는 저작물이므로 민속원과 협의 없이 무단전재와 무단복제를 금합니다.

불후의 업적을 남긴
원사 32인의 장인정신

리슈야李舒亞 지음 | 탕쿤 · 신진호 옮김

중국 과학기술계의
별들을 담다

민속원

"중국 과학원 원사, 중국 공정원 원사는 중국 과학 학술계, 공정 기술계의 뛰어난 대표로서, 나라의 재산이자 국민의 자랑이며 민족의 영광이다."

이것은 시진핑 주석이 양 원의 원사에 부여한 높은 긍정이자 평가이다.

오늘날의 중국은 선저우에 사람을 싣고, 교룡이 잠수를 하며, 창어가 달을 탐사하고, '랴오닝'호가 바다를 순시하며, 고속철도가 수출되는 등 모든 성과들이 찬란하게 빛나는 구슬들에는 양 원 원사들의 힘든 고생들이 집약되어 있다. 그들 각자는 비록 하나 또는 여러 학과의 일원에 불과하지만 한 방울 한 방울 창조적 물방울이었고, 한 송이 한 송이 과학기술의 꽃으로서 힘든 탐색과 굽히지 않는 장인정   신의 결과물이었다. 당대 중국 과학자의 걸출한 대표로서 그들은 우주항공, 컴퓨터, 수학, 의학, 생명과학, 농업, 공업, 건축 등 여러 분야에서 많은 열매를 만들어 냈으며, 중국과 세계에 수많은 과학기술의 창조적 성과에 공헌하였고, 세계문명의 발전에 커다란 영향을 미쳤다. 그들의 인생 역정은 시대의 창조 정신을 두드러지게 보여주었고, 가장 귀중한 장인정신을 실천하였다. 바로 이런 수많은 구슬과 꽃이 엄청난 역량으로 모여 중국이라는 거대한 배를 움직일 수 있었던 것이다.

　장인정신이라고 하면 사람들은 전통적인 목공기술과 고궁의 누각을 떠올리거나, 현대 제조업에서의 정밀함을 추구하는 기술적 연마를 떠올리곤 한다. 이런 분야에 장인정신이 포함되는 것은 맞다. 그렇다면 당대 중국 과학자들이 마찬가지로 '기술자 정신'을 가지고 있는가? 기술자들은 그들의 일상적인 작업 과정에서 조금이라도 적당히 할 수는 없다. 조금의 나태함이 허용되지 않는 것이다. 연구소에서 실험 기지에서, 필드에서의 탐사과정에서 과학자들은 마찬가지로 이런 정신이 필요한 것은 아닌가? 과학연구는 매우 파편적이고, 건조하며, 때로는 순조롭게 진행되지 않고, 좌절을 안겨주기 때문에 사람들을 괴롭게 하고 위축시키기도 한다. 이런 상황에서 연구와 실험을 잘 하려면 이런 좋지 않은 정서를 극복해서 이겨내야 하고, 고독을 참아내고 적막함을 이겨내며 포기하지 않는 정신을 가져야 한다. 이를 통해 자신의 연구과제와 실험 프로젝트를 이뤄내야 한다. 작업의 모습으로 보자면, 이런 과학자들과 기술자들은 얼마나 큰 차이가 있을까? 신중국 수립 68년간

과학기술 분야에서 중국은 세계가 놀랄만한 성과를 이뤄냈다.

　이 책은 중국 과학기술 발전에 커다란 공헌을 하고, 국제적 지명도가 있는 원사들 32명을 골라 인물 전기를 쓰는 방법으로 이들 원사들이 인생 역정을 기록하였다.

　장인정신은 적막함을 참아내고, 유혹을 이겨내며 고생을 참아내는 것이다! "평범하지 않은 공은 평범하지 않은 사람 몫이다." 물질적인 유혹에 대해서 초심을 잃지 않고, 신념을 지켜나갈 수 있는가? 소란스러움 속에서 차분함을 유지하고 숨겨진 비밀을 탐색해 나가는 장인정신을 유지해 나갈 수 있는가? 장인정신은 사상해방이자 대담한 창조이며 대담하게 올라가는 것이다. 여러 가지 의문에 대해서 정상적이지 않은 길을 걸어 불가능을 가능으로 바꾸어 놓을 수 있는가? 무수한 실패 앞에서 포기하지 않고 끝까지 날카로움을 유지할 수 있는가? 과학연구 환경이 갈수록 좋아지는 오늘날 32명 원사의 고귀한 품성은 우리들에게 매우 훌륭한 거울이 된다.

　그들이 대표하는 것은 일종의 시대정신이다. 또한 새로운 젊은 세대에게 영향을 미친다. 더욱 많은 일반 독자들이 원사에게 다가가, 그들을 이해하고 그들로부터 배움으로써 시대에 부끄럽지 않은 업적을 창조해 나가기를 진심으로 바란다.

중국 과학원 문련 주석 궈위에팡郭日方

차 례

01

陳和生
천허성

입자에 우주를

———

1946~
입자물리학자, 중국 과학원 원사

"입자는 현재 인류가 물질을 인식하는 최소 구성단위이다. 입자물리학자들은 입자 연구를 통해 더 많은 우주의 오묘한 비밀을 제시한다."
"기초 학문은 인간의 생활과 멀리 떨어져 있는 것처럼 보인다. 하지만 20세기의 많은 새로운 기술은 물리학에서 나온 것이다."

陳和生
천허성

입자에
우주를
—

어느 면으로 보나 천허성은 사람들이 생각하는 과학자 이미지에 부합한다.

커다란 몸집에 그는 두꺼운 안경을 쓰고 있다. 어린 시절에 그는 공부를 열심히 했고, 성적이 우수한 학생이었다. 성장하고 나서 그는 게으름을 피우지 않는 과학자였다. 별다른 취미도 없었다. 시간이 없었기 때문이다. 직접 경험한 것을 말하기도 했지만, 그도 구체적인 장면과 이야기를 묘사하지 않고 추상적인 결론을 내리는 경향이 있다. 카메라 렌즈 앞에서 그는 우물쭈물하면서 어떤 자세를 취해야 할지를 몰라 했다. 그런데 일단 입자 물리와 우주의 비밀을 말하기 시작하자 그는 금방 긴장이 풀려 넘치는 손동작과 함께 웃으면서 얘기하기 시작했다.

그는 어린 나이에 베이징대학 물리학과를 졸업하고 노벨 물리학상 수상자 딩자오종丁肇中에게서 배웠다. 미국 MIT에서 박사학위를 받은 후 귀국하여 신중국이 자체적으로 길러낸 첫 번째 포스트 닥터가 되었다. 그는 중국 과학원 고에너지 물리 연구소 소장을 역임하였다. 국제 첨단 입자 물리학 연

014   중국 과학기술계의 별들을 담다

구에 힘을 쏟고 있으며, 당대 중국에서 가장 뛰어난 입자 물리학자 가운데 한 명이다.

하늘 입자

퍼즐을 완성하는 마지막 한 조각

2012년 7월 4일 유럽 입자 물리학 연구소CERN가 '신의 입자'를 발견했다는 뉴스가 세계 과학계를 술렁이게 했다. 이것은 우주에 대한 인류의 이해에 큰 변화를 가져올 것이기 때문이었다.

"신의 입자를 탐색하는 과정에서 중국 과학자는 전 과정에 참여하였다." 유럽 입자 물리학 연구소의 여러 항목에 걸친 연구에 참여한 과학자로서 천허성은 자부심을 느꼈다.

이른바 '신의 입자', 물리학에서의 표준 명칭은 '힉스 입자'이다. 매우 중요하지만 발견하기가 매우 어렵기 때문에 '신의 입자'라는 별명을 얻었다. 왜 그것이 그렇게도 중요한가? 물리학의 20세기 3차 도약으로부터 말해야 한다고 천허성은 설명한다.

인류는 원자가 원자핵과 전자로 구성되었음을 발견하였고, 원자 물리학이 형성되었다. 또 원자핵은 양자와 중성자로 구성되었음을 발견하고 원자핵물리학이 형성되었다. 마지막으로 양자와 중성자가 더 작고 기본적인 입자로 구성되었음을 밝히고 입자물리학이 형성되었다.

오랜 기간의 연구와 탐색을 거쳐 과학자들은 입자 물리의 '표준 모형'을 세웠다. 기본 입자를 세 종류, 즉 쿼크, 렙톤, 중력자로 나누고, 알려진 모든 입자에 대해 정확하게 분류하여 새로운 입자가 존재할 것이라고 예상하였다. 이런 새로운 입자 중에서 중력자를 제외하고 그 나머지는 모두 실험을 통해 발견되었다. 그리고 '표준 모형'에서 중력자는 물질 질량의 근원이 되고, 그 나머지 입자는 그로 구성되는 '바다'에서 떠다니며, 그 작용과 함께 질량을 생산하고, 나아가 넓은 세상을 이룬다는 것이다. 노벨상 수상자 주리앙 라이더만이 그것을 '우주 교향곡을 지휘하는 입자'라고 그것을 형상화하여 말한 적이 있다. 하지만 가장 관건이 되는 힉스 입자가 계속 발견되지 않으면서 미시적 차원의 물질 구성 퍼즐에서 마지막으로 빠져 있는 한 조각으로 남았다.

힉스 입자는 찾기가 매우 어려워 수없이 많은 실험을 진행해야만 하나를 만들어 낼 수 있으며, 신호도 미약하고 수명도 매우 짧다. 그 질량의 크기에 대해서 표준 모형은 예상이 없다. 그것을 찾아내기 위해서 전 세계의 물리학자들은 근 반세기를 노력하였다.

유럽 입자 물리학 연구소는 현재 유럽에서 그 규모가 가장 큰 입자 물리학 실험실이다. 스위스 제네바에 위치해 있으며, 유럽에 20개국의 회원국이 있고, 중국, 미국, 일본 등 다른 대륙의 국가들이 회원국으로 참여하고 있어, 국제합작의 모범이 되고 있다. 천허성은 다음과 같이 소개한다. "'신의 입자'를 찾아내는 데 필요한 자금, 인력, 물자, 기술은 이미 한 단일 국가의 부담 능력을 넘어섰다. 따라서 국제합작은 입자 물리학 연구의 유일한 선택이다. 중국 과학자들은 측량, 운행, 데이터 분석 등에서 중요한 공헌을 하고 있다."

'하늘 입자'를 찾아낸 거대 강입자 가속기LHC는 현재 세계에서 규모가 가장 크고 용량이 가장 큰 입자 가속기이다. 1994년에 설계되어 2008년 완성되었고, 백억 달러가 소요되었으며, 각국에서 공동으로 건조되어 전 인류의 물질세계탐색의 공동 이상을 떠안게 되었다. 유럽 입자 물리학 연구소는 CMS와 ATLAS 두 실험 팀을 조직하여 각각 힉스 입자를 탐색하였다. 이는 인류 역사 이래 가장 많은 투자와 최대 규모, 그리고 연구에 참여한 인원수와 국가가 가장 많은 실험이었다. 2012년 7월 4일, CMS와 ATLAS 두 팀은 힉스 입자의 새로운 입자를 발견했다고 동시에 발표함으로써 전 세계를 떠들썩하게 했다.

그렇다면 인류는 정말 '신의 입자'를 찾아낸 것일까?

과학자들이 반 년간에 걸친 정확한 논증을 진행한 뒤에 2013년 3월, 유럽 입자물리학 연구소는 예전에 찾아냈던 새로운 입자가 바로 힉스 입자라는 사실을 정식으로 선포하였다. 같은 해 10월, 중력자가 존재한다고 각각 예언했던 두 물리학자, 프랑수와 엥글레르와 피터 힉스는 노벨 물리학상을 받았다. 이에 대해 천허성은 "전 세계 물리학자들이 오랫동안 기다려온 바람이 두 과학자에게 돌아갔다."고 하였다.

물리학자로의 성장

물리, 즉 물질의 관리에 관하여 천허성은 일생 빠져 있었다. 1946년 후베이 우한武漢에서 태어났다. 비록 옛 중국에서 태어났지만 붉은 깃발 아래에서 성장하면서, 어려서부터 공부하는 것을 좋아했다. 고등학교 1학년 때에 아인슈타인이 쓴 〈물리학의 진화〉를 구해 흥미진진하게 읽었고, 이때부터 물리에 대한 흥미를 가지게 되었다.

1964년에 중국의 첫 번째 원자탄 폭발이 이루어졌을 당시에 18세이던 천화성은 후베이시 대학 입시에서 물리 과목 수석을 차지해 베이징대학 기술물리학과 핵물리 전공으로 입학하였다. 6년 학제였다. 하지만 조용히 공부한 지 2년도 채 되지 않아 '문화대혁명'의 바람이 전국을 휩쓸었고, 천허성은 형세에 밀려 약간의 '활동'에 참가하지 않을 수 없었다. 하지만 공부를 할 기회를 계속 찾고 있었고, 그 결과 '문혁 중 손에서 온종일 책만 붙잡고 있는 천 아무개'라고 쓴 대자보에 이름이 올라가게 되었다.

졸업 후에 천허성은 허난 신양의 해방군 농장으로 배치되어 노동하게 되었고, 2년 후에는 후베이 사시 삼중에서 교편을 잡았다가 후에 다시 우한의 한 공장으로 파견되기도 하였다. 그는 이 당시 경험을 '중국의 상황과 현실에 대해 더욱 깊이 있게 인식할 수 있게 해주었다.'고 묘사하였다. 어디를 가든지 그는 전공 책을 가지고 갔고, 적시에 외국 과학잡지를 구독해서 읽었다. 저녁에 한가한 틈을 이용해서 '본래 대학에서 배워야 할 것'을 공부하였다.

굽이굽이 돌아가기는 했지만 많은 사람이 보기에 천허성은 여전히 행운아였다. 그는 명문대학을 졸업하였고, 1978년에 중국이 다시 대학원생 모집을 시작하자 중국 과학원 고에너지 물리연구소에 입학하였고, 후에 선발되어 출국, 노벨상 수상자 딩자오중이 운영하는 독일 함부르크 실험실에서 방문학자로 지냈으며 1년 후에 딩자오중을 따라 미국 MIT에서 박사과정에 입학하였다. 1984년 9월, 덩사오핑이 딩자오중을 면담하고, 중국 자체의 포스트 닥터를 배양하는 문제를 토론한 후에, 딩자오중은 MIT에서 포닥 과정을 밟고 있던 천허성을 고에너지 물리연구소로 돌아오도록 추천하였다. 이렇게 해서 천허성은 신중국에서 자체적으로 길러낸 첫 번째 포스트 닥터가 되었다.

하지만 천허성도 나름의 고충이 있었다. '문혁'으로 인해 그는 황금 시기에 편안한 마음으로 공부하고 연구에 몰두할 수가 없었다. 그가 MIT에서 박사학위를 받을 당시에는 이미 38세였다. 따라서 당시에 천허성이 처음 독일에 갔을 때, 이국 풍경을 느낄 사이도 없이 그 이튿날 작업에 투입되었다. 함부르크에 도착한 뒤 2개월 동안 천허성은 실험실에서 장기적으로 미해결 과제로 남아 있던 국제적 난제를 해결하여 사람들이 그를 다시 보게 했다. 그는 주말에도 쉬는 일이 거의 없이 매일 새벽까지 일했다. 그는 자신의 부

❶ 1984년 5월, 미국 MIT에서 박사학위를 취득한 후, 딩자오중과 축하 모임을 가졌다.
❷ 1996년, 알파 자기 스펙트럼계의 대형 영구 자석에서의 천허성

지런한 노력과 착실함이 여러 학생들 가운데 자신을 미국 유학을 보내게 된 중요한 원인 가운데 하나가 되었다고 생각한다.

딩자오중은 물리학계에서 이름난 엄한 스승이었다. 모두가 알고 있듯이, 딩자오중 곁에서 일하는 것은 쉬운 일이 아니다. 심지어 고역이었다. 하지만 천허성은 불평하지 않았다. 그의 머릿속을 가득 채운 것은 '쉽지 않은 학습 기회를 잘 잡아야 한다.'는 것이었다. MIT에서 그는 다른 사람들이 3년 걸려야 마칠 수 있는 박사과정과 시험을 13개월 만에 끝냈다. 그는 학업에 몰두했고, 그 결과 MIT에서 지낸 지 1년여 만에 미국에 대한 인상에 관해 질문을 받았을 때 여전히 멍한 표정으로 "생각해 보지 않았습니다. 제시간은 전부 공부하는 데 쓰고 있습니다."라고 대답할 뿐이었다.

천허성의 판단으로는, 딩자오중 선생이 그에게 미친 가장 큰 영향은 과학 연구 방법을 엄격하게 가르쳐 주었다는 것이다. '발표하는 물리 연구성과에 조금이라도 착오가 있어서는 안 된다'는 것이었다. 또 그가 국제적으

로 가장 이슈가 되는 물리학 과제를 접할 수 있도록 해주었다는 점이다.

천허성이 보기에, 과학 연구의 가장 중요한 관건은 사실상 세 가지이다. 문제를 분석하고, 문제를 해결하고, 마지막으로 정확한 판단을 내리는 것이다. 문제 분석과 문제해결 능력을 어떻게 단련할 것인가에 대해서, 그는 끊임없는 실천이 유일한 방법이라고 생각한다. 그 밖에 약간의 천재성이 필요할지도 모른다고 생각한다.

천허성이 귀국하자, 딩자오중이 그에게 고성능 컴퓨터를 보내주었다. 계산능력은 당시 고에너지 연구소에서 가장 좋은 컴퓨터를 능가하였다. 자신에 대한 은사의 관심, 또 중국 고에너지 물리학 발전에 대한 지지를 천허성은 지금까지도 잊지 않고 있다.

1998년에 천허성의 주도하여 연구 제작한 대형 영자체로 말미암아 몇십 년간 대형 자체를 외층 공간으로 보내 운행할 수 없는 세계적 수준의 기술적 난제를 해결하였다. 아울러 알파 자기 스펙스트럼계의 핵심 부분으로서 미국 디스커버리 우주선에 실어 성공적으로 우주에 진입함으로써 인류가 우주에 보낸 최초의 대형 자체가 되었다.

그로부터 13년 뒤인 2011년, 알파 자기 스펙트럼계는 국제 정류장에 진입하여 암흑물질과 반물질을 포함한 우주의 특이 물질을 탐색하는 데 사용되었다. 이 프로젝트는 인류의 유전자 계획, 국제 정류장 계획, 대형 입자 가속기 계획을 잇는 또 하나의 대형 국제 과학기술 합작 프로젝트이다.

"이것은 인류가 처음으로 바깥 공간에서 입자 물리 실험을 전개하여 암흑물질과 반反물질을 찾아 나선 것이다." 이 '최초'에 대해서 천허성도 기대가 크다. 천허성은 말한다. "현재 물리학 이론이 인지할 수 있는 물질은 우주를 구성하고 있는 물질의 4%밖에 안 된다. 그 나머지 96%는 암흑물질과 반물질로서, 현재의 물리학이 설명하지 못한다. 이것은 21세기 물리학이 당면한 가장 큰 도전이다."

고에너지 물리연구소와 더불어 성장

중국과학원 고에너지 물리연구소 건물 로비 한쪽 벽에는 1972년 9월 11일 저우언라이周恩來 총리의 지시문이 새겨져 있다. '이 일은 더 늦출 수 없다.' '이 일'이 가리키는 것은 바로 중국 자체의 고에너지 물리연구기관을 세우는 것이다.

고에너지 물리는 사실 입자 물리이다. 왜냐하면 과거의 입자 연구 방법은 주로 고에너지 가속기를 통해서 이루어졌기 때문에 고에너지 물리라고도 불리기 때문이다. 하지만 지금은 비가속기 물리 실험을 포함한다. 따라서 입자 물리의 논법은 보다 정확해졌다. 하지만 기관의 명칭으로서 그 역사적 발자취는 쉽게 바뀔 수 있는 것이 아니며, 외국도 마찬가지이다. 따라서 고에너지 물리연구소의 이름은 지금까지 남아 있다고 천허성은 설명했다.

1973년에 중국 과학원 고에너지 물리연구소가 설립되었다. 1988년에 천허성과 동료들은 베이징 양전자 충돌기BEPC 충돌에 성공하였고, 중국은 마침내 가장 선진적인 미시 세계의 물질을 연구하는 무기를 얻게 되었다. 세계 8대 가속기 센터 가운데 하나가 되는 순간이었다. 이는 중국 과학기술 발전사에서 중요한 이정표가 되었다. 덩샤오핑은 베이징 정부 전자 충돌기를 참관할 당시에 "중국은 반드시 세계 과학기술 분야에서 한 자리를 차지해야 한다."고 말했다. 이 말은 고에너지 연구소 건물 로비 한쪽 벽면에 새겨졌다.

1998년에 천허성은 고에너지 물리연구소 소장을 맡아, 중국 고에너지 물리 발전 전략을 주도적으로 제정하였고, 고에너지 물리연구소 학문 발전 방향을 조정하였다.

❶ ❷

❶ 1998년 6월, 알파 마그네틱 스펙트럼계가 처음으로 우주로 올라갔을 당시의 천허성과 우주센터장 요한슨
❷ 2005년 12월, 베이징의 마그네틱 스펙스텀계 III 탐측기 건설 현장에서

　　이어지는 10여 년간 그는 국제 입자 물리의 최신 발전과 결합하여 비가속기 물리실험 연구를 가속하였다. 입자 천체 물리실험, 우주선 관측 실험 등은 새로운 입자를 발견하였고, 세계 일류의 과학 기술 성과를 이뤄냈다. 동시에 그는 고에너지 물리연구소를 이끌고 국제합작을 강화하여 일련의 탁월한 성과를 이뤄냈다. 또 다른 면에서 그는 베이징 양전자 충돌기의 중대한 개조 프로젝트(BEPC 2)를 주관하여 고에너지 가속기 성능을 100배 가까이 향상시켜 국제적으로 가장 선진적인 쌍환 충돌기 가운데 하나가 되게 하였다.

　　개조 프로젝트는 5년이 걸렸고, 6억 4천만 위안이 들었다. 이에 대해 천허성은 팀에게 "절대로 세금 낸 사람들의 돈을 헛되게 써서는 안 된다.'는 것을 강조하였다. 정부 양전자 충돌기는 인류가 현미경 물질 구조를 연구하는 데 쓰는 도구로서, 마치 세포에 있어서 현미경과 같은 존재이다. 성능이 보다 좋은 충돌기가 있으면 물질에 관한 새로운 발견이 가능한 것이다. 예를 들어

　　　　　　　　　　　　　　　　　　　중국 과학기술계의 별들을 담다

SARS 퇴치 기간에 칭화대학과 중국과학원 생물 물리 연구소의 과학자들은 베이징 양전자 충돌기 합작으로 SARS 병균 단백질 구조를 연구하였다. 미래에 고에너지 연구소에서는 베이징에 더욱 크고 성능이 더 좋은 기자재를 마련하여 여러 학문이 날로 발전해 가는 요구를 만족시킬 것이라고 말했다.

현재 천허성은 중국 입자 물리학자 가운데 선두라고 평가받는다. 또한 그의 연구 논문은 피인용지수가 가장 높은 중국 과학자 가운데 한 사람이기도 하다. 2005년에 그는 중국 과학원 원사로 선발되었고, 2011년 연말에 고에너지 물리연구소 소장 직무를 내려놓았다. 하지만 여전히 베이징 양전자 충돌기 국가 실험실 주임을 맡아 중국 산업 에너지 공정 건설을 책임지고 일련의 연구작업을 이끌고 있다.

천허성이 보기에 물리학은 자연의 오묘한 비밀을 탐색하는 흥미진진한 기초 학문이다. 그는 말한다. "기초 학문은 인간의 생활과 멀리 떨어져 있는 것처럼 보인다. 하지만 20세기의 많은 새로운 기술은 물리학에서 나온 것이다. 예를 들어, 원자력, 반도체, TV, 컴퓨터, 레이저, 핸드폰 등은 인류에게 많은 영향을 미쳤다. 최초의 인터넷 또한 입자 물리학자들의 데이터 공유의 필요에 의해서 발명된 것이다."

천허성이 약간 우려하고 유감스럽게 생각하는 것은, 과거에는 공부 잘하는 학생들이 과학자가 되고 싶어 하여 물리를 앞다투어 공부했는데, 지금은 공부를 잘하는 학생들이 경제 무역이나 법률 등의 분야로 가는 바람에 기초 학문을 공부하려는 학생들이 너무 적다는 것이다. 하지만 중국 입자 물리학의 전망에 대한 그의 자신감은 넘친다. "비록 지금 기초 학문을 선택하는 학생들이 적어지기는 했지만, 물리학 연구에 뜻을 두는 젊은 사람들에 대해서 우리는 가능한 한 조건을 제공할 것이고, 그들이 편안하게 생활하면서 안심하고 연구에 임할 수 있도록 할 것이다. 과거에는 '문혁'으로 인해 인재가 끊기는 일이 일어났지만, 지금은 30~40대 청년들이 크게 도약하기 시작했다."

몇 세대에 걸친 노력과 40여 년의 발전을 거쳐 오늘날 중국 과학원 고에너지 연구소는 세계적 수준의 입자 물리 연구 기관으로 성장하였다. 2015년 10월, 고에너지 연구소는 중국이 2020년에서 2025년 사이에 현재 세계에서 가장 큰 가속기인 유럽 입자 물리학 연구소의 거대입자 충돌기 LHC보다 두 배가 큰 세계 최대의 입자 가속기를 건조할 것이라고 선포하였다. 이것으로 과학자들이 우주의 오묘한 비밀을 한 걸음 더 나아가 탐색할 수 있도록 하겠다는 것이다.

천허성은 물리학의 미래에 대해 커다란 기대를 가지고 있다. "물리학은 중대한 발전 전야에 처해 있다. 21세기는 분명히 아인슈타인과 같은 위대한 천재가 나타나 우주에 대한 인류의 인식을 가져다 주는 완전히 새로운 시기가 될 것이다."

陳和生
진허성

02

陳景潤
천 징 룬

아이와 같은 순진함

1933~1996

수학자, 중국 과학원 원사, 화뤄겅華羅庚 수학상 제1기 수상자

"시간은 상수이다. 하루를 낭비하는 것은 24시간을 낭비하는 것이다."
"눈을 크게 뜨면 피곤하지도 않고, 일하게 된다."
"과학이라는 높은 봉우리에 오르는 것은 등반가가 치앙마 봉우리를 오르는 것과 같아 무수한 험난함을 극복해야 한다. 겁쟁이와 게으름뱅이는 승리의 기쁨과 행복을 누릴 수 없다."

陳景潤
천징룬

아이와 같은
순진함

—

　"자연과학의 황후는 수학이다. 수학의 왕관은 수론으로, 주제페 페아노의 생각은 왕관의 구슬이다." 중학 시절에 외롭게 지내고 수학을 유달리 좋아하던 천징룬은 선생님으로부터 이 세기의 난제를 듣게 되었다. 여러 해 뒤에 그는 세계에서 가장 가까운 거리에서 이 구슬을 따내는 사람이 되었다.

　1966년에 천징룬은 '1+2'를 성공적으로 증명해내어, 주제페 페아노의 생각을 한 걸음 더 멀리 있도록 완전하게 증명하였다. 1978년에 쉬츠徐遲의 보고문학 〈주제페 페아노 생각〉이 발표되자, '냄새나는 라오지우'를 '첫 번째 생산력'으로 바꾼 사람의 개혁 바람 속에서 천징룬은 시대의 우상이 되었다.

　유명한 수학자로서 천징룬은 쉬츠의 붓끝에서 자신의 사고를 잃고 나무에 부딪히는 '바보' 이미지로 그려진다. 사람들의 생각에서 뿌리 깊게 자리 잡았다. 하지만 그에게 있어 가장 가까운 사람인 아내는 좋아하며 기쁨을 느꼈다. 때로는 눈물이 그렁그렁 하는 추억 속에서 나는 완전히 다른, 아마도 더 진실한 천징룬을 보았다. 만약 과거에 널리 알려진 것이 그가 안경을 쓰고 원고에 엎드려 고개를 처박고 연산을 하는 '책 바보' 모습이었다고 한다면, 이번에 그에 관한 화면은 식구들과 함께 포즈를 취하고 자애롭고 행복한 모습이라고 할 수 있다.

"그에게 시집갈 것이라고는 꿈도 꾸지 않았다"

햇살이 아름답게 내리쬐는 이른 봄날. 베이징 서쪽 근교에서 해방군 종합병원 제2 부속 병원 방사선과 주임 사무실에서 흰 가운을 걸치고 청바지에 운동화를 신은 사람이 밝게 웃으면서 말했다. "이제 좀 홀가분해졌습니다. 평상시에 꼭 군장하는 건 아니지만 이렇게 하니까 더 홀가분한 것 같네요."

눈앞의 이 병원은 요우쿤由昆에게는 비범한 의미를 지니고 있다. 그 해에 그녀는 이곳(해방군 309 병원)에서 천징룬과 만났다. 천징룬 선생이 세상을 떠난 지 이미 몇 해가 지났다. 하지만 과거를 돌아보면 요우쿤은 눈앞에 생생하다. 그녀는 의미심장한 표정을 지으면서 말했다. "만약 그를 '정치에는 무관심하고 전문 분야에만 뛰어나다'고 한다면 그건 정말 그를 억울하게 만드는 거예요. 학자로서 뿐만 아니고 남편이자 아버지로서 그는 자기 역할을 다 했고, 우수했습니다."

1978년, 45세였던 천징룬은 세상에 널리 알려진 수학자였다. 이전에 그의 개인 역사에는 어린 시절의 외로움도 있었고, 소년 시절의 전쟁으로 인한 황망함도 있었다. 신중국이 수립되고 나서 그는 그림처럼 아름다운 하문대학에 입학하여, 수학이라는 바다에 심취하였다. 졸업 후에 베이징 4중학에서 교편을 잡았고, 화뤄겅華羅庚 선생의 혜안에 띄어 중국 과학원 수학 연구소에 가입하여 잠자고 먹는 것까지 잊어가며 열심히 일했지만 '문혁' 당시

❶ ❷

❶ 수학자 천징룬
❷ 왼쪽부터 수학자 화뤄겅, 천징룬, 양러楊樂, 장광허우張廣厚. 1978년 전국 과학대회
  에서 가장 주목을 끌었던 과학자 그룹.

에 불공정한 대우를 받았다. 6평방 미터도 안 되는 방의 호롱불 아래에서 낮
과 밤을 가리지 않고 연산에 몰두하여 1＋2 난제를 이겨내고, 주제페 페아노
상을 극히 관건이 되는 경지까지 밀고 올라갔고, 새로운 플러스 공식을 만들
어내고, 국제 수학계에 원리전환으로 칭찬받았다.… 이런 전기적 색채가 강
한 이야기 속에서 천징룬은 줄곧 수학이라는 어려운 산길에서 홀로 등반하
는 고독한 영웅이 되어 이상과 변치 않는 마음, 의지력을 가지고 있었는데,
오로지 애정과는 무관하였다.

　　보고문학 〈주제페 페아노 생각〉이 발표되고 나서 천징룬은 한 세대의
정신적인 우상이 되어 명예와 존경의 대상이 됨과 동시에 사랑과 믿음도 쌓
여 조직과 지도자들도 그의 '개인 문제'에 매우 관심을 가졌다. 하지만 그는
담담하게 사양하였다. 요우쿤을 만나고 나서야 수학자의 애정이라는 조그
만 꽃은 느즈막이 몰래 꽃을 피우게 되었다.

　　그 해에 전국 과학대회가 베이징에서 열렸다. 여러 해 동안 피로가 쌓여
병을 얻은 천징룬은 덩샤오핑의 각별한 관심하에 해방군 309 병원의 병실에

　　　　　　　　　　　　　　　　　중국 과학기술계의 별들을 담다

입원하였다. 당시 27세였던 요우쿤은 우한武漢의 군의관으로 파견되어 이 병원에서 실습을 하는 중이었다.

대수학자가 입원했다는 소식을 듣고 요우쿤은 동료와 함께 '신기한 구경'을 갔다. 그는 이렇게 회고하고 있다. "솔직히 말해서, 나는 선생을 알기 전에 그 보고문학을 본 적이 없었어요. 조금 알고 있는 것도 개의치 않았어요. 첫인상은 이 사람은 잘 어울리고, 겸손하며 어떠한 틀도 없다는 거였어요."

요우쿤은 천징룬의 주치의가 아니었다. 하지만 당직 때마다 매일 병실로 찾아왔고, 친밀함을 쌓아갔다. 요우쿤이 공부하는 것을 좋아해서 매일 회진이 끝나면 환자들이 옷을 말리는 베란다에서 방송을 들으며 영어를 공부했다. 하루는 천징룬이 요우쿤에게 물었다. "우리 함께 외국어 공부를 할 수 있을까요?" 이때부터 두 사람은 함께 공부하기 시작했다. 당시 요우쿤은 천징룬이 일생 오직 수학과 외국어만 좋아한다는 사실을 알지 못했다. 학생 시절부터 세계 각국의 수학 문헌을 직접 찾아서 읽기 위해서 천징룬은 영어, 러시아어 외에도 독일어, 프랑스어, 일본어, 이탈리아어, 스페인어 등 여러 나라 언어를 독학하였다.

또 어느 날, 천징룬이 요우쿤에게 밥을 좋아하는지, 아니면 면을 좋아하는지를 물었다. 그녀는 그 뜻을 헤아리지 못하고 밥을 좋아한다고 대답했다. 천징룬은 밝게 웃으며 손짓·발짓을 해가면서 말했다. "그럼 잘됐네요. 난 면을 좋아합니다." 원래 당시 밥과 면은 공평하게 제공되고 있어서 한 가족이 서로 다른 유형의 식사를 좋아하면 서로 보충이 될 수 있었다.

요우쿤은 천징룬이 사람도 좋고, 재능도 있다고 느꼈지만 그를 어른으로만 생각했지 "그에게 시집을 갈 것이라고는 꿈도 꾸지 않았었다." 하지만 천징룬은 그렇게 생각한 것은 아니었다. 어느 날, 그는 중얼거리는 듯한 말투로 낮은 소리로 말했다. "우리가 함께 산다면 좋겠습니다." 요우쿤은 깜짝 놀라며 말했다. "무슨 국제적인 농담을 하시는 거예요?" 천징룬은 자기 변명을 하는 수밖에 없었다. "그래요, 그래. 그렇게 젊고 예쁘신데, 전 나이도 많고 몸도 좋지를 않아서…" 요우쿤은 책을 꽉 안고 도망쳤다. 며칠 후에 요우쿤의 회진 차례가 되자 천징룬이 낮은 소리로 그녀에게 말했다. "죄송합니다. 요우 선생님, 우리 함께 영어 공부합시다. 제 잘못입니다. 허튼 말을 하다니."

하지만 시간은 흘렀고, 천징룬은 참지 못하고 예전 일을 다시 꺼냈다. 요우쿤이 그에게 말했다. "정말 불가능해요. 첫째, 여자들이 해야 할 일, 예를 들어 밥 짓기, 빨래 같은 일들을 전 전혀 못 해요. 둘째, 제 성격이 그다지 좋지 못해요." 천징룬이 말했다. "밥을 못 하면, 식당에서 먹을 수 있어요. 당신이 군복을 입으면, 당신이 입고 남은 옷을 내가 입어도 상관없어요. 내가 양보하면 당신하고 싸울 일은 절대로 없을 겁니다." 결국 그는 히든카드를 꺼냈다. "만약 당신이 동의하지 않으면 나는 평생 결혼하지 않을 겁니다."

그 날밤, 요우쿤은 잠을 이루지 못했다. "스트레스가 너무 심했어요. 나는 그 사람이 말대로 할 거라고 믿었어요." 이번에 요우쿤은 흔들렸다. 그녀는 생각했다. "만약 정말 그가 평생 결혼하지 않고, 생활을 잘하지 못한다면 내가 행복하고 마음이 편할 수 있을까?"

그는 집에서 진지하게 편지 한 통을 썼다. 아버지가 10여 페이지에 달하는 긴 답장을 보내왔다. 최종적으로 그녀는 천징룬의 진지한 감정을 받아들이기로 결정했다.

수학자의 행복한 결혼생활

2년 후, 천징룬과 요우쿤은 결혼하였다. 결혼한 지 3년 후에 요우쿤은 우

　　　　　　　　　　중국 과학기술계의 별들을 담다

1994년 5월 22일, 자신의 생일에 가족과 함께

한에서 베이징으로 정식 발령을 받았다. 이 유명한 '샌님' 수학자와의 결혼
은 희생이 요구되었다. 그것은 요우쿤이 결정할 때에 이미 가지고 있던 마음
가짐이었다. 하지만 바깥사람들의 생각과 크게 달랐던 점은 그들의 결혼생활
이 요우쿤에게 커다란 행복과 만족감을 안겨 주었다는 사실이다.

　천징룬의 유명한 말이 있다. "과학이라는 높은 봉우리에 오르는 것은
등반가가 치앙마 봉우리를 오르는 것과 같아 무수한 험난함을 극복해야 한
다. 겁쟁이와 게으름뱅이는 승리의 기쁨과 행복을 누릴 수 없다." 그는 대부
분의 시간을 '사무실' 즉 집에 있는 공부방에서 보냈다. 대학원생들도 이 곳
으로 와서 수업을 받았다. 요우쿤이 병원으로 출근하면 늘 야간 당직을 하
곤 했다. 비록 두 사람이 함께 있는 시간은 많지 않았지만 요우쿤이 따뜻한
마음을 느끼는 것은 매일 출근하기 전에 천징룬이 반드시 배웅을 해주고, 또
퇴근해서 집에 돌아오면 천징룬이 그녀의 발소리를 듣고 공부방에서 나와
손뼉을 치면서 기뻐하며 "요우가 돌아왔네, 요우가 돌아왔어!"라고 하였다.

'요우'는 천징룬이 아내를 부르는 애칭이었다.

천징룬은 다른 남편들처럼 아내와 함께 거리를 쏘다니고, 공원에 놀러 가기를 좋아했다. 그래서 그는 요우쿤을 데리고 새벽 5시에 버스를 타고 베이징 식물원에도 가곤 했는데, 8, 9시가 되어 다른 사람들이 갈 때쯤, 그들은 이미 돌아오는 길에 있어 일에 영향을 주지는 않았다. 요우쿤과 함께 거리로 나가자고 소리를 쳤는데, 두 사람이 수중에 있는 돈을 다 쓰면 말하길, "돈을 가지고 있으면 쇼핑하느라고 시간을 낭비하게 되니, 내가 오늘 당신하고 같이 가서 좀 보고, 고른 다음에 내일 당신이 직접 가서 사도록 해요." 아내에게 남편하고 같이 거리를 산책하는 느낌이 들도록 하기 위해서였다. "당신이 화를 내든 안 내든 너무 사랑스러워요. 때로는 그 사람은 정말 어린 아이처럼 순진하다고 느껴요." 요우쿤은 웃으면서 말했다. "사실 제 남편은 감정이 매우 예민한 사람이에요. 다만 그 사람은 다른 사람과 교류하면서 잡담을 떨 시간이 없었을 뿐이에요."

요우쿤은 아들이 태어났을 당시의 상황을 잊을 수가 없다. 당시 수술 동의서에 사인할 가족이 필요했다. 천징룬은 어쨌든 사인을 안 하려고 했고, 병원 측은 사인을 필요로 했다. 결국, 어쩔 수 없는 상황이 되자 천징룬은 다른 사람이 '동의'라고 사인한 곳에 한 줄을 썼다. "제 아내 요우쿤이 수술 후에 몸이 건강하고 정상적으로 일을 할 수 있게 될 것을 반드시 보증한다." 의사가 또 물었다. "일단 문제가 발생하면 아내를 지키실 건가요, 아니면 아이를 지키실 겁니까?" "물론 아내입니다.!" 천징룬은 조금도 주저하지 않고 대답했다. 이 말은 요우쿤을 평생 생각하게 했다. "이치대로 하자면, 그는 당시 나이가 많았고, 아이는 그에게 매우 중요했었죠. 당시에 그 사람과 결혼한 것이 잘못한 일은 아니었다고 느끼게 되었어요!"

아이를 낳은 지 한 달 뒤에 요우쿤은 오랫동안 새장에 갇혀 있다가 다시 자연으로 되돌아간 어린 새처럼 대대적으로 쇼핑에 나섰다. 집으로 돌아오자 천징룬이 그녀에게 말했다. "요우, 앞으로는 필요 없는 물건은 사지 말아요. 아이가 나중에 대학 갈 때 돈이 들잖아요." 요우쿤은 그가 그녀를 겁주려는 것에 불과하다고 생각했다. 왜냐하면, 당시 대학 학비가 면제였기 때문이었다. 하지만 아이가 크고 나서 대학 학비는 정말 직접 자비로 부담해야 했다. "그래서 그 사람더러 학문에 매진하지 말라고 했어요. 하지만 사물과 시대의 발전에 대해서 그 사람은 주의를 기울였고, 생각도 있었지요." 요우쿤이 말했다.

수학에서 천징룬은 줄곧 엄격한 것으로 유명하다. 많은 학생이 계산을 소홀히 했다는 이유로 그에게 엄한 비판을 받았다. 수학자 판청뱌오潘承彪 선생은 천징룬을 다음과 같이 평가하였다. "만약 당신에게 그의 원고를 심사하라고 한다면 사실상 당신은 그의 원고를 한동안 서랍 속에 넣어두었다가 서명을 한 다음 편집부에 돌려주면 된다. 당신은 그에 대해 완전히 마음을 놓을 수 있다." 하지만 수학 이외에 천징룬은 '대충대충' 하는 일이 많았다. 그는 먹고 입고 하는 것에 대해 신경 쓰지 않았다. 타인에 대해서도 대단히 관대했다. '문혁' 당시에 그를 비판했던 사람이 유학을 신청하면서 그에게 추천서를 써달라고 하자 그는 진지하게 써주었고, 그 사람도 그의 도움으로 순조롭게 수속을 밟을 수 있었다. 요우쿤이 화를 내자 천징룬은 기쁜 얼굴로 말했다. "당시 그 사람도 시대와 환경의 영향을 받은 거예요. 그 사람이 학업을 마치고 돌아오면 나라를 위해서 더욱더 커다란 공헌을 할 수 있지 않겠어요?"

천징룬의 온후한 성격은 요우쿤에게 더욱더 따뜻한 느낌이 들게 해 주었다. 그에게 차 한 잔을 따라 주어도 천징룬은 항상 '고마워요'라고 말했다. 그는 아내와 얼굴을 붉히는 일이 없었고, 아이를 때리며 욕한 적도 없다. 그는 일생 시간과 다퉜다. 매일 평균 4시간만을 자면서 "눈을 부릅뜨고 졸지 않으며 일을 해야 한다"는 자세를 견지했다. 하지만 그는 여전히 긴 줄을 서서 요우쿤에게 생선과 닭 등의 영양식품을 사다 주었고, 매일 바쁜 시간에 아이를 데리고 놀아주었다. 아들 이름은 천요우웨이陳由偉였고, 아명은 환환歡歡이었다. 한 살 때 동요를 외워 부를 줄 알았고, 두 살 때 적지 않은 영어 단어를 익혔다. 천징룬은 포커 카드로 아들에게 숫자를 가르쳐 주었다. 사탕을 이용해서 숫자 계산을 가르쳤다. 아이가 태어나기 전에 부부 두 사람이 토론한 적이 있다. "만약 아들이면 수학을 배우게 하고, 만약 딸이면 의학을 배우게 하자"고 했지만 정말 아들이 철이 들자 천징룬의 태도는 '자연에 순응하여 절대 강요하지 않는다'는 것이었다.

한 번은 만 두 살 된 아들이 집에서 크레파스로 손에 닿는 벽지에 그림을 그려 요우쿤의 화를 돋웠고, 그녀는 아이의 작은 손을 끌어다 세 차례 가볍게 때렸다. 아들이 어려서부터 클 때까지 처음으로 맞은 것이었다. 천징룬은 보기 드물게 화를 내면서, 느릿느릿한 말투로 말했다. "아이에게 그렇게 하지 말아요. 아이에게 도리를 가르치려면 아이가 지혜를 발휘할 수 있도록 해요." 돌아서서 아이에게 말했다. "앞으로 다시는 그러지 말아라. 아빠가 종이를 줄 테니 네가 그림을 그릴 때마다 벽에다 걸어주마."

이 때부터 집안 복도는 아이의 화랑이 되었다. "그 사람은 정말 좋은 방법이 있었던 거예요." 요우쿤이 탄복하며 말했다.

당시에는 매일 저녁밥을 먹고 나면 천징룬은 신문을 보고, 요우쿤은 그에게 안마를 해주고, 아들은 그의 다리를 주물러 주었다. 요우쿤은 바깥 돌아가는 이야기를 해주고, 이들은 이리저리 뛰어다니면서 일가족이 안락하게 지냈다. 그때를 생각해 보면, 요우쿤은 특별히 생각에 잠기곤 한다. 경력이 순탄치 않았던 이 수학자는 마침내 보통 사람들의 천륜의 즐거움을 만년에 마침내 누리게 되었다.

선생이 떠나던 날

1984년, 천징룬은 길을 건너다가 자전거에 받혀 뇌가 땅에 부딪히면서 뜻밖의 중상을 당했다. 몸이 비교적 허약했던 그에게는 설상가상이라고 할 수 있었다. 얼마 지나지 않아 파킨슨병 증세를 보였다. 이후 12년간 천징룬은 대부분의 시간을 병원에서 보냈다. 그 긴 세월 동안 요우쿤은 출근하면서 어린 아들을 돌보고, 또 한편으로는 병원으로 남편을 간호하러 갔다. 정말 쉽지 않은 일이었다. 천징룬이 정말 훌륭한 부인을 아내로 맞이했다는 것이 사실로 증명되었다.

요우쿤은 최선을 다해 남편을 돌봤다. 당시 집에는 세 가지 종류의 밥을 했다. 하나는 남편 밥, 아들 밥, 그녀와 보모 밥 세 가지였다. 당시에는 겨울에 과일이 매우 드물었다. 요우쿤은 천징룬에게 한 근에 6위안이 넘는 사과를 사다 주면서, 그에게는 한 근에 1위안도 안 줬다고 말했다. "제 남편은 일생 근검절약을 해서 먹기만 하면 신이 나서 좋다고 했어요. 당시 경제 여건이 그다지 좋지가 않았는데, 남편과 아들에게 사주는 거라면 통 크게 썼지요. 자신은 좀 절약해도 좋다고 생각했어요." 그녀의 말이다.

12년 동안 요우쿤은 하루도 쉬어본 적이 없다. 야간 근무가 끝나고 나면 쉴 틈도 없이 보모에게 탕을 데우라고 하고는 그것을 가지고 급하게 병원으로 달려갔다. "세 번 차를 갈아타고 또 한참을 걸어야 했어요. 두 보따리를 들고 길에서 과일을 사지요. 촌사람이 도시에 들어온 것 같이 예쁘고 안 예쁘고는 따지지도 않았어요." 크고 작은 것을 사서 6층의 병실에 도착하면 온몸이 땀에 젖었고 천징룬은 이에 견딜 수 없을 정도로 마음 아파했다. 그러면 그녀는 자신도 모르게 울곤 했다.

"정말 너무 힘들었어요. 하지만 제가 원해서 했지요!" 요우쿤은 말했다. "그 사람과 결혼했을 때 이미 잘 준비를 했었어요. 반드시 그 사람을 한

평생 돌보겠다고요. 사람과 사람 사이의 연분은 정말 기묘한 거예요. 당신이 진심으로 그 사람을 아껴주면 억울함이 없도록 해주는 거예요."

병원에 있던 기간에도 천징룬은 하루라도 연구를 중단한 날이 없다. 그는 "시간은 상수이다. 하루를 써버리는 것은 24시간을 낭비하는 것과 같다"고 말했다. 따라서 그는 병원에서 회진이 있을 때면 쉬는 척하고, 회진이 끝나면 다시 일어나 작업을 계속했다. 의사는 요우쿤에게 알렸고, 요우쿤은 천징룬의 계산 노트를 찾아냈다. "몸을 먼저 잘 요양해야 일할 시간이 더 길어지지 않겠습니까?" 하지만 천징룬은 말했다. "만약 일할 수 없다면 나더러 뭘 하라고요?"

1996년 3월 19일, 2개월 연속 일을 하지 못하다가 천징룬은 베이징 병원에서 세상을 떠났다. 그는 눈을 뜬 채로 세상을 떠났다. 요우쿤 말에 따르면 그가 가장 유감스러웠던 것은 두 가지 일이라고 했다. 하나는 아들이 성인이 되는 것을 보지 못한 것과 또 하나는 미완성 1+1이었다.

남편이 떠나고 꽤 긴 시간 동안 요우쿤은 그를 떠나보내지 못했다. 지난 일을 생각할 때마다 그녀는 자신의 마음이 눈물에 빠져드는 것 같았다. 하지만 그녀는 천천히 스스로 강해져야 한다고 생각하게 되었다. 그래서 남편의 일에 답하고 아이를 성인으로 잘 키워야 한다고 생각했다.

발령을 받고 1년 반 후에 요우쿤은 전심전력으로 일에 몰두하기 시작했고, 동시에 아들을 잘 키웠다. 1999년에 그녀는 방사선과 주임으로 승진하였고, 2000년에 고급직 칭호를 받았다. 당초에 천징룬이 와병 중일 때에 부대에서는 요우쿤에게 휴직을 하고 천징룬을 돌보는 데 전념하라고 권하면서 군적과 계급은 유지해 놓겠다고 했었다. 하지만 천징룬은 동의하지 않으며 그녀에게 병원으로 돌아가라고 하였다. "부대는 당신을 길러준 곳이에요. 나 한 사람만을 위해서 일하게 할 수는 없어요." 이렇게 해서 요우쿤은 직장

중국 과학기술계의 별들을 담다

을 떠나지 않았다. 이 일에 대해 그녀는 감개무량해 한다. "저도 나중에서야 알았어요. 그 사람이 나를 생각해 준 거라는 사실을요. 지금 과학기술 발전이 이렇게 급속한데, 만약 제가 그때 포기했으면 지금 가정주부일 뿐이잖아요. 제가 지금 충실하게 살 수 있는 것은 제 아들에게도 모범이 되거든요."

천징룬의 아들은 어렸을 때 아버지가 힘들게 수학 연구를 하는 것을 보고 수학을 피하기로 했는데, 성장하고 나서 캐나다에 유학 하러 가서 국제통상을 전공하였다. 어느 날 그는 엄마에게 응용수학과로 옮기고 싶다고 말했다. "갈수록 흥미를 느꼈고, 또 아빠의 꿈을 이뤄야 한다고 생각하게 되었어요." 요우쿤은 위로를 느꼈다. 그녀는 남편의 수많은 우수한 품질이 아들 몸에서 이어지는 것으로 생각했다. "아마도 조화로운 가정 분위기 영향인 것 같아요. 걔는 정말 아빠를 닮았어요. 사람과 사물을 대하는 것도 철이 들었어요."

지금 천징룬이 세상을 떠난 지 여러 해가 지났다. 골드바흐의 추측은 바로 세계 3대 수학 추측 중에 유일하게 풀리지 않은 난제이다. 천징룬의 성과는 이 문제에 관한 가장 훌륭한 성과이다. 그는 다원 함수, 쌍둥이 소수 추측, 정소수 분포 등 해석 수론 문제에서의 공헌과 창조성 사상은 관련 학계의 칭찬을 듣고 있다. 순교자와도 같은 그의 수학에 대한 집착 정신은 순수한 이상주의의 빛을 내뿜고 있으며 세상 사람들의 탄복을 자아내고 있다.

요우쿤은 천징룬이 그녀의 마음속에 살아 있다고 느낀다. 그녀는 말한다. "제 남편이 한평생 유감스러워했던 것은 63세도 안 되어서 세상을 떠났다는 거예요. 하지만 그는 행복한 가정이 있었어요. 전 그 사람이 이것을 기뻐하고 위안을 받았다고 생각해요. 저도 마찬가지이고요."

03

戴 汝 爲
다이루웨이

집대성이 지혜를 얻다

———

1932~
제어론과 인공지능 전문가, 중국 과학원 원사, '중국 시스템 엔지니어 종신 성과상'

"엄밀함, 실사구시, 이것은 상투적인 말이 아니라 정말로 중요한 말이다."
"흥미가 없으면 좋은 일을 하기가 어렵다. 눈을 교과서에 가두지 말고 옛것과 지금 것에 널리 통해야 한다. 기존의 설을 맹목적으로 지키지 말고, 새로운 이정표를 세워야 한다. 정확한 방향을 견지하고 끝까지 해내야 한다."
"인생에서 가장 중요한 것은 지혜를 가져야 하는 것이고, 지혜는 독립적인 사고에서 나온다."

戴 汝 爲
다이루웨이
집대성이
지혜를 얻다

―

　인공지능이 전 세계의 가장 뜨거운 분야가 되었다. 20여 년 전에 다이루웨이는 '복잡한 거대 시스템'과 '인간과 기계가 결합한 지능 시스템' 연구에 힘을 기울였다.

　'집대성이 지혜를 얻다.' 이것은 과학의 거장 치엔쉬에썬이 만년에 내놓은 과학 사상이다. 즉 인간과 기계의 지능을 이용하여 빠르고 효율적으로 동서고금의 '지혜'를 한데 모아서 과학적이고 창조적으로 현실 세계의 각종 복잡한 문제를 해결하자는 것이다. 다이루웨이는 이 사상의 가장 굳건하고 가장 중요한 실천자 가운데 한 사람이다.

　다이루웨이의 학문 연구의 길은 매우 순조로웠다. 중국의 일류 초등학교, 중고등학교와 대학을 졸업한 후에 치엔쉬에썬錢學森 선생 곁에서 수년간 일을 하였다. 그는 '모델 식별'을 가장 먼저 중국에 들여왔다. 국제 자동제어 연합IFAC 위원이고, 중국 과학원 자동화 연구소 학술위원회 주임을, 중국 자동화 학회 이사장 등의 직을 역임하였다. 2016년에 그는 시스템 분야의 학술적 조예와 창조성 공헌으로 '중국 시스템 공정 종신 성과상'을 수상하였다.

다이루웨이는 말한다. "미래에는 '인간과 기계의 지능'이 크게 쓰일 수 있다. 그것과 전통 인공 지능이 가장 크게 다른 점은, 그것이 계산기의 좋은 성능을 충분히 이용할 수 있고, 또 인간 특유의 마음을 이용할 수 있다는 것이다. '인간'은 지능 시스템 중의 '구성원'으로서 모일 수 있고, '인간 기계 결합'의 지능 시스템을 세울 수 있다."

"고개를 들어 밝은 달을 바라보고, 머리를 숙여 칭화淸華를 생각하네"

어렸을 때, 다이루웨이는 유명 교수들의 이야기를 들으면서 자랐다. 1932년의 마지막 날 그는 윈난雲南 쿤밍昆明에서 태어났다. 아버지를 일찍 여의고, 어머니 혼자 고생하면서 그를 키웠다. 어머니는 사범학교를 졸업했는데, 글자체가 아주 좋았다. 항전 기간 시난西南 연합대학 교무처에서 일했고, 늘 아들에게 유명 교수들이 어떻게 외국에서의 편안한 생활을 마다하고 전란 중의 조국으로 돌아왔는지, 또 시난 연합대학에서 보잘것없는 봉급을 받아 가며 교육 연구를 하고 있는지를 말해 주었다. 학식 있고, 애국적인 이들 교수에 대해서 어머니는 매우 존경해 마지 않았고, 나이 어린 다이루웨이는 '지식이 있어야 나라에 보답할 수 있다'는 느낌을 흐릿하게 가지게 되었고, 자라서는 나라를 사랑하고 학식이 있는 사람이 되어야겠다고 생각하게 되었다.

청소년 시절에 다이루웨이는 시난 연합대학 부속 초중고에서 공부하였다. 중고등학교 시절 그의 담임 교사였던 펑종이馬鍾藝 교수는 훗날 베이징대학 중문과 주임 교수가 되었고, 동급생의 부모도 대부분 칭화대, 베이징대, 난카이南開대학의 교수가 되었다. 다이루웨이는 어려서부터 총명했다. 초등학교는 1년을 월반해서 졸업하고 중학교에 진학하였다. 하지만 그는 천성적으로 장난치기를 좋아해서 중학교 교사들은 여러 해가 지난 후에 작은 키의 다이루웨이가 교실의 앞줄에 앉기는 했지만 수업 시간에 칠판을 보는 일은 적었고 언제나 반 친구들과 얘기하기를 좋아했던 것으로 기억하고 있다. 그가 가장 잊지 못하는 한 가지 조그만 일이 있다. 영어 시간이었는데, 선생님이 그에게 짝꿍인 여학생과 대화를 하도록 했는데, 상대방은 유창하게 말하고, 그는 눈만 크게 뜨고 말을 하지 못했다. 평생 처음으로 공부에 관련된 일로 부끄러움을 느꼈다. 이때부터 다이루웨이는 매일 새벽에 호숫가에 가서 영어를 낭독했고, 급우들이 그가 베이징대학 영문과에 시험을 보는 줄로 오해하도록 했다. 다이루웨이는 나중에서야 알았다. 짝꿍 여학생의 가정교사가 캐나다 사람이었고, 어쩐지 영어가 우아했다. 하지만 그는 여전히 전화위복으로 생각하고 연습하여 미국식 표준 영어를 익히게 되었고, 훗날 국제 학술교류를 하는 데 상당히 편리함을 느낄 수 있었다.

항일전쟁 승리 후에 칭화대, 베이징대, 난카이대는 원래 위치로 되돌아갔다. 다이루웨이는 당시 서남연합대학 부속 중학교에서 그들 급우 사이에서는 명언 한 마디가 유행했다고 회고한다. '고개를 들어 밝은 달을 바라보고, 머리를 숙여 칭화를 생각하네' 그 역시 자신의 마음속에 방향을 가리키는 '북극성'이 있었다. 칭화대학 시험을 치러서 학술의 높은 봉우리에 올라가자.

1951년에 다이루웨이는 어머니를 여의었다. 짐을 짊어진 채 목탄차를 타고 윈꾸이雲貴 고원의 좁은 길을 장장 10여 일을 달려 꽝시廣西 진청강金城江에 도착했고, 다시 그곳에서 5일 밤낮을 기차를 타고 마침내 베이징에 도착하였다. 그 순간 그와 함께 베이징으로 시험을 치르러 가는 다른 네 명의 급우도 함께 울었다.

다이루웨이는 결국 원하던 칭화대학 수학과에 합격하였다. 후에 국가원

중국 과학기술계의 별들을 담다

계로 발령받았고, 베이징대학 수학 역학과로 옮겨갔다. 중국에서 가장 유명한 두 곳에서 차례로 공부하면서 다이루웨이가 가장 깊게 받았던 느낌은 이것이었다. "명의상 어느 학교인가는 중요하지 않다. 가장 중요한 것은 여러분의 유명 스승에게 배워 견실한 기초지식을 쌓는 것이다. 특히 엄하고 실사구시적인 과학 방법과 태도는 나에게 평생토록 도움을 주었다" 그는 특히 "엄밀함, 실사구시, 이것은 상투적인 말이 아니다. 정말 중요한 것"이라고 강조해 말했다.

치엔쉬에쎤錢學森 곁에서 일하다.

칭화에 진학할 당시에 다이루웨이의 성적은 반에서 하위권이었지만 졸업할 무렵에는 선두에 서 있었다. 1955년에 졸업한 후에 그는 중국 과학원 역학연구소로 배치되었는데, 천하를 호령하던 대과학자 치엔쉬에쎤이 미국에서 돌아와 역학 연구소 소장으로 근무하고 있었다. 다이루웨이가 명문 학교 출신에 성적도 좋았던 터라 치엔쉬에쎤이 직접 지도하는 곳으로 배치되어 일하는 실습 연구원이 되었다.

다이루웨이가 받은 첫 번째 임무는 치엔쉬에쎤의 학술 저작 〈공정 통제론〉을 번역하고 학습하는 것이었다. 이 책은 치엔쉬에쎤이 1954년에 미국에서 출판한 학술 전문서로 노버트 뷔너 〈통제론〉의 세계관과 방법론을 자동화, 항공우주, 전자통신 등의 분야에 적용한 것으로, 세계적인 명성을 얻었다. 치엔쉬에쎤은 귀국 이후에 중관춘 화학연구소 강당에서 공정통제론 과목을 개설하여 학생들이 전국 각지의 연구 단위와 고등교육 기관에서 몰려들었다.

다이루웨이는 이렇게 회고하고 있다. "오늘날보다 교통상황이 뒤떨어

다이루웨이가 치엔쉬에썬의 집에 생일 축하차 방문, 학술문제를 토론

진 시절에 몇몇 청년학자들이 토요일 저녁에 외지에서 기차를 타고 베이징으로 와서 열차에서 내리자마자 당시 황량하기 그지없었던 중관촌으로 달려왔다. 한 주일에 유일하게 쉬는 날을 이용해서 유명한 과학자 치엔쉬에썬이 강의하는 '공정통제론' 강의를 듣기 위해서였다. 몇십 년 뒤에 당시의 청중 가운데 어떤 이는 중국 과학원 원사가 되었고, 어떤 사람은 대학 총장이 되었으며, 또 어떤 사람은 국가의 우주 사업의 리더가 되었다."

강의를 듣고 강의안을 학생들에게 복사하여 나눠주는 일은 당시 다이루웨이의 주요 임무였다. 매 강의록은 치엔쉬에썬이 직접 열람하였다. 이제 막 세상으로 나온 소년으로 말하자면 치엔쉬에썬과 대화를 나눌 수 있다는 것이 사실 쉬운 일은 아니었다. 다이루웨이는 이렇게 회고한다. "치엔 선생님과의 대화는 절대로 흐리멍덩할 수 없었다. 만약 열 문제를 말하는데, 아홉 개가 분명하면 치엔 선생님은 내가 가장 분명하지 않은 그 한 문제를 틀어쥔다. 그분은 매우 예민하고 매우 지혜로우셨다. 나의 사유가 어떤 방향에서

　　　　　　　　　　　중국 과학기술계의 별들을 담다

조금이라도 혼란스럽거나 구멍이 있으면 즉각 발견하셨다. 만약 내 말이 모호하고 논리가 어지러우면 그분은 직접 '알아듣지 못하겠다'고 직접 말씀하셨다. 만약 내가 제기한 문제가 가치가 없다고 생각하면 그분은 아예 답변하지 않으셨다."

비록 쉽지는 않았지만, 근거리에서 치엔쉬에썬에게 배울 수 있었고, 그의 지도를 받을 수 있었으며, 훗날 반세기에 걸쳐 끊임없이 그와 학술 교류를 할 수 있었던 것은 어떻든지 사람들에게 부러움을 살만한 일이다. 다이루웨이의 학술 수준은 이 과정에서 빠르게 발전했다. 적지 않은 학술사상의 불꽃이 대화를 나누는 가운데 전광석화처럼 빛났다. 치엔쉬에썬도 사고하기 좋아하는 이 젊은이를 상당히 칭찬했다. 이미 출판된 〈치엔쉬에썬 서신〉에 실린 200여 통은 치엔쉬에썬과 다이루웨이 사이에 주고받은 서신이다. 설령 다이루웨이가 훗날 중국 과학원 역학연구소에서 자동화 연구소로 옮겨가기는 했지만 시종 치엔쉬에썬과는 학술적 교류를 유지하였고, 그가 종사한 통제론, 모델 식별, 인공 지능 등의 연구는 치엔쉬에썬의 지도와 영향을 받지 않은 것이 없다. 이에 대해 다이루웨이는 감격에 겨워 "이것은 내 일생의 행운"이라고 말했다.

마음 속의 모든 생각은 학술

1957년부터 현재까지 다이루웨이는 줄곧 중국과학원 자동화 연구소에서 근무하고 있다. 자동화 연구소 연구원, 학위위원회 주임 및 중국 자동화 학회 이사장 (학회 제1대, 제2대 이사장은 치엔쉬에썬) 등을 역임하였다.

수십 년을 하루도 빠짐없이 해온 학술연구는 다이루웨이 생활의 거의 전부였다. 쉬는 날도 없었고, 주말도 없었다. 춘절도 실험실에서 보내기가 일쑤였다. 그는 오로지 학술에만 매달렸고, 관직에도 관심이 없었다. 적극적으로 명예나 지위를 좇는 일도 없었다. 외부 학술 활동에 참가할 때에는 회의 일정이 끝나면 곧바로 돌아오고, 여행 활동 등에 참가하는 일이 없었다. 시간을 낭비하는 것이 걱정되었다. 아내는 "그 사람은 진정한 학자예요. 마음속의 모든 생각이 학술이지요."라고 말한다.

이런 집요함 때문인지 몰라도 다이루웨이는 시종 국제 과학 분야에서 선두에 서 있다. 1950~1960년대 그는 공정 제어론과 가장 우수한 제어론 연구에 종사하여 극대치 원리로 최고 속도의 제어, 종국 가치 제어의 수식 계산 등의 난제를 해결하였다. 1970년대에 그는 국내에서 최초로 '모델 식별' 연구를 전개하였고, 개혁개방 후에는 신중국 최초로 미국 방문학자가 되어 국제적인 모델 식별 전문가 프킨슨의 초청을 받아 통계 모델식별과 구법 모델 식별을 서로 결합하는 데 합작하였고, 이후 그는 국내에서 인공 신경 회로 연구를 하였다. 그리고 다년간 '복잡 거대 시스템'과 '인간과 기계의 결합' 등을 열심히 탐색하였다. 뛰어난 학술 수준으로 당시 그는 국가로부터 개혁개방 후 처음으로 박사과정생 지도교수로 다시 평가받는 이들 가운데 한 사람이 되었다. 1991년에 그는 만장일치로 중국 과학원 원사로 선발되었다.

어린 시절에, 서남 연합대학 부속 초등학교와 중고등학교에서 다이루웨이는 교수들이 과학 민주를 외치는 소리를 들으면서 성장하였다. 성장하고 나서는 칭화와 베이징대학에서 수많은 유명 은사들은 그에게 평등하고 관대한 학술적 분위기라는 장점을 절실하게 느끼게 해주었다. 일을 했고, 치엔쉬에썬 선생의 몸소 가르침은 그에게 훌륭한 과학연구가 학술 민주와 동떨어질수 없다는 사실을 절실하게 깨닫도록 해주었다. 이에 따라 그 자신도 교수가 되고, 박사과정생 지도교수가 된 이후 다이루웨이는 학생들에게 연구의 흥미와 방향을 스스로 선택하도록 했다. 왜냐하면 그는 "흥미가 없으면 어떤 일이든 잘해내기 어렵다"고 생각했기 때문이었다. 그는 학생들에게 "눈을 좁은 교과서에 가두지 말고 옛것과 지금 것에 널리 통하게 해야 한다"고 일깨워 주었다. 그는 학생들에게 "기존 관행을 맹목적으로 지키려 하지 말고 새로운 이정표를 세우도록 노력하라"고 요구하였다. 학생들이 대담하게 자신과 다른 학술적인 견해를 제기하는 것을 칭찬하였다. 그는 언제나 머리를 잘 쓰고 자기 견해를 잘 피력하는 학생들을 더욱 사랑했고, 그들이 "정확한 방향을 견지하여 끝까지 해나가도록" 격려하였다.

신기한 '종합 집대성 토론 홀'

2012년 '7.21 폭우'가 베이징을 급습하고, 각 분야에서 도시 배수 문제에 관한 열띤 토의가 벌어졌다. 다이루웨이는 즉각 자신이 지도하는 박사과정생들의 토론을 소집하였다. 그들이 연구하고 있는 '인간 기계 결합' 지능 시스템을 이용하여 베이징의 배수 시스템을 만들기 위한 이상적인 조기 경보 시스템과 해결방안을 찾아보고자 했다. 다이루웨이는, 배수 문제를 해결하기 위해서는 배수관을 교체하거나 배수관 선을 늘리는 것처럼 그렇게 간단한 문제가 아니라고 말했다. "도시 배수는 많은 시스템을 다루게 되는데, 그 안에는 인적 요소를 포함하는 '개방적 복잡 거대 시스템'이 포함된다고 하면서, 이런 문제는 고립적으로 해결이 불가능하며 더욱이 머리를 부딪쳐 해결할 수는 없고, 과학적인 정책 결정이 필요하다고 말했다.

그럼 과학이 어떻게 정책결정을 하는가? 다이루웨이와 동료들이 연구에 집중했던 '종합 집대성 토론 홀'은 크게 솜씨를 보인 무대가 되었다. 이 홀은 '복잡하고 거대한 시스템'을 연구하고 해결하기 위해 건립된 정책 해결 시스템이다. 이 '종합 집대성 토론 홀' 가운데 전문가 집단은 센터 토론 홀

❶ ❷

❶ 외국 동료와의 학술교류 진행
❷ 학생들과 함께

에서 정책 결정 토론회를 진행하고, 많은 사람들이 토론에 참여하며, 동시에 컴퓨터 지능 시스템을 이용하여 전문가와 토론 참여자 및 인터넷으로 제공되는 수많은 정보, 데이터, 결론을 종합하고, 사물에 대한 총체적이고 정확한 인식을 가공 처리하여 큰 문제에 대답을 구하는 시스템을 구성한다.

다이루웨이는. 최초의 자동화는 주로 기계화를 연구하고 어떻게 이용하여 사람을 대체한 노동을 하게 할 것인가 하는 것이었다. 그리고 인공 지능은 컴퓨터로 인간의 부분적인 사유를 대체하거나 모방하는 것을 연구하는 것인데, '모델 식별'이 바로 이 연구라고 말한다. 그것은 문자와 언어 식별, 원격 탐사와 의료 진단 등 방면에 광범위하게 응용되고 있다는 것이다. '종합 집대성 토론 홀'은 그것이 전통적 인공지능과 가장 크게 다른 점은, 컴퓨터의 높은 성능을 충분히 이용해야 하고, 또 인간 특유의 마음을 이용해야 한다는 점이다. '인간'은 지능 시스템 중의 '구성원'에 '집대성'을 더하는 것이다. 이것이 바로 '인간과 기계'가 결합한 지능 시스템을 세우는 것이다.

'집대성하여 지혜를 얻는다' 이것이 치엔쉬에썬이 처음 만든 과학과 철학이 결합한 사상이다. 모두 알고 있는 '양탄일성兩彈一星' 이외에 '집대성

중국 과학기술계의 별들을 담다

지혜학', 즉 현대 정보기술과 인공 지능을 이용하여 신속하고 효율적으로 동서고금의 지혜를 집대성하여, 과학적이고 창조적으로 각종 복잡한 문제를 해결하는 것이 치엔쉬에썬 만년의 최대 관심사 가운데 하나였다.

1990년에 다이루웨이와 치에쉬에썬 두 과학자의 이름으로 Nature지에 〈과학분야 - 개방적 복잡 거대 시스템과 그 방법론〉을 발표하였다. 이 논문은 '시스템 복잡성', '사유과학'과 '시스템과학'의 교차 연구로서 새로운 교차 학문 '복잡 거대 시스템과 그 방법론'의 탄생을 알렸다. 지금 다이루웨이가 이끄는 팀의 노력으로 치엔쉬에썬이 소망하던 '집대성된 지혜'가 점차 현실이 되어 가고 있다. '종합 집대성 연구토론 시스템'이 만들어내는 정책 결정 플랫폼은 이미 경제, 수리, 군사, 재난 방어 등의 영역에서 광범위하게 응용되고 있다.

미래에 '인공 지능' 분야는 해야 할 일이 많다고 다이루웨이는 생각한다. "인류가 기본적이고 간단한 문제를 많이 해결함에 따라 시스템이 많고 복잡한 문제를 해결해야 하는데, 그러려면 과학적 시스템을 채택해야 하고, 더 이상 몇 사람의 투표 방식으로 결정할 수는 없는 노릇이다. '종합 집대성 토론 시스템'이 사람들에게 과학적 정책 결정을 할 수 있도록 해줄 것이다."

사유과학을 다년간 연구해 온 다이루웨이는 스스로 만들어낸 이론이 있다. "안다는 것은 지식과는 다른 것이다. 지식은 지혜와 다르다. 인생에서 가장 중요한 것은 지혜를 가져야 한다는 것이다. 그리고 지혜는 독립적인 사고에서 비롯된다." 그는 과학 연구에 뜻을 두고 있는 청년 학생들에게 다음과 같은 말을 남겼다. "창조적 사고를 힘차게 길러야 한다. 창조적 사고를 길러야만 미래에 신흥 학문에서 발붙이고 발전할 수 있고, 나아가 개척적인 성과를 거둘 수 있다."

04

範 雲 六
판윈리우

옛 유전자에 새로운 세계를 쌓다

———

1930년~
분자생물학자, 중국 공정원 원사, 중국 식물유전자 공정 창시자 가운데 한 사람

"나는 도전을 좋아한다. 어려운 일일수록 그것을 잘 해내고 싶다."
"집중하고 적막함을 견뎌내며, 열애 중인 애인을 사랑하듯 과학을 사랑해야만 성공할
수 있다."
"할 일과 방향이 결정되면 전심전력을 다 해야 한다."

옛 유전자에
새로운 세계를 쌓다

—

　　30여년간 유전자 기술은 과학의 구석진 곳에서 열띤 토론의 중심으로 나왔다. 낯섦으로 인한 무시를 경험했고, 풀리지 않는 두려움에 직면하기도 했다. 하지만 이 모든 것들은 판윈리우에게 영향을 주지 못했다.

　　그녀는 중국에서 많지 않은 여성 원사 가운데 한 사람이다. 학생들에게는 '판 선생'이라 불린다. 중국 식물 유전자 공정 창시자 가운데 한 사람으로서, 실험실에서 열심히 연구에 몰두했다. 수백만 년을 존재해 온 옛 사물 —유전자를 이용하여 원래 있는 생물에 하나하나 새롭고 우량한 성질과 형상을 늘려 주었다.

　　판윈리우는 말한다. "유전자 기술의 발전은 과학발전의 필연적 결과로서 그 추세는 뒤집을 수 없다. 유전자를 연구하지 않는 것은 원자탄을 연구하지 않는 것과 같다. 일단 좋은 기회를 발전시키지 않으면 미래의 식량 생산은 다른 사람들에게 제약을 받게 되고 그 결과는 상상하기 어렵게 된다."

새로운 문을 열다

1984년 중국 농업과학원의 한 구석진 곳에 있는 낡은 건물에서 판윈리우가 급하게 문을 열었다. 그녀의 눈에 들어온 것은 그다지 넓지 않은 사무실이었다. 낡은 사무용 탁자와 의자, 그리고 궤짝 몇 개가 있었다. 햇빛이 창문을 통해 비춰 들어왔고, 먼지가 날리고 있었다. 이 방은 이미 오랫동안 아무도 사용하지 않았다. 판윈리우는 흥분을 감추지 못하고 사무실의 문을 열었다. 그와 동시에 중국 농업과학원 연구 분야, 유전자 기술을 농작물 개량에 응용하는 새로운 문을 열었다.

그 해에 판윈리우는 54세였다. 그녀는 이미 국내의 이름 있는 미생물학자였다. 그녀의 학술적 생애는 비교적 순탄했다. 항전 승리 후에 그녀는 우한대학 농업화학과에 입학하여 유명한 미생물학자 천화꾸이陳華葵 교수에게서 배웠다. 신중국 수립 이후 그녀는 소련 레닌그라드(상트페테르부르크) 대학에 유학하였고, 생물학 부박사 학위(중국의 박사학위에 해당)를 받았다. 개혁개방 후에 그녀는 미국 한 대학의 분자생물학 실험실의 도움을 받아, 방문학자 자격으로 위스콘신 대학과 노스웨스턴대학에서 분자생물학을 공부하였다.

이른바 분자생물학은 분자 차원에서 생물학을 연구하는 것이다. 오늘날, 사람들은 생물 유전 정보를 담고 있는 것이 DNA라는 사실을 이미 알고 있다. 그리고 유전자는 DNA 분자에서 유전 정보, 어떤 성질과 형상을 통제하는 조각이며 기능을 갖는 기본 유전 단위라는 사실도 함께 알고 있다. DNA와 유전자의 중대한 발견은 현대 분자생물학에 서막을 열어주었다. 뒤이어 이어진 인류의 유전자 공정의 수많은 중요 실험은 모두 다년간에 걸쳐 이뤄진 판윈리우의 미생물학 연구와 관련이 있다. 따라서 훗날의 적지 않은 미생물학자들은 모두 미생물학자이다.

1970년대에 과학자들은 이미 엔도뉴클레아제가 특정 유전자를 DNA의

❶ ❷

❶ 1976년 9월, 영국의 유명한 로슨 실험실을 방문한 판원리우(오른쪽 끝)
❷ 1959년, 소련 레닌그라드 대학 유학 당시

긴 고리에서 정확하게 잘라내는 것을 발견하였고, DNA의 재조합을 할 수 있게 되어 새로운 성질과 모양을 갖는 생물을 생산할 수 있게 되었다. 이것이 바로 '유전자 공정'이다. 이 공정은 인류가 한 생물의 유전자를 이용하여 다른 생물을 개량하는 데 도구를 제공해 줄 수 있게 해주었다.

미국에서 방문학자로 있는 동안 판원리우는 당시 국제적으로 가장 선두에 서 있던 유전과 공정 과학과 학술을 접하면서 첨단 과학기술이 가져올 충격을 절실하게 깨달았고, 선진 과학연구 시스템이 가져올 고도의 효율을 깨닫게 되었다. 이에 따라 1982년에 귀국한 후 그녀는 '시대는 나를 기다려 주지 않는다.'는 사명감과 절박감으로 원래 종사하고 있던 균질 입자 연구를 유전자 공정으로 확대시키고 이것을 미래의 연구 방향으로 하기로 결정했다. 하지만 유전자 공정은 의학, 해양, 농업 등 생명과 관련이 있는 분야에 이용이 되고 있었다. 어느 길을 선택하는 것이 좋을까?

1년간의 심사숙고 끝에, 은사인 천화꾸이 교수의 지지를 받아 판원리우는 유전자 생물 기술을 농작물 연구에 응용하기로 결심하였다. 그녀는 당시를 이렇게 회고하고 있다. "내가 우한대학에서 전공한 분야가 농업화학이어

중국 과학기술계의 별들을 담다

서 농업에 관심이 있었다. 당시에 유전자 공정은 국내의 의학과 공업 등 분야에서 이미 중시되고 있었지만 아직 유전자 공정을 농업과 연결시키는 사람은 없었다. 중국에 있어서 농업은 매우 중요하기 때문에 나는 농업에 투신하기로 결정했다. 비록 당시 나는 농업 생산에 대해서 아직은 비교적 낯설었고, 조건도 어려운 데다가 어려움도 많았지만 나는 도전을 좋아한다. 하기 어려운 일일수록 그것을 잘 해내고 싶은 생각이었다."

1984년에 판원리우는 그녀가 20여 년간 일했던 중국 과학원 미생물 연구소를 떠나 베이징 중관촌에 있는 중국 농촌과학원으로 옮겨와 중국 농업 분야의 첫 번째 분자생물학 실험실을 세웠다. 이때부터 반고가 천지를 개벽한 이래 존재해 왔던 옛 '유전자'를 농작물의 등급을 올리는 수단으로 변화시키게 되었다.

유전자 공정의 이름

실험실이 처음 만들어졌을 당시에 판원리우와 함께 창업했던 사람은 중국 과학원에서 데리고 온 두 명의 조수밖에 없었다. 판원리우는 당시가 '괴롭고도 즐거웠던 시절'이었다고 말한다.

농촌 과학원 마당에서 판원리우 실험실의 등불은 매일 가장 밝게 빛났고, 가장 늦게까지 켜져 있었으며 실험실 사람들은 모두 일에 몰두했다. 경비는 턱없이 부족하고, 연구 장비는 대부분 외국에서 사들여 와야 했기 때문에 판원리우는 늘 국제 학술회의에 참석할 때를 기회로 삼아 자신이 직접 기자재를 가지고 귀국하곤 했다. 그런 식으로 착실하게 실험실을 갖춰 나갔다. 그녀는 학생들에게 "집중하고 적막함을 견뎌내며, 열애 중인 애인을 사랑하듯 과학을 사랑해야만 성공할 수 있다."고 말했다.

그 당시 중국의 여러 농업 과학자들로 말하자면, '유전자 공정'은 새로운 분야였고, 분자생물학 또한 낯선 분야였다. 농촌과학원의 연구 인력 가운데 판원리우의 연구에 대해서 회의적 태도를 보인 사람이 다수를 차지했다. 그녀가 하는 게 농업과학이라고 할 수 있나? 그녀의 방법이 효과가 있는건가? 여러 가지 질문에 대해서 판원리우는 이해했다. "산에 막힌 채로 걷는 것처럼 그들이 회의적 태도를 보인 것도 뭐라 할 것이 없었다."

판원리우는 분자생물 실험실과 유전자 공정에 이름을 지어야 했다. 그녀를 도와준 것은 새끼돼지 설사를 치료하는 백신이었다.

돼지우리에서는 종종 수많은 대장균이 생겨서 항균 능력이 떨어지는 새끼돼지가 설사를 일으키는데, 발병률과 사망률이 상당히 높다. 하지만 전통적 생물 기술은 줄곧 확실하고 효과적인 해결방법을 찾아내지 못했다. 판원리우는 여러 해 동안 국내외 미생물 학술논문을 읽어서 두 가지 항원 유전자 K88과 K99가 대장균이 소장에 머무는 것을 막을 수 있고, 설사를 예방할 수 있다는 사실을 알고 있었다. 이렇게 하여 그녀는 팀을 이끌고 이 두 가지 유전자를 재조합하여 유전자 공정 백신을 만들어냈다. 이후 중국 농촌과학원 하얼빈 동물 연구소와 합작하여 임신한 암돼지에게 주사를 놓았고, 초유를 새끼돼지에게 먹였다. 백신은 연구개발에서 대량생산까지 1년밖에 걸리지 않았다. 그 이후 매우 빠르게 전국 각지로 확산하였고, 새끼 돼지 설사 발병률이 85% 감소하였고, 사망률은 90% 하락하였다. 1989년까지의 누계 경제 창출효과는 800여만 위안에 달했다.

이 자그마한 실험은 판원리우가 보기에는 간단한 산술공식이었다. 이미 알고 있는 두 개의 1일 더해 2를 생각해내는 방법과 조건은 이미 알고 있는 것으로서 거의 아무런 어려움도 없는 것이었다. 하지만 이번 성공으로 인해서 농촌과학원의 동료들은 유전자 공정에 대해 새롭게 인식하게 되었고, 판

중국 과학기술계의 별들을 담다

원리우의 실험실에 견학하러 오는 사람들이 많아졌다. 그들은 "농업 연구를 하고 계셨던 거로군요.", "유전자 공정이 정말 유용하네요."라고 말했다.

새끼돼지 설사 백신 연구를 마치고 얼마 지나지 않아 1986년에 국가에서는 '863 계획'을 시작하였다. 그 취지는 국가의 장기적 발전과 안전한 과학기술 분야의 발전을 중점적으로 추진하자는 것이었다. 이 배경 하에서 판원리우의 농업 유전자 공정은 국가 유관 부문에서 내려온 100만 위안의 자금지원을 받게 되었다. 마침내 실험실 경비 부족 문제가 해결된 것이다.

이어지는 문제는 어떤 프로젝트를 선택하여 시작할 것인가 하는 것이었다. 몇 차례에 걸친 고심 끝에 판원리우는 세계적 수준의 난제인 '면화 벌레 퇴치'를 극복해야 할 첫 번째 고지로 결정하였다. 중국은 면화 생산을 많이 하는 나라이다. 면화는 또 병충해의 피해를 가장 심각하게 받는 농작물 가운데 하나이다. 벌레 퇴치 기술의 핵심 BT유전자가 바로 그녀가 과거에 잘 알고 있는 세균 분야였다.

1990년대에 국내에는 담배벌레가 휩쓸고 지나가면서 그로부터 입는 경제적 손실이 몇십억 내지 백억 위안에 달했다. 담배벌레는 내성이 쉽게 생겨 농가에서는 고농도 살충제를 쓰지 않을 수 없었고, 매년 약을 뿌리는 횟수가 한 차례에서 20여 차례로 늘어났다. 결국에는 벌레를 농약 원액 속에 놓기까지에 이르렀다. 그래도 그 극성은 여전했다.

당시 미국 농업생물기술회사가 해충을 효과적으로 막아낼 수 있는 유전자 항충면抗蟲棉을 배양하였다. 1997년에 중국에 들어온 이후 그들은 국내 항충면 시장을 지배하였다. 중국에서 담배벌레로 인한 피해가 심각할 무렵에 그 회사는 9,000만 달러의 가격으로 유전자 항충면 기술을 중국에 넘겨주겠다고 제안하였다. 이 비즈니스를 상담하면서 판원리우는 국내 농업 유전자 공정의 전문가로서 현장에 불려갔다. 그녀는 "일단 양도를 받아들이면 영원히 다른 사람에게 통제받게 된다. 자주적인 연구개발을 해야만 중국의 면화 산업이 지속해서 건강하게 발전할 수 있다."고 말했다. 결국 중국은 기술 양도를 받지 않았고, 자주적인 연구개발의 길을 가기로 했다.

사실, 그 협상이 이뤄지기 전인 1992년 말에 누추한 설비를 이용하여 판원리우는 팀을 이끌고 담배벌레 퇴치 기술인 인공 합성 BT유전자를 개발하였다. 이 유전자는 대사과정에서 살충 단백질을 만들어낼 수 있고, 여러 종류의 해충에 대해서 살충작용을 갖고 있었다. 남는 문제는 BT유전자를 어떻게 면화 세포 속에 이식하여 면화 안에서 BT 살충 단백질을 합성해낼 수 있도록 할 것인가 하는 것이었다.

끈질긴 노력으로 판원리우 팀은 마침내 성공적인 결과를 얻었고, 중국은 처음으로 농약을 뿌리지 않고도 살충할 수 있는 기술을 확보할 수 있게 되었다. 이를 기초로 하여 국가 '863계획'의 지지를 받게 되어 그녀의 학생들은 면화 육종과 관련된 합작을 계속할 수 있었고, 새로운 품종을 배양해 냈다. 2008년에 국산 제품이 중국 시장의 90% 이상을 차지하게 되었고, 면화 농업에 직접적인 수익 490억 위안을 가져다주었다. 아울러 면화 농사의 노동 강도와 방역 자본, 그리고 중독 사건이 뚜렷한 감소세를 보였고, 면화 밭의 생태환경도 뚜렷하게 개선되었다.

유전자 변형은 안전한가

유전자 변형작물 육종 분야에서 해충 방제와 제초제를 주요 특징으로 하는 품종을 제1세대 생산품이라고 하고, 품질 개선을 주요 특징으로 하는 품종을 제2세대 생산품이라고 한다. 유전자 변형 해충 문제를 해결한 뒤에 판원리우는 다시 눈길을 제2세대 생산품으로 돌려, 팀을 이끌고 옥수수 재

2006년, 판윈리우를 방문한 미국의 유명한 유전학자들과 함께

배 분야로 옮겨가 동물이 옥수수에 있는 인 원소를 직접 흡수하지 못하고 분변에서 많은 인을 배출하여 환경오염 문제를 일으키는 문제를 해결하였다. 이 옥수수는 세계에서 첫 번째 2세대 유전자 조작 옥수수 품종이다. 2009년에 이 품종은 중국 농업부가 정식으로 발행하는 유전자 변형 생물 안전 생산 허가증을 받았다.

그렇다면 유전자 변형 작물은 안전한 것인가? 최근에 유전자 변형 기술의 급속한 발전과 함께 이 문제와 관련된 논쟁은 끊일 날이 없다. 그리고 과학자들 사이의 학술적 토론의 주제가 되었고, 평범한 대중들의 질문이 지속적으로 이어졌다. 의구심이 해소되지 않은 상태에서 많은 사람은 유전자 변형을 건강하지 못한 것으로 생각했다. 이런 현상은 유전자 연구에 몰두하는 판윈리우를 포함한 많은 과학자에게 어쩔 수 없이 조급함을 안겨주었다.

"지금까지 유전자 변형작물은 인류의 건강과 환경에 어떠한 새로운 위험도 가져다주지 않았다. 예를 들어 항충면에 있는 BT유전자는 벌레를 죽일 수 있지만 사람에게는 나쁜 영향을 주지 않는다. 항충 변형 유전자 작물은 독이 있는 작물과 절대로 같지 않다. 변형 유전자 육종은 다만 전통적 교배 육종기술을 확대 발전시키거나 새로운 시도를 한 것에 불과하다. 그것들은 모두 유전자에 대해 이전과 재조합을 한 것이다. 구별되는 점은, 전통적 육종 기술은 일반적으로 동일한 종류에서 유전자 이동을 한 것이고, 유전자 변형 기술은 다른 종류 간에 유전자를 이동한 것이다. 아울러 보다 정확하고 신속하며 통제 가능하다." 판원리우는 유전자 변형을 거의 '요사스러운 마귀로 만드는' 상황에서 급선무는 과학적 보급을 강화하고 사람들에게 유전자 변형을 진정으로 이해하게 만드는 것이라고 생각한다.

미국 농업부 통계에 따르면, 2011년 미국에서 심은 옥수수 88%와 콩의 94%가 유전자 변형 품종으로, 그 가운데 절반 이상이 미국 국내에서 소비되었다고 판원리우는 설명한다. 미국 시장에서 유아 식품을 포함하여, 유전자 변형 식품은 이미 3,000종을 초과하였고, 약 2억의 인구가 먹고 있다는 것이다. 예전에 없던 대규모 인체 실험이 이뤄지고 있던 셈인데, 지금까지 유전자 변형 식품의 안전성 사고가 단 한 건도 없다고 한다.

"미국인은 생명을 매우 소중하게 생각한다. 하지만 그들은 먹을 뿐만 아니라 먹는 양도 적지 않다. 전해지는 말과는 달리 미국의 유전자 변형식품은 가난한 나라에게 팔아넘기지 않는다. 사실상 유전자 변형식품은 전통 작물에 비해서 보다 엄격한 심사를 받아야 한다. 지금까지 2012년 프랑스의 흰 쥐가 먹는 유전자 변형 옥수수가 암을 일으킨 사례를 포함하여 모두 엄밀한 과학적 설계가 부족한 실험에서 비롯된 것으로, 결론은 모두 학술계의 권위 있는 인사와 기관에 의해 뒤집혔다. 유전자 변형 생물의 안전문제에 관한 논쟁은 이미 과학기술의 범위를 피할 수가 없다." 판원리우는 이렇게 호소한다. "유전자 변형은 150년간의 생물학 발전사에서 가장 중요한 기술 가운데 하나이다. 유전자 변형기술의 발전은 과학발전의 필연적 결과로서, 그 추세는 거스를 수 없다. 유전자 변형을 연구하지 않는 것은 원자탄을 연구하지 않는 것과 같다. 중국은 콩 생산이 이미 다른 사람의 통제를 받고 있다는 것에서 심각한 교훈을 얻어야 한다. 그러지 않으면 발전의 좋은 기회를 놓치게 되고 그 결과 미래 식량 생산은 전부 다른 사람의 통제를 받아야 하는데, 그 결과는 상상할 수 없다!"

행복한 '성인 지도교수'

밖에서 어떤 난리가 빚어져도 판윈리우는 시종 자기가 허락한 과학연구의 길을 고집스럽게 걸었다. 당시 어려운 조건 속에서 만들어낸 분자 생물 실험실은 지금 생물기술연구소로 발전하였고, 당초의 낡은 건물에서 농업과학원의 새로운 '중대 과학 공정 건물'로 이사하였다. 실험실 수는 1개소에서 6개소로 늘어났고, 그 가운데 4개 연구소는 식물을 연구하고 2개 연구소는 미생물을 연구한다.

학생들은 판윈리우를 '판 선생'이라 부른다. 그녀는 이 호칭을 좋아한다. 현재 몇몇 대학과 연구소에서는 지도교수를 '사장'이라고 부르는 것에 대해 다른 의견을 가지고 있다. "맹목적으로 미국을 따라 해서는 안 된다. 중국에서는 학생들이 지도교수를 '사장'이라고 부르면 성공하지 못한 선생님을 부르는 것일 가능성이 있다. 나와 학생들은 단순한 스승과 제자 관계로서, 나는 마음속으로부터 그들을 사랑하고 그들도 진정으로 나를 사랑해준다."

판윈리우는 일생 학생들을 가르치고 키워왔다. 많은 학생이 이미 국내외 유명 대학 또는 연구소의 우수한 학자로 활동하고 있다. 그들 말로는, 그들 가운데 많은 사람이 분자생물학 교과서에서 판윈리우라는 이름을 알게 되었고, 후에 그 문하에 와서 공부하게 되었다고들 한다. 중국 농촌과학원 청년 연구자 천루메이陳茹梅와 왕레이王磊는 판원리우를 따라 수년간 연구하고 있는 왼팔과 오른팔이다. 최근에 유전자 변형 옥수수를 포함한 여러 연구에서 그들의 힘이 합쳐져 연구가 이뤄져 가고 있다. 두 사람은 이구동성으로 그들이 보기에 판원리우는 거의 '성인聖人 지도교수'로서, 그녀는 한마음으로 학문에 임하며 '명리名利' 두 글자는 그녀의 고려 범위에 들어있지 않은 듯하다고 말했다.

1970년대 판원리우는 3대 다섯 식구로서, 부부 두 사람과 1남 1녀, 그리고 노모와 함께 13평방 미터밖에 안되는 집에서 복닥거리며 살았다. 집안에 글을 쓸 수 있는 공간은 겨우 식탁과 재봉틀이었다. 매일 저녁밥을 먹고 나면 먼저 아들과 딸에게 숙제를 하게 하고, 아이들이 잠들고 나면 판원리우와 남편이 식탁에 엎드려 연구를 할 수 있었다. 하지만 힘들다고 느낀 적은 없었다.

피타아제 옥수수 제조 연구가 성공을 한 뒤에 판원리우는 돈을 벌 기회가 있었다. 하지만 그녀는 끝내 흥미를 느끼지 못했다. 그녀가 생각한 것은 어떻게 전략적 차원에서 농업생산물 기술이 종자 기업의 결합을 살피고 배양하여 피타아제 옥수수의 국제적인 선도 기술의 장점을 우수한 산업경쟁력으로 바꿀 것인가 하는 것이었다. 나아가 중국 농산물 종자 산업의 국제경쟁력을 향상시키고 농민들의 수입을 늘려 중국 농업 발전에 공헌할 것인가 하는 점에 그녀의 신경은 집중되었다.

학생들은 또 판원리우의 놀라운 기억력에 감탄을 금치 못한다. 이미 팔순이 넘었는데도, 한 번 얼굴을 익힌 사람이라도 몇 년 후에 다시 만나면 그녀는 여전히 정확하게 상대방의 이름을 부르는 것이다. 하지만 판원리우는 지금까지 자신이 똑똑하다고 생각해 본 적이 없다. 그리고 그녀는 똑똑한가

　중국 과학기술계의 별들을 담다

여부는 과학 연구에 있어서 그렇게 중요하지 않은 것이라고 생각한다.

판윈리우의 사무실에는 그녀가 직접 쓴 서예작품이 걸려 있다. '敬業執 着, 嚴謹探索, 繼承開拓(하는 일을 소중히 여기고 열심히 하며, 치밀하게 탐색하고 성과를 계승하고 새로운 분야를 개척해 나가자)' 진부한 세 줄의 12글자로서 그녀의 다년간 경험을 총결산하는 좌우명이다. 그녀는 일을 소중히 여기고 열심히 하는 것이 한 사람의 성과를 결정하는 가장 중요한 자질이라 여긴다. "할 일과 방향이 결정되면 전심전력으로 최선을 다해야 한다. 국제적으로 앞선 과학기술을 연구하기 위해서는 어려움이 자연히 많아진다. 잘 배우기 위해서는 실패속에서 경험을 얻어야 한다."

그녀는 특별히 무엇을 하는가가 어떻게 하는가보다 더 중요한 경우가 있다고 강조한다. 그녀의 거의 모든 학생이 그녀가 하는 이 말을 들은 적이 있다. "옷 한 벌 만드는데, 일류 디자이너, 삼류 직공은 대체로 이류 제품을 만들어낸다. 하지만 3류 디자이너에 일류 직공은 삼류 제품을 만들어낼 수 있을 뿐이다." 판윈리우가 보기에 완성된 품질이 중요하기는 하지만 후반기 노력은 여전히 초기 디자이너의 부족함을 메울 수가 없는 것이다.

판윈리우는 '평생학습'을 받들어 실천했다. 일흔이 넘은 나이에 그녀는 초등학생처럼 학생들에게 진지하게 컴퓨터 사용방법을 가르쳐 달라고 했다. 지금 그녀는 능숙하게 컴퓨터를 조작하여 각종 국제 학술회의에서 발표한다. 학생들은 거의 매일 그녀가 발송하는 전자우편을 받을 수 있다. 그 내용은 대부분 최신의 가치 있는 국내외 학술논문이다. 현대 한어 병음과 그녀가 예전에 배웠던 병음이 완전히 달라서 판윈리우는 시간을 들여 한자 입력을 할 생각이 없어서 그녀는 인터넷 상에서 학생 또는 동료들과 교류할 때에는 일률적으로 영어를 사용한다.

2008년에 남편이 노환으로 세상을 떠나고, 미국에 살던 아들과 딸이 판

<table>
<tr><td>❶</td><td>❷</td></tr>
</table>

❶ 학생들과의 토론
❷ 2004년, 옥수수 육종 전문가 리덩하이李登海와 함께

윈리우를 자신들이 사는 곳으로 모시려 했지만 그녀가 거절하였다. 어린 시절의 경험이 그녀의 기억 속에 지워지지 않는 기억으로 남았다. 강산이 산산이 조각나던 시절에 그녀는 가족들과 함께 곳곳으로 피난을 다녔고, 일본인들이 동포들을 학살하는 장면을 직접 목격하기도 했다. 고모가 쫓기다가 강물에 뛰어드는 것도 봤고, 그녀 자신도 동굴에 숨어 있다가 자칫 하면 일본군에게 들켜 죽을 뻔하기도 했다. 그 시절을 지나 부강한 나라가 된 것은 그녀에게는 남다른 의미심장함이 있다. 그녀는 자식들에게 말했다. "내 건강은 아직 괜찮다. 나라를 위해서 일을 좀 더 할 수 있으니 너희가 돌아오는 게 낫겠구나." 이렇게 하여 그녀의 딸과 사위가 미국의 모든 것을 버리고 여섯 살 된 외손자를 데리고 돌아왔다.

딸 뤄환羅歡은 지난 시절을 떠올리며 말했다. 어렸을 때, 어머니는 항상 과학연구 하느라 바빴다. 하지만 바쁘게 일하기 전에 그녀는 먼저 자식들을

중국 과학기술계의 별들을 담다

잘 챙겨주었다. 당시에는 일요일만 쉬는 날이었는데, 어머니는 항상 이날 그녀와 오빠를 데리고 이허위안顧和園, 쯔주위안紫竹院에 놀러 갔다. 그래서 그녀는 '일요일을 좋아하게 되었다'고 한다. 뤄환은 아버지와 어머니가 얼굴을 붉히는 것을 본 적이 없다. 어머니도 그녀를 혼낸 적이 없다. 다만 몸소 가르침을 통하거나 옛날이야기를 통해 어떤 사람이 다른 사람이 그녀와 함께 하는 것이 편안하게 느끼게 되는지와 무엇이 옳은지 그른지를 알게 하였다. 뤄환은 말했다. "어머니는 인격적인 매력이 풍부한 분입니다. 우리는 마음속으로부터 어머니를 사랑하고 존경해요. 그래서 저는 어머니를 돌보기 위해서 모든 것을 포기하고자 했던 겁니다. 제가 마땅히 할 일이기도 하지요."

판원리우는 말한다. "나는 사랑하는 일이 있고, 사랑하는 학생들이 있으며, 누려야 할 천륜의 즐거움이 있어요. 난 정말 행복합니다."

05

馮叔瑜
펑슈위

부드러운 폭파 전문가

—

1924~
공정 폭파전문가, 중국 공정원 원사,
중국 공정 폭파학의 개척자이자 기초를 놓은 인물 가운데 한 사람, 국가 과학기술 발전 특별상 수상

"폭파의 위력은 매우 크다. 위험과 파괴도 크다. 관건은 그것을 어떻게 통제하느냐에
달려 있다."
"공과는 문제를 해결할 줄 알아야 하고 간단화해야 한다. 말만 많이 늘어놓으면 판을
두들길 수 없고, 훌륭한 전문가가 아니다."
"사람으로서 책임감이 있어야 한다. 무슨 일을 하든지 하려면 깔끔하게 해내야 한다."

부드러운
폭파 전문가

—

깔끔한 이마, 듬성듬성한 백발, 둥글고 윤기 나는 얼굴, 평생 바꾸지 않은 쓰촨 사투리, 펑슈위는 바라보면 친근감이 느껴지는 노인이다.

그의 집에서 취재 약속을 했는데, 차가 막혀 늦게 도착했다. 하지만 그는 불쾌한 기색이 전혀 없이 열정적인 모습으로 차를 건네주었다. 그와 접촉해 본 적이 있는 사람들은 모두 그와 함께 있는 것이 매우 편안하다고들 말한다. 마치 마주 불어오는 따스한 바람 같다는 것이다.

펑슈위는 자신이 어떻게 사람과 교류를 해야 하는지를 모르는 사람이라고 했다. 그는 성품이 온화하고 세상과 다투지 않으며 인생 최대의 목표가 어머니가 자신과 밥을 먹을 수 있는 것이라고 하였다. 뜻밖에도 어찌어찌 하다가 한걸음 한걸음씩 중국에서 첫손가락 꼽히는 공정 폭파 전문가가 되었고, 평생 긴장과 자극 속에서 연구하면서 사람들의 간담을 서늘하게 하는 폭파기술을 익혀 국가의 수많은 철도, 교량, 도로, 수리공사, 빌딩 건설 과정에서 폭파를 통해 길을 내는 일을 하게 되었다.

펑슈위의 말이다. "중국이 비록 화약의 발원지라고는 하지만 천년이 지난 후에 폭파 기술은 서방 선진국에 한참 뒤떨어지고 말았다. 기쁜 일은 근 몇십 년의 발전을 거쳐 중국 폭파기술이 장족의 발전을 하였고, 전체적인 폭파 기술이 이미 세계적 수준에 올라왔으며 어떤 측면에서는 우위를 보이기도 한다는 사실이다."

고난 속에서 행운의 꽃이 피다

20세기 초에 혼란에 빠진 중국에서 많은 사람은 부유한 환경에서 생활하지 못했다. 펑슈위의 집 또한 가난했다. 아버지는 그가 열네 살 때 곽란으로 세상을 떠났고, 어머니 혼자서 고생하면서 먹고살기 위해 몸부림쳤다. 학교에서 친구들은 장난을 치면서 맛있고 재미있는 것을 교환하고는 했는데, 펑슈위는 내놓을 것이 없어서 친구들과의 교류를 애써서 피했다. 주변 사람들이 그에게 홀로 지내기를 좋아한다고들 했는데, 그 자신도 어찌할 도리가 없는 입장이었고, 세월이 가면서 점차 정말 홀로 지내는 데 익숙해지게 되었다.

집은 비록 가난했지만 마을에서는 '공부하는 집'이라고들 했다. 펑슈위의 할아버지는 청나라 때 수재였고, 아버지는 과거를 봐서 이름을 날리고 싶었지만 과거제도가 폐지되었고, 끝내는 가르치는 일로 일생을 마쳤다. 아버지가 세상을 떠난 후에 공부를 하는 것은 펑슈위에게는 거의 사치스러운 일이 되었다. 다행히 본가 삼촌의 도움을 받아 학업을 계속할 수 있었다.

중학교를 졸업할 무렵에 펑슈위는 90km를 걸어 따주현大竹縣으로 가서 따주大竹사범학교에 시험을 쳐서 1등으로 합격하였다. 만약 나중에 자식이 아버지의 업을 이어받아 가르치는 선생이 되었다면 밥 먹는 문제는 해결되었을 것이고, 그러면 펑슈위는 만족했을 것이다. 그러나 계속 우연이 이어지면서 그의 인생은 완전히 바뀌고 말았다.

소련 유학 시절의 펑슈위(왼쪽 끝)

펑슈위의 짝꿍이 가정형편이 비교적 좋았는데, 충칭으로 시험을 보러 가고 싶어 하면서 펑슈위에게 같이 가자고 하였다. 비용 부담을 해주겠다는 것이었다. 시야를 넓히고 싶은 생각을 하고 있던 이 농촌 아이 펑슈위는 산을 넘어 도시로 오게 되었다. 자동차를 처음 보았고, 배도 처음 타 보았다. 결과적으로 중앙공업학교에 함께 시험을 치른 7, 8명의 친구들 중에서 펑슈위 한 사람만 합격하였다. '충칭이 따주보다 훨씬 전망이 좋다'. 사람들이 권하는 말을 듣고 그는 한참을 고려한 끝에 사범학교를 포기하고 공업학교로 바꾸었다.

어느덧 3년이 지나고 여름방학에 펑슈위의 학교 친구 몇몇이 대학 시험을 치르러 충칭에 와서 그의 기숙사에 머물렀다. 가정 경제 상황을 고려하여 펑슈위는 시험 볼 생각이 없었다. 다만 친구들을 위해 성심성의껏 연락 등의 일들을 도와주었다. 하지만 친구들은 그에게 "시험은 무료이고, 할 일도 없으니 너도 시험 한 번 쳐봐라"고 권하였다. 이렇게 해서 펑슈위는 공부도 하

중국 과학기술계의 별들을 담다

지 않고, 기대도 없는 상황에서 시험에 참여하였는데, 뜻밖에 상하이 자오퉁 交通대학 합격 통지서를 받았다. 당시 그는 이 학교가 전국에서도 알려진 대학이라는 사실을 몰랐다. 그가 알고 있던 것은 상하이가 충칭보다 큰 도시라는 사실이었다.

사범학교에서 중앙 공업학교, 상하이 자오퉁대학에 이르기까지 그는 장학생으로 합격했고, 학비와 식비는 면제였다. 하지만 교통비와 책값은 자비 부담이었다. 당시 대학에 합격하는 것은 가문의 영광이었다. 친척들은 십시일반으로 돈을 모아 펑슈위가 상하이 자오퉁대학에 등록할 수 있도록 해주었다. 중학교에서 대학교까지 그는 교과서를 사본 적이 없다. 모두 강의를 열심히 듣고 필기를 꼼꼼하게 하고, 방과 후에 친구들에게 책을 빌려 복습하였다. 천부적인 기억력과 성실한 노력 덕분에 그는 중국에서 가장 좋은 대학 가운데 하나로 한 걸음씩 다가갔다.

1948년에 펑슈위는 대학을 졸업하고, 졸업이 곧 실업이라는 험난한 상황에 빠져버리고 말았다. 결국 그는 학과 주임교수의 추천으로 청우成渝철도에 실습생으로 갔다. 비록 임금도 없고, 밥만 주면서 향후 결원이 생기면 그를 먼저 뽑아주겠다고 했지만 펑슈위는 받아들였다. 밥만 먹여주면 되는 것이었다. 오래지 않아 상하이 자오퉁대학 학생회 회장이었던 저우판우周盼吾가 충칭으로 와서 중국 공산당 지하당을 꾸렸다. 많은 사람이 국민당과 공산당의 투쟁에 연루될 것을 염려하였다. 줄곧 정치와는 거리를 두고 있던 펑슈위는 오히려 개의치 않았다. 저우판우를 자신의 기숙사로 오게 하였다. 빈번한 접촉과 대화를 나누면서 펑슈위는 중국 공산당 지하 조직에 가담하게 되었다.

신중국 수립 이후 당원 신분인 펑슈위는 조직의 중점 육성 대상이 되었다. 청우 철도국 노동조합에 부주석으로 임명되었다. 또 시난 인민혁명대학으로 보내져 연수에 참가하게 되었다.

1951년에 신중국 수립 후 첫 철도 공사가 '청우成渝철도'에 의해 시작되었다. 오래지 않아 펑슈위는 국가가 공식적으로 파견하는 제1기 소련 유학생으로 선발되어 레닌그라드(상트페테르부르크) 철도 운수 공정 대학으로 가서 '석공업 기계화 시공의 대 폭파 방법'을 공부하게 되었다. 이 통지를 받았을 때 그는 베이징에서 공부하고 있었는데, 충칭으로 돌아와서 임신 상태였던 아내와 이별할 틈도 없이 모스크바행 유학생 열차에 올라탔다.

펑슈위는 소련 유학이 그의 일생에서 가장 아름다운 시절이었다고 말한다. 그는 마침내 평생 처음으로 밥 먹느라, 책 사느라 걱정하지 않고, 안심하고 공부에만 신경 쓸 수 있게 되었다. 1955년에 그는 소련 과학기술 부박사 학위를 취득하여 중국 최초로 폭파기술을 전문적으로 공부한 귀국 인재가 되었다.

하루라도 일하지 않으면 창피하다

학업을 마치고 귀국한 뒤에 펑슈위는 철도부 공정총국에 붙잡혀 엔지니어 일을 했다. 신중국 수립 초기에 온갖 폐단이 일어나 방치되거나 지체된 모든 일이 다시 시행되기를 기다리는 상황에서 그는 중국 철도가 빠르게 발전하는 시기를 기쁜 마음으로 보고 있었다. 1953년부터 중국 철도는 매년 평균 1,000km의 새로운 라인을 건설했다. 매년 완성된 석재 수량은 1억 세제곱미터였는데, 기계화 정도가 매우 낮아서 폭약을 터뜨려 공사할 때에는 대충 눈대중으로 하였고, 오로지 경험에만 의지했다. 그것을 과학기술로 인정하지도 않았고, 효율도 낮은 데다가 안전하지도 않았다. "중국이 비록 화약의 발원지라고는 하지만 천년이 지난 후에 폭파 기술은 서방 선진국에 한참

성공적으로 실시한 폭파 공정

뒤떨어지고 말았다." 펑슈위는 소련에서 배운 폭파 기술을 국가 철도 건설에 응용하기로 결심했다. 길을 닦고 교량을 놓는 과정에서 만약 원래 토목 공법대로 하면 노동자 한 명이 석재를 만드는 일을 하게 되는데, 하루에 하나를 만들지 못하는데, 과학적인 방법을 들여오게 되면 한 번에 백 톤 이상의 폭약을 담아 몇십만에서 천만 이상의 토석을 폭파할 수 있어 효율이 대대적으로 높아진다는 것이 펑슈위의 말이다.

1956년에 나이이內宜 철도의 하오즈커우號志口 공사 현장에서 펑슈위가 노동자들을 데리고 정해진 폭파방법으로 노반을 팠다. 노반 안쪽으로 돌들이 30%가 날아갔고, 동시에 노반 맞은편 200m 되는 곳에 건물의 안전이 확보되어 폭파 공정이 전통적인 기술에서 현대 기술로 바뀌었음을 보여주었다. 최초의 성공으로 인해 펑슈위의 자신감은 극대화되었다. 또한 철도부에서도 폭파 기술을 확대하기로 결정하였다.

귀국 초기에 철도부 공정 총국은 펑슈위를 소련에서 유일하게 중국에 온 폭파 전문가 치치킨 조수로 파견하여 잉샤鷹厦, 바오청寶城, 촨취엔川黔, 두

꾸이都貴 등 새 철도 노선의 폭파 시공 설계에 참여하게 함으로써 풍부한 경험을 쌓고 폭파 공정에 대해 점차 자신의 인식을 가지도록 하였다. 펑슈위는 치치킨의 공헌이 대폭파 기술의 중국에서의 응용과 발전의 장을 열었다는 점과 함께 중국과 더불어 폭파 기술 인력을 배양했다는 점에 있다고 생각했다. 하지만 치치킨은 광산 엔지니어 출신으로 폭파의 안정성, 지질 조건 등에 대해서는 주도면밀하지 못하여 철도 기초공사와 주변 붕괴 문제 등은 비교적 심각한 상태였다. 상하이 자오퉁대학과 소련 유학에서 받은 학술적 훈련으로 펑슈위는 수시로 작업 경험을 결산하고, 글로 남기는 습관이 있었다. 그는 초기의 작업 경험을 결산하여 글로 남겨서 1958년 철도출판사가 출판한 〈폭파공정 경험 종합보고〉에서 발표하였다.

소련 전문가가 돌아간 뒤에 펑슈위는 철도 건설연구소(철도부 과학연구원 소속) 폭파연구소 주임을 맡아 중국의 폭파이론과 공정 설계 연구를 적극적으로 개척하였다. 허베이河北 둥취안커우東川口의 댐은 그가 처음으로 국내에서 방향을 정하고 폭파하는 방법으로 지은 댐이다. 판즈화攀枝花 강철회사의 스즈산獅子山은 그가 참여한 중국 역사 최초의 만 톤 급 대폭파 공정이었고, 청쿤成昆 철도와 꾸이쿤貴昆철도의 새로운 라인 건설에서 그가 확대한 폭파와 깊은 구멍 폭파 기술은 뚜렷한 성과를 보였다. 광저우 황푸항만 도로 물길을 트는 폭파 공사에서 그는 물아래 폭파의 시공 기술과 폭파 기술을 선보여 이 분야에서의 공백 상태를 메워 주었다.

펑슈위는 말한다. "이런 가정 출신의 사람이 당에 의해 길러져서 국가에 보답할 마땅한 일을 했다고 생각한다. 하루라도 일을 하지 않으면 창피하다." 당시 그의 한 달 봉급은 150위안이었다. 만약 어느 날이고 살아갈 수가 없다면 그는 5위안도 헛되이 받은 것이라고 생각할 것이다.

순간폭발의 위력을 통제하다

'쾅' 하는 거대한 소리와 함께 산 또는 고층 건물이 폭발음과 함께 예정된 방향으로 순식간에 쓰러진다. 이것이 바로 대폭파의 위력이다. 그 폭파로 더 효율적으로 채광을 할 수 있고, 도로를 건설하고 댐을 쌓는 공사가 가능하지만 커다란 위험이 수반된다.

펑슈위는 '대약진' 시기에 발생했던 심각한 폭파 사고를 가슴 아프게 회고한다. 한 번은 폭파계획에 포탄 두 발이 있었는데, 한 발이 터지고 나서 부근에 있는 한 학교가 수업이 끝나 학생들이 구경을 하러 모여들었다. 사람들은 두 번째 포탄이 남아 있다는 사실을 몰랐고, 그 결과 사상자 200여 명이 발생했다. 또 한 번은, 폭약 수십 톤이 기차역에 쌓여 있었는데, 폭약을 작동하는 사람이 폭약 더미 안에서 불을 피워 밥을 짓다가 부주의로 폭약이 터지는 바람에 기차역에 2, 30m의 구덩이가 파진 데다가 그 충격으로 부근 2~300명의 조그마한 마을이 폐허가 되고 말았다.

안전의식의 결핍으로 인한 뜻밖의 사고 이외에도 폭파과정에서 크고 작은 사고도 많았다. 펑슈위가 소련 유학에서 돌아온 뒤 중국 제1기 철도 폭파기술 훈련반을 연 적이 있었다. 학생은 총 200여 명이었는데, 그중에는 4, 50명이 나중에 공사 현장 사고로 희생되었다. 펑슈위는 너무나 가슴 아파했다. 그 자신도 위험을 아슬아슬하게 비켜 간 적이 있었다. 그는 끊임없이 경험을 결산하여 아이디어를 많이 냈다. 또한 폭파 안전 시공 표준을 제정하였다. 아울러 끊임없이 비교적 안전한 깊은 구멍 폭파 기술을 발전시켰고, 폭파 시공 중의 안전 사고를 줄이고 피하고자 힘을 기울였다. 그는 말한다. "폭파의 위력은 매우 크다. 위험과 파괴도 크다. 관건은 그것을 어떻게 통제하느냐에 달려 있다."

펑슈위가 전심전력으로 폭파 기술의 발전적 응용을 도모하고 있을 무렵, 정치 운동의 영향으로 그는 연이어서 '우경 기회주의자'가, '소련 수정

❶ 미국 공군 박물관 참관 당시
❷ 폭파 전문가들과 함께 산샤 공정 폭파 현장에서(오른쪽에서 두번째가 펑슈위)

주의 분자', '가짜 당원'이 되어 있었다. 가장 활력 넘치는 30세에서 50세까지 그는 전심전력으로 일을 할 수가 없었고, 이것은 펑슈위에게 가장 유감스러운 일이었다. 하지만 그는 성격이 온화하고 억지로 추구하는 스타일이 아니어서 곧 평온함을 되찾았다. 또 그는 평소에 사람들과 잘 지냈고 파당도 결성하지 않아서 일이 없고 본 직업에서 일하지 못하는 것을 제외하고는 정치 운동 과정에서 그는 그렇게 커다란 타격을 받지는 않았다.

'문혁' 후반기에 펑슈위는 폭파 공작 업무에 복귀할 수 있었고, 배전의 노력을 기울였다. 그는 각양각색의 크고 작은 폭파 프로젝트에 참여하였고 수도 없이 많은 상을 받았다. 그 가운데 '기초석 폭파 기술', '천공탄의 연구와 응용', '폭파 통제 기술' 등은 1978년 전국 과학대회 우수성과상을 수상하였고, '복잡하고 험준한 산악지역에서의 철도건설 신기술'은 국가 과학기술 진보 특별상을 받았다.

개혁개방 이후 일본의 TN 폭약 폭파 통제에서 자극을 받아 펑슈위는 여러 해 동안 '통제 폭파 기술'을 깊이 연구하여 중국의 도시 철거 폭파의 신기술을 추진하고 발전시킴으로써 폭파기술을 인적이 드문 황무지나 야산으로부터 인구가 밀집되어 있고, 건물이 빽빽하게 들어선 도시 건설 분야로 들여와 일련의 중대한 공사 프로젝트를 완성하였다. 그 가운데 그가 주관한 '베이징 국제호텔 공사 현장 통제 폭파 철거기술'은 1984년 전국 건축 과학 기술 성과 교역회 금상을 수상하였다.

1984년에 철도과학원과 철도부 건설국은 연합으로 '베이징 폭파 연합 공정 회사'를 설립하고, 펑슈위는 제1기 대표이사를 맡았다. 1994년에 그는 새로 설립된 중국 공정 폭파협회 제1기 부이사장으로 선출되었다. 1995년에는 중국 공정 폭파 학문의 기초를 놓은 사람으로서 중국 공정원 원사로 선출되었다.

철도건설 사업소 폭파연구실 주임을 사직한 이후, 펑슈위는 수많은 중요한 공정에 고문 자격으로 참여하고 지도하였다. 그 가운데 싼샤댐 공정, 칭짱철도 등 세계가 주목하는 중대한 공정이 있었고, 폭파 분야에서 유명한 주하이 비행장의 12,000톤급 세계 제일의 폭파 공정도 있었다.

펑슈위는 말한다. "그래도 자신의 전문 분야 일을 하는 것이 심리적으로 비교적 편안하고 안심이 된다. 사람으로서 책임감이 있어야 한다. 무슨 일을 하든지 하려면 깔끔하게 해내야 한다."

욕심이 없으니 마음이 편하다

오랜 기간 펑슈위는 중국 폭파 기술에 매진하여 열심히 노력하였다. "벼슬도 하고 싶지 않았고, 돈을 벌 생각도 없었으며 죄인만 되고 싶지 않았다."

동료들의 눈에는 그는 세상과 다투지 않았다. 다른 사람에게 원하는 것도 없었고, 오히려 다른 사람을 기쁜 마음으로 도와주었다. 일을 할 때에는 자신의 욕심을 출발점으로 삼지 않았다. 만약 다른 의견이 있으면 그는 자신의 관점을 충분히 드러냈지만 고집을 부리지는 않았다.

학생들의 눈에 그는 부드럽고 선해서 가까이 하기 좋은 사람이었다. 정색을 하고 사람을 가르치려 하지 않았고,. 늘 격려하는 방식으로 가르쳤다. 만약 학생과 관점이 다른 경우에는 그는 언제나 "나는 이렇게 생각하는데, 너희는 잘 좀 생각해 보렴" 하는 식이었다. 학생 장즈이張志毅는 이렇게 회고한다. 한 번은 그가 조그만 건물 폭파를 맡게 되었는데, '경미한 사고'로 실패하게 되었다. 그러자 펑슈위는 그를 비판하지 않고 오히려 그를 격려하면서 위로하였고, 그 대신 책임을 떠안았다.

하지만 펑슈위는 자신의 원칙이 없는 사람은 아니었다. 그는 올바르지 못한 사람을 좋아하지 않았다. 만약 어떤 사람이 못된 장난을 치면 그는 나서서 그와 한판 승부를 벌였다. 반우파 투쟁 기간 그는 싼샤三峽 폭파조를 따라 양쯔강 유역으로 살피러 나갔는데, 길가에 강철이 있는 것을 보고 베이징으로 돌아와 여러 사람들 앞에서 가치가 없다고 평하였다. 나중에 〈인민일보〉에 '십삼만 근의 벼 생산' 보도를 보고는 그는 "불가능"하다 직언하였다. 이로 인해 그는 '우경 기회주의자'가 되었고, 노동조합 주석과 연구실 부주임 자리에서 물러나야 했다.

'사람이 되려면 올바라야 한다'는 것이 펑슈위가 학생들을 길러낼 때 가

 황허대교 공사현장에서(오른쪽에서 다섯번째가 펑슈위)
 아내와 함께 등산

장 중점을 두었던 부분이다. 이 밖에도 공부를 할 때에 기초가 확고해야 하고, 창조정신이 있어야 할 뿐만 아니라 이론과 실천을 겸비한 기술자로서 업무 능력의 배양을 무엇보다도 강조하였다. 그는 "우리는 공과 전공이지 이과 전공이 아니다. 어떤 방법을 쓰든 문제를 해결하고 간단하게 해야 한다. 말만 많이 늘어놓으면 판을 두들길 수 없고, 훌륭한 전문가가 아니다."라고 말했다. 지금 그의 많은 학생들은 이미 중국이 폭파 분야의 새로운 뼈대로 성장하였다.

'현장으로 가자'는 것이 펑슈위가 늘 입에 달고 산 말이다. 40여 년간 그는 많은 시간을 조국의 각지로 뛰어다녔다. 험산 준령, 산간벽지, 황토 고원, 중원의 대지, 동남 연해, 남해 각 섬 등, 중국의 거의 모든 기록적이고 영향력 있는 중대한 폭파 공정 가운데 그의 발자취가 남지 않은 곳이 없다.

펑슈위가 비할 데 없이 위로로 삼는 것은 수십 년의 발전을 거쳐 중국의 폭파 기술이 마침내 장족의 발전을 했다는 사실이다. 폭파 기술이 수많은 공정 프로젝트 가운데 대규모로 응용이 되고 게다가 끊임없는 연구 결산이 더해져 중국의 전체 폭파 기술은 세계 수준에 도달했고, 어떤 측면에서는 앞서 나가기도 하는 상태이다.

80세 이전까지 펑슈위는 공사 현장을 누볐다. 오랜 기간 어디에 가서 일을 하든 그는 사람들이 따라다니는 것을 원하지 않았다. 도와준다는 것이 방해가 될 수 있기 때문이다. 80세가 넘어서는 집에서 평안한 말년을 보내고 있다. 자신이 실업자인 동시에 집안에서 주요 노동력이라고 웃으며 말한다. 매일 집안일을 하고 가족을 돌본다. 그는 일생에서 가장 후회되는 일이 두 가지가 있다고 말한다. 하나는 어머니를 봉양하고 싶었지만 기다려주지 않으셔서 은혜에 보답하지 못한 것, 다른 하나는 오랜 기간 일이 바빠서 가족들을 돌봐줄 시간이 없었다는 것이다.

돌아보면 쓰촨 산골 구석에 사는 먹고 사는 게 문제가 되었던 춥고 가난한 아이에서 중국의 제일가는 공정 폭파 전문가가 된 펑슈위는 비록 고생스러운 날들을 살아왔지만 행운이라고 느낀다. 80여 년의 세월이 쏜살같이 지나가 버렸다. 그가 인생에서 느낀 것은, "사람이 한평생을 살아가는데, 욕심이 너무 많으면 안 된다. 그렇게 하면 비현실적이고, 자신을 유쾌하지 못하게 만든다. 욕심을 너무 크게 갖지 말고, 능력이 닿는 한 다른 사람을 도와주고 홀가분하게 살아가면 마음이 편안하다."는 것이다.

馮 叔 瑜
펑 슈 위

06

金 鑒 明
진지엔밍

중국의 산수山水를 지키다

——

1932~2017
환경생태학자, 중국 공정원 원사,
중국 환경과학과 생태 보호 분야의 개척자이자 기초를 놓은 인물

"대자연은 가장 훌륭한 도서관이자 실험실이다"
"왜 인류는 달 탐사는 할 줄 알면서 지구라는 조그만 행성에서 안전한 마실 물과 신선한 공기를 마실 수 없는 것인가?"
"우리 GDP는 세계 제2위 경제 대국이 되었다. 하지만 지불해야 하는 대가는 너무 크다."

金 鑒 明
진지엔밍

중국의
산수山水를 지키다
—

진지엔밍의 이야기를 알게 되면 사람들은 자신도 모르게 놀라게 된다. 사람이 유한한 인생에서 어떻게 이처럼 많은 일을 완성할 수 있는 것일까?

길림 백두산에서 윈난까지, 곰이 출몰하고 독사가 숨어 있는 등 위기가 도처에 깔려 있는 원시 삼림 속에 온통 그의 발자취가 남아 있다. 멸종위기에 처한 동물들은 그의 도움으로 보호를 받는다. 랴오닝 뱀길에서 구이저우의 초원까지 중국의 90%가 넘는 자연보호 구역의 조성은 모두 그와 관계가 있다. 생태 농업부터 생태 도시에 이르기까지 그의 육체적 노력은 전국의 수백 개 도시와 농촌에 생태의 관념을 꽃피우게 하였고, 그 지방의 환경을 개선시켰으며 그곳에 사는 수없이 많은 사람의 생활을 나아지게 하였다.

그는 학자인 동시에 관리자이다. 그는 평생 대자연이 기계의 소음 속에서 '조용한 봄날'로 미끄러져 가는 것을 막기 위해 노력하였다. 학자로서 그는 중국 환경과학과 생태 보호 분야의 개척자이자 기초를 놓은 인물이다. 관리로서 그는 국가 환경보호 기구 건설의 기술인 대표로 참여하였고, 국가 환경보호국 엔지니어, 부국장 등을 역임하였다. 그는 사람들에게 과학과 관리를 결합하면 얼마나 기묘한 화학반응이 일어날 수 있는지 보게 하고 있다.

대자연은 가장 훌륭한 도서관이자 실험실

1959년, 27세의 진지엔밍은 소련 유학을 마치고 고향인 항저우로 돌아왔다. 당시는 중국 경제가 어려운 시기였다. 그는 자신이 나고 자란 '인간 천당'의 녹색 세상이 심각하게 파괴된 것을 보고 매우 마음이 아팠다. 얼마 후에 그는 중국 과학원 식물연구소 생태실로 발령을 받아 생태와 식물 군락 연구에 종사하게 되었다. 그는 마음속으로 배운 것을 이용해서 녹색으로 빛나는 중화 대지를 만들겠다고 바랐다.

진지엔밍은 어려서 시호西湖 주변에서 자라서 생물에 대한 흥미가 남달랐다. 1951년에 그는 저장浙江대학 생물학과에 입학했고, 1952년에 푸단復旦대학 생물학과로 전학하였다. 졸업 후에 소련 레닌그라드(상트페테르부르크) 대학으로 유학을 가서 생태학의 권위자 세니코프에게 배우고 부박사학위를 받았다.

생태학은 생물과 환경 간의 상호관계를 연구하는 학문이다. 당시 중국에서는 신흥 학문이어서 아는 사람도 많지 않았고, 진지엔밍 같은 생태학 전공 박사는 더더욱 드물었다. 중국과학원 식물연구소에 들어간 후에 그는 빠른 시기에 야외 조사팀 팀장과 대장을 맡게 되었고, 동북대학의 멤버들과 함께 백두산으로 가서 식물조사를 진행하였다.

우거진 원시 삼림은 진지엔밍으로 하여금 대자연에 안겼다는 흥분과 설렘을 갖게 하였다. 하지만 위기도 숨어 있었다. 매일 산에 들어가기 전에 전체 조사대원은 반드시 무장해야 했다. 방호복과 안면 마스크를 써서 단단히 자신을 보호해야 했다. 최대의 적은 무는 벌레였다. 벌레는 안개처럼 온 하늘에 가득 깔렸다가 대원들의 흰장갑에서 검은색으로 변했다. 점심은 주로

1963년, 윈난雲南의 시쌍반나西雙版納에서 연구하던 시절에 진지엔밍(뒷줄 좌측)이 유명 지리학자이자 기상학자인 주커전쓰可楨(앞쪽)과 그의 비서와 함께

찐빵을 먹었는데, 안면 마스크를 벗고 얼른 찐빵을 입속으로 넣고 다시 안면 마스크를 썼다. 때로는 벌레가 함께 들어오기도 했는데, 삼키는 수밖에 없었다. 까딱 잘못해서 벌레가 귓속, 콧속으로 들어오는 일도 다반사였다.

피곤해지면 대원들은 잠깐 쉬는 수밖에 없었다. 땅에는 온통 벌레투성이었는데 그 벌레들은 사람 피를 빨아먹기도 하고 병균을 일으킬 가능성도 있었다. 몸에 달라붙은 상태로 눈에 띄는 경우가 많았다. 그럴 경우 떼어내기도 어려워서 연기로 쫓아내거나 안 그러면 칼로 도려내야 할 때도 있었다.

한 번은 대원들이 사람보다 훨씬 더 큰 곰을 만난 일이 있었다. 경험 많은 사냥꾼이라고 해도 이 큰 놈을 함부로 다룰 수는 없었다. 또 한 번은 정면에서 호랑이와 맞닥뜨리기도 했다. 20m 정도 떨어져 있었는데, 다행히도 충분히 배가 부른 호랑이였고, 그들은 신속하게 자리를 벗어나 험한 꼴을 당하지는 않았다.

겨울이 되어 동북에서 산이 통제되고 나서 진지엔밍은 동료들과 쉬지

　　　　　　　　　　　　　　　중국 과학기술계의 별들을 담다

않고 남방으로 달려 갔다. 광시, 광둥, 하이난, 윈난 일대에서 그는 계속 식물 자원 조사를 진행하였다. 그곳에서는 또 새로운 적들의 그들을 기다리고 있었다. 금고리 살모사, 은고리 살모사, 죽엽청竹葉靑, 산무애뱀 등 독사들이 숲속에 숨어 있다가 으스스하게 튀어나오곤 했다. 말거머리가 사람 피를 배부르게 빨아먹은 뒤에 감자처럼 커져 있었는데, 그들의 매일 조사를 마치고 베이스캠프로 돌아오면 방호복에는 온통 핏자국이 가득했고, '총알을 맞고도 죽지 않은 영웅'이라고 자조하기도 했다.

열대우림에서 진지엔밍과 동료들은 풍찬노숙하면서도 즐거움이 있었다. 시장기가 느껴지면 손을 뻗어 나무에서 과일을 따서 염분과 독을 제거하고 먹었다. 맛있는 식사 대용이었다. 백두산에서 어느 날 새벽에 그들은 일고여덟 마리의 곰이 줄지어 동굴로 돌아가다가 가장 작은 한 마리가 조심하지 않는 바람에 외나무다리에서 떨어져 버리는 것을 보았다. 마을 사람들 도움으로 모두 함께 곰고기 파티를 벌였다.

꼬박 15년간, 춘절 전후 한 달 동안 베이징으로 돌아가 가족들과 만난 것이외에 그 나머지 시간 동안 진지엔밍은 온 천지의 깊은 산속에서 뛰어다니면서 풍부한 현장경험과 과학 실험 경험을 쌓았다. 비록 고생스럽고 위험하기는 했지만 이 모든 경험이 생태과학 연구에 도움이 된다는 생각에서 두렵거나 위축되는 생각을 가지지 않았다. 그는 광서 90개 현을 누비면서 광서의 식물지도를 그려냈고, 생태 위치 정립에 근거를 제공하였다. 그는 백두산의 원시 소나무 군락에서 희귀한 야생 인삼을 발견하여 그곳을 자연보호 구역으로 만들었다. 그는 약물 연구소와 합작으로 광둥의 약재를 베이징 근교로 가져오는 데 성공하였는데, 제품의 약효가 매우 좋아 남쪽의 약을 북쪽으로 옮기는 시범을 보여 주었다.

"대자연은 가장 훌륭한 도서관이자 실험실이다."라고 진지엔밍은 말한다. 15년간의 야외 생태조사는 그로 하여금 대자연에 대해 더욱 깊은 느낌을 갖게 해주었고, 의지를 단련시켰으며, 신체를 단련시켜 주었다. 게다가 중국의 생태 구조에 깊은 인식을 갖게 해주어, 이후 환경보호, 특히 생태 보호의 정책연구와 관리 사업에 기초를 놓을 수 있게 해주었다.

환경보호는 독립된 과학

생태학자로서 진지엔밍은 야외조사를 열심히 진행하는 동시에 전 지구 생태환경 문제가 점점 부각되고 있는 현실에 주의를 기울이고 있다.

영국 런던의 유독 스모그는 며칠 내에 수천 명을 사망하게 한다. 일본 미나마타 현의 고양이가 이상하게도 집단으로 강물로 뛰어들고 여성들이 정신이 이상해진다. 아일랜드 상공을 날던 수만 마리의 새가 영문도 모르게 죽는다. 남극에 사는 펭귄의 몸에서 DDT 농약 성분이 발견된다.… 1950~60년대 일련의 이상한 일들이 과학자들의 시선을 끌었다. 인류는 되돌아보기 시작했다. 공업 기계의 굉음은 물질적 풍요로움을 가져다주었다. 하지만 동시에 무절제한 자연 자원의 소모와 환경오염이 가져다주는 각종 나쁜 결과들을 어떻게 모면할 것인가?

1972년 6월, 제1회 유엔 인류 환경 회의가 스웨덴의 수도 스톡홀름에서 개최되었다. 환경보호가 처음으로 세계 각국이 당면한 중요한 과제가 된 것이다. 바로 이 해에 베이징 시가 관리하는 저수지에서 수만 마리의 물고기가 죽었다. 이 일을 철저하게 조사하기 위해서 저우언라이 총리의 문제 제기로 수자원 보호팀이 꾸려졌고, 완리萬里가 팀장을 맡았다. 중국 최초의 관영 환경보호 조직이다.

얼마 후에 국가에서는 중국 최초로 환경보호를 전담하는 국가급 기관

중국 과학기술계의 별들을 담다

1984년, 스페인 마드리드에서 열린 유엔 자연자원 보호대회에 중국 대표로 참가

'국무원 환경보호 지도 팀'을 발족시켜, 생태학을 연구하는 진지엔밍을 중국 과학원 유일의 기술 간부 대표로 하여 준비 작업에 참여하도록 하였다. 이것은 진지엔밍 일생에서 중요한 전환점이 되었다. 이때부터 그는 과학연구의 경험과 성과를 국가 환경보호 정책의 연구에 응용하기 시작했다. 그는 "나는 완전한 관리자가 아니다. 또한 완전한 과학연구자도 아니다. 하지만 과학연구와 관리를 결합하면 매우 효과적"이라고 말했다.

1973년 8월 5일에서 20일까지, 전국 제1차 환경보호대회가 베이징에서 개최되었다. 진지엔밍은 이 회의에 참석하였다. 그는 그 회의를 '특별한 시대의 특별한 회의'라고 불렀다.

당시에 사람들은 이미 환경 방면에서 국가에 문제가 있음을 인식하고 있었다. 하지만 화학, 의약 등 여러 학문의 환경문제를 다루는 데 있어서 국내외적으로 환경보호가 독립된 학문인가에 대해서는 논쟁이 끊이지 않았다. 진지엔밍은 먼저 국내에서 긍정적인 답을 내놓았다. 그는 환경과학이 각 학문과 교차되며 동시에 그 나름의 연구 방향과 임무가 있어서 새로운 종합 학문이라고 생각하였다.

　'사인방'이 여론을 통제하고 '사회주의에는 오염이 없다.', '공해가 없다.'고 함부로 떠들어댈 때에 진지엔밍은 '얻어맞을' 위험을 무릅쓰고 중국의 환경오염 문제를 진지하게 연구하였다. 아울러 필명으로 〈환경보호〉를 출판하였다. '문혁'이 끝나고 1978년에 이 책은 실명으로 출판되었다. 그는 이 책에서 미국 여성 생물학자 레이첼 카슨Rachel Louise Carson이 쓴 〈침묵의 봄Silent Spring〉을 소개하면서 세계에서 괴상한 일이 일어나는 이유를 설명하였다. 원래 런던의 스모그에는 이산화탄소 생성의 주범이 함유되어 있는데, 사람 몸속으로 들어와 병을 일으키고 만성 질환자의 사망을 초래하는 것이었고, 일본 미나타 현의 강물에는 공장 폐수가 흘러서 물속에 살던 물고기들이 오염되었고, 그 물고기들을 사람과 고양이가 먹어서 중독이 되는 바람에 발작을 일으켰던 것이다. 아일랜드에서 새들이 떼죽음을 당한 원인은 체내에 함유된 고농도의 화학물질 때문이었다.

　"왜 인류는 달 탐사는 할 줄 알면서 지구라는 조그만 행성에서 안전한 마실 물과 신선한 공기를 마실 수 없는 것인가?" 이 책에서 진지엔밍은 환경과학의 정의를 명확하게 내렸다. 연구 내용과 방법을 명확히 밝혔고, 아울러 "자연자원을 합리적으로 개발하고 이용하며, 자연을 보호해야 하고 인류 활동이 자연계에 대해 단기적, 장기적으로 미치는 영향에 대해 자각적으로 예측해야 한다"고 호소하였다.

생물 다양성은 우리들의 생명

　1970년대에 중국은 환경오염 문제에 주목하기 시작했고, '삼폐三廢(폐기, 폐수, 폐 찌꺼기)'에 대한 처리 문제를 제기하였다. 하지만 진지엔밍은, 환경보호는 공업 오염에 대한 통제에만 집중해서는 안 되며 자연생태에 대한 보호와 생태 파괴를 줄이는 것도 포함시켜야 한다고 생각했다. 그와 관련 전문가들의 끊임없는 추진으로 자연보호와 삼폐 처리는 환경보호의 두 가지 중요한 임무가 되었고, 중국 최초의 〈환경 보호법〉에 들어가게 되었다.(1989년 발표)

개혁개방 후에 진지엔밍은 명을 받아 '자연보호처'를 조직하였다. 이때부터 '보배'가 발견되어 보호가 필요한 곳이면 어디든 달려가서 직접 근 100 곳에 달하는 자연보호 구역을 만들었다.

랴오닝 뱀섬은 진지엔밍의 노력으로 세워진 환경보호 시스템의 최초 국가급 자연보호 구역이다. 뱀섬은 특이한 뱀이 많이 서식하여 붙여진 이름으로, 맹독성 뱀은 세계적으로 소중한 보물이다. 과학자들은 이 뱀의 이빨 속에 있는 독액을 채취하여 위암 치료에 쓸 수 있다는 것을 발견하였다. 일본인이 황금 10g과 독액 1g을 바꾸자고 제안했지만, 중국 측에서는 동의하지 않았다.

하지만 진지엔밍은 뱀섬의 생태환경이 매우 걱정스럽다는 것을 알게 되었다. 보호 장벽이 없었던 것이다. 주변 해역에서 배들이 오염물질을 배출하여 뱀의 생존 환경에 영향을 미쳤고, 게다가 부근 주민들은 이 뱀들의 진귀한 가치를 전혀 알지를 못해서 잡아 죽이는 바람에 번식이 끊어질 위험에 처했다.

그러자 진지엔밍은 랴오닝 뱀섬의 자연보호 구역 건립을 적극적으로 촉구하였고, 뱀의 숫자는 점차 늘어나게 되었다. 동시에 국가의 자연보호 구역 모델과 결합하여 뱀정원, 뱀박물관, 뱀 제약공장, 뱀병원 등의 생태산업 고리를 구축하여 합리적이지만 제한적인 소규모 개발 응용을 보호, 과학연구, 선전, 치료 등에 결합하여 생태 효율, 경제적 수익, 사회적 효용성 등의 다중적인 결실을 보도록 하였다.

❶　　❷

❶ 1994년, 쓰촨 워룽臥龍 자연보호구에 있는 팬더와 함께
❷ 1983년, 베이징 난하이南海 즈미루위엔子麋鹿苑 참관(뒷줄 오른쪽에서 세번째)

　　진지엔밍은 안타까운 마음으로 "중국은 세계에서 생물 다양성이 가장
풍부한 나라 가운데 하나인데, 과거에 외국인들이 '너희는 온 천지가 보물
인데 그 보물을 알아보는 눈이 없다'고 했다"고 말했다. 알아보는 눈이 없
는 바람에, 어떤 종류는 외국인들이 중국에서 가져가 버리기도 했고, 세관에
서도 알아보지를 못해서 나중에서야 외국에서 뿌리를 내리고 자라 중국에
서보다 더 잘 자라는 일도 있었다.

　　그는 또 현재 지구가 세계적 범위의 멸종 위기에 직면해 있다고 소개하
였다. 통계에 따르면, 지구에는 일찍이 최소 5,000억 종이 존재했었는데, 지
금은 99% 이상이 없어졌다고 한다. 또 전문가들의 통계에 따르면, 전 인류의
활동으로 인해 멸종 속도가 자연적 조건에서보다 훨씬 빠르다고 한다. 지금
세계 30%의 양서류, 30%의 곤충, 25%의 포유동물, 그리고 8분의 1의 조류가
멸종 위기에 있다고 한다.

중국 과학기술계의 별들을 담다

"생물 다양성은 우리들의 생명이다. 생물 다양성의 상실은 반드시 인류의 생존 발전, 나아가 후대 자손들에게 엄중한 위협이 될 것이다." 진지엔밍은 무겁게 말한다. 자연 보호 구역을 세우는 것은 자연환경의 본래 모습을 온전하게 보존하기 위해서이다. 특정 구역을 지정하여 대표성을 지닌 생태 시스템을 특별하게 보호하고 세계적으로 진귀하거나 멸종 위기에 있는 종류를 보호한다는 것이다. 그것들은 국가 경제 건설에 있어서 천연적인 '자원의 보고'이고 자연자원과 생물 종류의 '유전자 창고'이기도 하다.

1994년에 진지엔밍은 장장 10년간 초안을 잡은 〈자연보호 구역 조례〉를 발표하여 자연자원에 대한 국가의 법 제정에 근거를 마련하였다. 생태 시스템 보호의 전형인 중국 지린吉林의 백두산 온대삼림 자연보호 구역, 하이난도 열대 삼림 자연보호 구역으로부터 쓰촨의 판다 자연 보호구역, 광시廣西의 자연보호구에 이르기까지, 안후이성 자연보호 구역, 복건의 자연보호구역으로부터 특수한 자연풍경 보호 또는 역사유적 쓰촨 지우자이꺼우 자연보호구역, 헤이룽장 자연보호구역에 이르기까지… 2016년 연말까지 전국에는 438개 국가급 자연보호 구역이 세워졌다.

진지엔밍은 또 동료들과 함께 서로 다른 유형의 자연보호 구역 관리 모델을 적극적으로 탐색하였다. 꾸이저우貴州 자연보호 구역에서 채택하고 있는 공동 관리형 모델은 생태 보호와 추진을 현지 경제와 결합하여 주변의 자연환경과 생태자원을 보호하면서 현지 주민들이 점차 부유해질 수 있도록 돕고 있다.

최대한 생물 다양성을 보호하기 위해서 할만한 일을 찾게 되면 진지엔밍은 전력투구하였다. 8개국 연합군이 중국을 침략했을 당시에 황실에서 기르던 사불상四不像을 죽이는 바람에 중국에만 있는 이 동물은 정작 중국 본토에서 사라지고 말았다. 중국에서 가지고 간 사불상이 영국에 남아 있다는 사실을 알게 된 진지엔밍은 사불상이 돌아올 수 있도록 강력 촉구하였다. 1983년에 사불상이 중국에서 사라진 지 1세기 만에 마침내 비행기를 타고 베이징으로 돌아왔다. 그리고 사불상은 국가급 1급 보호 동물이 되었다.

워번 수도원Woburn Abbey의 계승자 타비스톡 후작Marquess of Tavistock은 진지엔밍에게 보낸 편지에서 "사불상이 고향으로 돌아간 것은 나와 내 가족으로 말하자면, 특별히 중요한 의미가 있습니다. 나의 증조부께서 사불상 멸종의 위기를 구해주셨습니다. 동시에 120년이라는 긴 세월이 흐른 뒤에 이유명한 동물을 집으로 돌아오도록 하기 위해 노력한 사람이 있다는 것을 역사는 잊지 않을 것입니다."라고 썼다.

생태 발전은 추상적 빈 말이 아니다.

국무원 환경보호 지도팀 발족에 참여한 뒤로부터 지금까지 진지엔밍은 중국 환경보호 사업발전의 전체 과정을 직접 경험하였다. 1982년에 제 1차 기구 개혁을 거쳐 국가는 '국무원 환경보호 지도팀'의 기초 위에 환경보호국을 세웠다. 1998년에는 환경보호 총국으로 승격시켰고, 2008년에는 국무원 단독의 조직 부서인 환경보호부로 개편하였다. 진지엔밍은 줄곧 그 과정에서 적극적으로 과학기술 분야의 중요한 역할을 담당하면서 자연보호처 처장, 국가 환경보호국 수석 엔지니어, 부국장 등을 역임하였다.

그는 국가가 환경보호 사업을 갈수록 중시하는 것을 보았고, 자신처럼 환경을 중시하고 환경보호의 대열에 가담하는 사람들이 날로 늘어나는 것을 보았다. 아울러 민간 환경보호 조직이 수없이 많이 나타났다. 하지만 국가의 환경과 생태 문제는 날로 어려워져 가는 것도 보았다.

"아마 GDP의 문제인 것 같다." 사람들은 경제적 수익의 거대한 유혹 앞에서 눈앞의 이익만을 보고, 장기적인 이익을 고려하지 않는 것이 환경문제를 일으키는 근본 원인이라고 진지엔밍은 생각한다. "우리 GDP가 올라가고, 세계 2위의 경제 대국이 되었지만 그 대가가 너무 크다. 만약 낭비되는 자원과 환경을 계산해본다면 우리 GDP는 그렇게 많지 않다."

근 20년간 진지엔밍은 더 많은 힘을 생태학 경제발전의 결합에 투입하고 있다. 그가 보기에 생태발전은 추상적인 '빈말'이 아니라 풍부한 사상과 착실한 행동을 포함하고 있다. 그는 전국 범위 내에서 생태농업, 생태도시와 생태공업 지구의 건설을 적극적으로 추진하고 있다.

1980년대에 진지엔밍과 동료들은 중국 최초의 생태농업 시험 모델 '베이징 거주민 캠프'를 세웠다. 외국의 생태농장 이념과 중국의 실제 상황을 결합하여 메탄가스, 태양에너지 등의 청정 에너지를 사용하고, 각종 물질을 순환적으로 이용하여 최소의 에너지로 가능한 많은 녹색 제품, 채소, 과일을 생산해서 수출하는 것이다. 이 시도는 중국 생태농업의 서막을 열었고, 국가 과학기술 발전 1등 상을 수상하였다.

저장浙江 닝보寧波 텅터우촌藤頭村의 생태 건설은 진지엔밍의 또 하나의 만족스러운 프로젝트이다. 그의 적극적인 추진으로 1990년대에 '텅터우 환경자원 보호 위원회'가 중국 최초의 촌급 환경보호 기구가 되었다. 오염의 주범이 되는 항목에 대해 '한 표 부결제도'를 실시하여 이미 오염된 기업 전부를 녹색 제조로 바꾸게 하고 생태농업과 생태여행으로 바꾸게 하는 것이다. 10여 년이 지난 2007년에 텅터우촌은 '세계 10대 조화로운 농촌'의 영예를 안았다. 2010년 상하이 세계박람회에서 그것을 원형으로 한 '텅터우관'이 '가장 아름다운 실천 구역'으로 소개가 되어 유일한 향촌 사례가 되었다.

그는 또 중국 최초의 생태 도시를 주도적으로 추진하였다. 장쑤성 장자시앙시張家巷市의 생태 문명 건설이 그것이다. 진지엔밍의 직접적인 지도하에 1990년대에 장자시앙시는 '금산 은산도 있고, 녹수와 청산도 있는' 발전 이념을 먼저 제기하였다. 시청 식당 굴뚝의 철거부터 시작하여 시 전체 범위 내에서 '굴뚝 혁명'이 일어나 화로 500여 대, 굴뚝 100여 개를 철거하였다. 모래와 콘크리트로 대표되는 야금, 제약, 화공 등 오염도 높은 기업은 순환경제발전에 전력을 기울였고, '삼폐' 속에서 거대한 경제적 수익을 가져왔다. 아울러 오염 배출량은 최저로 떨어졌고, 어떤 지역에서는 배출량 제로를 실현하기도 했다. 예전에 시꺼멓고 냄새가 나서 시민들에게 '용수구龍鬚溝(용 수염 모양의 개천)'라 불렸던 도시의 조그만 하천들은 철저하게 정비되어, 하천 양편으로 녹음이 우거진 '도시 응접실'이 되었다. '자연을 도시와 융합시키고 도시를 자연에 융합시킨다.' 이것이 진지엔밍 마음속에 있는 현대 도시 발전 과정에서 갖추어야 할 마땅한 도리이다.

이 밖에 저장 안지현安吉縣의 죽업竹業 공농 생태순환산업 체인 모델의 전력 소모 제로 실현, 환경오염 제로를 실현한 허베이 진위金隅 시멘트 기업 생태 발전 탐색 등 진지엔밍은 생태발전의 이념을 전국의 농촌과 기업 및 도시에 확산시켰고, 효과적인 탐색을 통해 환경보호를 좋은 일로 만들기 위해 노력했다.

현재, 팔순을 넘긴 그는 여전히 전국 각지를 누비고 있다. 매일 새벽까지 일하고, 매월 절반의 시간은 출장을 간다. 그는 바쁜 일상 속에서 자신이 이미 팔순을 넘겼다는 사실조차 거의 잊어버릴 정도이다. 그는 인생 황혼기에

중국 과학기술계의 별들을 담다

접어들었지만 중국의 환경보호 사업을 위해 기왓장 한 장 더 얹는 심정으로 보탬이 되기를 희망하고 있다.

국민들이 날로 관심을 기울이고 있는 미세먼지, 수질오염 등의 환경문제에 대해서 진지엔밍은 다음과 같이 말한다. "만약 구조가 조정되지 않고, 발전방식이 변하지 않으면 오염은 더 심해질 것이다." 하지만 그는 희망을 봤다고 느낀다. "우리는 지금 '아름다운 중국'이라는 목표가 있고, '녹색 발전'이라는 이념이 있다. 또한 저탄소 순환이라는 기술이 있고, 자원 절약형, 환경 친화형 사회제도가 있다. 관건은 결심이 있느냐 여부이다!"

2017년 9월 19일 진지엔밍 선생은 세상을 떠났다. 향년 85세.

07

金 怡 濂
진이리엔

산술 초능력

—

1929~
컴퓨터 전문가, 중국 공정원 원사,
중국 컴퓨터 사업의 개척자이자 기초를 놓은 인물, 중국 최고 과학기술상 수상

"일할 때마다 우리는 이 일을 해낼 수 있는지를 매우 진지하게 분석해야 한다. 겁을 먹어서도 안 되고, 맹목적으로 모험을 해서도 안 된다."
"만약 개인의 이익만을 위한다면 반드시 단기적인 효과는 있겠지만 그것은 경박한 것이다. 어느 때이건 과학 연구를 하면 봉사와 헌신 정신이 적어서는 안 된다."

金怡濂
진이리엔

산술 초능력

—

많은 중국인이 컴퓨터가 무슨 물건인지 모를 당시에 진이리엔은 중국 최초의 대형 컴퓨터 연구 제작에 참여하였다. 50여 년의 세월 동안 그는 종이가 아니라 컴퓨터 방에 처박혀 지냈다.

180센티가 넘는 큰 키에 용모도 준수한 용모의 소유자인 그는 성품이 내향적이고 말수가 적으며, 말보다는 실천을 중시하는 일하는 것에 생명이 있다는 사실을 굳게 믿는 인물이다.

그는 중국의 여러 슈퍼컴퓨터 연구 및 제작에 참여하였고, 체계적이고 창조적으로 중국의 컴퓨터 사업 발전에 기여하였다. 1994년에 그는 중국 공정원 원사로 뽑혔고, 2002년도에 최고 과학기술상을 받았다.

자신이 한평생 종사한 컴퓨터 사업에 관해 그는 이렇게 말한다. "컴퓨터 분야의 가장 큰 특징은 '새로움'이다. 끊임없는 창조가 이어지고 새로운 것이 끊임없이 출현하니 가장 좋은 것은 없고, 보다 좋은 것만 있을 뿐이다."

컴퓨터가 나를 선택했다

1956년 중국 공산당 중앙은 '과학을 향한 진군' 구호를 내놓았다. 컴퓨터 기술을 국가 과학발전의 4대 중점 학문 가운데 하나에 놓은 것이다. 얼마 지나지 않아 20명의 젊은이가 컴퓨터 연구 제작을 공부하기 위해 소련으로 유학을 떠났다. 당시 나이 27세로 칭화대학 전기과를 졸업한 진이리엔이 그 가운데 한 명이었다.

그는 이렇게 회고한다. "당시는 컴퓨터가 세상에 나온 지 10년 정도 된 때여서 중국에는 컴퓨터가 뭔지도 모르는 사람이 많았고, 국가에서는 이 방면의 인재가 급하게 필요했다. 내가 컴퓨터를 선택했다기보다는 컴퓨터가 나를 선택했다고 말하는 것이 맞다."

비록 진이리엔은 명문가 집안은 아니지만 공부하는 집안의 자제였다. 아버지는 상하이 자오통대학을 졸업했고, 후에 미국 유학을 갔다가 돌아와서 톈진天津 전화국에서 엔지니어를 하면서 난카이南開대학에서 겸임교수를 지내, 수입은 넉넉한 편이었다. 그의 어머니는 대부호 출신으로 교양 있고 사리에 밝은 인물이었다. 그의 형은 미국 프린스턴 대학과 웨스트 포인트 사관학교에서 공부하였고, 훗날 유명한 항일 장교가 되었다.

진이리엔은 4남매 중의 셋째로, 어려서부터 살았던 곳은 이층 양옥집이었고, 보모가 돌봐주었다. 어린 이리엔은 성품이 조용하고 내성적이었고, 사람이 많이 있는 곳에서는 말할 때 긴장하였다. 하지만 그는 머리가 좋아 공부를 잘 했다. 그보다 두 살 많은 누나가 그에게 바둑을 가르쳐 주었는데, 나중에는 누나가 그를 이길 수가 없었고, 그 실력은 아버지도 놀랄 정도였다.

진이리엔은 자신이 처세방면에서 모친의 영향을 비교적 많이 받았다고 말했다. 어머니는 인품이 온후하고 선의의 눈길로 사람을 대해 주었으며 가정은 화목했고, 이웃과도 잘 지냈다. 인생관에 있어서 그는 아버지의 영향을

1951년, 칭화대학 졸업사진

비교적 깊게 받았다. 아버지 평생의 이상은 과학 구국이었다. 늘 식탁에서 당시 정치 부패에 대한 불만을 쏟아냈고, 늘상 "과학과 기술만이 가장 깨끗하다"고 역설하였다. 또 "과학기술을 발전시켜야만 중국이 강해진다"고 말하면서, 자녀들이 국가 사회에 유용한 일을 하고 자기 능력으로 밥 벌어 먹는 사람이 되기를 희망하였다.

어렸을 때 진이리엔은 아버지를 따라 전화국에 따라간 일이 있었는데, 전화국 내에 울려 퍼지는 똑딱거리는 소리가 그는 신기하고 복잡하게 느껴졌고, 과학기술에 대한 관심을 가지게 되었다. 한 번은 아버지가 그를 데리고 기차를 타러 갔다. 텐진 동역에서 북역까지 가는 기차였는데, 가는 길에 잔티엔여우 詹天佑(중국 근대 철도기술자)의 고사를 얘기해 주었다. "열심히 노력해서 공부하면 중국인도 해낼 수 있다" 아버지의 영향을 받아 철모르는 소년이었던 진이리엔은 작문에서 다음과 같이 썼다. "나의 이상은 잔티엔여우 같은 엔지니어가 되는 것이다"

1937년에 일본군의 중국 침략으로 텐진이 함락되었다. 그의 아버지는 일본을 위해 일하고 싶지 않아 사직하고 다른 일을 찾으면서 집안 경제가 날로 기울었다. 진이리엔이 공부하던 요화학교 교장이자 유명한 교육자인 자오텐린趙天麟이 일본의 노예교육을 배척했다는 이유로 일본 헌병의 미움을 사서 암살되었다. 진이리엔은 일본 병사가 칼을 차고 거리를 걷는 것을 보았다. 또 기모노를 입은 일본인 여교사가 기세등등하게 학교로 들어오는 것을 보고, 아버지의 화학 구국의 뜻을 차츰 이해하고 계승하였다. 하지만 눈앞에

중국 과학기술계의 별들을 담다

서는 강적들이 침략해 들어오고 조국의 산하는 엉망이 되는 상황이 벌어지고 있었다. 그는 자신의 뜻이 요원한 상상에 불과하다고 무력하게 느끼게 되었다.

1947년에 진이리엔은 오랫동안 선망해 왔던 칭화대학에 합격하였고, 전기과를 선택하였다. 훗날 국무원 총리가 되는 주룽지朱鎔基와 동기동창이 되었다. 칭화대학에서 공부하던 시절을 진이리엔은 세 마디로 정리한다. 수업은 인이 박힐 정도로, 생활은 매우 어렵게, 학습 스트레스는 매우 컸다. 칭화대학에서 기초 과목들은 모두 명교수에게 수강했고, 진이리엔은 각고의 노력을 기울였다. 항상 늦은 밤까지 공부하면서 견실한 기초를 쌓았다.

대학 졸업 후에 진이리엔은 학과 친구 몇 명과 함께 군에 입대하여 중국 인민해방군 총참모부의 해방군 전사가 되었다. 그가 나중에 알게 된 사실은 원래 칭화대학과 베이징대학 학생 10명이 총참모본부로 가라는 지표는 저우언라이 총리의 특별지시였다는 사실이다. 그들 10명 가운데 그는 유일한 비당원이었다. 성적이 좋고, 사람이 착실하며 믿을 만 해서 뽑았다는 것이다.

1956년에 저우 총리는 '중국 과학기술 역사상 최초'의 〈과학기술 발전 12년 계획〉을 직접 지도하여 제정하였다. 그 목적은 "국가 과학기술 역량을 신속하게 발전시키고 중요하면서도 시급하게 필요한 분야를 12년 이내에 세계 선진 수준에 근접시키거나 따라잡는 것"이었다. 이 계획의 일부분을 실현하기 위한 방안으로, 진이리엔은 소련 과학원 정밀기계와 컴퓨터 기술 연구소로 가서 컴퓨터 기술을 배우도록 파견되었다.

소련 유학 기간에 진이리엔은 1957년 '10월 혁명절'에 붉은 광장 군중 행진에 참가하였고, 아울러 모스크바 대학 강당에서 수천 명의 중국 유학생과 함께 "세계는 당신들의 것이고, 우리들의 것이다. 하지만 결국은 당신들의 것이다."라는 마오 주석의 강연을 들었다. 강연은 그의 뜨거운 피를 솟구치게 하였고, 이후 그의 일생에 매우 깊은 영향을 주었다.

중국 최초의 컴퓨터 탄생

컴퓨터 기술을 처음 접해보기는 했지만 진이리엔은 배우는 데 어려움을 느끼지 않았다. 그는 칭화대학 교수들이 가르쳐 준 학습방법이 평생 유용하다고 생각했다. 그는 자신의 학습 방법을 다음과 같이 결론지었다. "이론서는 매우 두꺼웠고, 공식도 아무도 외우지 못할 만큼 많았다. 하지만 깊이 있는 사고를 반복하여 개념을 이해하고, 문제의 핵심을 풀어내면 잘 해결되었다. 그리고 나서 상상력, 기초와 방법이 있으면 끊임없이 오를 수 있었다. 컴퓨터 사업은 매우 빠르게 발전하여, 전자관, 하드웨어, 소프트웨어에서 인터넷까지 끊임없이 새로운 것들이 출현한다. 어떻게 학교에서만 배울 수 있단 말인가? 자신에 의지하여 끊임없이 학습하고 끊임없이 모색하고 끊임없이 전진해야 한다."

1958년 7월, 컴퓨터의 '계몽'을 완성한 후에 진이리엔은 7일 내내 달리는 기차를 타고 모스크바에서 베이징으로 돌아왔다. 그는 원 부서에 도착 사실을 보고하고 곧바로 중국과학원 컴퓨터 기술연구소로 출근하여 중국 최초의 슈퍼컴퓨터 104기종 연구 제작에 참여하였다.

104 기종은 소련 제품을 모델로 연구 제작한 것으로서, 진이리엔이 모스크바에 있을 당시에 소련 측의 설계도를 반복적으로 연구하고, 그 원리와 구조에 대해 이해를 했었다. 하지만 당시는 '대약진' 운동이 벌어지던 시기여서 '빨리빨리'가 강조되었기 때문에 품질은 중시 받지 못했다. 따라서 컴퓨터의 안정성과 신뢰성을 어떻게 확보할 것인가 하는 것이 그가 당면한 난제가 되고 말았다.

중국 과학기술계의 별들을 담다

당시의 컴퓨터는 부피가 매우 컸다. 세계 최초의 컴퓨터 ENIAC는 1946년에 탄생하였다. 170m²를 차지하는 부피에 무게는 30t에 달했다. 1초에 5,000회의 덧셈과 500회의 곱셈이 가능했다. 104 기종의 본체는 200m²를 차지했고, 1초에 10,000회 연산이 가능했다.

가능한 한 빨리 중국인 스스로 슈퍼컴퓨터를 연구 제작하기 위하여 밥 먹는 것, 잠자는 것, 그리고 필수적으로 참가해야 하는 집단 활동을 제외하고, 진이리엔과 동료들은 연구실에 틀어박혀 있었다. 설계 연구를 제외하고 그들은 많은 시간을 할애하여 발생할 수 있는 여러 가지 문제들을 해결하기 위하여 많은 방법들을 생각하였다. 그는 다음과 같이 설명한다. "컴퓨터는 매우 특별한 물건이다. 하나의 수를 계산하는 데 많은 부품들이 함께 돌아가고, 어느 순간이라도 끊어지게 되면 컴퓨터의 결과는 완전히 빗나가고 만다. 따라서 소프트웨어나 하드웨어 모두가 중요하다."

1959년 국경절에 104기종은 정식으로 연구 제작의 완성을 선포하였다. 〈인민일보〉 헤드라인에 이 기쁜 소식이 실렸다. 곧 이어 중국 최초의 원자탄을 포함한 중대한 과제와 관련된 과학적 연산을 무리 없이 완성하였다.

이 당시 진이리엔은 이미 104 기종 연구팀을 떠나서 네 대의 슈퍼컴퓨터 연구 제작에 투입되어 있었다. 당시는 마침 3년간의 어려운 시기였다. 진이리엔과 동료들은 배불리 먹지는 못했지만 쪽잠을 자 가면서 묵묵히 연구에 매진하고 있었다.

컴퓨터의 대뇌와 심장이라 불리는 '연산 제어'는 진이리엔의 주전공 분야였다. 그는 지속적으로 시행 가능한 건의와 개선방안을 제기하였고, 여러 가지 난제들을 극복하면서 점차 중국 슈퍼컴퓨터 연구 제작 분야에서 주축 인력으로 성장하였고, 파격적으로 연구실 부주임으로 발탁되었다.

말로 표현할 수 없는 기쁨

1964년 국가에서는 '3선 건설'을 조직하였고, 진이리엔은 가족들을 데리고 부서를 따라 베이징에서 대서남大西南(쓰촨, 시짱, 윈난, 충칭, 구이저우 등지)으로 갔다. 무려 20년간이었다.

대서남의 산림 깊은 곳에서 그들은 대충 지은 집에 살면서 각종 물자를 배급표에 의해 공급받았다. 진이리엔은 가정을 돌보면서 신형 컴퓨터 연구 제작에 전심전력하였다.

얼마 지나지 않아 '문혁'이 일어났다. 전국의 수많은 과학연구 부서가 연이어 '중지'되었다. 하지만 진이리엔이 있던 연구소는 계속 전진 중이었다. 비록 그와 관련된 대자보가 붙고 부주임 직함도 박탈당했지만 계속 과학 연구에 종사할 수는 있었고, 그는 그것을 매우 다행스럽게 생각했다.

1969년에 진이리엔은 주요 기술책임자이자 조장으로 긴급한 명령을 하달받았다. 국가 중점 공정인 '905' 기종을 연구 제작하라는 것이었다. 당시 중국의 전자산업 기초는 매우 취약했다. 진이리엔은 동료들과 생산 제품의 품질 향상에 박차를 가하고 있었고, 국내에서 처음으로 동시 작동하는 처리기 시스템 구조를 개발하고 있었다. 이 기기의 속도와 안정성을 높여서 이전의 부족한 점을 보충하려는 노력이었다.

동시작동은 당시에는 많은 사람이 별난 아이디어로 생각하는 상태였다. 하지만 진이리엔은 이것이야말로 착실하게 구상된 것이며 오랜 기간에 걸친 노력의 산물이라고 말했다. '지식 무용'이 횡행하던 시대였고, 서대남이라는 정보가 꽉 막힌 산골이기는 했지만 진이리엔은 온갖 방법을 강구하여 새로운 학술 정보를 얻어냈다. 대도시에 회의나 처리할 일이 있어서 오게 되면 그는 반드시 도서관이나 자료실에 가서 자료를 뒤졌다. 그는 말한다. "과학 연구를 하는 사람은 선진 기술을 이해해야 한다. 그렇지 않으면 맹인이나

❶ ❷

❶ 1999년, 시난西南 산지로 돌아왔을 당시
❷ 2004년, 상하이의 수퍼컴퓨터센터에 있는 '션웨이' 컴퓨터 앞에서

귀머거리와 다름이 없게 된다. 이렇게 오래 가다 보면 상상력과 창조력을 잃게 되고 창조의 영감과 격정을 잃게 된다."

서남 산골짜기에서 과학 연구는 누추할 수밖에 없었다. 작업 현장에서는 화학약품 냄새가 코를 찔렀고, 쌀알보다도 작은 수천 개의 칩 사이로 세 가닥의 구리 선을 통과시켜야 하고, 이 일은 오로지 눈이 좋은 젊은이들의 손에 의해 완성되었다. 수없이 많은 부품은 모두 수동으로 조립되었다. 그런데도 불구하고 진이리엔은 "과학 연구 조건은 정말 중요하다. 하지만 결정적인 요소는 여전히 사람이다."라고 생각했다.

'혁명에 필사적인 노력을 더한' 정신에 의지하여 1976년에 905기종은 연구 제작 완성을 선포하였다. 연산 속도는 초당 350만 회에 달하여 중국 동시 작동기 연구 제작의 선구자가 되었다.

현재, 당시를 생각해보면 진이리엔의 얼굴에는 미소가 번진다. "그 기쁨은 말로 표현할 수 없습니다. 다른 사람들은 체험하기 어려운 거지요."

핵심기술은 돈을 주고도 살 수 없다

1978년에 중국은 과학의 봄날을 맞았다. 진이리엔은 905기종의 연구개발에 참여했던 사람들을 대표하여 제1차 전국과학대회에서 세 장의 상장을 받았다. 2개월 후에 그는 미국과 일본의 슈퍼컴퓨터 기술을 참관하기 위한 출장을 떠났다.

개혁개방 초에 국가 발전을 위해서 더욱 성능이 좋은 슈퍼컴퓨터 개발이 필요했다. 어쩔 수 없이 거액을 들여 슈퍼컴퓨터 한 대를 외국에서 들여왔다. 그것을 사용할 때에는 또 돈을 들여 외국 인력 두 명을 초빙해야 했다. 그들은 통제실에서 기기의 사용을 감시하는 일을 맡았다. 쌍방이 서명한 협의서에서는 다음의 내용을 명확하게 규정하였다. '중국 측 인력은 통제실에 들어와서 기기를 켜고 끄는 일을 할 수 없다. 외국 측 인력이 조작에 책임을 지고 중국 측은 기기에 손을 대서는 안 된다.…'

"핵심기술은 돈을 주고도 살 수 없었다." 비통함을 느낀 진이리엔은 어떻게 해서라도 중국인 자신의, 누구에게도 뒤지지 않는 고성능 컴퓨터를 연구 제작해야겠다고 결심했다. 덩샤오핑도 "중국이 네 가지 현대화를 하기 위해서는 슈퍼컴퓨터가 없어서는 안 된다"고 명확하게 지적한 바가 있다.

1980년대에 이전의 성능을 훨씬 뛰어넘는 슈퍼컴퓨터 연구 제작이 성공하였다. 1991년 진이리엔이 있던 연구소에서는 또 매초 10억 회를 자랑하는 중국 최대 규모의 컴퓨터 제작에 성공하였고, 미국과 일본 등의 격차를 좁혔다.

1992년에 국가 컴퓨터 공정 기술연구센터가 설립되었고, 진이리엔이 주임을 맡았다. 그의 눈앞에 놓인 난제는 다음 목표를 뭐로 정할 것인가, 100억인가 아니면 1,000억인가였다.

당시 여러 곳에서 논쟁이 끊이지 않았다. 진이리엔은 천억 회 급 슈퍼컴

중국 과학기술계의 별들을 담다

퓨터를 연구 제작하자는 소수파 가운데 한 사람이었다. 그는 말했다. "모험과 실사구시는 동전의 앞뒷면이다. 일할 때마다 우리는 이 일을 해낼 수 있는지 여부를 매우 진지하게 분석해야 한다. 겁을 먹어서도 안 되고, 맹목적으로 모험을 해서도 안 된다. 내가 천억 회 급 슈퍼컴퓨터를 연구 제작하자고 한 것은 일시적인 충동이 아니고, 외국의 성과를 근 1년 동안 반복해서 연구하여 얻어낸 결론이다. 내가 1,000억을 말할 때 마음속에서는 최소한 7, 80%를 이해하고 있고, 나머지 2, 30%는 초보적인 판단이 서 있어서 그 문제는 해결될 것으로 예상한다." 이 밖에 그는 또 다른 고려를 하고 있었다. 직접 천억회 급에 도전하는 것은 미국과 일본 등을 따라잡을 기회라는 것이다. "기회를 놓쳐서는 안 된다. 컴퓨터 발전은 대단히 빨라서 1년이 빠르면 선진적이 되는 것이고, 1년이 늦으면 뒤떨어지는 것이다."

진이리엔의 힘찬 추진으로 새로운 세대의 슈퍼컴퓨터 목표는 최종적으로 천억 급으로 확정되었고, 이름은 '선웨이神威'로 하였으며 진이리엔의 수석 엔지니어가 되었다.

'선웨이'의 연구 제작과정에서 진이리엔은 이전의 어떤 프로젝트보다 엄격한 품질 요구를 내놓았다. "우리 목표는 조그만 나사못 하나라도 세계 선진 수준을 드러내야 한다." 이렇게 진이리엔의 고강도 압력 하에 아주 작은 부품에서도 심혈을 기울였고, 제작 과정에서 성능이 더 좋은 칩으로 바꾸기로 하는 등 완성하기 힘든 임무들이 하나씩 실현되었다.

1996년 9월, '선웨이' 연구 제작이 완성되었다. 시험 가동을 거쳐 그 연산속도가 초당 3,120억 회에 이르렀고, 국제 최고 수준에 도달하였다. 이것은 4년 만에 중국 고성능 컴퓨터의 수준이 300여 배 향상되었다는 것을 의미한다.

국경절 50주년에 '선웨이'는 국경절 당일 베이징의 날씨를 정확하게 계산해냈다. 새벽 다섯 시에 비가 그칠 것이고, 세 시간 후에 날이 갤 것이라는 내용이었다. 텐안먼 광장에서 벌어진 성대한 경축식 현장에서 예보대로 해가 얼굴을 내밀었고, 경축식에 초청을 받아 참가했던 '선웨이'의 수석 엔지니어 진이리엔도 편안하게 웃었다.

이후 진이리엔은 팀을 이끌고 세계 선진 수준에 충격을 주었다. 2001년 연말에 '선웨이2'가 완성되었고, 속도는 초당 13조 1천억 차에 이르러, 최고 속도와 지속 속도가 모두 당시 세계 최고 성능의 컴퓨터를 넘어섰고, 부피는 더욱 작아졌으며 에너지 소모는 더욱 적어졌다. 중국 컴퓨터 기술 발전에 공헌한 것을 인정받아 진이리엔은 2002년도에 국가 최고과학기술상을 받았는데, 그 해에 유일한 수상자였다.

세계 제일에 부끄럽지 않다

2015년 10월, 중국의 국방과학기술대학이 제작한 '은하 2호'가 제6차 세계 슈퍼컴퓨터 500대 순위에서 1위를 차지했다. 하지만 '은하 2호'가 사용하고 있는 것은 미국 인텔사의 칩이기 때문에 미국 상무부는 같은 해 중국에 대한 고성능 칩 판매를 선포하였다.

반년 후인 2016년 6월에 프랑크푸르트에서 열린 국제 슈퍼컴퓨팅 콘퍼런스ISC에서 '선웨이 타이후 라이트'가 '은하 2호'보다 세 배 빠른 속도로 세계에서 가장 빠른 슈퍼컴퓨터 1위에 등극했고, 그 쾌거는 2017년에도 이어졌다.

'선웨이 타이후 라이트'는 진이리엔이 소속된 기술연구센터에서 제작된 것으로, 중국이 자체 개발한 고성능 칩으로 만들어졌다. 그 계산 속도는 최고 초당 125.4페타플롭스, 지속 계산 속도는 93페타클롭스, 성능 소모 비

중국 과학기술계의 별들을 담다

율은 와트당 60억 차에 이르러, 세 가지 성능이 모두 세계 제일인 데다가 멀리 앞서갔다. 연구 제작 팀은 2016년 11월에 고성능 컴퓨터 분야의 노벨상이라 불리는 고든벨상을 수상하였다. 이 상은 근 30년간 줄곧 미국과 일본 과학자들이 독식해 왔는데, 이번에 중국인이 이 분야에서 제로의 기록을 돌파한 것이다.

진이리엔은 탄식하며 말한다. "오늘날의 컴퓨터는 연산능력이든 응용 범위든 모두 상상을 뛰어넘고 있다. 당시 컴퓨터를 접촉했을 때 그것에 대한 나의 이해는 주로 과학 계산에 국한되어있었다. 원자탄, 기상예보 등을 취급하는 연구에 컴퓨터가 없으면 안 된다고 생각했다. 오늘날 컴퓨터 발전은 매우 빠르다. 그것을 떠날 수 있는 분야는 거의 없다. 컴퓨터가 세상을 바꿨다고 말할 수 있다."

그는 미래 연산 능력은 초당 1,000페타클롭스를 돌파할 것이라고 말한다. 주지하는 바와 같이 2018년 6월 준공되어 사용될 차세대 선웨이 E급 컴퓨터는 이처럼 놀라운 연산능력을 갖추게 될 것이다. 초당 1,000페타클롭스의 연산 속도는 어떤 의미일까? 그것은 1분에 계산할 수 있는 양이 전 세계 72억 인구가 잠도 안자고 컴퓨터를 사용하여 200여 년을 계산하는 것과 같은 양이다.

지금 연로해진 진이리엔은 2선으로 물러났다. 하지만 여전히 고문직을 맡고 있으며 시종 중국과 세계의 슈퍼컴퓨터 미래의 발전에 관심을 가지고 있다.

진이리엔은 열심히 일에 매달렸다. 수없이 많은 세월 동안 이론에만 매달린 것이 아니라 현장에서 연구하였다. 과학연구에 바쁜 나머지 30세가 될 때까지도 혼자였다가 후에 연구소에 새로 온 여대생 천징陳敬과 불꽃이 튀어 아름다운 가정을 꾸렸다.

아내와 함께

일하는 과정에서 그는 젊은 사람들과 혼연일체가 되었다. 문제가 발견되면 곧바로 엄하게 질책하지만 대부분은 화기애애하게 지냈다. 그는 초콜릿을 사서 일선 직원들을 위로하였고, 업무가 두드러지면서도 드러내지 않는 부사수를 이미지 고문으로 초빙하기도 했다. 그는 대담하게 젊은 사람을 중용하기를 좋아했다. 그에게 단련 받은 기술 인력들이 업계에서 중견 인력으로 활동 중이다. 그의 집 전화는 24시간 뜨겁다. 부사수로부터 일반 기술 인력까지 문제가 생기면 수시로 그와 소통할 수 있다. 하지만 매체에서 취재하려고 하면 그는 즉각 입을 닫아 버린다. 국가 최고 과학기술상을 받은 뒤에 많은 매체의 취재 요청을 그는 모두 거절하였다. 그는 언제나 "일은 모두가 한 것이고, 나는 별로 할 말이 없다"고 말한다.

오랜 세월 동안 고성능 컴퓨터를 연구하면서 많은 시간 진이리엔은 경제적으로 넉넉하지 못했다. 여러 해 동안 정해진 월급을 받으며 단위의 기숙사에서 지냈다. 그는 말한다. "우리 세대 사람들은 생활이 비교적 어려웠다. 국민당 통치, 항일전쟁, 문혁, 개혁개방을 겪으면서 사회의 긍정적인 측면과 부정적인 측면이 모두 대비되어 우리 머릿속에 분명하게 남아 있다. 우리가 개인적 선택을 할 여지는 많지 않았다. 하지만 책을 좀 읽고, 사물을 익히고,

중국 과학기술계의 별들을 담다

국가에 도움이 되는 일을 좀 할 수 있으면 즐거운 것이다. 지금 젊은 사람들은 우리 세대와는 다르다. 대우를 좀 더 높여 받기를 바라고 일이 자신의 취미와 좀 더 결합되기를 바란다. 이런 변화는 합리적인 면이 있다. 시대는 발전하고 있고, 사회는 변화해야 한다. 만약 개인의 이익만을 위한다면 반드시 단기적인 효과는 있겠지만 그것은 경박한 것이다. 어느 때이건 과학 연구를 하면 봉사와 헌신 정신이 적어서는 안 된다."

08

李德生
리더성

조국을 위해 석유를 바치다

———

1922~

석유 지질학자, 중국과학원 원사, 국가 과학기술 발전 특등상 수상

"과학을 존중하고 사실을 존중해야 한다. 함부로 해서는 안되고 상황이 확실해진 다음에 해도 늦지 않다."

"개인의 이해관계는 고려해본 적 없다. 단지 중국을 위해 최대한 빨리 석유를 찾을 생각만 했다."

"마침내 젊을 때 국산차를 움직이고 국산 기름을 쓰는 바램을 실현하게 되어서 나는 정말 기쁘다!"

李德生
리더성

조국을 위해
석유를 바치다

——

리더성은 빳빳하고 구김이 없는 검은 양복에 하얀 와이셔츠를 입고 가슴에는 붉은 꽃을 달고 있었다. 꽃 아래에는 금빛 찬란한 '수성壽星' 두 글자가 흔들거리고 있었다. 그는 차분하게 발언대로 걸어가 학술 보고를 시작하였다. 단상 아래에서는 200여명의 청중이 자리를 꽉 메우고 있었고, 13명의 원사를 포함한 청중들은 엎드려서 필기를 하고 있었다.

이것은 리더성 90세 생일 잔치 석상에서 벌어진 한 장면이다. 그는 중국 과학원 원사이고, 제3세계 과학원 원사이자, 중국 지질 분야의 제일 가는 전문가이다.

위먼玉門, 따칭大慶, 옌창延長, 셩리勝利, 따깡大港, 런치우任丘, 랴오허遼河, 차이다무柴達木, 타리무塔里木 등 중국의 거의 모든 유전에는 그의 흔적이 남아 있다. 그는 높은 산지와 평원을 두루 다녔고, 구순의 고령이 된 지금도 매일 6시에 기상하여 사무실에서 일하고 있다. 그리고 이 모든 것은 동일한 꿈, 중국을 위해 석유를 찾기 위해서이다.

위먼玉門

고비 여울목에서 공업의 피를 찾다

"오랑캐 피리는 왜 하필 구슬픈 이별곡인가? 봄바람은 불어도 옥문관을 넘지 못하네." 일찍이 시인 왕지환王之渙이 살았던 성당 시대에 서부 지역 고비 중심에 있던 위먼은 이미 '봄바람이 넘지 못하는' 황량한 지역이었다. 여기에서는 나무가 자랄 수가 없었고, 아득히 펼쳐진 모래사막 속에서 잡초만 듬성듬성 보일 뿐이다.

1945년에 충칭 근교의 거러산歌樂山에 23세 된 국립 중앙대학 지질학과 졸업생 리더성이 물자를 가득 실은 미국 트럭을 타고 위먼으로 갈 준비를 하고 있었다. 유일하게 송별하러 나온 사람은 그의 여자친구인 중앙대학 동창 주치창朱琪昌이었다. 그녀가 말했다. "졸업하고 나서 나도 위먼으로 갈 거야. 그 때 우리 위먼에서 살자."

상하이의 골목, 저장 리수이麗水의 학교 기숙사, 충칭 중앙대학의 기숙사에 이어서 멀리 서북에 있는 위먼이 리더성의 네 번째 집이 될 참이었다.

리더성은 어려서부터 상하이에서 자랐다. 가정 형편은 청빈한 편이었다. 두 형은 모두 초등학교를 마치고 취업을 하였다. 하지만 리더성은 같은 길을 걷지 않았다. 그는 공부가 하고 싶었다. 그의 재능을 아낀 선생님이 그를 장학생 명단에 올려주어 학업을 계속할 수 있었다.

중학교를 졸업할 당시에 일본군이 중국을 침략하였고, 상하이는 함락되었다. 망국노가 되지 않겠다는 신념을 안고 리더성은 친지들과 헤어져, 친구 몇 명과 함께 여기저기를 전전하다가 저장 리수이에 도착하여 피점령 지구 학생 신분으로 학비를 면제 받아 저장 성립 임시 연합 중학교에 입학하였다. 그는 이과를 선택하였고, 실업구국을 꿈꾸었다.

1941년에 리더성은 대학입시를 치르기 위해 후난 헝양衡陽으로 갔다. 충

❶	❷

❶ 결혼사진
❷ 지질 탐사중인 리더셩

칭으로 옮겨온 중앙대학과 시난 연합대학 등 많은 대학들이 신입생을 모집했는데, 헝양은 전국 10개 시험 장소 가운데 하나였다. 시험은 전부 야간에 치러졌다. 낮에는 수시로 일본군의 공습이 있었기 때문이었다. 각 대학에서는 합격 통지서를 발송할 방법이 없었다. 수험생 다수가 정해진 주소가 없었기 때문이었다. 합격자 명단은 3개월 후에야 〈중앙일보〉에 실렸다. 발표가 나던 당일에 리더셩은 자신이 국립 중앙대학 지질학과에 합격했다는 사실을 알고 기뻐했다. 이것이 그의 첫 지망이었던 것이다.

중앙대학에서 리더셩은 리쓰꽝李四光을 포함한 많은 유명 지질학자의 강의를 들을 수 있었다. 그리고 한 가지 조그만 일은 그에게 석유의 중요성을 깊이 깨닫게 되는 계기가 되었다. 당시 중앙대학은 교외에 위치해 있었는데, 학교에는 충칭 시내를 오가는 셔틀버스가 있었다. 기름이 부족했기 때문에 학교 셔틀버스는 목탄가스를 연료로 쓸 수밖에 없었다. 속도가 느린 것은 말

중국 과학기술계의 별들을 담다

할 것도 없고, 늘 가다서다를 반복했다. 동력이 부족할 때에는 차에서 내려 바람을 일으켜 다시 운행하게 만들기도 했다.

석유는 공업의 혈액이다. 석유가 없으면 비행기, 탱크, 자동차가 모두 고철이 되어 버린다. 석유가 없으면 화학섬유나 화학비료, 플라스틱도 없게 된다. 당시 일본군이 중국의 석유 수입 통로를 막고 있었기 때문에 국내에는 석유가 매우 부족했고, 국민정부에서는 '한 방울의 기름이 한 방울의 혈액'이라고 목소리를 높이고 있었다.

'중국을 위해 석유를 찾자' 리더성은 남몰래 뜻을 세웠다. 경제 지질학을 자신의 학업 방향으로 선택하고 주로 석유, 철, 주석, 아연 등 각종 경제 광물 개발을 연구하였다. 졸업 후에 그가 위먼에 살림을 차리려고 했던 것은 위먼에서 석유가 발견되었기 때문이다. 1939년에 위먼 제1광구가 시추되었고, 연간 3만t이 생산되었다. 그리고 이 생산량은 당시 중국 석유 생산량의 90% 이상을 차지하였다.

졸업 전날 위먼 유전 책임자가 중앙으로 와서 새로운 인재 초빙 의사를 밝히면서 중앙대학 졸업생이면 누구라도 거절하지 않겠다고 하였다. 지질학과에 10여 명의 졸업생이 있었는데, 리더성을 포함한 세 사람이 지원하였다.

트럭을 타고 두 달을 달려 마침내 리더성은 위먼에 도착하였다. 고비사막에서의 생활은 힘들었다. 노동자들이 거주하는 이른바 '땅굴'은 땅위에 큰 구덩이를 파고 양탄자로 그 위를 지붕 형태로 덮은 것이었다. 리더성은 그나마 기술자 대접을 받아서 누추한 단독 기숙사에 살 수 있었다. 풀 한포기 자라지 않고, 먹을 것은 모두 100km 밖에서 옮겨와야 하는 상황이었다. 가장 흔하게 먹는 요리가 맑은 물에 끓인 무였다.

리더성은 유명한 지구물리학자 웡원보翁文波의 휘하에 편입되어 중국 최초의 중력 탐사대 대원이 되었다. 그들은 서부 지역의 광대한 지역을 돌아다니며 중자력 탐사를 진행하였다. 후에 그는 또 위먼 석유의 발견자이자 유명한 석유 지질학자인 쑨지엔추孫健初가 이끄는 지질 정밀 조사팀에 합류하여 구릉과 산지를 누볐다.

모래바람이 눈을 가리는 열악한 기후 속에서 서생들은 말과 낙타 타는 것을 배웠다. 한 번 나서면 한 달씩 걸리고, 정해진 측량도구와 텐트, 취사도구 외에도 선물과 총을 휴대해야 했다. 소수민족을 만나면 선물을 줘서 우호적임을 보여주고, 적들을 만나면 총을 쏴서 안전을 지켜야 했다. 한번은 탐색 과정에서 정면에서 일자 대형으로 줄지어 오는 늑대무리를 만났다. 웡원보와 리더셩, 그리고 다른 대원들은 총을 들고 사격하였고, 두 마리가 총에 맞아 죽자 나머지 늑대들이 도망쳤다. 그들은 죽은 늑대를 가지고 베이스 캠프로 돌아왔다. 마을 사람들은 그들을 늑대를 잡은 영웅이라고 추켜세우면서 되돌아올 수도 있는 늑대들을 놀라게 해줄 생각으로 죽은 늑대 혀를 자기 집 문앞에 걸어놓았다.

매우 힘들고 어려운 시절이었지만 리더셩은 잊을 수 없는 때이기도 했다.

1946년에 항전 승리 후 일본인이 남긴 유전을 인계받기 위해 중국석유공사가 상하이에 설립되었다. 웡원보는 공사의 탐사실 주임으로 발령받았고, 리더셩은 보좌 지질사로 임명받았다. 그는 타이완, 장쑤 등지를 다니면서 중자력 탐사를 시행하였다. 1950년에 옌창 유전의 주임 지질사로 임명되었다. 이런 경력과 단련으로 리더셩은 점차 성숙되었고, 두각을 나타내기 시작하였다.

1954년에 32세의 리더셩은 위먼 유전으로 발령받아 되돌아왔고, 위먼 광무국 선임 지질사로 임명받았다. 그는 탐사팀을 이끌고 5곳의 유전을 발견하고 개발하여 위먼 유전의 생산량은 1958년에 100만까지 향상되었다. 위먼에 신중국 최초의 천연 석유기지를 건설하였다.

반세기가 지난 2009년에 위먼 유전에서는 위먼 유전 70주년 경축대회가 열렸다. 리더성은 70년간 유일한 '위먼 유전 개발건설 공훈 지질사'라는 영예로운 증서를 받았다.

따칭
세 가지 결정

1959년 9월, 동북에 대동이라 불리는 소도시 부근의 한 유정에서 검은 기름이 쏟아져 나왔다. 3개월 후에 리더성은 따칭 유전 지휘부 지질 지휘소의 부지휘관 겸 지층 대비 대대장으로 임명되었다.

그 당시 따칭은 아직 이름이 없었다. 리더성과 동료들은 이 망망한 설원을 '홍색 초원 목장'이라 불렀다.

"그것은 결국 대유전일까 아니면 조그만 유전일까? 죽은 유전일까 살아 있는 유전일까? 고품질의 기름일까, 저품질의 기름일까?" 지휘부 회의에서 당시 석유공업부 부장이었던 위치우리余秋里가 리더성을 비롯한 기술 인력들에게 세 가지 문제를 연속으로 쏟아냈다.

리더성의 대답은 이랬다. "지금은 답을 할 수가 없습니다. 더 일을 해봐야 합니다."

위치우리와 리더성은 이미 구면이었다. 게다가 자주 다투는 사이였다.

위치우리는 군 출신으로 장정 과정에서 왼쪽 팔을 잃어서 마오 주석이 그를 '외팔이 장군'이라 불렀다고 한다. 1958년 2월에 그는 석유 공업부 부장으로 임명되었다. 그 뒤로 촨중川中 분지의 3개의 유정에서는 석유 소식이 들려왔다. 위 부장은 전투 경험을 살펴 우세한 곳에 병력을 집중하여 대규모 '석유 전투'를 전개하였다. 같은 해 4월에 리더성은 새로 꾸려진 촨중 광무국 선임 지질사로 임명되었다.

당시 소련 전문가들은 촨중川中이 대유전으로 빠른 시기에 성과를 올릴 것이라고 인정하였다. 이미 석유가 나온 세 지질구조에서 신속하게 20개의 중요한 유정을 접수하기로 한 것이다. 영국을 추월하고 미국을 따라잡는 대약진의 분위기 속에서 전체 유전은 위아래로 전부 들뜬 분위기였다. 오직 리더성만이 차가운 분위기였다. 고찰과 연구를 거쳐 그는 촨중 유전이 여러 군데를 뚫는 바람에 개발을 위해서는 당시 중국에는 없었던 새로운 기술이 필요하다고 생각했다. 이에 따라 그는 지도 팀에 건의하였다. "함부로 할 수는 없습니다. 지질 상황을 철저하게 파악한 뒤에 해도 늦지 않습니다!"

"조용! 자료 수집은 다 됐겠지. 강철 대왕이 이미 영국과 미국을 뛰어넘었다고 하는데, 우리는 뭘 했냐 말이다! 그렇게 하면 군심이 동요된다는 거, 알고 있나?" 외팔이 장군이 탁자를 두들겼다.

'과학 존중, 사실 존중'을 견지하려던 리더성은 항복할 수밖에 없었다. 비판을 받은 후 직위해제되어 베이징으로 돌아가 '중국 침적 분지와 지질 배경의 편제와 설명서'를 쓰는 일을 했다.

지질 부지휘관으로 전투에 임하다가 한직으로 밀려난 리더성은 오히려 편안한 마음이었다. 반 년 후에 그는 3백만분의 1 축척의 중국의 분지 분포도와 상세한 보고서를 제출하였다. 그리고 중국 각 침적 분지의 대지 구조 위치, 형성 시기, 각 침적층의 두께 및 바위 성질, 기름을 담고 있을 가능성이 있는 기층의 층위 등을 일일이 나열하였다. 1959년 11월 베이징에서 개최된 석유과학회의에서 지도자와 전문가들의 광범위한 호평을 받았다. 동시에 촨중 유전의 여러 개 유정이 메마른 상태였고, 연간 생산량도 원래 기대치 300만톤의 10분의 1에 미치지 못하여 촨중 대회전은 실패로 끝나고 말았다.

동북 설원에서 '수재' 리더성과 '노병' 위추리余秋里는 다시 만났다. 외팔이 장군은 과감하게 리더성에게 손을 놓으라고 하였다.

찬중 대회전에서 조심스런 자세를 취했던 리더성은, 이번 고찰 후에는 담대한 구상을 내놓았다. "탐지는 던져버리고, 송기 세 유정 북부 70km 밖의 살투薩爾圖, 싱슈깡杏樹崗, 라마디엔喇嘛甸 세 곳에 각기 하나씩 예비 탐색 구멍을 직접 팝시다."

이 제안은 대단한 모험이었다. 단지 지질구조의 추측에 근거하여 북쪽에 반드시 석유가 있다고 할 수 없다는 점, 또 인력과 자금을 쏟아 부었는데, 그 곳에서 물만 나올 가능성과 이런 방법은 규칙에도 맞지 않는다는 점이다. 일반적으로 탐지 과정에서 석유가 나오면 의례적인 방법은 이미 석유가 나온 곳을 기점으로 하여 2km마다 평가정을 파서 위치와 저장량을 확인하는 것이다. 지질사로서 가장 온당한 제안은 물론 규칙대로 하는 것이다. 하지만 리더성으로서는 "개인의 이해관계는 고려한 적이 없고, 오로지 하루빨리 중국을 위해 석유를 찾는 것"이 시급했다.

위추리는 홍분해서 리더성의 어깨를 두드리면서 그에게 손을 놓으라고 하였다. "내일 갑시다! 최대한 빠른 속도로!" 그리고 특별히 "돌아와서 보고할 필요 없다"고 하였다. 전권은 리더성에게 맡겼고, 유정의 위치가 확인되면 파보라는 것이었다.

다음날, 리더성은 측량팀을 이끌고 눈보라를 무릅쓰며 출발하였다. 길이 없는 설원에서 리더성은 한 손에 지형도와 지진 구조도를 들고, 다른 손에는 나침반을 들었다. 그가 어디로 가는지를 말하면 기사는 차를 그 방향으로 몰았다. 살툰 부근의 구조물을 찾아낸 후 그 곳을 기점으로 하여 정확하게 측량하여 최종적으로 정확한 장소를 확정하였다. 리더성은 직접 시추 장소를 알리는 나무 막대기를 박았다. 이어서 '싱杏 1정井'(석유가 나온 후에 행 66정으로 바뀜), 라喇 1정(석유가 나온 후 라72정으로 바뀜) 등으로 유정 위치를 확정하였다.

유전에서 기념으로 가져온 오일샌드를 외손녀에게 보여주고 있는 리더성

　확정 후에 세 곳의 시추 유정에서의 시추에서 하루 평균 원유 100에서 200t이 나왔다. 이어진 연구에서 실증된 것은, 따칭이 품질이 좋은 특대 유전이라는 사실이었다. 리더성은 한 걸음 더 나아가 제안하였다. 가로로 나누어 개발하고, 띠 모양으로 물을 주입하는 기술이 따칭 유전의 안정된 고품질 석유 생산을 보장한다는 것이었다. 1964년에 따칭 유전은 개발 면적 내에서 원유 생산량이 연간 500만t에 달했다. 1976년 전면적인 개발에 들어가고 나서 따칭유전의 연간 생산량은 5000만t 이상으로 늘어났다. 이로써 중국은 원유 부족 국가에서 벗어났고, 따칭 유전은 중국 최대 유전이 되었다.

　1982년에 '따칭 유전 개발과정에서의 지구과학 사업'은 국가 자연과학 1등상을 수상하였다. 리더성을 포함한 24명의 과학자가 함께 이 명예를 공유하였다. 1985년에 리더성은 '따칭유전 고품질 생산의 물주입 개발 기술'을 완성

　　　　　　　　　　　　　　　　　중국 과학기술계의 별들을 담다

시킨 인물들 가운데 한 사람으로 국가 과학기술 진보 특등상을 수상하였다.

석유가 있는 곳이 나의 집

리더성의 장녀 리윈천李允晨은 상하이 아침의 시적 정취를 띠고 태어났다. 그 후 태어난 세 아이의 이름은 각각 리쑤李肅, 리위李玉, 리옌李延 등으로 리더성이 살았던 깐쑤甘肅, 위먼, 옌창 등 석유를 찾아낸 곳을 나타낸다.

그가 트럭을 타고 위먼으로 향한 지 70여 년이 흘렀다. 위먼에서 상하이, 옌창, 촨중, 따칭, 셩리, 따깡, 런치우, 베이징…리더성 가족으로 말하자면 이사는 흔한 일이었다. 그는 〈내 조국을 위해 석유를 바치리〉에서 노래하는 것처럼, 석유가 있는 곳, 그 곳이 바로 나의 집이라고 말했다.

젊은 시절 리더성은 말끔한 인물에 글씨체도 좋았다. 그는 명문가 출신 중앙대학의 꽃 주치창에게 마음이 쏠렸다. 그는 또 그림 그리기를 좋아했다. 탐사를 다닐 때면 늘 보고 들은 것을 스케치와 유화 등으로 그려 아이들에게 보내주곤 했다. 딸 리위는 지금까지 아버지가 네 아이를 함께 발씻는 유화를 그려줬던 것을 기억하고 있다. "우린 너무 좋아했었는데, 문혁 때 잃어버리고 말았다."

위먼에서 일하고 처음 받은 월급으로 당시 급속한 통화팽창 덕분에 대학 다닐 때 빌렸던 정부 대출 자금을 한 번에 상환하였다. 남은 돈 가운데 일부분은 부모에게 보내고, 일부분은 누나 진학 자금으로, 또 나머지 일부분은 양탄자를 사서 여자 친구 주치창에게 보냈다. 이 양탄자를 그들은 수십 년간 사용하였다. 나중에는 모교인 난징대학에 기증하여 학교 사료관에 보관되었다.

리더성과 함께 일해 본 사람들은 모두 그의 근엄한 인상을 기억한다. 그는 어떤 경우라도 함부로 말하지 않았다. 발언을 하지 않을 때에는 꼼꼼하게 메모

❶ 1980년, 영국 북해 푸드시 유전 견학 당시
❷ 90세의 나이에도 그는 직접 차를 몬다

를 하였다. 문혁 시기에 누군가 그를 비판하였다. 그가 몇 년도 몇 월에 반동적인 말을 했다고 한 것이다. 그는 일기장을 들춰보며 그 날의 기록을 찾아냈다. 올바르게 바로잡혀 있었다. "옳지 않아. 내가 당시에 이렇게 말한 거.…"

문혁 시기에 리덕성은 조사를 받았고, 비판을 받았으며 '5.7 간부학교'에 하방되었다. 1972년 후에 그는 티엔진 따깡 유전과 허베이 런치우 유전으로 차례로 발령받았다. "적게 일했다고 크게 비판받고, 크게 일했다고 적게 비판받고, 열심히 일했다고 비판받지 않으면서", 보하이만 분지 연구에 열심히 노력하였다. 그는 시종 "아무리 큰 억울함이라도 깨끗하게 풀 수 있다"고 믿었다. 1978년에 중국에 과학의 봄이 찾아왔다. 리더셩은 보하이만 분지의 석유지질에 관련된 논문 10여 편을 연속 발표하였다. 그 가운데 한 편이 전국 과학대회상을 수상하였다.

1978년 이후 리더셩은 줄곧 중국 석유천연가스 공사 베이징 석유탐사개발연구원 선임 지질사를 맡았다. 많은 1차 자료에 기초하여 그는 일련의 이론을 형성하였다. 이 이론들은 중국 유전에 대한 진일보한 탐사와 개발을 효과적으로 지도하였다.

중국 과학기술계의 별들을 담다

1986년에 리더성은 박사과정생 지도교수가 되었고, 1991년에는 중국 과학원 학부위원, 지학부 상임위원으로 당선되었다. 그는 10여개 국가의 초청을 받아 국제 학술회의에 참가하여 학술보고를 했고, 국내외 동료 학자들로부터 찬사를 받았다. 1994년에 리더성은 미국 석유지질가 협회AAPG가 수여하는 석유지질학의 '걸출한 성과' 상을 받았다. 지금까지 아시아 유일한 석유지질학 수상자이다.

인생 말년에 리더성은 매일 책상에서 작업하고 있다. 건강상의 문제로 젊은 시절의 취미는 더 이상 계속 즐길 수는 없지만 일단 취미 하나가 생겼고, 옆에서 누가 뭐라고 해도 그는 포기할 생각이 없다. 바로 운전이다. 한평생 석유를 찾아다닌 리더성은 기름을 써야 하는 자동차에 대해서 남다른 느낌을 가지고 있다. 2012년에 그의 안전을 고려하여 석유탐사 연구원에서는 그에게 최후 통첩을 내렸다. 운전을 하지 말고 필요할 경우에는 비서가 모시겠다는 것이었다. 하지만 그는 포기하지 않았고, 마당에서 운전을 하며 바람을 쐬었다. 한 번은 조그만 사고가 났다. 하마터면 부딪칠 뻔 했던 그 사람은 깜짝 놀라 고개를 들어보니 운전자가 리 선생이었다. 그러자 더 놀래서는 곧바로 물었다. "괜찮으십니까?"

사업을 하는 아들 리쑤李驌는 리더성에게 값비싼 자동차를 드리려 했지만 그는 저렴한 자동차로 바꿨다. 그는 "마침내 젊을 때 국산차를 움직이고 국산 기름을 쓰는 바람을 실현하게 되어서 나는 정말 기쁘다!"라고 말했다.

리쑤가 새롭게 기억해낸 일이 하나 있다. 1997년 홍콩이 반환되자 아버지는 특별히 그를 데리고 톈안먼 경축식장에 갔는데, 광장에서 기뻐하는 사람들을 보고 노인네는 항전 승리의 상황을 떠올렸다. 그 날 톈안먼 광장에 서서 리더성은 아들에게 말했다. "일본인이 패했다. 영국인은 물러갔다. 지금 내가 가장 보고 싶은 것은 중국의 발전이다."

09

劉源張
리우위안장

중국의 공장 의사

———

1925~2014
관리과학과 관리공정 전문가, 중국 공정원 원사,
중국 품질 관리 분야의 개척자이자 기초를 놓은 인물

"품질 강국을 실현하는 것이 나의 꿈이다."
"작업방법에 세 가지 원칙이 있다. 지도자의 의도를 깨닫고, 대중의 정서를 명확하게
헤아리고, 과학적인 방법을 골라 사용하는 것이다."
"성실함이 없고, 진지함이 없는 것이 품질의 암이다. 그것을 해결하지 않으면 아무리
선진적인 관리이론과 방법도 제로와 마찬가지이다."

劉源張
리우위안장 중국의
공장 의사
—

리우위안장을 잘 아는 친구들은 모두 같은 인상을 가지고 있다. 그의
'웃음 포인트'가 매우 낮다는 것이다. 다른 사람에게 말할 때 그는 항상 몇
마디 하지 않고 즐거운 일을 생각하고는 동그란 눈이 웃는 모습으로 바뀐다.
듣는 사람이 아직 멍하고 있을 때에 그는 이미 즐거운 것이다.

리우위안장은 확실히 항상 웃는 얼굴이다. 그는 중국의 품질관리를 이
끄는 전례없는 '조타수'이다. 전면적인 품질관리 분야에서 두말할 것 없이
권위자이다. 자서전 성격의 〈감사의 기록 - 나의 품질관리 생애〉에서 그는
다음과 같이 쓰고 있다. "사람들이 나를 '늙었다'고 하면 나는 싫지 않다.
사람들이 나를 '태두'라고 하면 나는 반대하지 않는다. 사람들이 나를 '원
조'라고 하면 나는 개의치 않는다. 그저 품질 작업에 대해서 몇 마디 옳은 말
하고, 품질 작업에 유용한 일을 좀 할 수 있기를 바랄 뿐이다." 항간의 비난
과 칭찬은 다른 사람에게 달려 있다는 여유와 바라는 바를 이뤘다는 만족감
이 묻어 있다.

하지만 그의 인생을 돌아보면 우여곡절이 많았고, 풍파가 이어졌다. 그

는 좋지 않은 대우를 받았고, 비판을 받았으며 심지어 억울하게 두 차례나 옥살이를 했다. 생활은 엉망이 되어 바느질로 연명해야 했다. 하지만 결국 그는 중국의 '공장 의사'가 되겠다는 의지를 꺾지 않았고, 중국 기업 제품 품질의 비약을 돕는 데 최선을 다 했다.

리우위안장은 지난 날을 이야기할 때면 "내가 우스운 얘기 한 마디 하지"로 시작하기를 좋아한다. 마치 그가 보기에는 웃음이 가득한 인생에서 엄숙한 의미가 있는 것 같다. 예를 들어 "내가 우스운 얘기 한 마디 하지. 내 품질관리 생애는 완전히 우연의 연속이었어." 하는 식이다.

귀국하고 진로가 막혔다가 우연히 입문하다

청년 시절의 리우위안장은 가히 '마음은 있는데, 되는 일은 없는' 상태였다.

공부를 하고 싶어서 했는데, 진로가 막혔다. 1941년 가을, 16세였던 리우위안장은 고향 칭다오를 떠나 옌징대학으로 공부를 하러 갔다. 뜻밖에도 입학 3개월만에 태평양전쟁이 발발했고, 옌징대학은 곧바로 일본군에 의해 봉쇄되었다. 성적 좋고 품성 좋은 '우수한 청년'은 전쟁통에 학업을 잃고 실업을 당한 이른바 두 가지를 잃어버린 청년이 되었다.

유학을 하고 싶었지만 귀국 후에 또 길이 없었다. 몇 달 후에 리우위안장은 자금 지원을 받아 일본으로 단기유학을 떠났다. 결과는 전쟁으로 인해 중국과 일본 사이에 교통이 두절되었다. 어쩔 도리 없이 체류할 수밖에 없었다. 1950년에 미국으로 유학을 떠났는데, 다시 6.25전쟁이 터지는 바람에 재미 유학생 귀국이 금지되었다. 이러저러한 이유로 원래 계획했던 3개월 유학은 결국 타향살이 15년이 되고 말았다.

1956년 8월, 일본에서 귀국하는 배 위에서

생사를 다투는 전쟁 기간에 편안한 생활은 단지 상상 속의 사치품이었다. 미군의 공습 아래 놓인 일본은 혼란의 도가니였고, 리우위안장은 여기저기로 피난을 다니는 수밖에 없었다. 나가사키에 있을 때에 그가 국내 친구에게 쓴 편지에 '옌안으로 간다'는 말이 있었다. 결과는 일본 헌병에게 특무로 체포되어 근 반년 간 갇혀 있다가 실재 증거가 없어 석방되었다. 이런 특수한 경력으로 인해 군사기지 나가사키에서 쫓겨났는데, 전화위복으로 얼마 후에 있었던 미국의 원자폭탄 투하를 피할 수 있었다. 제멋대로인 운명의 조종으로 편안한 생활을 하다가 다시 어려움을 겪다가 결국 편안해지는, 이것이 그의 숙명이었다.

귀국하여 방법이 없자, '학습'이 리우위안장의 유일한 신앙이었다. 생활이 아무리 힘들어도 그는 학업을 놓은 적이 없었다. 다만 구체적으로 무엇을 배울 것인가였는데, 그는 다시 한 번 큰 흐름을 따라갔다. 본래 그가 일본에 간 것은 엔지니어링을 공부하기 위해서였다. 하지만 일본이 패망 후 '경제강국' 사조의 영향으로 1946년에 교토대학 경제학부에 입학하였다. 대학 졸업 후에 중일간의 교통은 여전히 중단상태에 있었다. 리우위안장은 교토대학 대학원에서 공부하는 수밖에 없었다. 1950년, 성적이 우수하여 리우위안장은 지도교수의 추천으로 미국 UCLA로 유학을 가서 경제학 연구를 하게 되었다. 또 "상공 분야 관리도 자네 조국에 더 유용할 것"이라는 지도교수의 한 마디로 당시 막 일어나고 있던 오퍼레이션 리서치를 연구하였고, 나아

중국 과학기술계의 별들을 담다

가 관련 분야의 중요한 내용인 '품질관리'에 대해 흥미를 가지게 되었다.

1955년에 리우위안장은 버클리에서 학업을 마쳤지만 유학생 신분이었기 때문에 귀국할 수가 없었다. 중일 양국간에는 전쟁을 잘 마무리하기 위해 남은 문제가 있었다. 1953년부터 특별 통로를 열어 일본에 머물러 있던 화교들을 귀국시키기로 하였다. 이렇게 해서 리우위안장은 먼저 일본으로 돌아왔다가 다시 중국으로 돌아오게 되었다. 이 때, 일본 국내의 품질 관리는 그 분위기가 무르익은 상태였다. 리우위안장은 일본 품질관리의 집대성자 이시가와 교수를 찾아가 가르침을 청했다. 그의 도움으로 약간의 자료를 보고, 공장 몇 군데를 다녔으며, 약간의 식견이 생겼다.

1956년 8월 25일, 리우위안장은 일본에서 돌아왔다. 15년만에 그는 꿈에도 그리던 조국 땅을 밟은 것이다.

품질 관리로 우연치 않게 이름을 얻다

귀국 후에 해외 귀국 인력 작업 지원표에 리우위안장은 정중하게 '창춘長春 이치一汽'라고 썼다. 미국 유학 당시에 그는 도서관에서 〈인민화보〉에 보도된 '이치' 이야기와 사진을 보고 "중국에 마침내 현대화된 자동차 공장이 생겼구나!" 하고 쾌재를 불렀다. 하지만 그의 인생길은 자신의 계획과는 틀어졌다. 국가에서는 아직 발령을 내지 않은 상태에서, 그는 치엔쉬에썬이 보내온 편지를 받았다. 그를 중국과학원 역학연구소에 새로 설립되는 오퍼레이션 리서치 연구실로 부르는 내용이었다. 이로부터 그는 60년의 품질관리 연구 생애가 시작되었다.

당시 중국에서 '품질관리'를 아는 사람은 아무도 없었다. 리우위안장의 말을 빌자면, 이 학문의 중국어 이름도 우연히 얻게 된 것이었다. 정식 등록

작업 현장에서

첫날, 그는 치엔쉬에썬과 대화를 나눴다. 리우위안장은 외국에서 오래 지내, 전공을 언급하게 되면 'Quality Control'이라 했고, 치엔쉬에썬은 말을 받아 '품질 통제'라 하였다. 이렇게 해서 'QC'는 중국어 세계에서 정식으로 이름을 갖게 되었고, 리우위안장은 순조롭게 중국 최초의 품질 관리 연구팀을 세우게 되었다.

'품질관리'는 실험실에서 머리를 파묻고 연구하는 학문이 아니다. 공장에서, 작업 현장에서 실천을 지도하는 학문이다. 작업에 참여하자마자 리우위안장은 급박하게 생산 제일선에서 품질관리를 소개하고 싶어 했다. 어떤 공장에서는 필요 없다고 했고, 완곡하게 과제가 없다고 말하는 곳도 있었다. 또 어떤 곳에서는 귀찮아하기도 했고, 별별 말을 다 해 '수용' 동의를 받아 공장에 들어가 소개하기도 했다. 공장에 들어가서 알게 된 사실은 사람들에게 품질관리가 무엇인지 명확하게 알려주는 것이 여전히 어려운 일이라는 사실이었다.

중국 과학기술계의 별들을 담다

항저우의 한 공장에서는 공장장이 열정적인 연설로 리우 선생을 환영하면서, "설비 구매를 지도하고, 자동 제어를 품질에 운용한다"고 하였다. 리우위안장이 급하게 설명했다. "이건 기계가 필요 없습니다. 수리 통계를 통해 품질관리를 진행합니다."라고 하였다. 공장장은 즉각 의아해했다. "품질에 통계가 필요한가요? 우리 이런 곳에 통계원이 있겠습니까?" 상하이에 있는 국영 방직기계 공장에서 리우위안장이 관리도면으로 어떻게 불량품을 판단하는지를 설명하자 공장의 엔지니어가 질문하였다. "이건 수리통계 아닌가요?"

"보시죠. 저를 자동제어 전문가라고 했다가 또 수학자라고 하면서 저를 흐리멍텅하게 만들어 버립니다." 리우위안장은 스스로 즐기고 있었다.

어떤 의미에서 상하이의 그 엔지니어가 말한 것도 틀리지 않았다. '품질관리'의 기본이 바로 수리통계이다. 하지만 통계 수치는 첫걸음일 뿐이지 더 중요한 것은 수치를 어떻게 분석하고 사용하는가이다. 상하이 국영 방직기계 공장에서 리우위안장은 실례를 들어 엔지니어의 질문에 대답하였다. 리우위안장은 품질관리가 전통적인 통계 경험이 아니라고 설명하였다. 수리통계의 원리를 통해 생산과정에서 제품의 품질에 영향을 주는 요소를 찾아내고 통제하는 데 핵심이 있다는 것이다. 따라서 가능한 한 제품의 품질을 각 고리의 파동에서 최소로 줄이고, 최종적으로 안정을 실현하고 고품질의 생산을 가능하게 한다는 것이다.

실제 생산에서 제품의 품질이 좋고 나쁨을 결정하는 것은 사람의 요소만 있는 것이 아니다. 리우위안장은 그것을 '사람, 기계, 재료, 방법, 환경'으로 요약하였다. 각 분야의 제조 공정은 모두 수리통계의 원리를 이용하여 생산되는 제품의 품질에 대해 과학적인 점검과 관리와 통제를 할 수 있다.

리우위안장이 이끄는 품질관리 연구팀은 점차 방직, 기계, 야금, 전자,

통신 등 다양한 분야의 공장에서 연구 작업을 전개하였고, 실제 생산 중의 품질 문제를 해결하였다. 그러나 그가 이론적인 면에서 점차 국내 산업계에서 받아들여지고 실제 검증을 하면서 품질관리에 대한 이용 전망에 대해 자신감이 생길 무렵 뜻밖의 일로 그의 연구는 중단되고 말았다.

'공장 의사'가 다시 집을 나서다

1966년 8월 15일, 밤 10시 반, 한 무리의 사람들이 갑자기 리우장위안의 집에 쳐들어와 아무런 설명도 없이 그의 눈을 가리고 손목을 묶은 채, 친청秦城 감옥으로 데리고 갔다. 이후 장장 3천일간 그는 수감생활을 하면서 기괴한 심문과 조사를 받았다.

죄명은 '스파이 혐의'였다. 리우위안장에게는 낯선 일도 아니었다. "일본에서는 중국 스파이로 잡혔었고, 중국으로 돌아와서는 또 외국 스파이로 잡혔었다. 재미있는 것은, 나는 평생 감옥과 인연이 있는 것 같다." 리우위안장은 두 차례 수감 경험을 웃으며 말했다. 얼굴에는 고초나 원망이 전혀 없어 보였고, 홀가분한 표정은 마치 인생 가운데 하나의 '우스운 이야기'를 하는 것에 불과하다는 듯 했다.

친청 감옥에서 리우장위안은 9년을 살았다. 문혁이 끝나기 1년 전인 1974년 4월 어느 날, 그는 갑자기 석방되었다. 수감될 당시 41세였던 그는 출옥할 때에는 이미 50세였다. 그는 말했다. "상식적으로 보자면, 이 당시는 사람이 가장 성숙되고, 일에서 가장 성공할 무렵이다. 나로 말하자면 그렇지가 않았다. 하지만 헛되게 보낸 것도 아니었다. 왜냐하면 나는 일생에서 가장 커다란 반성을 했기 때문이다."

수감 초기에 재판관이 그에게 말했다. "연구소의 연구실에 앉아 논문은 쓰지 않고, 공장 여기저기를 돌아다녔다."고 하였다. 학술적인 부분에 신경 쓰지 않고 본업에 충실하지 않았다는 것이다. 그는 깊이 생각했다. "학술이 무엇인가, 학과 술은 무슨 관계인가, 또 본업은 무엇인가? 그는 감옥 도서관에 있는 〈마르크스 엥겔스 전집〉을 통독하였다. 중요한 부분은 한 번 더 읽었다. 귀국 후 10년 동안 했던 일들의 득과 실을 끊임없이 되돌아보았다. 내린 결론은 "배운 것을 쓰지 않으면 안배운 것과 같다. 무릇 국민과 국가에게 도움이 되는 일이 바로 본업이고, 이득이 되지 않는 것이 한가한 일"이었다. 그는 "품질관리를 하러 공장으로 뛰어가지 않는 것은 본업에 힘쓰지 않는 것"이라고 결론지었다. 그는 자신이 가장 하고 싶은 본업이 바로 공장 의사가 되어 기업을 위해 병을 치료하는 것이라고 예전보다 더 굳게 믿게 되었다. 그는 자신의 전공 방향을 다시 진지하게 살펴보고, '품질통제'라는 단어가 제한적이고 '품질관리'는 지나치게 보편적이라는 생각이 들어서, 그는 '전면적인 품질관리'라는 새로운 개념을 내놓았다. 이는 종합적 품질관리의 아버지 아르망 발랭 파이겐바움Armand Vallin Feigenbaum 생각과 같은 것이었다.

1950~70년대 중국 정치운동은 격랑을 거쳤고, 경제관리 연구는 거의 정체상태였다. 국제적인 품질관리 개념은 날로 새로워지고 있었고 점차 성숙해가고 있었다. 전통 도구를 이용하여 고품질의 안정적인 생산과 관리 시스템을 강조하여 업적을 향상시키는 두 가지 조류를 융합하여 파이겐바움은 1961년에 〈종합적인 품질관리〉를 출판하여 이는 소비자가 만족할 수 있는 제품 및 서비스를 경제적으로 생산하고, 제공할 수 있도록 기업 내의 모든 부서와 조직 구성원이 수행하는 품질개발, 품질유지, 품질향상의 노력을 통합시킨 효과적인 시스템을 주장하였다. 실천 차원에서 일본의 토요타는 에드워드 데밍Edward Deming의 이론을 받아들여 큰 성공을 거두었다.

❶ 1977년, 칭허清河의 방직공장 품질관리팀에서 강의하는 모습
❷ 1991년, 자동차 조립공장에서 지도하는 모습

하지만 당시 중국의 품질관리는 10년 재난을 거치면서 조금도 발전하지 못했고, 오히려 퇴보하였다. 1977년 상반기에 전국 706개 중점 기업에서는 중요 생산설비 395,488대를 검사하하여 평균 69.7%를 기록하였다. 설비가 불합격인 경우 생산품은 말할 것도 없었다. 동시에 작업순서와 생산법에 이르기까지 모두 일정한 매뉴얼이 없었다.

하지만 이런 혼란스런 상황과 1975년 출옥한 리우위안장과는 아무런 관련이 없었다. 그는 아직 복권되지 않은 채 여전히 스파이 혐의를 받는 상태였다. 일도 없고, 급여도 없이 부인이 셔츠공장에 가서 하루 종일 일해서 버는 돈에 의지하여 살았다. 그가 할 일 없이 지내고 있을 때에 예전에 그에게 품질관리를 배운 적이 있었던 칭허마오淸河毛 방직공장의 부책임자 왕화이인王槐蔭이 자신의 공장 품질관리를 해달라고 리우위안장을 초빙하였다. "왕화이인은 내 은인이다. 그가 어느 날 내 목숨을 구해 주었다. 20십년 전에는 어쨌든 생각지 못했던 일이다."

스파이 혐의를 받은 리우위안장은 철저하게 공명심을 접고 착실하게 일을 할 생각만 하고 있었다. 그는 옥중에서 작업 방법의 3원칙을 결론지었다. "지도자의 의도를 깨닫고, 대중의 정서를 명확하게 헤아리고, 과학적인 방법을 골라 사용하는 것이다." 관리자의 목표를 직원의 적극성과 실제에 부합하는 방법을 결합시켜 품질통제라는 이 생산 고리의 도구를 체계화된 품질관리로 변화시켜 업적을 향상시키는 것이다. 그는 왕화이인을 도와 작업의 표준화를 완성하였고 품질문제를 해결하여 공장장 딩홍모丁鴻謨로부터 일을 정말 잘 한다는 평가를 받았다.

1974년 1월 14일, 리우위안장은 그 방직공장에서 '선진 근로자' 칭호와 함께 보너스 100위안을 받았다. 그는 이것이 그의 평생에서 처음 얻은 영예였고, 지금까지 가장 소중하게 생각하는 영예였다고 말했다. 후에 그는 국내적으로나 국제적으로 무수히 많은 상을 받아 '수상 전문가'라고 불렸지만 이번처럼 가슴이 뭉클한 적은 없었다. 영예로운 상을 받은 지 5일째 되는 날, 리우위안장은 복권 결정을 받았다.

개혁개방의 봄바람 속에서 리우위안장은 전국 각지를 바쁘게 돌아다녔다. 잃어버린 10년을 되찾으려는 노력이었다. 베이징의 한 내연 공장은 그의 과학적 손길을 거치면서 25%가 넘던 불량률이 현저하게 줄었다. 샨시의 타이위엔 철강 공장은 조장들의 연수를 거치면서 전원 품질관리 참가를 추진하기도 했다.

후베이의 자동차 공장도 곤경에 처해 있다가 리우장위안이 문제를 해결하였다. 몇 달이 지난 뒤에 그는 다시 같은 공장에 찾아가서 자신이 가르쳐 준 방법을 실천하고 있는 것을 확인하였다. 그 후 리우위안장은 여러 해 동안 이 공장의 고문을 맡기도 하였다. 종합적인 품질관리를 거치면서 이 자동차 공장은 기사회생했고, 1985년에 자동차 생산량 부문에서 전국 자동차 생산의 60% 이상을 차지하게 되었다.

이런 실천과 더불어 종합 품질관리에 관한 리우위안장의 이론 체계도 점차 완성되어 갔고, '3전全 3보保' 이론도 점차 모습을 갖춰 갔다. '3전'은, 품질관리는 생산품과 생산 고리의 '종합 품질'만 고려할 수 없고, 판매전후의 서비스 '전체 과정 통제'와 '경연진에서부터 청소원'에 이르기까지 의 '전원 참가'가 포함되어야 한다는 것이다. '3보'는, 직원의 품질을 이용한 작업의 품질 보증, 작업의 품질을 이용한 공정의 품질 보증, 공정의 품질 보증을 이용한 제품의 품질 보증을 말한다. '3전 3보'는 품질관리를 기업 행위의 전체 흐름 속으로 확대하고, 기업 직원의 전 계층을 망라하여 점차 국제적으로 이름을 얻고, 전국 각양각색의 공장에서 꽃을 피우면서 엄청난 경제적 가치를 만들어냈다.

충성과 믿음을 근본하고 하고 나라와 사람을 세우다

한평생 품질관리를 다뤄온 리우위안장은 "품질 강국을 실현하는 것이 나의 꿈"이라고 말한다. 이를 위해 그는 수없이 많은 공장에 가서 수없이 많은 강의를 했으며 많은 친구를 사귀었다. 근로자로부터 엔지니어, 학자, 기업 임원, 지방과 국가의 지도자에 이르기까지 리우위안장의 친구들은 수없이 많다. 인간관계가 좋은 것이 그가 위에서 아래까지 지지를 받는 주요 원인이다. 기술자들과 친구가 되기 위해 그는 그들의 언어를 공부했다. 나중에 국제교류가 점차 늘어나면서 그는 또 국제 사교 언어를 연구하였다. 그는 "사람들과 교류할 때에는 성실과 믿음이 제일이다. 모르면서 아는 체 하는 것은 한 번은 넘어갈 수 있지만 다음번에는 더 이상 당신을 찾지 않게 된다." 그의 말이다. 성실과 믿음에 대해서라면, 리우위안장은 중국이 당면한 심각한 품질 문제 때문에 조급하다. "지금은 무엇을 못 먹느냐가 아니라 무엇을 먹을 수 있느냐가 문제이다. 먹는 게 이 단계까지 왔는데, 무슨 생활의 질을 얘기하나?" 이 말을 하면서 평소 명랑하고 쾌활하던 '중국 품질관리의 아버지'는 근심어린 표정을 지었다.

많은 경우에 리우위안장은 번거로움을 마다 하지 않고 성실함과 믿음에 대해 말한다. 하지만 반응은 신통치 않다. 어떤 사람은 심지어 리우위안장이 관리학자에서 철학자로 바뀌었다고 비웃으며 말하기도 한다. 그는 어쩔 수 없이 "그 사람들이 나한테 이런 흔해빠진 얘기 말고 세계에서 가장 선진적인 품질관리를 들으려 했던 모양"이라고 말한다. 하지만 그는 '흔해 빠진 얘기'가 바로 품질관리의 가장 중요한 기초라고 생각한다. "성실함이 없고, 진지함이 없는 것이 품질의 암이다. 그것을 해결하지 않으면 아무리 선진적인 관리이론과 방법도 제로와 마찬가지이다."

리우위안장의 인생길을 돌아보면 눈내린 진흙을 밟고 있다가 날아오른

2005년, 국제회의 참가

것처럼 진흙 위에 발톱자국이 남아 있는 것 같다. 하지만 비바람에 흩날려 버리고 흔들림 없는 정신적 초석은 남아 있는데 그것이 바로 어릴 적부터 받은 중국의 전통 유가사상의 영향이다. 리우위안장은 "유가에서는 금이 보물이 아니고 충성과 믿음이 보물이다"라는 것을 믿는다.

　중국과 일본이 전쟁을 벌이는 와중에 1941년 일본에 단기유학을 떠났다가 길이 막혀 15년간을 가족과 떨어져 살았다. 이 15년간 그는 늘 집으로 돌아가고 싶었다. 지도교수 아오아먀는 자신의 유일한 중국 학생을 매우 아껴서 그를 키우려고 했지만 리우위안장은 귀국할 결심을 밝혔다. 일본과 미국에서 그는 여자 친구를 사귀었지만 결국 결혼에 이르지는 못했다. 나중에 여동생도 미국으로 유학을 갔는데, 미국 남자친구가 그녀에게 구혼을 하자 그녀는 오빠의 의견을 물었다. 리우위안장이 한 마디 했다. "우리는 언젠가는 집으로 돌아가야 한다."

중국 과학기술계의 별들을 담다

이 원고를 쓰고 난 1년 후인 2014년 4월 1일 리우위안장은 뇌일혈로 쓰러져 2014년 4월 3일 오후 8시 30분에 사망하였다. 향년 89세.

10

閔恩澤
민언저

촉매제를 사랑하고, 생활도 사랑한다

———

1924~2016

석유화학공업 촉매제 전문가, 중국과학원 원사, 중국공정원 원사,
관련 분야의 개척자이자 기초를 놓은 인물, 국가 최고과학 기술상 수상

"과학연구는 '서유기' 같다. 서역에 불경을 가지러 가는데 81가지 어려움을 겪는다
해도 결심이 흔들리지 않아야 불경을 얻을 수 있는 것이다."
"사람들은 과거를 되돌아보는 것을 좋아한다. 하지만 과거는 쫓아갈 수 없는 것이다.
인생에서 정말 중요한 것은 모든 일에 앞을 바라봐야 한다는 것이다."

촉매제를 사랑하고,
생활도 사랑한다

—

커피, 빵, 치즈, 햄… 매일 아침 아내와 함께 맛있는 아침 식사를 만드는 일은 88세의 민언저로서는 생활의 즐거움이다.

"우리 집에는 각양각색의 커피 기계와 여러 가지 맛의 커피가 있습니다." 어느 봄날 아침에 민언저는 그가 평생 고치지 않은 쓰촨 사투리로 즐겁게 자신의 생활을 나에게 나누어 주었다. 그는 자신이 일과 생활이 가져다주는 즐거움과 성취감을 좋아한다고 말했다. 이런 즐거움과 성취감은 맛있는 커피 한 잔을 끓이는 것일 수도 있고, 또는 좋은 차를 우리는 것일 수도 있다. 하지만 중요한 것은 "인생은 처음부터 끝까지 사회를 위해 뭔가 좋은 것을 남겨야 한다는 것"이다.

많은 동시대 과학자들의 경력과 유사하게 그는 외국유학을 갔다가 돌아왔고, 성과와 공헌이 탁월했다. 그는 중국과학원과 중국공정원, 제3세계과학원 세 곳의 원사로서, 국가 최고과학기술상 및 전국 과학기술 대상을 수상하였다. 동시에 중국 정유 촉매 응용과학의 기초를 놓았고, 중국 녹색화학의 개척자로서 '중국 정유 촉매제의 아버지'라 불린다.

그는 평생 과학연구에 종사한 명실공히 대과학자이다. 하지만 동시에 그는 생활정취가 풍부한 인물로서 '샌님' 분위기가 전혀 없다. 그는 말한다. "나는 촉매제를 사랑하고, 생활도 사랑한다."

머리를 화강암에 부딪치다

1950년에 찍은 옛날 사진에서 26세의 민언저는 회색 양복을 입고, 만면에 웃음을 띠우며 준수한 모습을 하고 있다. 어떤 사람은 그가 청년 메이란팡梅蘭芳과 닮았다고도 하고, 또 어떤 사람은 량차오웨이梁朝偉를 닮았다고도 한다. 그의 곁에 웨딩 드레스를 입은 여자는 그의 부인 루완전陸婉珍이다. 당시에 그 두 사람은 오하이오 주립대학 화학과에서 공부하고 있었고, 후에 두 사람 모두 박사학위를 받았다.

어지러운 시대의 중국에서 태어나긴 했지만 민언저의 생활은 순조로워 걱정근심 없는 밝은 남자아이였다. 그는 청두시의 풍족한 집안에서 태어났다. 누나가 셋 있었고, 외아들로 귀여움을 독차지했다. 어린 시절을 돌이켜볼 때 그가 잊을 수 없는 것은 맛있는 청두 군것질이다. 또 배 아프다고 꾀병을 부리며 학교에서 도망친 일들이다.

그에게 공부는 어려운 일이 아니었다. 중학교 때 성적은 반에서 2등 안에 들었고, 1942년에 국립 중앙대학 화학공정과에 입학하였다. 대학을 졸업하고 나서 그는 아버지의 요구에 따라 청두로 돌아와 수도회사에서 화학 실험 일을 했다. 얼마 있다가 그는 다시 중국 방직공사의 제1기 인쇄염색 기술 훈련반에 1등으로 들어갔고, 당시 중국에서 가장 중요한 공업인 방직업에 의욕적으로 종사하였다. 1947년에 대학 동기동창인 루완전이 미국 유학을 떠났다는 사실을 알고 자극을 받아 미국유학을 떠날 결심을 하게 된다. 1948

❶ 1950년 6월, 미국에서의 결혼사진. 신부는 자신이 만든 웨딩드레스를 입고 있다.
❷ 토론 중인 민언저 부부. 중국에서 보기 드문 부부 원사.

년 3월에 그는 돈을 모아 미국 오하이오 주립대학으로 유학을 떠났다.

민언저는 당초 돈을 벌 생각으로 박사학위만 받으면 귀국할 생각이었다. 뜻밖에 한국전쟁이 발발하고 미국은 중국 유학생이 미국을 떠나지 못하게 하는 법안을 발표하였다. 민언저는 강제로 체류할 수밖에 없었다. 전과목 A의 우수한 성적으로 장학금을 받으면서 박사과정을 공부하였다. 졸업 후에 그는 지도교수의 추천으로 미국 시카고의 넬커 화학회사에서 엔지니어로서 연료통의 부식과 원유의 안정성 등을 연구하였다. 이 기간에 그와 루완전은 이국에서 반려자가 되었다.

미국 대학에서 미국 기업까지 민언저는 미국인이 어떻게 과학연구를 하는지를 깊이 있게 공부하였다. 또한 미국 기업이 어떻게 시장을 개척하고 고객에서 봉사하는지를 배웠다. 당시 그의 월급은 500달러였고, 부부 두 사람이 살아가는 데는 부족함이 없는 액수였다. 소형 자동차도 샀고, 집을 나설 때에는 중국 음식점 사장으로 오인받기도 하였다. 차츰 미국에서 자리를 잡아갔지만 민언저의 마음 속에는 자신의 뿌리는 중국이라는 생각이 자리잡

중국 과학기술계의 별들을 담다

고 있어서 하루 빨리 중국으로 돌아가 부모님께 효도하고 조국에 보답해야 겠다는 바람이 있었다.

1955년에 친구의 도움을 받아 민언저 부부는 홍콩에서 일한다는 명분하에 홍콩을 거쳐 귀국할 계획을 세웠다. 민언저가 미국 대사관에 가서 홍콩으로 가는 비자를 처리할 때에 미국 대사관 직원이 그에게 말했다. "공산당은 당신을 신임하지 않을 텐데, 당신이 왜 머리를 화강암에 부딪치려고 하는지 모르겠다."

민언저 부부는 조금의 동요나 주저함 없이 미국의 모든 것을 포기하고 중국으로 돌아왔다. 얼마 지나지 않아 두 사람은 베이징 석유 정유연구소의 건설 준비 사업에 참여하였다. 민언저는 촉매제 시험을 맡았고, 루완전은 분석평가를 맡았다. 연구소에서는 또 특별히 그들에게 세 칸짜리 주택을 제공하였다.

당시, 이른바 베이징 석유 정유연구소 실험실은 베이징 석유대학에서 빌린 몇 칸짜리 건물로, 주변은 푸른 보리밭이었다. 다롄 석유연구소에서 가져온 낡은 장치가 실험 설비 전부였다. 지금 오랜 세월이 흐르고 연구소는 예전 그 자리에 있지만 중국 석유화공공사 직속의 석유 화공과학연구원으로 격상되어 베이징 하이디엔구 쉬에위안로 일대에 엄청난 면적을 차지하고 있고, 인력도 당시 몇 안 되던 데에서 1,000여 명으로 늘어났다. 석유 정유 기술 역시 국제적 수준으로 향상되었다. 민언저와 루완전은 직접 산 증인이 되었고, 이 모든 것에 참여하였다 아울러 그 과정에서 커다란 공헌을 하여 원사로 선출되었으며, 중국에서 보기 드문 '부부 원사'가 되었다.

민언저는 감탄하며 말한다. "미국에 있을 당시에 나는 기껏 해야 프로젝트 책임자였고, 한 사람이 나와 함께 생활했다. 귀국 후에 나 자신이 이렇게 커다란 책임을 맡게 될 줄은 생각지도 못했다."

촉매제의 미묘한 세계

민언저는 인생의 대부분을 촉매제 연구 속에서 살아가지만 촉매제를 사랑하게 된 것은 그가 능동적으로 선택한 것이 아니었다.

1956년에 그가 귀국하여 명을 받고 정유 촉매제를 연구할 때에 중국은 이 분야에서 공백상태였다. 그리고 촉매제에 대한 민언저의 이해도 거의 백지 상태였다. 미국 유학 당시 그의 연구방향은 촉매제가 아니었다. 심지어 그는 촉매제가 어떻게 생겼는지도 몰랐다.

당시 서방은 중국에 대해서 기술적인 봉쇄를 하고 있었고, 소련도 중국에게 정유 촉매제 공급을 점차 줄이고 점차 중단하고 있었다. 만약 촉매제가 없으면 관련 장치는 생산을 멈추게 되고, 그렇게 되면 항공기 기름 생산이 중단되어 비행기는 날지 못하게 될 상황이었다. 이런 배경하에서 민언저는 미국 유학에서 돌아온 화학 분야 박사로서 명을 받고 기술 총책임자를 맡아 정유 촉매제 연구를 제로 상태에서 시작하였다.

1956년부터 1966년까지 10년간 매우 열악한 연구 조건 속에서 민언저는 팀을 이끌고 매일 새벽 두세 시까지 일을 했고, 수없이 많은 실패와 좌절을 경험했다. 꿋꿋이 버텨가며 싸우는 정신으로 연속해서 실험 성공을 거두었고, 정유 촉매제를 만들어냈다. 제품 성능은 소련 제품에 근접하거나 넘어서기도 했고, 가격은 수입품보다 낮았다. 이 기술의 성공과 적용은 국제적 봉쇄를 깼고 중국 국방과 화학공업 발전의 급선무를 해결하였다. 또한 중국이 전 세계에서 정유 촉매제를 생산하는 몇 안 되는 나라 가운데 하나가 되게 하였다.

1970~80년대에 민언저는 연이은 촉매제 개발로 국산 기름의 질을 대폭 향상시켰다. 그는 또 여러 가지 새로운 촉매 재료를 개발하였다. 이런 노력으로 인해 중국의 정유 촉매제 기술은 국제적 수준을 뛰어넘었다. 동시에 민

1970년대 작업중인 민언저(앞쪽 좌측)

언저 개인도 전문가로서 세계관련 분야에서 두각을 나타냈으며, 석유 화학 공업 과학연구원 수석 엔지니어로 임명되었다. 아울러 세계석유대회에서 최초로 좌장을 맡는 중국인이 되었다.

　　오랜 세월 동안 민언저와 동료들은 함께 중국의 정유 공업에 촉매제 왕국을 세웠다고 할 수 있다. 대부분의 사람들에게 있어서 촉매제는 낯설게 느껴지고 모양이 각각 다른 조그만 알갱이로 보인다. 하지만 민언저에게 있어서 촉매제는 온전하면서도 미묘한 세계이다. 그것들은 화학반응의 속도와 효율을 변화시키지만 자신은 변하지 않는다. 마치 조그만 우주처럼 나름대로의 논리와 규칙이 있는 것이다. 만약 이런 알맹이가 없다면 현대 석유 공업은 존재하지 않는다. 만약 적합한 촉매제가 없으면 각종 기름, 플라스틱, 고무, 섬유 등 현대인이 일상생활에서 떼려야 뗄 수 없는 석유화학 제품은 모두 고품질 고효율 생산을 기대할 수 없게 된다.

촉매제의 세계에서 민언저는 줄곧 혁신과 초월을 끊임없이 시도하였고, 그것을 인생의 더 없는 즐거움으로 생각했다. 예전 과학연구를 되돌아 볼 때 그가 항상 입에 달고 살았던 말은 '매우 재미있다'는 것이었다. 그가 흥미진진하게 생각했던 것은 성공의 경험이 아니라 실패의 교훈이었다. 그가 가장 자랑스럽게 생각한 것은 무수하게 좌절했을 때 문제를 따라서 증상을 발견하고 해결방안을 찾아낼 수 있는 것이었다. "당시에는 자신이 정말 신처럼 예측했다고 느꼈었다. 하하." 그는 자신의 허벅지를 치면서 스스로 감탄했다.

과학 연구의 비결에 관해서는 그 세 가지를 강조한다. 첫째, 깊은 통찰력을 가져야 한다. "절뚝거리며 걸으면 길을 잃지 않고, 날째게 걸으면 길에 잘못 들어선다." 둘째, 게으르지 않게 지속해 나가야 한다. "과학연구는 '서유기' 같다. 서역에 불경을 가지러 가는데 81가지 어려움을 겪는다 해도 결심이 흔들리지 않아야 불경을 얻을 수 있는 것이다." 셋째, 집단 지혜가 필요하다. "과학연구 발전은 밀어주고 당겨주는 팀 정신이 필요하다."

도도히 흐르는 강물은 멈추지 않는다

1995년, 〈고요한 아침〉, 〈늘어난 극한〉, 〈하나 뿐인 지구〉 등 세 권의 환경보호 관련 서적을 읽고 나서 민언저는 석유화학 공업이 반드시 시작부터 환경오염에 대한 근본 치료가 필요하다고 생각하게 되었다. 그는 이 때부터 중국 녹색화학의 개척자가 되어, 환경오염을 근본적으로 치료하는 녹색 석유화학의 새로운 기술을 의식적으로 개발하기 시작했다. 그는 중국화학회 녹색화학 전공위원회 창립에 앞장섰고, 중국 녹색화학의 발전을 위해 심혈을 기울였다. 21세기 후에 그는 다시 신에너지 개발에 관심을 돌렸다.

그는 말한다. "사람들은 과거를 되돌아보는 것을 좋아한다. 하지만 과거는 쫓아갈 수 없는 것이다. 인생에서 정말 중요한 것은 모든 일에 앞을 바라봐야 한다는 것이다."

구순 고령인 민언저는 매일 일하느라 바쁘다. 생물 에너지 개발에 힘을 쏟고 경제성장 방식의 변화에 대한 탐구와 토론을 한다. 그는 이렇게 생각한다. "장기적으로 보아서 몇백년 후에 화석 에너지는 고갈될 것이고, 인류는 탄소화합물로부터 탄수 화합물 시대로 진입하게 된다. 생물 에너지는 고갈되지 않고, 또 온실 배출가스를 줄일 수 있으며 자동차 배기 오염을 줄일 수 있어 일석 삼조의 효과를 낸다. 지금 보면 길은 있다. 하지만 현재 기술로는 안된다. 반드시 중대한 돌파가 있어야 한다. 지금 전 세계가 하고 있고, 조만간에 돌파할 일들인데 중국이 뒤떨어지면 안 된다."

중국이 뒤떨어지지 않기 위해서 민언저는 개인 자금 500여만 위안을 출연하였다. 모교인 쓰촨 성립 청두중학(지금의 베이징 사범대학 청두 실험중학)에 '민언저 장학금'을 만들었고, 석유화학공학과 연구원에 '민언저 과학기술 창신상'을 만들었으며, 중국 석유화학 그룹과 중국 공정원과 연합으로 '민언저 에너지 화공상 기금'을 만들어 품성과 학업이 우수하며 두드러진 공을 세운 학생이나 인재에게 사용하도록 하였다.

일생 거둔 성과가 많기는 하지만 민언저는 '워커홀릭'이 되고 싶지는 않다. 그는 늘 "일할 때는 일하고 놀 때는 놀아라"라고 말하기를 좋아한다.

그는 경극을 좋아한다. 또 테니스를 좋아해서, 페더러와 중국 선수 리나李娜를 좋아한다. 맛있는 음식도 좋아해서 베이징에 맛집, 특히 쓰촨 요리를 맛있게 하는 집이면 불원천리하고 찾아간다. 젊은 학생들이 가장 뜻밖으로 생각하는 것은 민선생이 유행가를 듣는다는 것이다.

민언저는 일생을 낙관적이고 활달하게 살았다. 문혁 기간에 낮에는 비판 투쟁과 노동개조를 당하고, 저녁에는 문을 닫아걸고 잠을 잤다. 그에게 죄를 말하라고 하면 그는 촉매제를 연구하는 과정에서 실패했던 교훈을 써내곤 했다. 문혁 후기에 보모가 사직해 집으로 돌아가고 부인 루완전이 하방되자 민언저는 홀로 딸을 돌보면서 밥하는 것과 반찬 만드는 것을 배우기 시작했다. 많은 사람들이 그가 만든 음식을 먹고 찬탄을 금하지 못했다고 한다.

일찍이 1964년에 민언저는 폐병을 앓았었다. 수술로 폐를 절개하였고, 갈비뼈 한 대도 제거하였다. 하지만 이것이 그의 생활에는 아무런 영향을 미치지 못했다. 90세가 되어서도 그는 여전히 명랑해 보인다. 그는 즐거운 모습으로 말한다. "사람은 참 신기해요. 폐가 하나 밖에 안 남았는데, 충분하단 말이죠."

만년에 민언저는 여러 차례 고혈압, 담낭염, 이선염, 전립선암 등을 앓았다. 하지만 그는 밝은 모습으로 매일 우스개 소리를 한다. 사정을 모르는 사람들은 그가 암환자라는 것을 거의 모른다. 그는 말한다. "의사가 나에게 걱정 말라고 한다. 내 몸에 있는 암이 가장 느리게 발전하는 거라서 내 건강에 영향만 미치지 않으면 된다고 한다."

평상시 저녁에 짬이 생기면 민언저는 집에서 연속극 보는 것을 좋아한다. 저우룬파周潤發가 나오는 〈상하이탄上海灘〉의 주제곡이 그의 애창곡이다. 그가 이 노래를 좋아하는 이유는 가사에 철학적인 의미가 담겨 있기 때문이다. "사나운 파도는 흘러, 만리 물결치는 강물은 영원히 쉬지 않고 흐르고 … 기쁨인가 근심인가, 물결 속에서는 웃음과 슬픔을 구분할 수가 없네. 성공과 실패는 물결 속에서 장담할 수가 없네.… 인간사 온갖 풍파 많으니 눈깜짝할 사이에 누가 기억하겠는가."

2016년 3월 7일 오전 5시 5분, 민언저는 지병으로 베이징에서 별세하였다. 향년 92세.

중국 과학기술계의 별들을 담다

❶ 1980년대 대학원생 실험을 지도하고 있는 민언저
❷ 외국학자들과의 학술 교류 중인 민언저(뒷줄 가운데)

11

倪 維 斗
니웨이더우

중국식 에너지 사용을 탐색하다

———

1932~
동력기계 공정 전문가, 중국공정원 원사

"일을 할 때에는 그것을 잘 해내야겠다는 결심이 있어야 한다."
"모든 길은 로마로 통한다. 이 길이 통하지 않으면 다시 길을 바꾸고, 어려운 실천은
마침내 보답을 받게 된다."
"에너지 절약은 일종의 사회적 도덕이다. 유한한 자원을 환경보호에 가장 유리한 원
칙에 비추어 가장 경제적으로 이용해야 한다."

倪 維 斗 니웨이더우 중국식 에너지 사용을 탐색하다

―

　니웨이더우 선생과의 교류는 매우 유쾌한 경험이다. 그의 일거수 일투족은 홀가분하고 격식에 구애됨이 없다. 곳곳에서 타인에 대한 존중이 묻어 나 있고, 사람들에게 따스함을 느끼게 한다.

　그의 전반생은 우여곡절이 많았다. 학업에 성취가 있기는 했지만 46세가 될 때까지 풀리지 않았고, 개혁개방 이후에야 비로소 점차 대기만성의 모습을 보였다. 순탄한 신세는 아니었지만 그는 언제나 웃음으로 상대방을 대하는 방법을 찾아냈다.

　그는 칭화에서 공부하였고, 후에는 칭화에서 가르쳤다. 인생의 대부분을 두 가지 일에 매진하였다. 학생들을 가르치고, 중국 에너지 동력 사업 발전에 박차를 가하는 일이었다.

　유명한 동력 기계공정 전문가로서 니웨이더우가 가장 관심을 기울였던 것은 중국의 에너지 발전 문제였다. 그는 이렇게 말했다. "에너지, 동력사업은 중국의 지속 발전이 달린 문제이다. 중국인의 평균 석유 저장량은 세계 평균의 10분의 1 수준이다. 우리는 무절제하게 대자연을 수탈해서는 안 되고 또한 단순하게 선진국의 생활방식을 따라서도 안된다. 반드시 중국인만의 에너지 사용방식을 탐색해야 한다. 물 한 방울, 기름 한 방울, 석탄 한 덩어리도 아껴야 한다. 이것은 우리와 우리 후손이 반드시 당면하게 될 매우 엄숙한 과제이다."

될성부른 나무

'온실 속에서 자란 아이는 성공하지 못한다' 니웨이더우는 항상 이 말을 입에 달고 산다. 이 말은 그가 부자집 출신으로 여러 가지 어려움을 겪은 뒤에 얻게 된 간절한 체험이다.

1932년 10월, 상하이에서 둘째 아들로 태어났다. 그의 아버지는 저장 닝보의 상공업에 종사하던 유명한 애국 실업가로서, 동자군을 조직하여 항일에 나서기도 했고, 후에 베이징 '이리義利 식품'을 창립한 멤버이기도 하다. 신중국 수립 후에는 전국 정협위원을 역임하였다. 어머니는 닝보의 상인 집안 출신으로 온화한 성품의 지혜로운 여성이었다.

어린 시절 집안이 부유하기는 했지만 니웨이더우가 5세 되던 해에 상하이가 일본군에게 함락당했고, 평온하고 풍족했던 생활은 이 때부터 산산조각 나고 말았다. 당시 꼬맹이들과 침대 밑에 숨어서 〈의용군 행진곡〉을 부르던 정경은 지금까지도 그의 눈에 선하다. 아버지는 후난 헝양衡陽에서 운수회사를 열어 대후방에서의 항전을 지원하였다. 아버지와 다시 만나기 위해 니웨이더우는 어머니를 따라 5개월 동안 곳곳을 전전하였다. 나중에 일본군이 남하하고 니웨이더우는 식구들을 따라 구이저우貴州로 갔다. 집안 경제는 날로 기울었다. 먹고 사는 문제를 해결하기 위해서 11살 된 니웨이더우는 큰형과 함께 매일 날이 밝기 전에 줄을 서서 떡과 요우탸오를 떼어다가

| ❶ | ❷ | ❸ |

❶ 가족사진. 앞줄 왼쪽에서 두번째가 니우웨이더우.
❷ 두 번째 소련 유학 시절

광주리에 담아 길가에서 팔았다. 이후 수 년동안 니웨이더우와 식구들은 곳곳으로 피난을 다녔다. 열차 지붕에 앉아서 멀리 역이 보이면 기민하게 뛰어내리곤 했다. 학질에 걸려 상처가 나기도 했으며 한번은 배에서 열이 나서 혼수상태에 빠지기도 하였다. 하마터면 전염병이라는 이유로 같은 배에 타고 있던 사람들에 의해 강물에 던져질 뻔 하기도 했다. 다행히 어머니가 결사적으로 막았다.

그 고생스러운 경험은 침략자로 인해 벌어진 일이었는데, 그 고생을 통해 그는 고생하는 것을 두려워하지 않고, 환경에 적응하며 살아갈 수 있게 되었다고 니웨이더우는 말한다.

항전 승리 후에 니웨이더우는 상하이로 돌아와 유명한 난양南洋 모판模範 중학에 입학하였다. 그는 놀면서 공부했는데도 성적은 늘 상위권을 유지했다. 1950년에 그는 칭화대학 기계과에 입학하였다. 1년 후에는 선발되어 모스크바 바오만 고등 공업학교로 유학을 갔다. 신중국의 첫 소련 유학생으

중국 과학기술계의 별들을 담다

❸ 1952년 여름, 바오만 고등 공업학교에서 외국 유학생들과 함께

로서 떠나기 전에 저우언라이, 덩샤오핑 등 국가 지도자들이 베이징 호텔에서 그들을 접견하였다. 니웨이더우는 "그렇게 맛있는 음식을 먹어 본 적이 없었다. 너무 흥분이 되어 포크를 세게 깨무는 바람에 하마터면 이가 깨질 뻔 했다."고 회고하였다.

전란의 고초를 잔뜩 겪은 니웨이더우는 나라에 보답하겠다는 의지를 가지고 소련 유학기간 동안 열심히 공부하였다. 처음 모스크바에 갔을 당시에 그는 러시아 문자를 전혀 알지 못했었다. 5년 후에 그는 전 과목 만점으로 졸업했고, 유창한 러시아어를 구사해서 소련 사람들이 외국인이 아니라고 생각할 정도였다.

1957년에 니웨이더우는 칭화대학으로 돌아와서 연소기관 교육연구 팀에 배속되었다. 사회주의 신중국 건설에 뜨거운 의지를 보였지만 각종 운동이 끊임없이 벌어지는 것을 보게 되었고, '정풍', '반우', 부르주아 학술권위 반대, 대약진 등을 보면서 니웨이더우는 '진정으로 할 일이 없음'을 느끼게 되었고, 몇몇 모임에서 마음에 없는 말을 하느라고 괴로움을 느끼기도 했다.

1960년에 소련 유학 기회를 듣게 되었는데, 소련과의 관계가 악화되면서 많은 사람들이 가지 않으려 했다. 니웨이더우는 오히려 그 반대였다. 그는 "3년을 낭비했는데, 빨리 가서 좀 배우는 게 낫겠다"는 생각이 들었다. 그는 다시 소련으로 갔고, 소련에서 제일 좋은 이공대학에 진학하여 박사학위를 취득하였다.

2년 후에 니웨이더우는 다시 귀국하였다. 마침 국가에서는 '혁명을 움켜쥐고 생산에 박차를 가하고' 있었다. 그는 적극적으로 각지로 가서 상황을 이해하였고, 국가 동력기계 공정발전을 위해 직접 부딪치며 공헌하고자 하였다. 뜻밖에 문혁의 물결이 전국을 휩쓸었고, 니웨이더우의 과학 연구 사업은 중지되고 말았다. 그는 수정주의 분자로 몰려 장시성으로 노동개조를 위해 하방되었다.

열심히 공부하여 조국에 보답하겠다는 열정으로 가득했지만 아무 것도 할 수 없었던 니웨이더우는 마음이 매우 괴로웠다. 국가가 여러 해 동안 나를 키워주었고, 많은 외화를 썼는데, 모두 헛된 것이 되고 말았다. 하지만 그는 천성이 명랑하고, 환경에 잘 적응했다. "환경이 이런 마당에 낙관적인 마음을 가지고 스스로 조정해 나가겠다."고 생각했다.

습기가 가득차고 쥐가 드나드는 침대에서 잠을 자고, 먹을 것도 변변치 않았지만 니웨이더우는 성실하게 '자아개조'를 했다. 식당에서 줄을 서서 밥을 탈 때에 그는 머릿속으로 재료역학으로 지붕에 어느 대들보가 압력을 가장 크게 받을까를 분석하였다. 멜대를 멜 때에 그는 역학 원리를 이용해서 어떻게 하면 힘을 절약할 수 있는지를 연구하였다. 짐이 어느 근육을 누르는 것이 가장 적합한지, 멜대의 강도가 짐과 어떻게 배합이 되는지, 또 어떤 리듬으로 걸어야 좋은지, 어떻게 어깨를 바꿀 것인지 등등도 연구하였다. 모내기를 할 때에는 나무판 위에 못을 박아 기준으로 삼고 각 묘의 위치를 표기하여 심는 묘가 나란히 대열을 유지할 수 있게 해서 바라보면서 기쁨을 느낄 수 있도록 하였다.

니웨이더우는 또 적극적으로 자신에게 번호를 매겼다. 예를 들어 벽돌로 집을 지을 때, 양쪽 멜대에 네 장의 벽돌을 올려 놓고, 네 덩어리라 하고, 나중에는 점점 16덩어리가 되었다. 한 가지 일을 하면 그것을 잘 하기만 하면 된다는 결심을 했다. 학습이나 과학연구처럼 지지 않는 정신을 가지고 니웨이더우는 점차 농촌생활에 적응해 나갔고, 한 때가 아닌 한평생 농촌에 남을 준비를 하였다.

1978년에 문혁이 끝나고 니웨이더우는 베이징으로 돌아와 칭화대학 연소기관 연구팀 주임을 맡았다. 그 해 그의 나이 46세였다.

고효율 에너지 절약의 미덕

가스 터빈은 증기 터빈을 잇는 일종의 선진적이고 복잡한 열에너지를 기계 동력 장치에 전달하는 것으로, 발전, 차량, 선박, 항공 등의 동력 시스템에 광범위하게 응용되고 있다. 그것은 전형적인 신기술 밀집형 제품으로서, 신기술과 신재료가 한 데 모여 많은 이론 학문과 여러 공정 분야 또는 발전의 종합적 수준을 대표하고, 한 나라의 기술 수준과 실력을 나타내는 중요한 표지 가운데 하나이다.

이전에 중국에는 가스 터빈 공업이 없었다. 신중국 수립 이후에 많은 공장에서 여러 종류의 가스 터빈을 시험 제작하였다. 하지만 연료 구조와 공업 수준 등의 영향으로 중국 가스 터빈의 발전은 뜻대로 되지 않았다. 많은 분야의 동력이 낙후한 상태에서 국민 경제 발전을 제약하는 '병목'이 되고 만

것이다.

8년간의 두 차례 소련 유학, 동력 기계 공정을 전공한 니웨이더우는 마침내 증기 터빈과 관련되는 교육 사업에 뛰어들게 되었다. 이에 대해 그는 이미 너무 오래 기다렸고, 만시지탄을 느끼고 있었다.

니웨이더우는 거의 매일 분초를 다퉈가며 일을 했다. 칭화대학의 관련 연구팀을 이끌고 교육과 연구에 매진했다. 국가 에너지 동력 발전의 최전선에서 탐색하였고, 후에 칭화대학 열에너지과와 자동차과의 주임을 맡았다. 이 사이에 그는 복잡한 열역학 시스템과 그 관련 부품의 선진적인 제작 방법, 그리고 일련의 새로운 제어 전략 등을 전면적이고 체계적으로 발전시켰다. 또한 선진 가스 터빈이 안고 있는 중요한 문제를 해결하였다. 그리고 앞서서 국내 최초로 컴퓨터 제어시스템을 갖춘 가스 터빈-증기터빈이 결합된 순환장치를 연구 제작하는 등 탁월한 성과를 남겼다.

이 공로로 니웨이더우와 그가 이끄는 팀은 여러 차례 훈장을 받았다. 1987년 8월 그는 국가에 두드러진 공헌을 한 14명의 청장년 전문가 가운데 한 사람으로서 베이다이허北戴河에 초대받았고, 덩샤오핑 등의 중앙 지도자와 접견하였다. 1988년에 그는 칭화대학 부총장에 임명되었고, 학교의 과학 연구와 외부 사업을 주관하였다. 1994년 사임한 뒤에 그는 칭화대학교 교무위원회 부주임, 국가 중점 실험실 주임 등을 맡았다.

연구가 깊게 진행됨에 따라 니웨이더우는 중국에 온전하고 구체적인 에너지 전략 부서가 없고, 에너지와 환경문제가 날이 갈수록 두드러지는 것을 절감하게 되었다. 그는 말했다. "중국은 에너지가 부족한 개발도상국이다. 설령 비교적 풍부하다는 석탄이라고 해도 인당 평균 저장량은 세계 수준의 50% 정도이고, 석유는 10%에 불과하다. 우리는 외국을 따라 걸을 수 없다. 반드시 나라 형편에 근거하여 중국인이 갖춰야 하는 생활과 에너지 사용방

중국 과학기술계의 별들을 담다

식을 탐색해야 하고 기술적으로도 자신의 길을 걸어야 한다."

니웨이더우는 의식적으로 연구의 중점을 동력기계의 미시적 연구에서 국가 에너지 전략과 정책이라는 거시적 연구로 옮기기 시작했다. 아울러 자신의 기술 이론의 기초와 에너지 측면의 거시적 연구와 결합시키기로 결심했다. 따라서 두 차원의 설계와 실제적인 기술응용 사이에 위에서 아래로 이어지는 교량 작용을 하게 하였다.

그는 또 중국이 상당히 긴 시간 동안 석탄을 주요 에너지원으로 했던 상황에서 가스를 핵심으로 하는 연관 시스템으로 발전시킴으로써 중국 에너지의 공급 부족과 석탄 사용으로 생기는 오염 문제에 대처할 수 있도록 하였다. 현재 이 기술은 중국에서 이미 어느 정도의 기술과 공업적 기초가 있고, 국가의 중시를 받고 있으며 관련 연구와 산업화 작업도 추진 중에 있다.

'적합한 물건을 적합한 곳에 놓는다' 이것은 중국의 에너지 전략에 관련해서 니웨이더우가 가지고 있는 핵심적 관점이다. 석탄 자원 이외에 그는 풍력 에너지 같은 재생 가능한 에너지의 서로 다른 특징을 결합하여 풍력 에너지의 불안정성이 가져올 부정적 영향을 해결한다는 것이다. 아울러 적재적소에 태양에너지와 짚 등의 생물 에너지를 분산해서 사용하게 할 것을 건의하기도 하고, 핵에너지의 자주적 연구개발을 가속화할 것을 제창하기도 했다.

평생 에너지와 동력을 연구해 온 니웨이더우는 '에너지 절약은 일종의 사회적 도덕'이라고 호소한다. 그는 사람들에게 비행기를 적게 타고 기차를 많이 타라고 권유한다. 또한 자동차를 적게 타고, 자전거를 많이 타라고도 한다. 외식을 하는 경우에 음식이 남으면 반드시 포장하라는 말도 잊지 않는다.

그는 이렇게 말한다. "에너지는 현대문명의 동력이다. 인류 문명사의 각각의 진보는 에너지의 이용을 기초로 하지 않은 것이 없다. 하지만 에너지 이용은 댓가를 치러야 한다. 우리는 맹목적인 에너지 이용자가 되어서는 안 된다. 문명적인 에너지 이용자가 되어야 한다. 유한한 자원을 환경보호에 가장 유리한 원칙에 따라 가장 효율적이고 경제적으로 사용해야 한다. 자연과의 가장 큰 조화를 쟁취하는 것은 한 개인, 한 민족, 한 국가의 가장 기본적인 도덕 기준이다."

후덕함과 관대함을 즐거움으로 삼다

니웨이더우의 과학 연구의 길은 순탄하지 않았다. 그는 감개무량하게 말했다. "인생은 사람 뜻대로 되지도 않고, 모든 바람이 현실이 되는 것도 아니며 또한 모든 길이 고치거나 버릴 수도 없는 것이다. 모든 길은 로마로 통하는 법, 이 길은 다시 바꿀 수는 없고, 힘든 실천은 반드시 보답이 있게 마련이며, 자신의 길을 찾을 수 있을 것이라고 믿는다. 사실상 사람이 순조롭다는 것은 상대적인 것이고, 순조롭지 못하다는 것은 절대적인 것이다. 스스로 노력하고, 양심에 기대어 국가를 위해서도 좋고, 민족을 위해서도 좋으면 마음에도 부끄러움이 없게 된다. 사람은 사회를 위해 자신의 책임을 다 해야 한다."

적지 않은 세월을 헛되이 보내고 과학 연구는 너무 늦게 걸음마를 뗀 것이 니웨이더우의 평생의 유감이다. 아울러 그가 가장 만족스러운 것은 많은 우수한 학생을 길러낸 것이다. "우리 학생들이 잘 나간다는 소리를 들으면 나는 신이 난다. 하지만 그것은 나의 공로가 아니다. 주로 칭화가 우수한 학생들을 모집을 했고, 그들을 바른 길로 인도해서 비교적 능력 있는 인재가 될 수 있었던 것이다." 그는 웃으며 말했다.

학생들은 니 선생이 학술적인 지도교수일 뿐만 아니라 인생의 스승이라고 말한다. 그는 문제에 대한 정확한 연구방법을 키울 것을 중시한다. 모든 일은 먼저 정확하고 거시적인 사고방향을 찾아야 하고, 지나치게 지엽말단적인 것에 얽매여서는 안 된다는 것이다. 또 본질적 개념으로부터 문제를 사고해야 하지 공식만 죽어라고 암기해서는 안 된다는 것이다. 그는 팀의 협력을 강조했다. 다른 사람의 장점을 부각하고, 다른 사람의 결점을 축소할 것을 주장하였다. 니웨이더우는 직접 자신의 인생 격언을 학생들에게 써서 주기도 했다.

갖가지 학술활동에 참가를 요청받으면 니웨이더우는 언제나 최대한 자신의 학생들을 데리고 간다. 그들이 견문을 넓히고 관련 분야의 친구를 사귀기를 바라서이다. 재학기간의 교육적인 가르침 이외에도 그는 스승이 학생의 취업 시점에 개입할 것을 주장하였고, 학생에 대한 지속적인 관심과 지도를 할 것을 주장하였다. 때로는 학생들이 짝을 찾는 일까지도 관심을 가지기도 하였다. 그는 학생을 키우는 데 있어서 세 가지 중요한 점이 있다고 생각했다. 즉, 졸업생은 마땅히 중요한 기업의 중요한 부서에서 중요한 일을 해야 한다는 것이다. 그와 이미 졸업해 나간 수많은 학생들은 스승이면서 친구인 관계를 유지하면서 때로는 서신 왕래도 하고 있다.

여러 해 동안 본과생의 수업 이외에도 니웨이더우는 70여명의 석사생과 박사생을 지도하였다. 그 중 다수가 관련 분야의 전문가가 되었다. 그 중에는 많은 성의 지도 간부가 되었고, 중국 공정원 원사가 3명 있으며, 다수의 기업과 연구기관의 수석 엔지니어가 있다.

칭화 캠퍼스에서 반평생을 보낸 니웨이더우는 자신이 '칭화 콤플렉스'가 있다고 말한다. 그의 아내 장리닝張立寧도 칭화를 졸업했는데, 후에 학교에 남아서 학생들을 가르쳤다. 일생을 묵묵히 일만 하면서 명리는 추구하지 않았다. 장인 또한 '칭화 멤버'이다. 1917년에 칭화에 입학하여 미국 유학을 마치고 귀국한 뒤에 한평생 중국 수리 사업에 종사하였다. 니웨이더우가 보기에 칭화가 근 백년간 이름을 떨칠 수 있었던 것은 수많은 걸출한 인재를 길러냈기 때문만이 아니라 열심히 학업에 정진하면서 개인의 득실을 따지지 않고, 국가와 민족을 위해 노력한 중견 인재들이 있기 때문이며, 이것이 바로 칭화의 교훈 '후덕재물厚德載物(후덕함이 세상을 포용한다)'의 정신이다.

칭화대학 부총장 6년 동안 세계 일류대학 건설에 대한 니웨이더우의 견해는 다음과 같다. 관건은 일류 인재를 키워낼 수 있느냐의 여부이다. 그는 아버지의 '산업을 일으켜 나라에 보답한다'는 이상을 계승하여 사람이 되고 일을 하는 데 있어서 가장 중요한 것은 진실된 말을 하고 진실된 일을 하는 것이다. 헛된 이름을 도모하지 않고, 실제 효과가 있는 것만을 추구하는 것이다. 현재 대학에 존재하는 학술적 과장 풍조와 공과 이익에 집착하면서 거짓을 일삼는 현상에 대해 그는 학생들에게 여러 차례 경고하였다. "힘써 경박함을 경계하고, 포장을 하지 말고, 흔들거리지 말며 과학적이고 실사구시적인 태도로 과학기술 문제를 다뤄야 한다."

학생들의 눈에는, 니웨이더우 선생은 언제나 활력이 넘치고 위풍당당한 모습이다. 그는 매일 달리기를 한다. 40여 년 계속 하고 있다. 그는 항상 아령을 든다. 많은 학생이 그와 팔씨름에서 이기지 못한다. 그는 포커 마술도 잘 한다. 팔순을 넘긴 후에는 무릎을 보호하기 위해서 더 이상 달리기는 하지 않는다. 하지만 매일 부인과 칭화 캠퍼스에서 산보를 한다. 그는 웃으며 자신이 넓은 개인정원을 가지고 있다고 말한다.

중국 과학기술계의 별들을 담다

❶ 동료들과의 팔씨름
❷ 박사과정 학생들과

　　이제 니웨이더우는 국가 에너지 전략과 정책 연구에 힘을 기울이고 있다. 가스 터빈에 대해 그는 중국이 현재 세계 선진 수준과 여전히 큰 차이가 있다고 하면서, 이 문제를 해결하기 위해서는 기초 연구부터 시작해야 하고, 그 중점은 자주적인 연구개발을 강화하고 재료와 기술도 따라잡아야 한다고 생각한다. "이 제조업의 왕관에 있는 구슬을 따내기 위해서는 장시간의 누적이 필요하며 하루 아침에 이루어질 수 있는 것은 아니다."

12

師昌緒
스 창쉬

금속학자의 인생 '연금술'

1918~2014

금속학 및 재료과학자, 중국과학원 원사, 중국공정원 원사,
중국 고온합금 연구의 기초를 놓은 인물, 국가 최고과학기술상 수상

"국가가 부강해야 행복한 국민이 된다."
"단결의 비결 - 나 먼저 병졸이 되고, 욕심이 없으면 강해지고, 사람이 그 재능을 다 하는 것."
"일을 할 때는 먼 곳을 보고, 눈앞에 있는 잠시의 공과득실에 얽매이지 말 것. 모든 일을 너그럽게 처리하면 못 지나갈 어려움이 없다."

師昌緒
스창쉬

금속학자의 인생
'연금술'
—

여름날 오후의 햇빛이 방으로 비춰 들어온다. 사무실 책상 위에는 책들이 쌓여 있고, 따뜻하고 편안한 분위기이다. 94세의 스창쉬는 연한 남색 셔츠를 입고 책상에 엎드려 일을 하고 있었다. 안색은 물처럼 차분했다. 부르는 소리를 듣고는 그제서야 우리가 들어가는 것을 보았다.

그는 청력이 좋지 않아서 대화할 때에는 보청기의 도움을 받아야 한다. 하지만 생각이 민첩하고 발음이 또렷하여 중요한 포인트를 말할 때에는 눈빛이 반짝일 정도이다.

선생과 만난 것은 2012년 6월이다. 당시 그는 특별 고문으로서 매일 국가 자연과학 기금위원회에 출근하여 〈재료 대사전〉을 편집하고 있었고, 아울러 국가 신재료 개발과 이용에 아이디어를 제공하고 있었다.

그는 세계적 명성을 떨치는 금속학자이자 재료학자이다. 중국 과학원과 공정원의 원사이며, 국가 최고과학상 기술상 수상자이기도 하다. 어린 자손들의 눈에는 매일 웃어주는 할아버지이다.

그는 한 세기에 가까운 세월 동안 전란, 건설, 정치투쟁, 개혁개방을 거

중국 과학기술계의 별들을 담다

치면서 황무지로 도망치기도 하고 외국 유학도 다녀왔으며 성과를 내기도 했고, 군대 생활도 했으며 수많은 인생 기복 속에서 세상의 온갖 경험은 두루 했다. 하지만 마음 속 깊은 곳에 그가 추구하는 것은 매우 간단하다. 국가를 위해서 일을 좀 할 수 있으면 사는 것이 재미있다는 것이다.

1918년, 스창쉬는 허베이 농촌의 5세대가 함께 사는 대가정에서 태어났다. 늘상 벌어진 군벌 혼전 중에 흩어진 병사들이 집으로 쳐들어와 난리를 피우곤 했었다.

1931년에 9.18 사변이 일어나고 어린 스창쉬는 망국노가 되고 싶지 않아 친구들과 부둥켜 안고 울었다.

1937년에 7.7사변이 일어나고 "화베이의 드넓은 땅은 더 이상 조용한 책상 하나 놓을 수 없게 되었다." 스창쉬 일가족은 뿔뿔이 흩어져 피난을 떠났고, 40식구의 대가정은 이 때부터 와해되었다. 기억 속에는 생이별의 통곡 소리만 남아 있다.

피난길에서 유리걸식을 하였다. 스창쉬는 폭격당한 교량을 건너게 되었는데, 다리 아래는 강물이 넘실거리고 있었다. 초만원인 기차의 지붕으로 기어 올라갔다가 떨어질 위기에도 처했었다. 허난河南으로 도망쳐 국립 중학에 들어갔는데, 이질과 학질에 걸렸다. 이 병은 전란 중에 많은 사람들이 앓았던 병이다. 반장으로서 그는 전염병의 위험을 무릅쓰고 급성 뇌막염과 폐병을 앓고 있던 두 친구를 성심을 다해 돌봐 주었다. 하지만 두 친구는 눈을 감고 말았다.

그 험한 세월 동안 그는 약하디 약한 중국이 열강에 의해 제멋대로 짓밟히는 것을 경험했고, 존엄과 생명이 쉽게 빼앗겨 버리는 것을 직접 목격하였다. 그 자신도 온갖 고생을 다 했고, 구사일생을 경험했다. 그런 까닭에 스창쉬는 일생 "중국은 반드시 강성해져야 하고, 국가가 부강해지면 행복한 국민이 있게 된다"는 믿음을 굳게 가지게 되었다. 이후로 어떤 어려움을 만나더라도 그는 "이것을 동력으로 하여 투지는 오래도록 사그라들지 않는다"는 것을 깊이 느꼈다.

'책벌레'의 투쟁

스창쉬의 어린 시절, 그가 얼마나 크게 출세할 것인지를 깨닫는 사람은 없었다. 그는 지나치게 착했다. 윗사람의 말에 고분고분했고, 사람들에게 비웃음을 당해도 다투려 하지 않았다. 너무 착했기 때문에 때로는 어머니도 그를 '바보'라고 부를 정도였다.

진학을 하고 나서도 그는 특별한 재능을 보이지 못했다. 초등학교 1학년 때, 선생님이 쑨원 선생의 〈총리 유촉〉을 암송하라고 시켰다. 반 전체 학생이 거의 다 외운 상태였다. 스창쉬는 외우지 못한 소수의 학생 가운데 한 명이었다. 이로 인해 그는 벌을 서게 되었다. 이 때부터 그는 자신이 자질이 평범하니 더 열심히 노력해야겠다고 생각했다. 초등학교 3학년이 되어 현 전체 시험에서 수석을 차지했다. 이 때부터 고등학교 졸업 때까지 반에서 2등 이내의 성적을 줄곧 유지했다.

1941년에 스창쉬는 시난西南 연합대학교에 갈 예정이었다. 하지만 쿤밍昆明으로 가는 여비를 마련하지 못하여 근처에 있는 샨시 국립 시베이西北공업대학 채광야금과로 진학하게 되었다. 채광야금과를 전공으로 선택한 이유는 뿌리 깊은 실업구국 사상 때문이었다. 그는 "채광과 야금은 강철과 각종 금속을 뽑아내면 그것을 전쟁에 쓸 수 있고, 또 건설에도 유용하다"고 생각하였다.

대학 시절의 스창쉬는 '멍 때리는' 이미지였다. 사람들은 그를 '책벌

중국 과학기술계의 별들을 담다

레'라고 불렸다. 그는 공놀이도 안 했고, 카드놀이도 하지 않았다. 쉬지도 않고 주말도 없었다. 단지 매일매일 밤늦게까지 공부에만 매달렸다. 몇 시간 잠들었다가 새벽 두 세시면 일어나 아침 먹을 때까지 계속 공부하였다. 졸업할 때 4년간 평균 성적은 반 전체에서 1등이었고, 당시 전교에서 다섯 명만 받는 장학금을 받았으며 국민정부 자원위원회로 배치 받았다. 후에 다시 그 소속인 야금제련공장에 배치되었다.

CHANG HSU SHIH, CHINESE RESEARCH AID AT MIT
Hopes to Be Returned to Red China in Exchange for Airmen

MIT Man Among 35 Chinese Held

By JOHN WADE

1954년, 미국 유학생 스창쉬가 귀국을 쟁취했다는 내용의 기사가 실린 미국 신문

항전 승리 후에 스창쉬는 안강鞍鋼으로 배치해줄 것을 요청하는 편지를 썼다. 하지만 그 곳에 가서 그는 소련군이 수만 톤의 생산설비와 물자를 옮겨가 버리는 바람에 공장이 기본적으로 기능을 잃어버린 상황을 보게 되었다. 새로운 발전을 도모하기 위해서 그는 1946년에 시험을 통해 자비 유학 자격을 얻었다. 친구의 도움을 받아 그는 2년간 학비를 모든 다음에 결국 미국 미주리 채광야금대학으로 유학을 떠났다.

미국에서 스창쉬는 예전의 '책벌레'의 자질을 유감없이 발휘하였다. 1년도 안 되어 그는 전과목 A의 성적으로 석사학위를 취득하였다. 아울러 졸업논문 중 개척성 성과를 인정받아 상을 받기도 했다. 나중에 그의 지도교수는 이 성과를 기초로 공장을 세우기도 했다.

이후 스창쉬는 장학금을 신청하여 미국 노틀담 대학 박사과정에 진학하였다. 다시 전과목 A의 성적과 빼어난 연구논문으로 졸업하였다. 그 사이에 그가 발견한 두 가지 화합물은 지금까지도 중요한 작용을 하는 광전자 반도체 재료가 되었다.

그 당시 많은 젊은 사람들과 마찬가지로 중국의 굴기를 위한 노력은 스창쉬 분투의 동력이었다. 그는 본래 박사학위를 받자마자 귀국할 생각이었다. 뜻밖에 1950년에 한국전쟁이 발발하였고, 중국 유학생들의 귀국 길이 막혔다. 그는 미국에 체류할 수밖에 없었다. 그는 MIT 교수이자 국제적으로 유명한 금속학 권위자인 코헨의 연구 보조 일을 하면서 고강도 강철과 유관한 과제의 주요 책임을 맡았고, 그 연구 성과의 일부는 나중에 개발되어 현재 국제적으로 보편적으로 응용되고 있는 중요한 항공 재료 '300m 초고강도 강철'이 되었다.

과학 연구 작업을 하고 남는 시간에 스창쉬는 귀국하는 일에 온 힘을 기울였다. 자칭 "미국에 유학한 중국학생이 귀국 쟁취운동을 벌이는 적극 분자"였다.

당시에 중국 유학생이 귀국을 요구했다는 이유로 체포 구금되는 일이 때때로 발생했다. 각개격파 당하는 것을 막고, 통일된 목소리를 내기 위해, 스창쉬와 동료들은 집단적으로 미국 대통령에게 보내는 공개서한을 써서 중국학생을 귀국하게 해달라고 호소하였다. 아울러 자비로 인쇄기를 사서 수천부를 인쇄하여 그와 두 유학생이 비밀리에 배포하였다. 나중에 중국과 미국은 유학생 문제를 공개 담판하여 스창쉬와 중국 유학생 몇 명은 미국 신문잡지의 취재 대상이 되었다. 이를 통해 미국 국민들의 동정과 지지를 얻어냈다.

코헨 교수가 신문을 통해 스창쉬가 귀국하고 싶어 하는 사실을 알고 특별히 불러 이유를 물으면서, 만약 대우가 낮고 직위가 낮거나 다른 어려움이 있으면 해결해 줄 수 있다고 말했다. 스창쉬는 완곡하게 거절하면서 말했다.

"나는 중국인입니다. 마땅히 돌아가서 중국 건설에 도움이 되어야 합니다. 저 같은 사람이 미국에는 많이 있습니다. 하지만 지금 중국은 많이 뒤떨어졌고, 저 같은 사람이 필요합니다. 게다가 중국은 효도를 강조합니다. 제 부모님은 이미 연로하셔서 제가 돌봐드려야 합니다." 코헨이 듣고 나서 그의 귀국 요구를 들어주었을 뿐만 아니라 그의 귀국 관련 일에 도움을 주기도 했다. 이에 대해 스창쉬는 여전히 잊지 않고 있다.

코헨과 오랜 기간 동료로 지낸 사람들은 글을 써서 회고하였다. "코헨이 한 사람을 특별히 칭찬했는데, 그 사람이 바로 우리 MIT에서 Chester Shih라 부르는 그 사람이었다. 코헨이 스 박사와 그 성과를 언급할 때는 항상 희색이 만면했었다."

지속적인 노력과 투쟁 끝에 1955년 6월, 스창쉬는 귀국을 준비하는 제 2기 미국 유학생이 되었다. '글리프란호'를 타고 오랫동안 갈망하던 조국 땅으로 돌아왔다. 하지만 그의 충성 어린 갈망은 실현되려는 찰나에 있었지만 효도를 하겠다는 그의 갈망은 물거품이 되고 말았다. 그가 배에 오르던 그 날 어머니가 세상을 떠나신 것이다. 이것은 그의 마음 속에 영원히 상처와 아픔으로 남았다.

'평범한 인재'의 능력

귀국하고 나서 미국 금속학 분야에서 이미 성과가 있던 스창쉬는 남다른 모습을 보였다. 미국에서 귀국 쟁취 운동을 함께 벌였던 전우이자 시베이 공업학원의 친구 리헝더李恒德가 스창쉬를 칭화대학으로 초청한 것이다. 베이징 철강대학에서도 그를 환영하였다. 중국화학원 기술과학부 주임 옌지츠嚴濟慈는 상하이 야금도자冶金陶瓷 연구소와 선양瀋陽 금속연구소에서 그를 선택했노라고 하였다. 결국 귀국 유학생의 지원표에 스창쉬는 '배속에 복종하겠다'고 적는 수밖에 없었다.

"천신만고 끝에 돌아왔는데, 찬밥 더운 밥 가릴 수는 없다. 국가가 나를 필요로 하는 곳이라면 아무리 힘들더라도 어디든 가겠다." 스창쉬는 말했다. 그는 어려서부터 성품이 활달하고 생활에 대한 요구도 많지 않았다. 따라서 무엇을 잃을까 걱정하는 일이 적었다. 그는 그런 걱정을 하는 것이 고민을 자초하는 일이라고 생각했다.

결국 스창쉬는 선양의 중국과학원 금속연구소에 배속되었다. 몇 가지 선택지 가운데 상대적으로 힘든 곳이었다. 스창쉬는 이 곳에서 30년을 일하면서 연구원, 연구실 주임, 부소장, 소장 등을 역임하였다.

금속 연구소에 막 왔을 당시에 그는 경험도 없었고 기술 자료도 없는 상황에서 중요한 항공 재료를 연구 제작하는 데 성공하였다. 중국 최초의 강철 고온합금이었고, 훗날 이 프로젝트는 1978년 전국 과학대상을 수상하였다.

그가 가장 잊을 수 없는 일이자 그의 가장 두드러진 과학 연구 성과 가운데 하나는 중국의 1세대 터빈 날개이다.

터빈 날개는 비행기 시동장치의 중요한 부품으로서, 당시 중국의 자체 제작 신형 비행기의 중요한 포인트이자 어려운 점이었다. 이 날개는 반드시 고속과 많은 힘을 받는 상황과 빈번한 온도의 교차 속에서 긴 수명을 유지하며 안정적으로 작동을 해야 하는 등 요구조건이 매우 까다로웠다. 왜냐하면 일단 실패하면 기체나 사람에게 큰 재앙이 되기 때문이다.

당시 전 세계에서 미국만이 터빈 날개를 만들 수 있었다. 중국은 기술적 난이도가 비교적 낮은 터빈 날개 조차도 생산하지 못하는 상태였다. 스창쉬가 이끄는 팀은 1년의 시간도 걸리지 않아 선양의 누추한 실험실에서 중국의 첫 터빈 날개를 성공적으로 연구 제작하는 데 성공하였다. 지금 중국은

중국 과학기술계의 별들을 담다

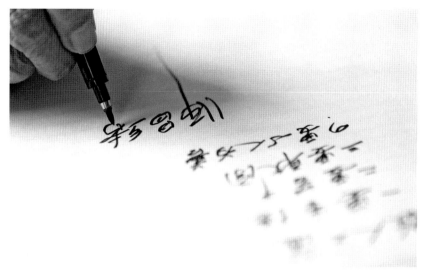

스창쉬가 직접 쓴 사람됨의 도리. 덕을 중시할 것. 열심히 일할 것. 과감한 시도. 다른 사람과 잘 지낼 것.

몇몇 선진 기종의 발동기에서 여전히 이 날개를 장착하고 있고, 여러 해 동안 사고가 발생한 적이 없다. 1985년에 이 연구 성과와 기술은 국가 과학기술 진보상을 수상하였다.

하지만 매번 공로를 언급할 때면 스창쉬는 뒤로 물러난다. 때때로 그는 터빈 날개의 성공적인 연구 제작의 공을 팀의 단합된 힘으로 돌린다. 그는 늘 말한다. "이 사람은 별 재주가 없습니다. 만약 내가 약간의 성공을 거두었다고 한다면 그것은 아마 모든 사람이 능력을 발휘하도록 하는 재주가 있기 때문일 겁니다."

스창쉬와 일을 해 본 경험이 있는 거의 모든 사람들은 그에 대해 이렇게 평가한다. "팀을 단결시키는 데 특별한 능력이 있다."

'단결' 두 글자는 어느 조직이나 강조하는 말이다. 하지만 정말 그렇게 하는 것은 결코 쉽지 않다. 스창쉬는 어떻게 해냈을까? 그의 비결은 세 가지이다. 첫째, 솔선수범이다. 공은 다른 사람에게 돌리고, 어려운 말과 힘든 일은 자기가 전면에 나선다. 둘째, 욕심 내려놓기이다. 팀에서 다른 의견이 나오면 그는 솔직담백하게 표현한다. 그가 사리사욕이 없기 때문에 다른 사람들은 믿고 따른다. 셋째, 그 재능을 다 발휘한다. 그는 가능한 한 모든 사람들이 자기 역할을 다 할 수 있도록 한다. 이렇게 하면 사람들의 마음은 유쾌해지고 일을 잘 해낼 수 있게 된다.

스창쉬는 '시기와 질투가 악의 근원'이라고 생각한다. "일하는 과정에서 성패를 결정하고 영향을 주는 것은 기술이 아니고 사람과 사람 관계이다. 한 팀이 만약 너나 할 것 없이 방어에만 나선다면 모두는 힘을 내지 않을 것이고, 그러면 어떻게 잘 해낼 수 있단 말인가."

미국 유학 기간 7년 동안 시야를 넓혀 학술연구가 세계적 수준에 바짝 다가설 수 있었던 것 이외에 그는 미국의 과학연구 관리 이념을 배웠다. 그는 고급 과학 연구 인재의 임무를 '어느 산에 토끼가 있는가를 지적해내는 것'에 비유하고, 중급 인재의 임무를 '토끼를 잡는 것'에 비유하며, 초급 인재의 임무를 '토끼를 치는 것'에 비유하였다. 지도 직무를 맡았을 때 그는 학술 자유를 매우 중시하여 과학기술 인력이 과감하게 해내는 것을 격려하였고, 커다란 방향이 옳기만 하면 어떤 도구를 써서 어떻게 토끼를 잡든 상관없다고 생각했다.

스창쉬는 금속연구소에서 30년간 심혈을 기울인 결과, 중국의 재료과학 발전에 탁월한 공헌을 하였고, '중국 재료과학의 아버지'이자 중국 고온 합금의 개척자 가운데 한 사람이 되었다. 1984년에 베이징으로 옮기고 국가 과학연구 전략 관리 사업에 더욱 많이 종사하기 시작했지만 그는 여전히 금속연구소 명예소장을 맡고 있다. 그와 금속 연구소 동료들이 함께 노력하여 중국 과학원 금속연구소는 국내 재료연구 기관 가운데 특출한 존재가 되었고, 세계에서 실력이 가장 좋은 5개 재료 연구소 가운데 하나가 되었다.

중국 과학기술계의 별들을 담다

'고생을 마다 하지 않는' 즐거움

문혁 기간에 출신이 좋지 않고, 해외에서 돌아왔다는 이유로 스창쉬는 박해를 받았다. 그는 귀국 후 고생을 할 마음의 준비는 하고 있었지만 억울한 누명을 쓸 줄은 미처 생각하지 못했다고 말했다. "가장 힘들었던 것은 육체적 고통이 아니었고 국가에 희망이 없다는 것이었다." 모든 것을 버릴 생각도 있었지만 다행히 그로부터 벗어나서 과학의 봄날을 맞이하였다. 이렇게 해서 더 이상 젊지 않은 그는 배전의 노력을 기울이게 되었다.

"일을 할 때는 먼 곳을 보고, 눈앞에 있는 잠시의 공과득실에 얽매이지 말 것. 모든 일을 너그럽게 처리하면 못 지나갈 어려움이 없다." 이 말은 온갖 풍상을 겪어낸 노인이 깨달은 이치이다.

생활과정에서 스창쉬는 일생 매우 근검절약하였다. 슬리퍼는 구멍이 나도 버리지 않았고, 새 옷을 사는 일은 극히 드물었으며, 남은 밥과 반찬을 '청소'하여 친구들이 '싹쓸이'라는 별명을 붙여 주었다. 이 밖에도 '오지랖'으로 유명했다. 아내 궈윈이郭蘊宜의 회고담이다. 당시 귀국한 지 얼마 되지 않은 스창쉬를 처음 알았을 때 있었던 일이 그녀의 인상에 깊이 남아 있다. 당시 친구들과 함께 공원으로 뱃놀이를 갔는데, 가운데에 돌이 있었다. 모두가 돌아서 가는데, 스창쉬만 허리를 굽히고는 주워서 길가로 치우더라는 것이다. 누군가가 그를 보고 '청소부'라고 놀렸는데, 그는 화를 내지 않고 말하더라는 것이다. "만약 줍지 않으면 누군가 지나갈 때 넘어질 수도 있을 거야."

일하는 과정에서 스창쉬의 '오지랖' 사례는 셀 수 없이 많다.

과학연구 인재에 대한 국내외의 가장 우선적인 평가는 발표 논문의 수량과 질이다. 하지만 귀국 이후에 스창쉬는 국내에 필요한 것은 뛰어난 논문이 아니고 실용적인 재료이며, 실험실의 새로운 성과가 아니라 생산 라인의

| ❶ | ❷ | ❸ |

❶ 1956년, 결혼사진.
❷ 2002년 스창쉬가 금속연구소 박사 졸업생에게 학위를 수여하는 모습

제품이라고 느꼈다. 따라서 그는 해외에서 귀국한 박사로서 지식인의 고결함은 조금도 없이 조용히 공장을 찾아 신기술을 보급하였고 서재에 앉아 논문을 쓰는 일은 매우 적었다. 그의 앞날을 걱정한 선배가 그를 풍자하여 "동으로 된 머리, 철로 된 입, 두꺼비 배" "기자재과 과장이 되는 게 낫겠다."고 풍자하였다. 마음이 짠하기는 했지만 그는 묵묵히 자신이 정확하다고 생각하는 일을 해나갔고, '과학연구의 생산을 위한 서비스'라는 이념이 흔들리지는 않았다.

아내가 임신한 그 해 겨울, 스창쉬는 푸순撫順 철강을 도와 고온합금의 생산 문제를 해결하였다. 가사와 일을 병행하면서 매일 아침 8시에 그는 뼈까지 파고드는 동북의 찬바람을 무릅쓰고 차를 타고 세 시간 걸려 푸순으로 출근하였고, 저녁 8시에 퇴근하여 다시 세 시간 동안 차를 타고 선양으로 돌아왔다. 3개월간 똑같은 패턴이었다. 과로가 누적되면서 그는 신우염에 걸

중국 과학기술계의 별들을 담다

❸ 1998년 워싱턴에서 국제 재료연합회로부터 '실용재료의 새로운 창조'상 수상

렸다. 하지만 그는 끝까지 일을 마무리 지었다. 이 일은 사람들을 감동시켰다. 하지만 그는 이렇게 말했다. "국가를 위해서 일할 수 있으면 나는 정말 기쁘다. 구사회에서 국가와 집이 망해 피난 생활을 경험해본 적이 있어서 이런 고생은 아무 것도 아니다."

　왜 그는 늘 '오지랖'을 좋아하는가? 그의 대답은 이렇다. "만약 내가 관여하지 않으면 다른 사람도 관여하지 않는다. 그럼 어떻게 되나? 따라서 나는 많은 일들이 나와 상관없다고 생각하지 않는다. 나와 상관이 있다고 생각하면 최선을 다 해서 관여한다. 다른 사람이 보기에는 재미없이 산다고 느낄 수도 있다. 하지만 나는 매우 재밌다고 느낀다. 일하는 과정에서 국가를 위해서 문제를 해결하고 다른 사람을 도와주는 과정에서 즐거움을 찾고 성취감도 있게 된다."

　세월이 흘러 왕년의 '젊은 선생'은 점차 '스승'이 되었다. 다시 '스승

노인'이 되었다. 호칭 변화의 배후에는 시간의 흐름, 나이 들어감 뿐만 아니라 그 성과와 명망의 누적과 침전이 있다.

1984년에 베이징으로 오고 나서 스창쉬는 중국과학원 기술과학 부주임, 국가 자연과학기금위원회 부주임, 중국 공정원 부원장 등을 역임하면서, 국가 과학기술전략 발전과 중대한 프로젝트의 수립 및 평가심사 등에 탁월한 업적을 남겼다.

스창쉬는 중국 공정원의 주요 발기인 가운데 한 사람이다. 중국 재료연합회, 중국 생물재료 위원회를 설립하여 중국의 나노 기술, 탄소섬유, 마그네슘 합금 및 생물재료 등의 수많은 신학문 발전을 이끌고 추진하였다.

그는 여러 차례 국가급 상을 수상하였고, 여러 차례에 걸쳐 국제 재료대회의 주석을 역임하였다. '국제 실용재료 창조상' 수상자는 미국 외에서 처음으로 국제 재료학회의 'TMS ー Fellow'로 불리게 된 중국인 과학자가 되었다. 하지만 스창쉬는 "수상한 것은 한 개인의 진정한 성과를 대표할 수는 없다. 명예는 더더욱 한 개인의 진정한 수준이 될 수는 없다"고 말했다. 단체가 해낸 많은 사업들에 대한 명예를 그에게 준 것에 대해 그는 '매우 불안하다'고 느낀다.

인생 말년에 스창쉬는 여전히 국가 과학기술의 발전을 위해 최선을 다하고 있다. 그의 '효율수첩'에는 다음과 같이 기록되어 있다. 92세 되던 해 (2010년)에 베이징에서 찾아와준 1~200명(차례)을 응대했고, 회의를 4~50차례 열었으며, 10여차례 출장, 특별 초청 보고 3차례를 했다.

그는 늘 "조국의 필요가 나의 필요"라고 말한다. 이 말은 그를 일생 안내해 준 등대와 같은 역할을 했다. 여러 해 동안 어떤 일을 할 것인지 여부를 가르는 기준은 매우 간단했다. 중국에게 유리한가 여부였다. "발전할 필요가 있는 경우에 중국에 유리하기만 하면 나는 하러 간다."

2014년 11월 10일 오전 7시 7분, 스창쉬 선생은 지병으로 베이징에서 세상을 떠났다. 향년 96세.

13

孫家棟
쑨자동

위성 발사가 최고

——

우주항공 기술 전문가, 중국과학원 원사, 국가 최고 과학기술상 수상자

"전체적인 작업을 함에 있어서 사상적으로 대담하고 창조적이어야 하고, 실제 작업에서는 현실에 발을 디뎌야 한다."

"우리가 어렸을 때 사용한 것은 성냥이었고, 입었던 것은 서양 옷감이었으며 단순한 인력거 조차도 서양 것이었다. 중국인이 지금 인공위공을 자체적으로 연구 제작해 내는 것은 정말 대단한 발전이다."

孫家棟
쑨자동

위성 발사가
최고

—

쑨자동의 사무실에서 가장 눈길을 사로잡는 것은 사람 키 높이의 달 모형이다. 그것은 달 탐사 위성 '창어 1호'가 가져온 3차원 수치에 근거하여 제작된 것이다. 그 주인은 바로 중국 달 탐사 공정의 수석 설계사이다.

업계에서 공인된 중국 '위성의 아버지'로서 쑨자동은 웃으면서 자신의 이 생애 최고의 취미는 바로 '위성 발사'라고 말한다.

중국이 자체적으로 연구 제작한 100여 개의 위성 가운데 약 3분의 1이 쑨자동 손에서 나왔고, 그 가운데에는 '최초', '최초의 인공위성', '최초의 왕복 위성', '최초의 통신 위성', '최초의 자원탐사 위성', '최초의 기상 위성', '최초의 달탐사 위성' 등이 포함된다. 이제 팔순을 넘긴 그는 위성처럼 '과학기술'의 궤도를 따라 쉬지 않고 돌고 있다.

인생 대부분을 첨단과학 기술 프로젝트의 '총설계사'를 맡았지만 자신의 인생을 되돌아보면 쑨자동의 마음에서 깨달은 바는 '설계하지 않았다.' 그는 이렇게 말했다. "한 개인의 성장은 물론 자신이 노력한 요소와 무관하지 않다. 하지만 인생에서의 여러 가지 인연을 봐야 하고 자신이 처한 시대와 떨어질 수 없는 것이다."

한 그릇의 홍샤오로우紅燒肉가 바꾼 인생

인생이 홍샤오로우 한 그릇으로 바뀌게 될 줄은 쑨자동은 전혀 생각지 못했다.

1950년 음력 정월 15일, 관례에 따라 쑨자동은 점심을 먹고 나서 설을 쇠러 누나 집으로 가려고 했다. 당시 쑨자동은 하얼빈 공업대학 '예과'를 다니고 있었다. 그 날 저녁에 학교 식당에서 그가 가장 좋아하는 홍샤오로우가 나온다는 소리를 들은 그는 홍샤오로우를 먹고 나서 가기로 결정하였다. 저녁이 되어 쑨자동은 식사를 하러 갔는데, 학교 지도자가 갑자기 학교에 와서 공군에서 사람을 모집하는데 현장에서 신청하라고 하면서 그 자리에서 뽑겠다고 하였다.

구중국의 강산이 처참하게 깨지고 신중국이 세워졌어도 평화가 쉽게 오지 않는 상황을 겪은 상황에서 공군에 들어가는 것은 당시 무수한 남자들로서는 꿈에 그리던 일이었다. 쑨자동은 크게 고무되어 즉각 신청하였다. 예과반의 많지 않은 공청단원으로서 그는 다행스럽게도 선발되었고, 가족들에게 알릴 겨를도 없이 그 날 저녁에 열차를 타고 중국인민해방군 제4항공학교로 가서 남색 공군복을 입었다.

이 전에 쑨자동의 학문의 길은 우여곡절이 많았다. 1929년에 랴오닝遼寧에서 태어난 그는 세 살 때 아버지의 직장 이동에 따라 온 가족이 하얼빈으로 이주하였다. 7살에 학교에 갔는데, 선생님이 오른손으로 글자를 쓰라고 하였다. 왼손잡이였던 쑨자동은 퇴학을 당할지라도 말을 들으려 하지 않았다. 1942년에 그는 하얼빈 제1고등학교 토목과에 입하였다가 중도에 '항전'

❶ ❷

❶ 1950년대 소련 유학 당시 실험실에서 실험하는 모습
❷ 중국인민해방군 공군 항공학교 재학 시절

으로 중퇴하였다. 17세에 그는 진저우錦州대학 선수반先修班에서 예과를 공부하였고, 이듬해 겨울에 다시 랴오닝 전투로 인해 학업이 중단되었다. 1948년에 하얼빈은 이미 해방구가 되었고, 쑨자동은 소련인이 관리하는 하얼빈 공업대학 예과반에서 러시아어를 공부하였다. 아울러 미래 자동차과에 들어갈 계획을 세우고 당시에는 선진적이면서 선망의 대상인 자동차를 전공하였다. 그런데 뜻밖에도 훙샤오러우로 인해 기회를 얻어 더 선진적인 비행기를 접하게 되었다. 그가 더더욱 예상하지 못했던 것은 이번에 우연히 공군에 입대했다가 훗날 우주의 길로 향하는 중요한 단계로 매진하게 되었다는 것이다.

항공학교에서 쑨자동은 러시아어가 우수하다는 이유로 소련 항공 교관의 강의 번역을 맡았다. 신중국이 수립되면서 각 분야의 발전이 요구되는 상황에서 전문기술 인력이 절박하게 필요했다. 당시 공군 사령관이었던 리우

중국 과학기술계의 별들을 담다

야러우劉亞樓의 관심 속에, 공군에서는 약 20명을 선발하여 세계적으로 유명한 소련의 루코프스키 공군 공정대학에 유학을 보내기로 결정하였다. 그를 통해 중국 자체의 비행기 기술 인력을 길러내고자 했던 것이다. 여러 가지 선발 과정을 통해 쑨자동은 최종적으로 선발되었다.

1951년 가을, 꼬박 7일간 기차를 타고 쑨자동은 모스크바에 도착하였다. 그는 궁전 같은 백화점을 처음 보았고, 지하철도 처음 탔다. 그에게 다가오는 모든 것들을 보면서 그는 우리보다 훨씬 더 앞서 있다고 느꼈다. 동시에 마음속 깊은 곳에서 강렬한 소망을 가지게 되었다. 반드시 열심히 공부해서 돌아가 우리 조국을 건설해야겠다!

루코프스키 공군 공정대학은 학생들이 기초가 들쭉날쭉하자 이번 기수의 중국유학생을 먼저 1년간 '예과'에서 공부시키기로 결정하였다. 언어와 기초지식을 강화한 다음에 정식으로 대학 본과에 진입시키기로 한 것이었다. 예과를 세 차례 공부한 것은 쑨자동 일생에서 가장 특수하면서도 잊을 수 없는 경험이 되었다. 이것은 시대의 격동이 반영된 것이기도 하고, 의식하지 못하는 사이에 훗날 그의 학습과 일에 단단한 기초가 되어 주었다.

소련 고등교육에서는 학생을 격려하는 전통이 있다. 1학년의 모든 시험 과목에서 전과목 5점을 받는 학생은 학교의 '스타 게시판'에 조그만 사진을 붙여준다. 다음 학년에 만약 그 성적을 유지하면 사진은 두 배로 커진다. 그리고 매년 계속 같은 방식으로 진행된다. 만약 어느 학년에서 전과목 만점을 받지 못하면 사진은 게시판에서 사라진다. 졸업할 때에 계속 게시판에 사진이 남아 있는 사람은 스탈린 두상이 새겨진 순금 메달을 받는다. 이 메달을 받는 소련 학생은 졸업 후에 보통 졸업생보다 한 계급 더 높게 되고, 직업 선택의 우선권도 갖는다.

1958년에 쑨자동은 진귀한 금메달을 가지고 중국으로 돌아왔다. 이에 대해 그가 자부심을 가졌던 것은 바로 이 사실 때문이었다. "그 해에 소련 전체의 학교 졸업생 중에서 7,8명만 이 금메달을 받았는데, 그 가운데 4명이 중국유학생이었다. 그건 당시로서는 매우 충격적인 일이었다."

치엔쉬에썬이 칭찬한 젊은이

2009년 3월 5일, 80세 생일에 쑨자동은 98세의 중국 항공우주의 아버지 치엔쉬에썬 선생의 친필 서명이 담긴 편지를 받았다. 편지에는 이렇게 씌어 있다. "당신은 내가 당시 가장 칭찬하던 젊은이였습니다. 금년에 80세 생신이라고 들었습니다. 충심으로 축하 드립니다! 당신은 중국 우주사업 발전 과정에서 성장해 온 우수한 과학자입니다. 또한 중국 우주사업의 산 증인입니다.…" 쑨자동은 한 글자 한 글자 읽어나가면서 가슴이 벅차 올랐다.

당시 쑨자동은 소련에서 7년간 비행기 연구 제작을 공부하였다. 학업을 마치고 귀국한 뒤에 비행기 관련 시도는 할 틈도 없이 새로 건조된 중국 최초의 유도탄 미사일 연구기관인 국방부 제5연구원에 배속되었다. 바로 그곳에서 그는 인생의 스승이자 친구인 치엔쉬에썬을 만났다.

당시 국가에서는 유도탄 사업에 힘을 쏟기로 정식 결정하였다. 비록 쑨자동은 유도탄에 대해 문외한이었지만 조직의 안배에 대해 그는 조금도 주저하지 않았다. 그는 말했다. "그 당시 우리는 다른 생각이 없었다. 국가에서 내가 어디로 가기를 원하면 그 곳으로 가는 것이었다. 비행기를 다루는 게 좋기는 하지만 유도탄도 비행기에 비해 더 첨단 과학기술이었다."

비록 막 졸업한 젊은 학생으로서 말단 직원이었지만 쑨자동은 마침 제5연구원이 총무부 총무실의 총무팀에서 팀장으로 배속받았다. 그가 담당한 업무는 중국 유도탄 공정의 총책임자이며, 국방부 제5연구원 원장과 직접

중국 과학기술계의 별들을 담다

치엔쉬에썬과의 교류

소통이 필요했다. 바쁜 중에도 치엔쉬에썬은 매주 최소한 2, 3일은 쑨자동이 있는 총무팀에 와서 상황을 파악하고, 업무에 대해 토론하였다. 쑨자동도 문제가 생기면 수시로 치엔쉬에썬을 찾았다.

당시 치엔쉬에썬은 이미 세계적인 대과학자였다. 소련 유학 시절 쑨자동은 그 명성을 들은 적이 있었다. 그런데 귀국하자마자 그의 곁에서 일하게 되리라고는 생각도 하지 못했었다. 비록 그들은 직무상 여러 단계의 차이가 있기는 했지만 관계는 스승이자 친구였다.

쑨자동의 기억 속에 치엔쉬에썬 선생은 매우 친근한 사람이었다. 매번 문제에 대해 토론할 때마다 먼저 사람들의 의견을 진지하게 듣고 만약 업무에서 무슨 타당하지 못한 내용이 있으면 직접 비평하는 일은 별로 없었고, 참을성 있게 유도하고 설명하였다. 치엔쉬에썬은 특히 젊은이들이 사상의 보따리를 던져 버리고 과감하게 행동하도록 격려하였다. 성적을 말할 때마다 다른 사람을 앞에 세우고 문제를 내면 그 사람이 떠맡도록 하였다. 치엔쉬에썬의 과학연구에 종사하는 방법과 사람과 사물을 대하는 자세는 쑨자동에게 깊은 영향을 미쳤다. 쑨자동은 직설적으로 "만약 그 분을 만나지 못했다면 나는 일을 하는 데 있어서 더 먼 길을 돌았을 것이다"라고 말했다.

치엔쉬에썬이 보기에 쑨자동은 '상당히 칭찬받을 만한 젊은이'였다. 총무팀의 팀장, 총무실 주임부터 총무부 부주임까지 유도탄 공정의 젊은 세대 가운데 쑨자동은 매우 빠르게 성장했고, 성적도 두드러졌다. 그의 임무는 날로 숫자가 더해졌는데, 이것은 지도자들의 의지가 반영된 것이었다.

유도탄 연구 제작 업무에 종사한 지 9년, 쑨자동은 중국 유도탄이 무에서 유로 나아가는 험난한 여정을 직접 경험하였다. 특히 중소관계가 안 좋아진 뒤에 소련 전문가들이 모두 빠져나갔고, 중국의 과학기술자들은 부지런히 노력한 끝에 제1차 자체 제작 유도탄을 성공적으로 발사하게 되었다. 1966년에 다시 '양탄일성兩彈一星(원자탄, 수소탄, 인공위성)'의 핵 유도탄을 성공적으로 발사하게 되었는데, 이는 중국이 실전 유도탄 핵무기를 보유한 국가라는 것을 보여준 사건이다.

1967년 7월, 쑨자동이 한창 유도탄 연구에 몰두하고 있을 무렵에 그의 인생은 다시 한 번 급전환을 맞이하게 된다. 치엔쉬에썬을 거쳐 예롱전聂榮臻 원수에게 추천된 38세의 쑨자동은 중국 최초의 인공위성 본체 설계 작업의 총책임자로 임명되었다. 이로부터 '쑨자동'이라는 이름은 중국 위성사업의 발전과 밀접한 관계를 갖게 되었다.

공화국의 별 만들기 전문가

반세기 가까이 쑨자동의 인생 궤적은 '시종 다른 형태의 위성프로젝트를 담당한 총책임자이자 총 설계자'라는 한 마디로 요약할 수 있다.

현재 인류의 첨단 과학기술을 대표하는 인공위성은 배우 복잡한 시스템 공정이다. 쑨자둥의 말에 따르면, '본체'는 가장 믿을 만한 기술을 이용하여 최소의 댓가로 가장 짧은 시간에 가장 유리한 배합으로, 가장 효과적인 적응성과 가장 멀리 보이는 시야를 이용하여 가장 시행 가능한 방안을 만들어냄으로써 가장 좋은 효과를 얻을 것을 보증하는 것이다. "총체적인 작업을 하는 데 있어서 사상적으로 대담하고 창조적이어야 하고 실제 작업에서는 현실적이어야 한다."

'위성발사'에 노력을 경주한 지 50년, 쑨자둥이 가장 잊을 수 없는 일은 두 위성의 연구 제작이다. '둥팡훙東方紅 1호'와 '창어嫦娥 1호'이다.

'둥팡훙 1호'는 중국이 자체적으로 연구 제작하여 발사한 첫 번째 인공위성이고, 쑨자둥이 맡아 이룬 첫 번째 위성 프로젝트이기도 하다.

1967년은 '문혁' 기간으로, 연구 기초가 전혀 없는 상태에서 무에서 유를 창조하는 문제를 해결해야 했다. 또 지도자가 하달한 명령 '1970년에 우리나라 제1호 인공위성 발사'를 집행해야 했다. '곤란'이라는 두 글자가 두 공정의 키워드가 되었다. "첫째, 어떻게 하는지를 모른다. 둘째, 모두 해 본 적이 없다. 셋째, 필요한 물건이 아무 것도 없다."

당시 국가의 산업 기초는 취약했다. 가장 기본적인 콘센트, 나사, 알루미늄판 등 위성의 기술적 요구에 부합하는 생산공장이 전국에 단 한 군데도 없었다. 쑨자둥은 가장 실력있는 부서를 찾아 역량을 조직하는 수밖에 없었다. 동시에 원래 정해져 있던 부분적인 시스템 부서가 문혁으로 받은 충격이 커서 어떤 부서는 심지어 사람조차 찾을 수가 없었다. 제때 위성 발사 임무를 완성하기 위해서 쑨자둥은 여러 논의를 배제하고, 당초 발사계획에 있던 탐사 기능을 제거하고 발사임무를 명확하게 위로 올리고, 꽉 움켜잡고, 똑똑히 보고, 분명하게 듣는 것을 정하고, 먼저 유무의 문제를 해결한 다음 미래에

1980년대 미국과 <위성기술 안전협의에 관한 비망록>에 서명

각종 기능 문제를 한 걸음 더 나아가 해결하기로 하였다. 성공 발사를 보장하기 위해서 정치가 득세하던 시대에 그는 투지 넘치게 저우언라이 총리에게 진언하였고, 위성에서 기기에 영향을 줄 수 있는 마오 주석의 초상을 제거하였다.

1970년 4월 24일, '동팡훙 1호' 위성이 성공적으로 발사되었고, 〈동팡훙〉이 우주에 울려 퍼졌다. '동팡훙 1호'의 모든 부품 설비, 재료는 모두 중국인이 자체적으로 연구개발 생산한 것으로, 쑨자둥은 이것을 매우 자랑스러워 했다. "정말 쉽지 않은 일이다. "우리가 어렸을 때 사용한 것은 성냥이었고, 입었던 것은 서양 옷감이었으며 단순한 인력거 조차도 서양 것이었다. 중국인이 지금 인공위공을 자체적으로 연구 제작해 내는 것은 정말 대단한 발전이다."

'창어 1호'는 중국의 첫 번째 달 탐사 위성이다. 또한 중국 최초로 지구

중국 과학기술계의 별들을 담다

밖에 있는 별을 둘러싸고 도는 인공위성이기도 하다.

중국 달 탐사 공정의 초대 총설계사로서 쑨자동은 그것을 '말 등에 올라타 토끼를 잡는 것'으로 비유했다. 지구는 말이고, 달은 토끼, 창어 1호는 화살로서, 달리는 말 위에서 달리는 토끼를 화살 한 대로 명중시키는 것이다. 이는 우주 영역에 속하는 것으로 복잡한 '삼체운동'을 다룬다. 쑨자동은 대담한 방안을 내놓았다. 전부를 새롭게 설계한 것이 아니고, 몇십 년 동안 중국의 우주 과학기술이 이룬 성과를 집중적으로 이용하고 각 방면의 첨단 기술을 집대성하여 최종적으로 달 탐사를 실현한 것이다.

2007년 10월 24일, '창어 1호'가 시창西昌 위성 발사센터에서 성공적으로 발사되었다. 10여 일 후, 40만 킬로미터의 비행을 거쳐 '창어 1호'는 순조롭게 달에 도착하였고, 마침내 중국 민족에게 천 년간 전해져 오던 '분월奔月 (달로 달아남)' 전설은 실현되었다. 우주 비행 지휘 센터 안에서 사람들은 환호하였고, 악수와 포옹을 나누었다. 오직 쑨자동만이 구석에 조용히 물러나서 묵묵히 눈물을 훔쳤다.

"우주 비행을 하는 사람들은 한평생 실패해도 울고, 성공해도 운다." 쑨자동의 말이다. 그 순간 그가 특별히 울컥했던 것은 중국인이 마침내 '분월'의 꿈을 이뤘다는 것 때문만은 아니었다. 그는 줄곧 이 발사가 몇십 년 간에 걸친 중국 우주 사업의 종합보고 때문이기도 했기 때문이었다. 그는 가슴 벅차 하며 말했다. "'창어 1호' 전체에 14억 위안을 썼다. 이는 보통 사람이 인공위성을 만드는 데 들어가는 비용밖에 안 된다. 우주산업의 발전은 중국 산업의 발전을 유발하고 촉진한다. 동시에 우주사업의 발전은 중국 산업 수준의 발전을 대표하고, 양자는 상생하는 관계이다."

하늘에 마음을 보내다

눈 깜짝할 사이에 10년이 흘렀다. 2017년 말에 '창어 5호'는 달 샘플을 가지고 돌아와 '달 탐사'의 마지막 걸음을 완성하였다. 쑨자동은 달 탐사 공정에 참여한 이후로 고개를 들어 달을 바라보면 이전과는 그 느낌이 달라졌다고 말했다. 때때로 그는 밤에 어떤 문제를 생각하느라 잠이 들지 못할 때, 베란다에 서서 하늘을 바라보다가 날이 밝아올 때가 있다고 한다.

이제 쑨자동은 요추에 약간 문제가 있는 것 말고는 건강은 좋은 편이고, 머리도 아직 괜찮은 편이다. 그는 웃으며 말했다. "육체노동 말고, 정신노동이 인체 시스템을 끊임없이 움직일 수 있도록 촉진해 주는 모양인지, 건강을 유지하고 있습니다."

현재, 가장 그의 마음을 잡아당기는 것은 달 탐사 공정 이외에 북두 운항위성 공정이다. 1994년 정식 가동을 시작하여 2000년에 제1호 운항위성을 발사한 이래 지금 현재, 중국은 미국, 러시아에 이어 세계에서 세 번째로 자체 위성 운항 시스템을 갖는 나라가 되었다. '북두 위성 운항 시스템BDS'는 중국이 자체 연구 제작한 지구 위성운항 시스템으로서, 이미 유엔 위성 운항위원회가 인정한 공급처가 되었고, 베이징 올림픽 위원회, 원촨 지진 구조 등을 포함한 여러 사안과 분야에서 중요한 역할을 하였다.

2014년에 쑨자동은 20년간 종사했던 '북두 운항위성 공정' 총설계사 자리에서 물러나 '젊은 사람에게 안심하고 맡길 수 있게' 되었다. 하지만 여전히 중국의 우주사업을 위해 조언을 아끼지 않고 있다.

"최근에 폭발한 공유 자전거에 대해 말해 봅시다. 이 자전거 시스템에 중요한 고리가 있는데, 하늘에서 보내는 신호를 그 자전거에 보내서 움직이게 해야 합니다. 하지만 모든 공유 자전거가 '북두' 시스템을 이용하는 게 아닙니다. 우리가 되돌아봐야 할 것은, 국내 신흥 업계에서 북두를 쓰지 않

　　　　　　　　　　　중국 과학기술계의 별들을 담다

북두 위성의 총엔지니어로서 현장 시찰

고 있는 것은 우리 사업에 역행하는 점입니다." 2017년 6월, 베이징에서 열린 북두의 정확한 이용에 대한 논의를 하는 회의에서 쑨자동은 북두의 발전 계획을 역설하였다. 그는 중국이 자체 개발한 위성 운항 시스템으로 북두는 대중과 기업인들에게 더 많이 알려져야 하는데, 인지도, 사용자의 충성도, 수익 모델에서 노력을 기울여야 한다고 주장하였다.

쑨자동은 미래에 북두는 글로벌화된 운항 서비스 시스템을 만들어낼 것이라고 소개하면서, 2018년에 '일대일로'와 그 주변국가에게 서비스가 제공될 것이라고 하였다. 2020년 전후에 중국은 34개의 위성을 발사하여 북두의 글로벌 시스템을 세울 것이고, 전 세계 사용자에게 무료로, 연속으로, 안정적이고 믿을만한 북두 운항 공개 서비스를 제공할 것이다.

쑨자동은 또 우주 사업을 이끌어갈 인재 배양을 위해 노력하고 있다. 1980년 이후 이런 말이 유행한 적이 있다. "유도탄을 만드는 것이 삶은 달걀

파는 것 보다도 못하다." 당시 우주 비행 연구 분야의 임금이 낮았고, 인재 부족이 심각하였다. 일을 그만 둔 젊은이가 쑨자동에게 이렇게 말한 적이 있다. "저는 우주사업을 좋아합니다. 하지만 지금 여자친구에게 밥 한 끼 사주지 못합니다." 최근에 들어 이런 상황은 호전되었다. 새로 온 젊은이들은 그에게 이렇게 말하기 시작했다. "우주 비행에 종사하는 저희들은 지금 수입이 그런대로 괜찮습니다. 중간 정도 되기는 하지만 매우 명예스럽게 여깁니다. 외국 기업에 다니는 친구들하고 비할 바가 아닙니다."

중국 위성 사업에 대한 쑨자동의 뛰어난 공헌으로 인해 그는 '양탄일성' 공훈 메달과 2009년도 국가 최고 과학기술상을 받았다. 하지만 모든 경우에 그는 성과를 낸 것은 자신이 아니고 우리들이라고 강조하였다.

그는 이렇게 말했다. "어떤 사람은 나를 과학자라고 말한다. 그것은 나를 존중해주는 말이다. 사실상 나는 합격한 엔지니어이다. 만약 경험이 풍부한 것으로 따지자면 고급이라는 두 글자를 더할 수 있다. 위성은 엄청나게 큰 시스템 공정이다. 절대로 한 두 사람이 완성할 수 없는 것이고, 수많은 사람들이 함께 노력한 결과물이다. 단지 일을 해내는 데 있어서 대표 인물이 필요할 때가 있는데, 이 노인네가 사람들에게 밀려나온 것이다."

孫家棟
조가동

14

譚靖夷
탄징이

큰 강 머무는 곳에 등불이 가득

——

1921~2016
수력발전 공정 시공 전문가, 중국 공정원 원사,
중국 수력발전 시공 기술 개척자 가운데 한 사람

"억지로 단점을 찾아냄으로써 불량 제로를 실현한다."
"시공의 최고 경지는 공정을 예술품으로 만드는 것이다."
"싼샤三峽처럼 전 세계에서 가장 큰 공정은 진정한 일류로 해야 하고 일시적인 것만
봐서는 안 되며 장기적이고 역사적인 테스트를 거쳐야 한다."

譚靖夷
탄징이

큰 강 머무는 곳에
등불이 가득

———

수리 공사 분야에서 탄징이는 태두급 인물이다. 하지만 일반 국민들 사이에서는 그의 이름을 들어본 사람이 드물다.

그는 언론 인터뷰를 거의 한 적이 없다. 근 70년을 묵묵히 일만 했고, 중국의 강산을 두루 누비고 다녔다. 도도히 흐르는 강물을 앞에 두고, 뒤로는 불을 밝힌 집들이 즐비한 상태에서 대규모 댐을 다 짓고 나면 다시 다른 곳으로 이동한다. 사람들이 보기에는 고달파 보이지만 그 자신은 무한한 행복감을 느낀다.

탄징이는 중국 수력발전소 건설에 공백 상태로부터 참여했다. 기초가 거의 없는 상태에서 세계 수준으로 올라설 때까지 그는 수많은 일들을 경험했고, 마침내 중국은 수력발전소 세계 제1의 대국이 되었다. 그는 80여개의 대규모 댐 건설에 참여했다. 그의 족적이 중국의 모든 중대형 수력발전 사업에 남은 것이다. 세계 15위 안에 드는 특대형 수력발전소 가운데 중국이 7개를 가지고 있는데, 그의 노력이 들어가 있지 않은 것이 없다.

탄징이가 보기에 수력발전 프로젝트는 "차츰차츰 떠오르는 태양과도

중국 과학기술계의 별들을 담다

같다. 금모래가 깔린 강에서 아름다운 빛을 발산한다."

"나는 산과 강을 보는 것을 좋아한다"

2013년 7월 어느 날, 공사 설계도가 가득한 회의 테이블 앞에 92세 된 공정원 원사 탄징이가 반팔 셔츠를 입고 안경을 쓰고, 젊은 기술자 몇 명과 시공 방안에 대해 열띤 토론을 벌이고 있었다. 쓰촨 민강岷江 댐의 기초 공사에서 문제가 생겨서 특별히 그를 초빙하여 진단을 받는 중이었다.

"현재 많은 설계사들이 사무실에 앉아서 설계를 한다. 공사를 할 때 현장에 가보지 않으면 안 된다." 현지 고찰과 분석을 거쳐 탄징이는 민강 댐이 안고 있는 문제가 설계와 현장 상황이 들어맞지 않아서 생긴 문제라고 생각했다. 그가 내놓은 방안으로 고친 다음에 공정은 순조롭게 진행되었다. "실제 상황에서 벗어나서는 안 된다. 실제에 들어맞아야 헛수고가 되지 않는다." 공사 경험 67년의 탄징이가 하는 말이다.

1946년에 탄징이는 당시 자오통대학 탕산唐山 공학원 토목 공정과를 졸업하였다. 양쯔강 산샤에 수력발전소를 세운다는 위대한 구상의 고무를 받아 그는 많은 친구들처럼 인기 있고, 대우가 좋은 철도 공정 분야를 선택하지 않고, 국가에 도움이 되고 재해를 막아주는 수리 사업에 투신하기로 결심했다. 그가 첫 번째 일했던 부서는 생긴 지 얼마 안 된 중국 역사상 최초의 전국 단위의 수력발전 기관인 전국 수력발전 공정 총무처였다.

쓰촨성의 룽시허龍溪河에서 탄징이는 평생 처음으로 댐 설계에 참여하였다. 댐 높이는 15미터, 기계 설치용량은 1만여 킬로와트였지만 당시 중국이 자체적으로 건설한 최대 발전소였다. 이 공사를 통해서 그는 영국유학에서 돌아와 공정 총무처 수석 엔지니어를 맡고 있던 장광더우張光斗 등 수력발전

꾸티엔현古田縣의 발전소에서

전문가를 알게 되었다. 그들은 수력 발전 이론 전문가로서 중국 수력발전 건설의 꿈을 가지고 있었고, 수력발전 사업에 대한 탄징이의 흥미와 추구를 더욱 굳건하게 해 주었다.

2년 뒤 탄징이는 신중국 최초의 계단식 수력발전소 건설에 참여하게 되었다. 기술과장을 맡은 탄징이와 기술자들은 노동자들과 함께 숙식을 같이 하며 일에 매진하였고, 끊임없는 실천 속에서 문제 해결방법을 찾았다. 공사 진도는 한 달에 12m를 파고들어갈 계획이었는데, 점차 단방향 120m, 쌍방향 202m의 속도로 향상되었다. 총 길이 1920m의 물길이 개통된 후에 측량을 통해 연결되는 부위의 수직 편차가 7cm였고, 수평 편차가 2~3센티미터였다. 당시 조건하에서 이런 오차가 난 것은 실로 기적이라 할 수 있다.

1953년에 국방의 필요에 따라 꾸티엔古田 수력발전소의 설계가 변경되었는데, 설계 임무를 맡은 베이징 수력발전 측량설계원이 공사현장에서 탄징이를 포함한 60여 명이 인력을 빌렸다. 1년 후에 설계 임무가 무난히 끝났고, 수력발전 총국은 이 60여 명을 전부 베이징에 남기기로 결정하였다. 꾸티엔시 공정처 서기 량둥梁東이 소식을 듣고 급하게 베이징으로 와서 베이징 수력발전 측량 설계원장 왕루난王魯南에게 말했다. "다른 사람은 남길 수 있지만 탄징이는 꾸티엔으로 돌아가야 한다. 그렇지 않으면 엔지니어 3명을

중국 과학기술계의 별들을 담다

뽑아야 한다." 쌍방의 의견은 통일되지 않았다. 결국 탄징이 스스로 선택하게 하였고, 그는 꾸티엔으로 돌아가는 것으로 선택했다.

"나는 어려서 농촌에서 자라서 고층건물을 좋아하지 않는다. 산과 물을 보는 것을 좋아한다." 반세기가 지난 후에 탄징이는 당시 베이징에 남을 수 있는 기회를 포기한 것에 대해 이렇게 말했다.

억지로 단점을 찾아냄으로써 불량 제로를 실현한다.

수력발전 업계에서 탄징이는 공정의 질에 대한 요구가 가혹한 것으로 정평이 나 있다. 이는 그가 처음 수석엔지니어로 일했던 광동 류시허流溪河의 수력발전소 건설 과정에서 이미 분명하게 드러났다.

1956년에 35세가 채 되지 않은 탄징이는 파격적으로 류시허 수력발전소 공사의 수석 엔지니어에 발탁되었다. 류시허 수력발전소 공사는 발전을 위주로 하고 관개와 홍수방지 등을 종합적으로 고려하는 공정이었다. 댐 높이는 78미터로 중국 최초로 자체 설계 및 시공된 콘크리트 댐이었다. 공정의 기술적 난이도는 매우 높았고, 국내에 유사한 선례도 없었다. 탄징이는 외국의 경험을 참고하여 일련의 기술적 문제를 자체적으로 탐색하고 해결하였다. 동시에 공정의 질을 확보하기 위해서 공사 감리인에게 질적으로 문제가 발생하면 현장에서 잠시 공사 중지를 명령할 권한을 부여하였다. "엄청난 규모의 댐도 개미 구멍으로 인해 무너질 수 있다. 공사는 조금이라도 소홀히 이루어져서는 안 된다"는 것이 탄징이의 생각이었다.

고도로 통일된 질에 대한 생각에 힘입어 류시허 공정은 기공부터 정식 발전에 이르기까지 2년밖에 걸리지 않았다. 시공 기간 내내 댐 전체는 균열이 없었고, 누수도 없었다. 나중에 일본의 수력발전 전문가가 참관을 와서

자신의 경험에 근거하여 하자를 찾아보았지만 뜻을 이루
지 못했다. 그는 놀라움을 금치 못하면서 엄지손가락을 내
밀며 '중국인이 기적을 창조했다'고 칭찬하였다.

　1989년과 2008년에 탄징이는 두 차례 류시허 공사현
장에 방문하였다. 운동화를 신고 난간을 걸었는데, 하나
도 젖지 않았다. 댐 벽에서 시멘트를 떼어내서 시험해 보
니 시멘트 강도가 줄지도 않았고, 오히려 향상되었다. 그
는 기뻐하며 말했다. "보아 하니 수십년 후에도 청춘의 빛
을 내뿜을 것 같아서 매우 안심이 된다."

　현재 중국 수력발전 제8공정국 사장을 맡고 있는 주쑤
화朱素華는 탄징이 제자의 제자 뻘이다. 그는 탄징에 대해
존경하면서도 두려워한다. "그 분은 언제나 조금도 빈틈이 없다. 일에 대해
매우 진지하시고, 상황을 이해하실 때에는 수치 하나라도 세세하게 물으신
다. 시공과정에서 오차가 발견되면 인정사정 없이 비판하신다."

　탄징이의 명언이 있다. "억지로 단점을 찾아냄으로써 불량 제로를 실현
한다." 완전한 질을 추구한다는 이념의 지도 아래에서 그가 건설에 참여한
수력발전 공사는 거의 '품질이 좋다.' '수준이 높다.'는 딱지를 붙여놓은 것
과 마찬가지이다.

　민강 지류에 있는 샤파이沙牌 수력발전소는 원촨현汶川縣과 잉시우진映秀
鎭 사이에 위치해 있다. 현재 세계에서 가장 높은 압축 시멘트 댐이다. 1995
년에 탄징이가 있는 수력발전 제8국이 건설을 맡은 곳이다. 당시 탄징이는
수석 엔지니어 자리에서 물러났지만 여전히 고문으로 일을 하고 있었다. 건
설 과정에서 국제 시멘트 댐 건설 기술 토론회가 쓰촨에서 개최되었다. 회의
에 참가한 전문가들이 현장으로 참관을 왔는데, 어떤 사람이 공정의 질에 대

　　　　　　　　　　　중국 과학기술계의 별들을 담다

| ❶ | ❷ |

❶ 리우시허流溪河 수력 발전소
❷ 싼샤에서 판자정 원사와 함께

해 의문을 제기하였고, 사람들 사이에 의견이 분분하였다. 결국 탄징이가 결단을 내렸다. 고희를 넘긴 탄징이는 쉴 새 없이 현장을 찾았고, 자료를 뒤졌으며 시공과정의 모든 세부적 내용들을 거슬러 올라가 분석하였다. 3일 내내 4시간만 휴식을 취하면서 최종적으로 '품질은 믿을 만 하고 댐은 안전하다.'는 결론을 내렸다. 2008년에 원촨에 진도 8의 대지진이 발생했다. 샤파이 수력발전소는 지진 현장에서 20km 밖에 떨어져 있지 않았다. 산이 무너지고 땅이 갈라졌고, 집이 무너지고 교량은 끊어지는 상황에서 샤파이 댐은 조금도 흔들리지 않았고, 아무런 손상도 입지 않았다.

"디테일이 성패를 결정한다. 안전은 수십 년, 수백 년, 수천 년 관리해야 한다. 조그만 문제라도 주도면밀하게 고려하지 않으면 큰 문제가 될 수 있다." 탄징이는 묵직하게 말했다.

1994년에 탄징이가 근 반 세기동안 바라 왔던 양쯔강 싼샤 공정 건설 조건이 마침내 무르익어 정식으로 공사를 시작했다. 건설 초기에 탄징이는 싼샤 공정에 대한 전문적인 논증과 품질 검사 전문가 팀의 전문가에 임명되었고, 후에 장꽝더우 원사에 이어서 전문가 팀 부팀장으로 임명되었다. 양쯔강 싼샤 수리 중추 공정은 중국 유사 이래 건설된 최대 공정 프로젝트로서 탄징이의 '결점 제로' 정신이 크게 발휘된 현장이다. 그는 "정상적인 것에서 비정상적인 것을 찾아내고, 장점에서 단점을 찾아내며, 하나의 디테일이라도 마음을 놓지 말고 어떠한 숨겨진 걱정거리라도 남겨놓아서는 안 된다."고 하였다.

그는 이렇게 말했다. "국제적으로 봤을 때, 현재 특대형 댐공사는 아직 백년이 되지 않았다. 뚜장이엔都江堰은 천 년이 지났는데, 수리학적 차원에서 말하자면 간단하지 않고, 품질도 좋다. 전 세계에서 가장 규모가 큰 싼샤 같은 공정은 진정한 일류가 되어야 하고, 절대로 한 순간만 봐서는 안 되며 장기적이고 역사적인 시험을 거쳐야 한다."

싼샤 댐은 높이가 185m로서 현재 전 세계에서 규모가 가장 큰 수리 주축 공정이다. 2003년 1기 공정이 발전을 시작했고, 2009년에 3기 공정이 완료되었다. 2017년 3월 1일까지 누적 발전량이 이미 1조 kw를 돌파하였고, 14년 연속 안정적으로 운영되고 있다.

2008년에 싼샤 댐 3기 공정이 축수 시험을 시작했고, 수위는 170m 이상으로 상승하였으며 댐은 여전히 안전한 상태를 유지하고 있다. 탄징이는 기쁜 마음으로 〈양쯔강 싼샤 공정을 칭찬하며〉라는 제목의 시를 썼다. "솜씨 좋은 지휘와 강철 같은 어깨로 높은 댐을 쌓고, 맑은 구슬이 하늘에 반짝이게 하네. 무산의 신녀가 깜짝 놀라 꿈에서 깨어나고, 속세를 둘러보니 전에 없는 감탄이 이어지네."

중국 과학기술계의 별들을 담다

공정을 예술품으로

수력발전 업계에서 전해지는 미담이 있다. 어느 날 동강東江 수력발전소 수석 엔지니어를 맡고 있던 탄징이가 당시 국가 수력발전부 수석엔지니어 판자정潘家錚을 수행하여 동강 수력발전소 시공 현장을 참관하였다. 동강 수력발전소는 당시 중국이 자체적으로 설계하여 시공한 최고 시멘트 댐으로 그 설계와 시공 과정에서의 여러 가지 어려움을 말하는 자리에서 판자정이 말했다. "엔지니어로서 우리는 자신감을 가지고 댐 설계를 했는데, 발생하는 문제에 대해서 보증할 수 있는 겁니까?" 탄징이가 답했다. "여러분들이 세계 일류 댐을 설계할 수 있다면 저희는 가장 멋진 고품질의 댐을 건설할 수 있습니다."

전 국가 수력발전부 수석 엔지니어 리어딩李鶚鼎은 "수력발전 시공 방면의 기술적 문제는 탄징이가 없으면 해결할 수 없다"고 평가하였다.

탄징이는 공정의 품질을 엄격하게 통제할 때에는 세심하게 하면서도 기술 창조 면에서는 누누이 '담대하게 할 것'을 강조하였다. 꾸이저우의 우장두鳥江渡 수력발전소는 그가 과학기술 금지구역에 용감하게 돌진한 '전투'의 고전이다.

누수 방지와 댐 기초의 안정적인 유지가 매우 어렵기 때문에 용암이 나오는 곳에서 댐을 건설하는 것은 국내외적으로 금지사항으로 여겨졌다. 1970년에 국가는 꾸이저우의 협곡에 수력발전소를 세우기로 계획하였다. 이를 통해 현지의 전력 부족 문제를 해결하고자 하였다. 하지만 그 곳은 용암이 나오는 곳으로, 선정된 댐 부지에서 탐지된 용암 체적이 8만여 입방미터이고 지질 단층은 500m에 이르렀다. 또한 하상 아래 200m 깊이에 대형 용암 동굴이 있었다. 공정이 진행될 수 있을 것인가? 물탱크에 물을 채울 수는 있을까? 댐은 안전할까? 이러한 문제들은 국가 최고 지도자를 놀라게 했다.

❶	❷
❸	

❶ 외국 전문가와 함께 동장 수력발전소 참관
❷ 외국 전문가와 우장두 수력발전소 참관
❸ 2010년, 품질전문가 자격으로 시러두 공정을 다섯 번째 검사

당시 국무원 부총리였던 리셴니엔李先念은 직접 지시를 내렸다. 공사 진도를 적당히 늦추고 지질 상황을 조사하고 댐 안전을 확보된 다음에 조치를 취하도록 한다.

당시 지주 가정 출신의 탄징이는 문혁으로 타격을 받았고, 이미 목공반으로 하방되어 노동을 하고 있었다. 1972년 3월, 우장두 공정 상류 제방에서 누수가 생겼고, 두 차례에 걸친 응급처방은 실패하였다. 베이징에서 전문가를 불러와도 문제를 해결하지 못했다. 공정국 지도자는 목공반에서 일하던 탄징이를 부르기로 결정하고, 엔지니어 조수의 명의로 누수 문제 해결을 돕도록 하였다. 탄징이는 현장에 가서 보고 난 뒤에 며칠을 고민하다가 방안을 제시하였다. 결국 누수 문제는 해결되었고, 탄징이는 그 곳에 남아 계속 협력하게 되었다. 후에 점차 우장두 공정의 기술 책임자가 되었다.

꾸이저우의 산골 구석에서 탄징이는 측량, 설계, 시공을 맡은 인력들과 함께 10여년에 걸친 노력을 기울였고, 문혁의 불리한 영향, 국가 재정의 부족 등의 어려움을 극복하였다. 그가 이룬 기술 혁신성과는 791항목에 달한다. 특히 고압 휘장 콘크리트 타설 기술은 용암지구에 수력발전소의 댐 방수와 댐 기초의 안정 등 중대한 기술적 난제들을 해결하였다. 1982년에 발전소는 발전을 시작했고, 꾸이저우성의 발전 능력은 40% 증가하였다. 시공과정에서는 8,000여만 위안, 목재 1만여 입방미터, 시멘트 11여 t을 절약하여 당시 국내에서 경제적 효율이 가장 좋은 대형 수력 발전공정이 되었다. 후에 탄징이가 국제 학술회의에서 우장두 공정의 건설 경험을 소개하는 자리에서 한 외국 전문가는 놀라움을 금치 못했고, 그에게 보고과정에서 나왔던 소수점의 위치가 잘못된 게 아닌지를 물어보기까지 했다. 1985년에 탄징이는 '용암 협곡지구에서의 우장두 수력발전소 건설' 프로젝트 책임자로 국가 과학기술 진보 1등상을 수상하였다.

초기의 꾸티엔시, 류시허 등 수력발전소와 샤오산관韶山灌 지구, 어우양 하이관歐陽海灌 지구 등 수리 공정으로부터 개혁개방 후의 황허 샤오랑디小浪 底, 남수북조南水北調 등 국제적으로 주목을 받은 중대한 공정에 이르기기까 지 그리고 샤오완小灣, 시뤄두溪洛渡, 시앙자向家 댐, 진핑錦屏, 롱탄龍灘, 얼탄二 灘 등 특대형과 대형 수력발전소까지 탄징이의 손길이 닿지 않은 곳이 없다. 그는 중국과 세계의 '제일'을 수도 없이 만들어냈다. 어림잡아 그가 직접 참 여해서 건설한 댐은 80개에 달한다.

탄징이와 함께 일한 사람들은 그가 책임지는 데 용감한 강골이라고 말 한다. 수석 엔지니어로서 시공 과정에서 문제가 생기면 그는 과감하게 결단 을 내리고 해결방법을 찾는다. 이런 방법들은 다년간 쌓아온 기술적 내공 외 에도 세상을 깜짝 놀라게 하는 대담한 돌파도 있다. 예를 들어 현무암과 회 암처럼 강도가 크게 차이가 나는 암석을 함께 재료로 사용하곤 하는데, 이런 방법은 과거의 공정에서는 금기시되는 일이었다. 하지만 탄징이는 그 금기 를 깨뜨렸다. 그리고 생각지도 못한 결과를 이끌어냈다.

"토목 공사는 창조정신이 있어야 한다." 탄징이는 창조에 대해 이렇게 이해한다. "원래 할 수 없었던 일을 지금 할 수 있는 것이다. 원래 하기 좋지 않았던 일을 지금은 하기 좋은 일로 만드는 것이다." 그는 말한다. "시공의 최고 경지는 공정을 예술품으로 만드는 것이다."

공사의 이익을 국민에게

90세 생일을 맞은 탄징이는 백발이 점점 늘어나기는 했지만 얼굴은 여 전히 광채가 나고 치아는 여전히 튼튼하다. 후배들이 그를 '탄라오'라고 부 르지만 그는 이 호칭을 그다지 좋아하지 않는다. 그가 들은 수많은 생일 축

꼼꼼하게 점검하는 탄징이 원사

하 말들 중에서 그가 가장 좋아하는 것은 '오늘은 80 후이고, 내일은 90 후' 라는 말이다. 그도 세월이 사람을 늙게 만든다고 탄식하기는 하지만 청춘이 유지되기를 바라면서 계속 국가를 위해 벽돌 한 장을 쌓아올리고 있다. 이를 위해 그는 매일 5킬로미터를 걷고 30분간 운동을 한다. 1년 사계절 중단하는 일이 없다. 그는 아내와 함께 버스를 타는데, 사람들이 두 부부에게 좌석을 양보한다. 하지만 그럴 필요가 없다고 하면서 자신감을 보인다.

1989년 은퇴한 이후로 탄징이는 10여 개 수력발전소의 고문을 계속 맡고 있다. 그의 작업 기록에 근거하여 1990년부터 2010년까지 20년간, 그는 매년 평균 160일을 자문을 위해 현장으로 달려갔다. 90세 이후에는 그의 외출 일수가 감소하였다. 하지만 중지한 것은 아니다. 공사현장에 있을 때 그는 다른 사람의 부축을 받지 않는다.

"평생 산천을 다스리는 일에 뜻을 두었고, 오랜 기간을 산골 벽지에서 지냈다. 청춘이 백발 된 것이 무엇이 아까우랴. 수력발전이라는 새로운 장을 펼쳐지는 걸 즐거운 마음으로 바라본다. 놀라운 파도가 꿈만 같고, 고산준령과 호수가 다른 세상이다. 네 가지 현대화를 위한 싸움을 위해 장도에 오르고, 일편단심은 홍기를 향해 전진한다." 이것은 1982년에 탄징이가 소원하던 중국공산당에 입당하던 날 쓴 〈61세의 입당 감회〉이다.

탄징이는 자신이 중국공산당과 인연이 없다고 생각했다. 1921년에 중국 공산당이 창당하였는데, 그는 후난 형양의 조그만 마을에서 태어났다. '징이靖夷'라는 이름은 〈시경詩經・대아大雅〉의 '우리나라를 그들에게 다스리게 한다實靖夷我邦'에서 따온 것이다. 그의 아버지는 이것으로 자식이 미래에 재난이 많은 국가를 위해 힘쓸 것을 희망하였다. 그는 중국이 가장 혼란했던 시기를 직접 겪었고, 재능을 펼칠 수 있도록 해주고, 국가에 보은할 수 있는 기회를 준 것에 감사하는 마음을 가졌다. 1949년에 탄징이는 입당 신청서를 정식으로 제출했다. 하지만 지주가정 출신이라는 이유로 개혁개방 이후에 환갑이 되어서야 뜻을 이룬 것이다.

많은 사람은 탄징이가 정말 모범적인 공산당원이라고 말한다. 수십 년 간 그는 심산유곡을 돌아다니고, 강물에 뛰어들면서 중국의 수력 발전을 거의 백지 상태에서 용량 2억 킬로와트로 끌어올렸고, 세계 최고의 수력 발전 대국으로 성장시켰다. 그 가운데 그의 개인적인 공헌으로 만들어진 수익은 계산할 수 없을 정도이다. 하지만 생활면에서 그는 여전히 소박함을 유지하고 있고, 술과 담배도 하지 않는다. 만년에는 1990년대 지어진 옛 집에서 엘리베이터도 없고, 조명도 부실하며 오래된 가구를 쓰고 있다. 원사로서 그는 전용차 대우를 받고 있다. 하지만 외출할 때 그는 버스를 우선적으로 이용한다. 출장갈 때에는 혼자서 배낭을 메고 출발하고 다른 사람이 수행하는 것을 거절한다.

탄징이는 자신의 생활에 대해 진심으로 만족을 느낀다. 92세 때에 그는 시를 한 수 지었다. "평생의 뜻을 펼칠 수 있었으니 공사를 마치고 이익은 국민에게. 백 년 동안 조석을 다투었으니 많은 나무가 기쁘게 봄을 맞이하네."

2016년 11월 12일 오후 3시 45분, 탄징이 선생은 창샤長沙에서 지병으로 세상을 떠났다. 향년 95세.

15

童志鵬
통즈펑

전자의 '초연'을 뛰어넘어 60년

—

1924~
전자 정보 공정 전문가, 중국공정원 원사,
중국 종합전자정보 시스템 개척자이자 기초를 놓은 인물

"인생에서 괴로움과 즐거움을 피할 수 없다. 낙관적인 자세를 유지하는 것이 중요하다."
"공정의 문제는 종종 고립적으로 존재하지 않는다. 여러 측면에서의 분야를 뛰어넘는 배합이 이루어져야 한다."
"과학 연구는 다른 사람들이 하지 않았던 방법을 써야 한다. 이전의 작업을 뛰어넘어야지 다른 사람의 뒤만 쫓아가서는 안 된다."

童志鵬
통즈펑

전자의 '초연'을
뛰어넘어 60년

—

    현대 정보화 전쟁에서 "종합 전자정보 시스템은 무기 장비 시스템 배후의 '무명 영웅'이고, 전쟁의 승부를 결정지을 수 있는 튼튼한 기둥이다." 최초의 국산 무선 통신기, 중국의 제1세대 레이다 연구 제작으로부터 중국의 종합 전자정보 시스템의 개척자이자 기초를 놓은 인물로서 통즈펑은 신중국 군사 전자공업 발전의 전 과정에 참여한 산 증인이다.

    힘든 국난을 직접 경험했기 때문에 '국가를 위해 많이 공헌하자'는 것이 통즈펑 인생 역정에서 가장 빛나는 등대가 되었다. 이제 구순을 넘겼지만 그는 눈빛이 살아 있다. 몸은 마음대로 움직일 수 있고, 1시간 반 동안 대화를 나눈 후에도 얼굴에 윤이 나고 혈색이 좋다. 그는 여전이 전자 분야의 선도적인 과제에 각별한 관심을 가지고 있다. 치열한 국제경쟁에서 아직 아무도 성공을 거두지 못한 전략 장비로 중국이 앞장서 하늘로 솟구쳐 오르기를 기대하고 있다.

애국은 가장 기본적인 '주의'

1950년, 26세이던 퉁즈펑이 미국 위스콘신 대학 박사학위 증서를 가슴에 품고 조국으로 돌아왔다. 함께 귀국한 유학생 대부분은 학교나 연구기관을 선택하였지만 퉁즈펑은 "국민경제에 비교적 영향이 크고, 성과를 좀 빨리 낼 수 있는 일을 해서 국가 건설에 도움이 되고자" 희망하여 중국 전자산업의 주관 분야인 제2기계 산업부 제10국에 가입하였다.

당시 퉁즈펑의 머리를 차지하고 있던 생각은 "어떻게 국가를 위해 보다 확실한 공헌을 할 수 있을까" 였다. 그는 그것을 '가장 기본적인 애국주의' 라고 불렀다. 그것은 그의 청소년 시절의 경력에서 비롯된 것이다.

퉁즈펑은 1924년 저장 닝보에서 태어났다. 약재상을 운영하는 집안으로 평온한 생활을 유지했지만 1937년 7.7사변으로 깨져버리고 말았다. 1940년, 그는 식구를 따라 '전시 고도'였던 상하이 조계지를 떠돌다가 국민정부 교육부가 '특별법안'으로 운영한 샤오광曉光 중학에 입학하였다.

격동의 세월에 가장은 그를 엄하게 단속하지 않았다. 그는 스스로 자신을 관리했는데 그것이 오히려 스스로를 표준적인 모범생으로 만들었다. 공부를 매우 좋아했고, 탐구욕이 왕성해서 하루 종일 각종 어려운 수학 문제를 풀거나 영어 잡지를 읽곤 했다. 더욱이 바진巴金, 마오뚠茅盾, 루쉰, 톨스토이, 고리끼 등 작가의 소설을 좋아하여 끼고 다니며 읽었다. 진보사상의 영향을 받아 그는 중학시절에 학생운동에 적극 참가하였고, 몇몇 진보 인사와 알게 되었다. 몇 년이 지난 후에 그는 그들이 중국 공산당의 지하당원이라는 사실을 알게 되었다. 혈기왕성하던 퉁즈펑은 일본 침략자에 대해 이를 갈았고, 부패한 국민정부에 대해서도 증오심을 가졌다. 아울러 나라와 집안을 일으켜야겠다는 생각으로 가득하였다.

1946년에 퉁즈펑은 우수한 성적으로 상하이 자오통 대학의 전자과를 졸

1948년, 통즈핑(왼쪽에서 첫번째)이 미국에서 동료들과 함께

업하였고, 후에 시험을 통과하여 유학 자격을 얻어, 미국 위스콘신 대학으로 유학을 떠났다. 미국 유학 기간에 그는 중국 학생회에서 활발하게 활동했고, 60여행의 장시를 써서 귀국 동학 환송회에서 낭독하기도 했다. "조국의 형제들이여, 창조 건설의 열기로 휘말려 들어간 시점에 여러분들은 더 이상 머뭇거리지 말고, 또 다른 사람의 울고 웃는 일들을 수수방관하면서 감상하지 말기를 바란다. 여러분들이 편안한 날들을 버리고 다시 한 번 바다와 자신을 정복하기를…"

2년 반 만에 통즈핑은 순조롭게 박사학위를 취득하고, '바다와 자신을 정복' 하는 귀국 길을 밟았다.

귀국 후에 통즈핑은 중요한 임무를 한 가지 부여받았다. 그것은 한국전쟁 전선에서 군용 무선 통신장비를 연구 제작하는 것이었다. 당시에 중국의 전자산업은 모든 것이 무너진 상태였다. 생산 설비는 부실했고, 부속과 원재료도 부족해서 전쟁터에서 사용되는 휴대식 무전기 대부분은 노획한 장비였기 때문에 전선의 수요를 만족시키지 못하는 상태였다. 통즈핑은 국민정부가 접수한 톈진, 난징, 충칭 세 곳의 무선 전신 공장을 찾아보고 나서 국내 전자산업의 실제 생산 수준을 파악하였다. 이후 1년이 채 되지 않은 기간에 미군의 무선 전신 장비보다 성능이 좋은 중국의 1세대 군용 무선통신기를

중국 과학기술계의 별들을 담다

생산해서 한국전쟁 전선으로 보냈다.

"당시 국내의 조건은 미국과 견줄 수는 없었다. 하지만 출국할 때에 국가건설만을 생각하면서 미국에 머물 생각은 없었다. 당시 국내 전자산업 수준의 한계로 인해 군용 무선 통신의 안정성이 비록 부족했지만 군대에서는 환영을 받았다." 통즈펑이 웃으면서 옛 일을 떠올렸다.

가장 유쾌했던 일과 괴로웠던 일

1955년 군용 전자장비와 정보 시스템의 연구 제작에 박차를 가하기 위해서 중국의 첫 번째 종합 전자기술 연구소가 베이징에 세워졌다가 2년 후에 청두成都로 옮겼다. 통즈펑은 부수석 엔지니어를 맡았고, 아울러 마이크로 웨이브 연구실 주임을 맡았다. 후에 수석 엔지니어, 부소장으로 승진하였다.

통즈펑은 이 연구소에서 일생에서 가장 즐거운 시간을 보냈다고 말했다.

연구소가 청두로 옮겨간 지 얼마 지나지 않아 부대가 관할하게 되었다. 부대는 연구소의 과학기술 인력을 중시하고 잘 돌봐주었다. 3년간의 어려운 시기에 방법을 강구하여 연구소 인력의 생활 조건을 개선해 주었다. 연구소의 지도자는 옛 홍군으로서 통즈펑 등 연구 인력의 연구에 대해서 적극적으로 지원해 주었다. 그들이 제기한 의견과 아이디어는 기본적으로 모두 받아들였다. 이에 따라 물질적인 여건이 어렵기는 했지만 통즈펑은 전심전력으로 과학연구를 할 수 있는 환경을 제공받을 수 있었다. 그는 이렇게 회고한다. "일할 때 느낌이 매우 상쾌했다. 최대한 국가가 내준 임무를 완성하기 위해서 우리는 거의 매일 밤 12시 넘어까지 초과근무를 했다. 주말에도 마찬가지였고, 초과근무 수당은 없었다. 야참도 찐빵과 소금에 절인 야채였다. 하지만

❶ 1960년대 통즈펑(오른쪽에서 네번째)이 팀을 이끌고 소련으로 시찰을 떠남
❷ 1980년대, 국가과학기술 진보상 수상식에 참석. 오른쪽에서 세번째가 동즈펑

모두는 피곤함을 느끼지 않았고, 정신은 매우 유쾌했으며 힘이 났다."

과학연구과정에서 각양각색의 '길을 막고 있는 호랑이'를 적지 않게 만났다. 하지만 통즈펑에게 가장 큰 어려움은 전공 기술 자체에서 오는 것이 아니고, 기기의 조립 부품에서 비롯되었다.

통즈펑이 대형 통신 시스템 '지면 마이크로웨이브 접지기'에 대한 연구를 하는 과정에서 시스템을 시험 연결할 때에 일정한 시간이 지난 후에 알 수 없는 '끽끽'거리는 소리가 났다. 수치도 그와 함께 흐트러졌고, 이 문제는 통즈펑을 반 년 동안이나 곤혹스럽게 만들었다. 그는 많은 방법을 생각해 보고, 무수히 많은 실험과 조사를 했지만 원인을 찾아내지는 못했다. 결국 발견하게 된 것은, 문제가 반도체 부품에 있다는 사실이었다. 단말기 설비 부품이 뜨거운 성질을 만나면 불안정해지고, 일정한 시간이 지나면 열을 내면서 이상음을 내는 것이다. 나중에 국가는 역량을 집중하여 관련 반도체 부품에 대해 연구를 진행하였고, 이 문제를 해결하였다.

"전공 난제 해결은 우리들의 본분이지만 부품 문제는 우리가 해결할 수 없고, 추진할 방법이 없다. 공정 문제는 종종 고립적으로 존재하지 않는다. 여러 측면에서의 분야를 뛰어넘는 배합이 이루어져야 한다." 통즈펑은 감개무량해 하며 말했다.

그 시기에 통즈펑의 성과는 탁월했다. 그의 주관하에 제작에 성공한 지면 마이크로 웨이브 접지기, 중국의 1세대 적재 레이더 등의 전자 설비와 시스템은 훗날 '양탄일성' 전자 시스템의 핵심장비가 되었다.

하지만 통즈펑은 뜻밖에도 연구소에서 일생 중 가장 큰 어려움을 만났다.

1966년, '문혁'이 일어난 지 얼마 지나지 않아 통즈펑은 '미국에서 돌아온 거물 스파이'가 되어 버렸다. 이후 6년간 그는 연구소에서 노동감시를 당했고, 과학 연구와는 동떨어진 채, 완전히 외부세계와 단절되었다. 매일 벽돌을 날랐고, 집을 지었으며, 고열 상태로 50kg의 시멘트 포대를 지기도 했다.

"42세부터 48세까지의 시기는 인생에서 가장 좋은 시절이다. 마침 그 때가 젊은 시절이었으니 망정이지, 만약 지금이라면 견디지 못했을 것이다." 90세 노인은 미소를 띠며 옛 일을 떠올렸다. 마치 과거는 연기처럼 사라져 버린 듯 했다. 그는 인생에서 괴로움과 즐거움은 면할 수 없는데, 낙관적인 태도를 유지하는 것이 매우 중요하다고 말했다. 그 시절을 견디게 해준 것은 이런 신념 때문이었다. "고통을 받은 사람은 나 말고도 많이 있다. 나는 역사가 결국에는 모든 것을 분명하게 해줄 것이라고 믿는다. 만약 일생 분명해지지 않는다면 미래에는 결국 분명해질 것이다."

1972년 3월 31일, 퉁즈펑은 이 날을 마음 속에 깊이 새겼다. 이 날은 그가 '해방'된 날이다. 같은 해 4월, 그는 베이징으로 되돌아왔다. 그는 뛸 듯이 기뻤다. 그리고 신세대 위성 무선 전자 계측 제어시스템, 수치 교환망 등의 연구에 빠르게 뛰어들었다. 여러 가지 성과는 국내 선두 수준에 있었고, 국가로부터 여러 가지 훈장을 받았다.

시대를 앞서는 한 걸음이 '나무 줄기'로 발전하다

현대 국방체계에서의 전자 정보 시스템의 중요성에 기초하여 1984년, 중국 전자과학연구원이 정식 설립되어 국가 전자정보 기술발전 전략 연구와 중점 공정의 총체적 연구개발에 종사하도록 하였다.

3년 후, 퉁즈펑은 이 연구원의 2대 원장으로 임명되었다. 그는 말했다. "우리 과학 연구는 다른 사람들이 하지 않았던 방법을 써야 한다. 이전의 작업을 뛰어넘어야지 다른 사람의 뒤만 쫓아가서는 안 된다."

이를 위해 그는 국제 개방 시스템과 서로 표준이 일치하는 중국 연구 넷

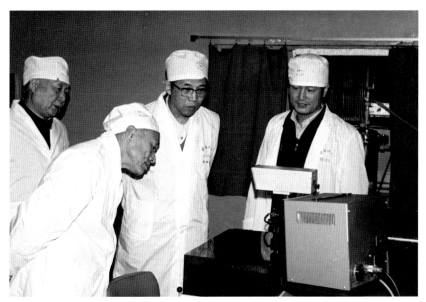
1980년대, 퉁즈펑(왼쪽에서 두번째)이 새로 제작한 전자설비를 살펴보고 있다

연구를 지도하여 중국과 국제 넷의 최초이자 가장 성공적인 시스템 가운데 하나를 만들어냈다. 그는 창조적으로 '종합 전자 정보시스템'을 제기함으로써 중국 종합 전자시스템의 개척자이자 관련 국가급 중정 공정의 지도자 가운데 한 사람이 되었다.

퉁즈펑은 중국 전자 산업의 무에서 유를 창조하는, 또 크게 성장하는 과정 전체에 참여한 산 증인이다. 그가 기쁘게 생각한 것은 여러 해에 걸친 노력으로 중국 전자산업 수준이 급속하게 발전하였고, 전국 전자산업 총생산량이 전 세계 2위로 올라섰다는 것이다. 하지만 과학 기술의 창의성 측면에서 중국은 여전히 선진국과 격차가 존재하는 것도 사실이다. "만약 전자정보 공정이 큰 나무라고 한다면 우리는 가느다란 나뭇가지에 공헌을 한 것이다. 기초가 되는 나무줄기의 발전에 대한 공헌은 아직 너무 적다."

이제 이미 구순인 퉁즈펑은 매일 새벽 다섯 시에 기상하여 집 부근에서

70분간 산보하고 나서 집으로 돌아와 아침 식사를 한다. 매주 4일 연구원에 출근했다가 밤 11시에 잠자리에 든다.

그는 많은 시간을 할애하여 전자 정보공정 분야의 미래 발전과 인재 양성 문제를 고민한다. 그는 이렇게 말한다. "현대의 정보화 전쟁은 여러 병과가 연합하여 싸우는 것이다. 종합 전자 정보시스템은 통신망을 이용하여 각 작전계통을 하나로 모은다. 무기 장비 시스템 배후의 '무명 영웅'인 것이다. 또 전쟁의 승패를 결정짓는 튼튼한 기둥이다. 그것이 다루는 분야는 광범위하고 인재에 대한 요구는 매우 높은데, 학교에서의 양성에만 의지해서는 안 되고, 실천 가운데에서 끊임없이 갈고 닦아야 한다."

그가 가장 관심을 가지고 있는 것은 국제적으로 아직 성공한 사람이 없는 '성층권 비행선'이다. 이것은 이론상 공기 부력을 이용하여 태양이 제공할 수 있는 동력으로, 오랫 동안 성층권에 떠있을 수 있는 무인 부력기로서, 지구 표면에서 군사나 민간용 정찰과 관측을 하는 데 쓰일 수 있다. 그것은 위성 발사보다 더욱 빠르고 편리하며 지구와 가깝고, 적재량이 더욱 많아 더욱 많은 장비를 휴대할 수 있다. 또 비행기보다 높게 날 수 있고, 더욱 멀리 볼 수 있어 방공 유도탄 살상 지역 밖에 위치해 있어 적응성이 보다 강하고 활주로에 의존하지 않으며, 빈번하게 돌아와 급유 받을 필요가 없다. 수직상 승이 가능하고 임의로 상공에 위치를 잡을 수도 있으며 날씨 영향도 받지 않는다. 게다가 비행기의 날로 치열해지는 위성 궤도 공간에서의 대류층에 대한 경쟁에 비해서 성층권은 현재 '진공' 상태로 남아 있다. 하지만 성층권은 밤낮의 기온 차이가 너무 크고 계절 변화가 복잡해서 재료와 공기 동력학 등 관련 기술의 요구가 높아 지금 세계에서 제작에 성공한 전례가 없다.

퉁즈펑이 성층권 비행선의 제작에 관심을 가진 것은 이미 20여 년이 되었다. 문제의 복잡한 정도는 최초의 상상을 뛰어넘는다. 하지만 그는 여전히 기대에 충만해 있다. 그는 말한다. "내 나이 벌써 90이다. 살아서 중국의 성층권 비행선이 성층권으로 날아가 최소한 가까운 공간으로 진입하는 것을 볼 수 있기를 희망한다."

16

王文采
왕원차이

꽃 가운데 시원한 곳

———

1926~
식물분류학자, 중국과학원 원사, 국가 자연과학 일등상 두 차례 수상

"많은 사람들이 생각하기를, 식물 분류학이 각종 식물의 라틴어 학명을 외우는 것이라고 여겨 재미없다고 생각한다. 사실은 그렇지 않다. 식물의 구조는 무궁무진하고 흥미진진하다."

"온종일 지위나 돈 같은 것들을 생각할 수는 없다. 그런 것들을 생각하다 보면 주의력이 분산된다. 연구는 힘차게 해야 한다."

王文采
왕원차이

꽃 가운데
시원한 곳
—

왕원차이는 자신이 '무서운 사회'를 두려워한다고 말하면서, 줄곧 자신을 '무능하고 겁약하다'고 했다. 하지만 모든 일을 몰래 참는 처세 태도가 그로 하여금 격동의 세월 속에서 별일 없이 살아오게 했을 것이다.

그는 자신이 극히 평범하다고 생각한다. 연구도 조금만 했을 뿐이고, 그 중에 몇몇 연구에서 작은 소득이 있었을 뿐이며, 그것이 전부다. 실제로 그는 중국과학원 원사이자 세계 식물분류학의 3대 권위자 중 한 사람이다. 또한 국내에서는 보기 드물게 자연과학 일등상을 두 차례 수상한 과학자로서 중국 식물학의 계보를 잇는 인물이다.

그는 명예와 이익에 무심하여 안빈낙도하는 인물로서 평생 동안 다른 사람들이 보기에는 무미건조하기 짝이 없는 식물 분류학을 연구하였고, 그것을 한없는 즐거움으로 삼았다. 그는 이것이 자신이 제일 좋아하는 '맑고 고요한 세계'라고 말한다.

중국 과학기술계의 별들을 담다

전화위복으로 입문하다

1949년 베이징 사범대학 식물과의 졸업생 23명 가운데 왕원차이는 수석으로 학교에 남아 가르치게 되었다. 당시 그가 한 일은 동물 분류학, 생물 절편 기술과 보통 생물학 세 과목의 조교로서 식물 연구와는 관계가 없었다. 결국 그를 식물학의 길로 걸어가게 한 것은 '사회와 접촉하고 싶지 않은' 생각 때문이었고, 또 두 분의 덕망 높은 스승인 린롱林鎔과 후시엔쑤胡先驌의 영향 때문이었다.

린롱 선생은 중국 식물학의 선구자 가운데 한 사람이다. 일본 유학에서 돌아와 왕원차이가 대학 3학년 때 식물 분류학 과목의 스승이었다. 린 선생은 강의를 재미있게 했을 뿐만 아니라 학생들을 데리고 톈탄天壇, 샹산香山 등지로 표본을 채집하러 가곤 했다. 꽃의 구성은 어떻게 온갖 모습으로 변하고, 그것들은 어떻게 진화하는가? 왕원차이는 자신도 린 선생님처럼 한눈에 식물의 명칭과 특징을 말할 수 있게 되기를 절박하게 바랬다. 이로부터 그의 기숙사에는 각양각색의 식물 표본이 진열되었다.

후시엔쑤 선생은 중국 식물 분류학의 기초를 놓은 인물로서 하버드대학 박사이다. 왕원차이가 베이징 사범대학에서 조교를 할 때에 생물 조사소 소장을 하던 후 선생의 추천을 받아 그를 찾아와 〈중국식물도감〉 편찬을 도와 달라고 하였다. 무식하면 용감하다고 왕원차이는 단번에 승낙하였다. 작업이 시작되고 나서야 알게 된 사실은 자신이 식물 분류학에 대해서 흥미가 좀 있었을 뿐이지 필요한 지식은 없었다는 것이었고, 기본적으로 관련 작업을 해낼 능력이 없어서 열심히 노력하는 수밖에 없었다.

얼마 있다가 왕원차이가 예상도 못했지만 자신의 인생길에 깊은 영향을 미치는 조그만 사건이 발생했다. 내부 회의에서 그는 학과 내의 한 대학원생으로부터 근거 없는 죄명으로 비판을 받았다. 그가 청소원이 청소를 하지 못

❶ 1945년 10월, 베이징사범대학 생물학과 1학년 학생들이 스자싱石家興 교수(앞줄 왼쪽에서 세 번째) 인솔하에 중산中山공원으로 식물 관찰에 나섰다. 두 번째 줄 좌측 첫번째가 왕원차이.
❷ 초등학교 4학년 시절 친구와 함께(오른쪽이 왕원차이)

하도록 부추기고 종용했다는 것이었다. 회의에서 왕원차이는 한 마디도 하지 않았지만 마음 속으로는 화가 치밀어 올랐다. "정말 대학에서 인간관계가 이렇게도 복잡할 줄은 생각도 못했다. 베이징 사범대학에서 더 이상 지낼수가 없게 되었다." '복잡한 인간관계를 피하고 다른 사람과 충돌하고 싶지 않다'는 생각은 왕원차이의 마음 속에 뿌리박혔다.

그는 1926년에 구식 상인 가정에서 태어났다. 첩의 자식 신분으로 그는 어려서부터 남의 눈치를 살피는 것을 배우게 되었다. 부모님 성격은 두 분다 거칠어서 싸움이 끊이지 않았다. 아버지가 세상을 떠난 후에 차용증 세 장만 물려받은 어머니는 생계를 위해서 어린 원차이를 데리고 빚 독촉을 다녔다. 쌍방이 다투는 장면은 그는 영원히 잊지 못한다. 받아온 돈으로 어머

중국 과학기술계의 별들을 담다

니는 지난濟南에 세 곳에 부동산을 샀고, 모자는 세를 놓아 생활했다. 하지만 세를 받는 것은 쉽지 않았다. 때때로 어머니는 세를 내지 않는 사람과 다툼을 벌였다. 이 일들을 생각하면 왕원차이는 눈살을 찌푸리며 고개를 가로젓는다. "어려서부터 알게 된 것은 사회가 정말 무섭다는 것이다. 사실 내 성격도 부모님과 마찬가지이다. 다만 즐겁지 않은 것을 줄이기 위해서 최선을 다해 누군가를 도발하지 않으려 할 뿐이다."

무서운 사회를 피하는 것은 왕원차이가 배운 동력과 직업 선택의 기준이 되기까지 하였다. 항일전쟁이 시작된 후에 그는 어머니를 따라 베이징으로 가서 유명한 베이징 4중에 입학하였다. 그는 점차 서화와 음악에 빠져들었고, 늘 밤늦게까지 공부하면서도 피곤한 줄을 몰랐다. 왕원차이는 천부적인 소질이 있는 것 같았다. 그림은 사람들에게 팔렸고, 난생 처음으로 수입도 생겼다. 하지만 서화 선생님들의 가난한 생활을 보고 또 사회와 접촉하는 어려움을 생각해보고 왕원차이는 이것으로 생업을 삼을 수는 없다는 현실적 결정을 하게 되었다.

이렇게 해서 그는 베이징 사범대학 생물과에 입학하였고, 열심히 공부하였다. 성적이 우수한 학생만이 학교에 남아 가르칠 수 있다는 것을 그는 알았기 때문이었다. 대학이라는 상아탑에 숨는 것이 왕원차이가 생각할 수 있는 '무서운 사회'를 떠나는 가장 훌륭한 선택이었다.

대학 내에서도 사실은 서로 공격하고 비방하며 끝없이 고민하는 일이 벌어진다는 사실을 왕원차이가 알게 되었을 때 후시엔쑤는 감람나무 가지를 던져서 그를 중국과학원 식물분류연구소(1953년에 중국과학원 식물연구소로 개칭)로 불렀다. 왕원차이는 뛸 듯이 기뻤다. '전화위복'이라고 할 만 했다.

지금 왕원차이는 두 선생에 대해 감사의 마음을 가지고 있다. "정말 두 선생님 덕분이다. 먼저 린 선생님은 내가 식물분류학에 흥미를 가질 수 있도

록 잘 가르쳐 주셨다. 그리고 후 선생님이 나를 식물분류학으로 입문하도록
이끌어 주셨다."

한 송이 꽃에 하나의 세계

1950년에 식물연구소로 발령을 받았을 때, 왕원차이는 24세로서 당시
식물연구소에서 가장 젊은 보조 연구원이었다. 다른 동료들은 대부분 유학
에서 돌아와 그보다 최소한 10살이 많았다.

마침내 명실상부하게 자신이 가장 흥미를 느끼는 식물분류학에 종사하
게 된 왕원차이는 매우 기쁜 마음이었다. "많은 사람들이 생각하기를, 식물
분류학이 각종 식물의 라틴어 학명을 외우는 것이라고 여겨 재미없다고 생
각한다. 사실은 그렇지 않다." 그는 식물분류학이 식물학의 기초 학문으로
서 주로 식물계 서로 다른 군체의 기원, 친연관계 및 진화발전 법칙 등을 연
구하고, 복잡한 식물을 종류별로 구분하여 감별하고 체계적으로 배열해 놓
음으로써 사람들이 식물을 인식하고 이용하기 편하게 해준다고 한다. 이 학
문은 유럽에서 시작되었고, 이미 300여년의 역사를 가지고 있지만 중국에서
의 발전은 아직 채 100년도 되지 않았다.

모든 식물 가운데 꽃이 피는 식물은 가장 늦게 출현하고 등급이 가장 높
다. 그것들이 왕원차이의 주요 연구대상이다. "식물 감정 과정에서 꽃송이
가 매우 중요하다. 꽃이 있으면 감정하기가 좋고, 꽃이 없으면 매우 어렵다.
꽃과 과실이 없는 표본은 우리는 일반적으로 필요로 하지 않는다." 그는 현
재 식물학자들이 세계에서 이미 발견한 속씨식물을 체계적으로 400여 개
과, 15,000속, 20여만 종으로 분류하였다고 소개했다. 중국은 국토가 광활하
고 풍부하고 다양한 식물 구역을 가지고 있어서 현재 책에 체계적으로 편집

　　　　　　　　　　　　　　　　중국 과학기술계의 별들을 담다

된 식물이 120여 과, 3천여
속, 3만여 종이 있다.

최근 반세기 이래 문혁
기간 잠시 연구가 중단된 것
을 제외하고 왕원차이의 생
활은 매우 단순하고 분명하
다. 국가의 필요와 식물연구
소의 계획에 따라 표본을 채
집하고 관찰하고 나아서 책
을 써서 설명하는 것이다.

매년 봄에 꽃이 피면 왕

1963년 8월, 쓰촨성 고산 지대의 초원에서 식물 표본 채집 중인 왕
원차이

원차이는 동료들과 야외로 나가 표본을 채집한다. 광시廣西의 빽빽한 열대
우림, 윈난雲南의 풍부한 식물 군락지, 장시江西 아열대의 상록수 숲, 후난湖南
의 상록수 군락지 등등. 그는 자신이 대관원大觀園에 들어온 리우劉 노파라고
묘사한다. 너무 많아서 다 볼 수 없을 정도이고, 대부분의 수종과 관목, 초목
은 모르는 것들이다.

밖에서 일하는 것은 매우 힘들다. 때로는 하루에 수백 개의 표본을 채집
해서 날이 저물어 숙소로 돌아와 다시 정리를 해야 한다. 불시에 험한 일이
생기기도 한다. 독모기에게 물릴 때도 있고, 표본을 불에 굽다가 불이 날 뻔
하기도 했다. 가장 위험했던 순간은 윈난에서 왕원차이가 학질에 걸렸을 때
였는데, 다행히 쿤밍 식물연구소의 직원 네 명이 헌혈을 해주어 목숨을 구할
수 있었다.

그럼에도 불구하고 왕원차이는 그 안에서 즐거움을 느끼고 있다. "나는
많은 식물과 그것들이 자라는 환경을 직접 보았다. 특히 서남쪽 산지에서 빙

하기를 견더낸 종류를 봤을 때 매우 기뻤다."

　매년 가을에 왕원차이는 연구소와 표본관으로 돌아와 표본 연구에 몰두하고 논문을 쓰며 문헌을 편집한다.

　1987년에 왕원차이가 주재하여 완성해서 광범위하게 응용된 〈중국 고등식물 도감〉이 국가 자연과학 1등상을 수상하였다. 2009년에 그가 편집에 참여한 총 80권 136책 분량의 〈중국 식물지〉가 세계 최대, 가장 많은 종류를 담은 저서로 인정받아 다시 한 번 국가 자연과학 1등상을 수상하였다. 이로써 그는 중국에서 매우 드문 국가 자연과학 1등상을 두 차례 수상하는 인물이 되었다. 하지만 그는 어떤 경우에나 반복해서 강조한다. 두 부의 휘황찬란한 저서는 수십 년간 수많은 사람들이 노력한 결과로서 상을 신청할 때 대표인물로 적어 넣었고, 공교롭게 그 중의 한 명으로 끼어들어간 것 뿐이라는 것이다.

　왕원차이는 자신이 연구를 조금 한 것에 불과하고 그 가운데 일부 연구가 아주 조금 성과를 거두었을 뿐이라고 담백하게 말했다. 그는 20개의 새로운 속과 500여개의 새로운 종을 발견하였다. 연구에 근거하여 제시한 진화 추세는 여러 속의 분류 관계에 대해 중요한 수정을 하였고, 분류체계를 세웠다. 96과 식물분포 구역의 분석에 근거하여 동아시아 식물 군락지의 7종의 분포 양식과 세 가지의 이동 노선을 그려냈고, 윈꾸이雲貴 고원과 쓰촨四川 일대의 속씨식물이 적도 지역에서 발원한 뒤에 북쪽으로 확산되었다는 발전 중심이 되었다는 추측을 하였다.

나무 한 그루의 덧없는 인생

　정치 풍파 속에서든 식물학계의 파벌 분쟁에서든 왕원차이는 한 편에

　　　　　　　　　　　　중국 과학기술계의 별들을 담다

서지 않았고 다른 사람을 평하지 않았다. 반세기 동안 그는 바깥일에 귀를 막았고, 연구에만 몰두하였다. 그의 논문은 언제나 담백했다. 문자를 씹지 않았고, 경전을 인용하지도 않았다. 연구자의 감정을 드러내지도 않았고, 그저 객관적으로 자신의 발견과 결론을 적었다.

투쟁성이 강하지 않았고, 자신이 주도적으로 뭔가를 쟁취하려 하지 않았기 때문에 많은 기회가 그와는 인연이 없었다. 하지만 어떤 사람에게도 해를 끼치지 않았기 때문에 길고 긴 격동의 세월 동안 그는 편안하게 지낼 수 있었다.

'문혁' 기간에 과학 연구가 어쩔 수 없이 잠시 중단된 것을 제외하고 왕원차이는 어떠한 피해도 입지 않았다. 그가 반듯하게 글을 썼기 때문에 각 파에서는 대자보를 써달라고 찾아왔다. 그는 내용은 보지 않고 베껴 써주기만 했다. 몇 년 후에 무고하게 박해를 당한 동료와 박해를 한 동료를 떠올리며 그는 등 뒤에서 서늘함을 느꼈다.

왕원차이의 무덤덤함은 곁에 있는 사람들에게 불가사의함을 느끼게 하였다. 개혁개방 후에 학생들이 그에게 물었다. "선생님은 주위 사물에 대해 아무런 의견이 없으십니까?" 왕원차이는 마음을 가라앉히고 대답했다. "있지, 의견이 있으면 표본에게 제기하지!" 그는 학생들에게 연구에 마음을 쏟고 외부 사물에 휘둘리지 말라고 가르쳤다.

왕원차이의 학생이자 식물연구소 부소장과 중국과학원 화남 식물원 부주임을 지낸 푸더즈傅德志는 '원차이 스승'이 그들에게 말은 적게 하고 몸으로 가르치는 것을 중시했다고 말했다. "그 분의 담담하고 평화로움 속에는 확실히 독특한 매력이 있었습니다. 진정으로 그 분을 따르는 사람만이 이해 득실에 초월하고 어떤 경우에도 잘 적응하며 외유내강인 그 분의 매력을 깨닫게 됩니다. 좋을 때나 나쁠 때, 굴욕이나 영광에 관계없이 학술에 대한 추구 속에 모두 용해시켜 버립니다. 이런 매력은 세상의 모든 학문을 포용하고, 그지 없이 평범하며 당신도 해낼 수 있다고 느낄 정도로 평범합니다. 하지만 그 평범함은 아무리 해도 해내기 어렵습니다!"

왕원차이는 일생 욕심이 없었다. 그의 부인은 한의학을 연구하는 약사이다. 두 사람은 세 자녀를 키우느라 경제적으로 힘들었다. 왕원차이는 돈 벌 궁리를 한 적이 없다. 그는 그저 대학원생 세 명을 길러낼 뿐이다. 그는 이렇게 말한다. "대학원생 한 명을 기르는 데 1년에 최소한 1만여 위안이 들어간다. 나는 그렇게 큰 돈이 없다. 식물분류학으로 국가 자연과학 기금을 신청하는 것도 매우 어렵다."

"온 종일 지위나 돈 같은 것들을 생각할 수는 없다. 그런 것들을 생각하면 주의력이 분산된다. 연구는 힘차게 해야 한다." 왕원차이는 정색하며 말한다.

그는 〈식물분류학보〉 주편을 맡았다가 1988년 그만두었을 때 매우 기뻐했다. 직책이 없으면 홀가분하다는 이유였다. 1993년에 중국과학원 원사에 당선되었을 때 그는 조직에 원사 감투를 벗겨달라고 신청을 할 생각이었다. 후에 원사가 종신제이며 심각한 잘못을 저지르지 않는 한 내려놓을 수 없다는 것을 알고 생각을 접을 수밖에 없었다.

왕원차이가 80세 생일을 맞이하던 그 해에 학생들은 그의 논문을 정리하여 출판할 생각이었지만 몇십 년간 '원차이 스승'이 발표한 논문이 모두 단독 서명이었다는 것을 알고 깜짝 놀랐다. 때때로 학생들은 그의 지적과 도움을 받아 몇몇 훌륭한 성과를 내기도 했는데, 왕원차이에게 공동 서명을 하자고 하면 그는 언제나 웃으면서 "글은 자신이 책임져야 하는 것"이라고 완곡하게 거절하였다.

1990년, 작은 딸 왕후이王卉가 스웨덴 웁살라 대학에 연수를 갔을 때 왕

왕원차이의 가족사진

원차이를 도와 웁살대학 식물관에 방문학자로 갈 기회가 생겼다. 이것은 그
의 첫 번째 출국이었다. 이전에 외국으로 연수나 방문학자로 갈 기회가 몇
차례 있었지만 무산된 일이 있었다. 스웨덴 방문을 마치고 나서 왕원차이는
프랑스, 영국, 독일 세 나라를 돌아다녔다. 가는 곳마다 그는 하루 종일 현지
에서 가장 유명한 식물원과 표본관에 푹 파묻혔다. 1996년에 영문판 〈중국
식물지〉 편집 작업에 참여한 인연으로 그는 또 미국 스미스 식물연구소를
방문하여 작업하였다. 이후에 그는 또 여러 차례 세계 각국을 방문하여 작업
하였다.

　이런 국제교류와 방문을 통해 왕원차이는 시야가 넓어졌고, 중국 식물
분류학과 유럽과 미국의 차이를 더욱 더 깨닫게 되었다. 그는 중국의 표본관
이 여전히 중국 본토 식물의 표본을 주로 수집하고 있는데, 영국, 미국, 프랑
스, 러시아, 스위스 등 나라들의 식물 표본관은 모두 세계 5대륙의 식물 표본
을 소장하고 있다는 것을 알게 되었다. 그 중에는 그가 국내에서 보지 못했

던 중국 식물 표본도 있었다.

왕원차이가 보기에 식물 분류학은 네 단계로 나뉘어 발전한다. 고찰 채집, 묘사 분석, 실험 연구, 그리고 1960년대 일어난 분자계통학이다. 현재 구미 여러 나라에서는 전 3단계가 이미 기본적으로 완성되었고, 새로운 종과 속이 발견되는 것은 매우 드물며 분자 연구가 한창 발전 중에 있다. 그리고 중국은, 네 단계가 함께 발전하고 있다. '고찰 채집' 작업은 여전히 완성되지 않았고, 새로운 종과 속이 계속 발견되고 있으며 심지어 몇몇 지역의 식물 연구는 여전히 공백 상태로 남아 있다.

현재 왕원차이는 매일 아침 6시에 일어나 일을 한다. 매주 월요일과 화요일에 식물연구소에 표본을 보러 가고, 나머지 요일에는 집에서 연구한다. 그가 가장 유감스럽게 생각하는 것은, 2004년에 통풍에 걸려 다시 산에 갈 수 없다는 것이다. 그리고 그는 아직 칭짱고원과 산악지역에 가보지 못했다. 그가 가장 우려하는 것은 밖에서 고찰할 때에 적지 않은 지역에서 삼림이 대량으로 벌목되고 생태계가 심각하게 파괴되어 국민 생활과 국가 경제 건설에 악영향을 미치는 것이다.

그의 또 다른 걱정은 최근에 식물분류학에 뛰어드는 젊은이가 너무 적다는 것이다. 표본관에 가보면 그 곳에서 표본을 보는 사람들은 기본적으로 모두 나이든 선생들이다. 식물분류학은 식물학의 기초학문이다. 만약 분류학이 잘 이루어지지 않으면 더 발전된 연구는 영향을 받게 될 것이다.

중국 과학기술계의 별들을 담다

文采
황원차이

17

王 小 謨
왕샤오모

'마귀'의 원대한 식견

———

1938~
레이다 공정 전문가, 중국 공정원 원사,
중국 현대 조기경보기 사업의 개척자이자 기초를 놓은 인물, 국가 최고 과학기술상 수상

"엔지니어의 사유는 복잡한 문제를 최대한 단순화시키는 것이다."
"문제 있으면 나한테 있는 것이고, 공로가 있으면 당신 것이다."
"나는 일평생 어려운 일을 만났다. 하지만 나는 스스로를 조절할 수 있는 기회가 있었고, 그 안에서 좋은 면을 보게 되었으며 빨리 지나갈 수 있었다."

王 小 謨
왕샤오모

'마귀'의
원대한 식견
—

왕샤오모를 잘 알고 있는 사람들은 그가 '마귀'라는 별명을 갖고 있다는 사실을 안다. '모魔'는 '모謨'의 해음이고 '귀鬼'는 그가 '간교함'이 특별히 많은 것에서 유래한다.

하지만 이 '마귀'는 무섭지도 않고 특별히 사랑스럽다. 그는 자신의 이야기를 할 때에는 언제나 웃음을 짓는데, 때로는 눈이 안보일 정도로 웃기도 하고 때로는 허벅지를 두드리기도 한다. 살면서 가장 고통스러운 날을 말할 때에도 그는 즐거움을 찾아내어 큰 웃음으로 마무리짓곤 한다.

웃기를 좋아하는 그는 중국 레이다 공정 업계에서는 태두급 인물이다. 국가 최고 과학상을 수상하였고, '중국 조기 경보기의 아버지'라는 영예를 얻었다. 중국 최초의 3좌표 레이더, 최초의 중저공 레이더, 그리고 최초의 레이더 기능이 있는 비행기, 즉 조기 경보기는 그의 세 가지 대표작이다. 동시에 중국 전자 및 국방 산업의 세 이정표이기도 하다.

왕샤오모와 함께 일을 해본 사람들은 그가 엔지니어, 과학자일 뿐만 아니라 전략가이기도 하다고 말한다. 그가 여러 차례 내린 대담한 정책 결정은

중국 과학기술계의 별들을 담다

이후에 언제나 정확한 것으로 판명이 났다. 왕샤오모 자신은 이렇게 말한다. "나는 일생 어려운 일을 수없이 만났다. 가장 어려울 때에는 강물에 뛰어들 생각도 있었다."

그가 보기에 레이더 관측과 과학 연구는 완전히 상통하는 점이 있다. 그 것은 바로 더 높은 곳에 서면 더 멀리 볼 수 있다는 것이다.

레이더를 연구하는 경극단 단장

"3좌표 레이더를 연구해 보게." 1961년, 왕샤오모가 대학을 졸업하고 중국 레이더 산업의 발원지인 난징의 중국 전자 과학기술 그룹 제14연구소 에 갔을 때, 레이더 연구실 주임이 두꺼운 한 뭉치의 원고와 함께 그에게 던 진 한 마디였다. 그 후 연구실 주임은 그에게 관여하지 않았다. 그 원고 뭉치 는 소련 전문가가 남겨 놓은 연구 방안으로서 3좌표 레이더에 관해 연구소 가 가지고 있는 자료 전부였다.

레이더는 2차 세계대전 중에 생겨난 군 장비로서 하늘을 나는 비행기를 감시하고 추적하는 데 이용되며, 한 나라 전자산업의 수준을 보여주는 지표 가 된다. 초기 레이더는 거대한 손전등처럼 감시 무선 전파가 목표물에 닿은 후의 반사파를 통해 목표의 두 좌표인 방위와 거리를 얻어내는데, 목표의 고 도를 알아낼 수는 없었다.

왕샤오모가 일을 시작했을 당시에 고도를 알아낼 수 있는 3좌표 레이더 는 국제적으로 걸음마 단계였다. 23세 애송이가 한 마디 말, 한 뭉치의 종이, 한 사람에 의지하여 세계 최첨단의 과제를 연구할 수 있을 것인가? 왕샤오모 는 하룻강아지 범 무서운 줄 모른다고, 말하는 대로 했다. 그는 자조적으로 말했다. "내가 어려서부터 받았던 것은 방목교육으로서, 자신이 스스로 힘

얼후를 연주하는 왕샤오모

을 키우는 것이었다."

왕샤오모는 1938년 상하이에서 태어났다. 아버지는 일찍이 펑위샹馮玉
祥의 참모였다. 신중국 수립 전야에 아버지는 가족을 데리고 베이징으로 이
주하여 소련에서 귀국하는 펑위샹에게로 달려갈 준비를 하였다. 펑위샹은
오는 도중에 뜻밖에 폭사하였고, 아버지는 가족을 데리고 한 집에 세들어 사
는 수밖에 없었다. 부모님은 생계로 인해 바빠서 왕샤오모와 누나를 돌볼 겨
를이 없었다. 왕샤오모는 마음대로 할 수 있어서 좋았고, "학교가 끝나면 자
신의 세상이었다." 그는 장난꾸러기였다. 또래들과 길 한복판에 벽돌을 갖
다 놓고 한 쪽에 숨어서 자전거를 타고 가던 사람이 걸려서 곤두박질 치는
것을 보고 깔깔대며 웃기도 했다.

왕샤오모는 그렇게 열심히 공부하지 않았다. 매번 시험이 임박해서 당
일치기에 급급했는데, 그래도 성적은 나쁘지 않게 받았다. 함께 모여 살던
이웃들의 영향을 받아 그는 당시 유행 음악, 경극에 빠져들었다. 고등학교

중국 과학기술계의 별들을 담다

때에 학교 경극단의 주요 반주자가 되었는데, 얼후二胡를 잘 연주하였다.

다른 사람 집에 무선 라디오가 있는 것을 보고 그는 부럽기 짝이 없었다. 그것은 당시 유행하던 오락이었다. 집에서는 살 수가 없었고, 그는 자신이 조립을 해보기로 결정했다. 구성진 메이란팡梅蘭芳의 노래가 자신이 조립한 라디오에서 흘러나오는 것을 들으면서 그는 흥분에 겨운 나머지 잠을 이루지 못했고, 신비한 무선 전파에 대해 호감이 배로 늘어났다.

대학입시에서 베이팡北方 곤곡원昆曲院에서 신입생을 모집하였다. 학교 경극단의 주축으로서 왕샤오모는 갈 수 있다고 고개를 끄덕였지만 부모님은 반대였다. 베이징 공업대학(지금의 베이징 이공대학)에서도 그를 맘에 들어하며 무선전신과로 보내고 싶어 했다. 그런데 그가 마음에 두고 있던 곳은 칭화대학 무선전신과였다. 하지만 합격 여부는 알 수 없었다. 결국 그는 베이징 공업대학을 선택했다. 그는 나중에 "만약 무선전신과가 아니었다면 나는 베이팡 곤곡원으로 갔을 것"이라고 회고하였다. 당시 무선전신 전공은 어마어마해서 마치 21세기의 인터넷이나 인공지능 같았다.

대학에 진학한 왕샤오모의 성적은 여전히 나쁘지 않았다. 그는 각종 이론의 원리를 깨우치는 것을 좋아했다. 반면에 외국 이름으로 된 무수한 공식을 외우는 것은 너무 머리가 아팠다. 하지만 고학년으로 올라가 무선 전공 과목을 수강하기 시작하면서 왕샤오모는 물 만난 고기처럼 두각을 나타내기 시작했다. 그가 설계한 '레이더 야기 안테나'는 우수 졸업 설계로 평가받았다.

여가 시간에 그는 '옛날 업'을 잊지 않고 학교 경극단 단장을 맡았다. 여러 해가 지난 후에 그는 자신이 수석 디자이너가 될 수 있었던 것이 이런 경력의 공로가 있었기 때문이라고 생각했다. "공정과 연극은 같다. 프로젝트 안에 악대, 조명, 감독, 배우가 있고 몇백 명이 단결해야 하고 공동으로 하나의 작품을 잘 연기해 내야 하는 것으로 쉬운 일이 아니다."

1961년, 왕샤오모는 대학을 졸업하고 난징의 중국 전자과학기술 그룹 14연구소로 배치 받았다. 선배들은 각자가 발등에 떨어진 불이 있어서 국제 첨단과제인 '3좌표 레이더'는 신출내기 연구원의 몫이 되었다.

산골짜기에서 나온 세상을 놀라게 하는 작품

소련 전문가가 남겨놓은 원고를 다 훑어본 왕샤오모는 다시 3좌표 레이더에 관련된 더 많은 자료를 모으려면 각종 영문 국제학술 잡지를 뒤져야만 했다. 반 년간 러시아어를 공부했고, 영어에 대해서는 문맹이었다.

한편으로 영어를 독학하면서 또 한편으로는 자료를 뒤졌다. 왕샤오모는 이제 영어 문장을 통독할 수 있었고, 아울러 3좌표 레이더에 관한 세계 각국의 연구성과를 흡수하였다. 국가 산업기초가 취약한 것을 고려하여 그는 매우 간단하고 이행하기 쉬운 방안을 생각해 내어 국가의 비준을 받았다. 다시 2년이 지나고 왕샤오모는 국제 학술잡지에서 한 영국 학자가 그와 완전히 동일한 이론 방안을 제기한 것을 보게 되었다. 이 때 왕샤오모의 설계도는 이미 완성되어 견본 기계 가공 단계에 들어간 상태였다.

애석하게도 얼마 지나지 않아 '문혁'이 터졌다. 왕샤오모는 한쪽 편에 서 있는 온갖 악인이 되어 있었다. 그가 설계한 3좌표 레이더는 나중에 다른 사람 손으로 견본기계가 완성되기는 했지만 시종 생산으로 이어지지는 않았고, 결국 흐지부지 되고 말았다. 반면에 영국의 3좌표 레이더는 세계 각지에서 베스트셀러가 되었고, 중국도 구매를 고려하였다.

"우리는 너무 화가 나서 다른 더 좋은 것을 연구하고 싶었다." 1969년에 국가의 부름을 받아 왕샤오모는 14 연구소가 꾸이저우에서 준비중이던 중국 전자과학 그룹 38소로 달려갔다. 같이 달려간 사람 중에는 한쪽 편에 서 있던 기술자들이 많았다. 그들은 난이도가 훨씬 높고 기술이 더욱 복잡하며 성능이 더욱 우수한 또 다른 방안을 골라 쓰기로 결정하고 세계에서 가장 선진적인 3좌표 레이더를 만들어 내자고 뜻을 모으고 왕샤오모가 수석 설계사를 맡았다.

사람 발길이 거의 닿지 않는 산으로 둘러싸인 평지에 38소는 위치해 있었다. 직원들은 임시로 지어진 막사에서 생활하고 있었고, 38소에서는 매주 차를 보내 울퉁불퉁한 흙길을 지나 먹을 것을 사가지고 와서 사람들에게 조금씩 나눠 주곤 했다. 사람들은 맵고 짠 것을 밥에 비벼 먹었다. 그들은 직접 닭을 키웠고, 난방시설을 만들고 병원, 학교도 운영했으며 주말에는 불시에 등산 모임을 조직하기도 했다. 당시 왕샤오모는 결혼을 한 상태라서 가족들의 생활을 개선하기 위하여 방법을 강구하였다. 예를 들어, 베이징에 출장가는 기회를 이용하여 돼지고기를 가져와 온가족이 영양보충을 하는 식이었다. 그는 자신이 직접 군용 레이더 기술을 이용하여 제작한 텔레비전을 조립하기도 하였다.

산골짜기의 생활은 당연히 힘들었다. 하지만 왕샤오모 입장에서는 좋은 점이 없지도 않았다. 그 중에서 가장 좋은 점은 "무엇이든지 다 있었고, 살아가는 게 낙"이었다. 그는 수백 명을 이끌고 밤낮으로 힘을 내서 일을 했다. 7년 후에 참신한 3좌 레이더가 마침내 만들어졌다. 산중에서는 비행기가 보이지 않는 어려움이 있어, 그는 팀을 이끌고 구이양으로부터 난닝南寧, 우한, 창샤 등지로 가서 레이더의 성능을 시험하였다. 결국 그들은 베이징까지 왔다. 왕샤오모는 자신감이 넘쳤다. 하지만 불합격을 통보받았다. 그의 머릿속에서는 '웅'하는 소리만 들렸다. 이 레이더는 38소의 수백 명의 인력이 장장 7년간 만들어낸 제품인데, 만약 실패하면 그 개인의 일에 그치는 것이 아니고 38소 전체의 존망에 관계되는 문제였다.

조급해진 왕샤오모는 구이저우 산골짜기로 돌아와서 즉각 팀을 꾸려 레이더 '회진'을 하였다. 그들은 모두 12가지 잘못된 점을 찾아내어 하나씩 해결하였다. 다시 우한으로 가서 테스트하였는데, 지표는 여전히 좋았다가 나빴다가 했다. 이 때 팀 전체는 배기 구멍의 고압창을 찾아내지 못한 듯했다. 왕샤오모가 누군가를 봤는데, 그 누군가는 온갖 방법으로 '나는 아니다. 내 문제가 아니다'라는 걸 증명하느라 바빴다. 문제의 소재를 찾지 못하자 왕샤오모는 강물로 뛰어들고 싶은 마음까지 생겼다. 가장 절망적인 순간에 우연한 기회에 그는 마침내 잘못된 점이 12로 접수기 사이에 상호 방해가 존재한다는 것을 발견하였다. 문제는 해결되었고, 지표는 대단히 좋아졌다. 지금도 이 일을 생각하면 그는 정말 기분이 좋다. 그는 상당히 감동적으로 말했다. "과학 기술 연구는 종종 이래요. 모를 때에는 머리를 깨고 싶고, 일단 알게 되면 거론할 가치가 없을 만큼 단순합니다."

1982년에 이 레이더는 정식으로 국가 감정을 통과하였다. 이것은 중국이 최초로 자동화된 3좌표 레이더를 가지게 되었다는 것을 의미하고 방공 레이더가 단일한 경계 기능에서 정확한 지휘 인도에 이르기까지 중국의 레이더 기술이 세계 선진 대열에 들어섰다는 것을 의미하는 것이다. 1985년에 이 프로젝트는 국가 과학기술 진보 1등상을 수상했다. 왕샤오모의 이름이 맨 앞줄에 놓였다. 1987년에 두드러진 공헌을 한 중장년 과학자 14명 가운데 한 명으로서 왕샤오모는 베이다이허에서 덩샤오핑을 접견하였다. 이 때 그는 이미 다음 목표를 생각하고 있었다.

중국 과학기술계의 별들을 담다

재간이 있으면 대담해진다

어릴 적에 가계에 보탬이 되기 위해 왕샤오모는 못을 박고 종이상자를 만들고 또 아이스크림을 팔았다. 하지만 그가 어느 날 종이 한 장으로 5000 만 위안을 벌게 될 줄은 전혀 생각도 못했다.

1986년, 왕샤오모는 38 연구소 소장으로 임명되었다. 그가 고려하는 것은 더 이상 선진적인 레이더 제작이 아니라 전체 연구소의 장기적인 발전이었다. 이 당시 개혁의 봄바람이 불고 있었고, '3선' 건설을 지원하자는 호소는 이미 철이 지난 뒤였다. 38소의 많은 기술 인력들은 제 갈 길을 찾아 떠났고, 대학 졸업생들은 구석진 산골에 가고 싶어 하지 않았다. 연구소를 산골로 옮기느냐, 대도시로 옮기느냐 하는 것이 왕샤오모의 고민이었다. 1988년에 38 연구소는 국무원의 비준을 받아 안후이安徽의 허페이合肥로 이사하였는데, 나중에 흉내내는 기관들이 많아졌다.

하지만 이사가 말은 쉽지만 직원과 가족만 해도 2,000명에 달하고, 연구 조건을 마련해야 했다. 자금은 어디에서 날 것인가? 국가 재정은 2,000만 위안이 집행되었다. 왕샤오모는 스스로 5,000만 위안을 냈다. 믿는 것은 그의 두 번째 대표작 중저공 레이다였다.

초기 레이더는 저공에 맹점이 있었다. 1987년 5월, 19세의 서독 청년 마티아스 루스터가 새스나 172형 민간 항공기를 몰고 저공비행하여 당시 지구상에서 가장 강대한 소련의 레이더 방공망을 넘어 성공적으로 모스크바 붉은 광장에 착륙하여 세계를 놀라게 하였다. 저공 방어가 즉각적으로 전 세계의 핫 이슈가 되었다.

얼마 있다가 한 항공 전시회에서 왕샤오모가 한 장짜리 광고를 만들었다. 중저공 레이더였다. 당시 사람들은 모두 저공 레이더를 토론하고 있었는데, 왕샤오모의 독창적인 중저공 레이더는 바이어들의 주목을 받았고, 어떤

젊은 후배와의 교류

나라에서 5,000만 위안에 구매하겠다는 의사를 피력하였다.

왕샤오모는 기쁜 마음으로 주문서를 가지고 귀국하였다. 그는 진작에 저공 레이더를 연구하고 싶었었다. 하지만 자금 부족에 시달렸다. 사실 외국 고객과 계약할 때에 다른 견본은 말할 것도 없고, 38 연구소의 중저공 레이더의 설계 방안도 없었다. 왕샤오모가 가지고 있었던 것은 광고 한 장과 38 연구소가 해낼 수 있다는 자신감 뿐이었다.

1년 후에 왕샤오모의 인솔하에 중국 최초의 중저공 레이더가 제작되었다. 그리고 납기일에 맞춰 외국 고객에게 넘겼다. 상대방은 그것을 가지고 미국, 러시아 등의 나라와 함께 연합 연습에 참가하여 종합 성능 2위, 전자 대항 성능 1등의 성적을 거뒀다. 수출을 내수로 돌리는 이 프로젝트로 왕샤오모는 국가 과학기술 진보 1등상을 다시 수상하였다.

소장으로서 왕샤오모는 기업가와도 같은 과단성을 보여 주었다. 충분한 이사비용을 벌고 난 후 인재 부족문제를 해결하기 위해 그는 다시 40만 위안

중국 과학기술계의 별들을 담다

을 써서 중국 과학기술대학에서 7명의 대학원생을 '구매해' 와서 38 연구소 비용으로 양성하기로 했다.

루쥔陸軍은 이 7명의 양성 대상 대학원생 가운데 한 명이다. 졸업한 지 얼마 지나지 않아 왕샤오모로부터 레이더 프로젝트의 수석 설계사라는 중책이 맡겨졌다. 다시 왕샤오모의 지원을 받아 불과 38세의 나이에 중국 조기경보기 수석 설계사가 되었다. 마찬가지로 젊은 나이에 왕샤오모가 중용한 인재는 1~20명에 이른다. 그들의 모두 임무를 성공적으로 완수하였고, 중견 기술자로 빠르게 성장하였다. 왕샤오모는 계속 해서 젊은 사람들을 기용하였고, 실패한 적이 없었다.

왕샤오모가 어쩌면 이렇게 '신적'이란 말인가? "옛말에 '재간이 있으면 대담해진다.'는 말이 있습니다." 그는 웃으면서 비결을 밝혔다. 다른 사람들이 보기에 대담하게 저지르는 '모험'이 그 자신은 손에 넣은 것이나 마찬가지로 확실한 것으로 느낀다는 것이다. 중저공 레이더를 팔던 당시에 비록 하나의 구상만 있었지만 그가 본 것은 당시 38 연구소가 세계 선진 수준의 3좌표 레이더를 기초로 하여 발사기, 처리기 등이 모두 성숙된 상태이고, 안테나를 설치하면 되는 것이었다. 나무만 쌓아올리기만 하면 되지 아무런 문제도 없었던 것이다. 젊은 사람을 중용하는 것에 대해서는 왕샤오모는 이렇게 생각했다. 신임이 가장 좋은 격려이고, 압력은 인재를 발전시켜 준다는 것이다. "당시에 매우 분명했던 것은 루쥔이 내놓은 방안이 매우 좋았다는 것입니다. 전문가와 전문가가 말을 하면 분명해집니다. 그는 총명한 사람으로 그에게 하라고 하면 틀림없었습니다. 만일 차질이 생기더라도 제가 있으니까요." 왕샤오모가 이 말을 할 때의 표정은 비밀을 깨우친 명탐정 같았다.

무엇으로 당신을 믿게 할 것인가

1982년 이스라엘이 시리아와 이틀간 공중전을 펼쳤는데, 상대방 전투기 82대를 격추시킨 반면에 자국 전투기는 한 대도 격추되지 않았다. 이 완승은 그들의 보유한 공중 조기 경보기 덕분이었다. 1990년대에 몇 차례 벌어진 국지전에서 조기 경보기는 날로 두터워지는 공중 감시와 추적 능력으로 진일보 발전하였다. 그것을 보유한 소수의 나라가 압도적인 승리를 거둘 수 있었고, 중국도 하루 빨리 조기 경보기를 갖춰야겠다는 열망을 가지게 되었다.

이른바 조기 경보기는 사실 레이더 시스템을 장착한 비행기이다. 왕샤오모의 말에 따르면, 레이더는 사람의 눈과 마찬가지로 높이 설수록 멀리 볼 수 있기 때문에 전통적 레이더는 종종 높은 산위에 배치한다고 한다. 만약 더 높은 곳을 보고 싶다면? 레이더를 비행기로 옮겨서 놓는 것이다. 이것이 바로 조기 경보기이다.

1970년대에 중국은 조기 경보기 '공중 경보 1호'를 제작하려는 계획을 가지고 있었다. 하지만 레이더를 하늘로 옮기는 것이 생각처럼 그렇게 간단하지가 않았다. 레이더가 지면에서 공중으로 보면 유일하게 반사되는 전자파의 목표는 비행기이다. 공중에서 아래를 보면 자동차, 기차, 선박 등 모든 곳이 반사파인데 목표가 어디에 있는지를 어떻게 확정지을 수 있단 말인가? 핵심 기술이 해결되지 않아 중국의 조기 경보기 프로젝트는 중단되고 말았다.

눈깜짝 할 사이에 20여 년이 흘러갔다. 중국은 조기 경보기를 제작할 수 있게 되었는가? 왕샤오모의 대답은 긍정적이다. 물론 가능하다! 그는 중국의 기초 레이더가 세계 선진 수준과 어깨를 나란히 하고 있고, 동시에 레이더를 하늘로 올리는 데 가장 핵심적인 기술은 이미 달성 되었다고 생각한다. 따라서 지금 그가 생각하기에 가장 커다란 난제는 어떻게 다른 사람에게 가능하다고 믿게 만들 것인가이다.

　　　　　　　　　　　　　　　　　　　중국 과학기술계의 별들을 담다

기술적인 난제 이외에 왕샤오모가 수석 설계사를 맡으면서 맞닥뜨렸던 또 다른 난제가 바로 설득이었다. 매번 새로운 프로젝트를 수립할 때마다 많은 경비 지출이 필요했고, 수백 명이 동원되는 팀이 필요하니 어떻게 많은 사람들의 동의와 지지를 받고 생각을 하나로 모을 수 있겠는가? 여러 곳에서 다른 의견이 제기될 때 어떻게 조화를 시킬 것인가? 왕샤오모의 책략은 이랬다. 입장을 바꿔 생각하고, 상대방이 어렵다고 의심을 품는 문제를 해결하는 것이다. 동시에 용감하게 책임을 지는 것이다. "문제는 나의 것이고, 공로는 당신의 것이다." 이런 생각은 많은 갈등을 해결하였고, 또 왕샤오모에게 좋은 인연과 위신을 안겨 주었다.

　　자주적인 조기 경보기를 쟁취하기 위하여 왕샤오모는 곳곳으로 다니며 설명을 하였고, "중국인은 다른 사람들에 비해 멍청하지 않다. 우리가 할 수 있다."는 사람들의 믿음을 얻었다. 한편으로 그는 자신의 직권 범위 내에서 관련 기술의 연구를 추진하였다. "당신이 정말 해내면 다른 사람들은 당연히 믿게 된다"는 것 때문이었다.

　　후에 중국은 상대방과 계약을 체결하여, 공동으로 발전된 스타일의 조기 경보기를 개발하기로 결정하고, 왕샤오모가 총 설계사를 맡았다. 하지만 2000년, 외국측이 합작을 중단하였다. 왕샤오모는 재차 국산 조기경보기 제작에 힘을 쏟았고, 국가의 지지를 받았다.

　　육순을 넘긴 왕샤오모는 아득히 펼쳐진 고비사막의 시험 비행장에 머물렀다. 그 곳은 여름에는 사우나처럼 푹푹 쪘고, 겨울은 냉동고 같았다. 하지만 국산 조기 경보기를 하루 빨리 만들어내기 위해서 왕샤오모는 새벽까지 초과근무를 마다 하지 않았고, 주말과 휴일에도 쉬는 일이 드물었다. 이렇게 1년을 보내고 최초의 국산 조기경보기 샘플이 세상에 나왔다. 다시 1년이 지나고 샘플 비행기가 하늘을 날았다. 조기 경보기 프로젝트의 성공은 시간 문

❶ 자신의 주도로 제작한 조기 경보기 모형을 들어보이고 있다.
❷ 2009년 국경절 60주년 열병식에서 왕샤오모가 연구제작한 조기 경보기가 비행대를
이끌고 톈안먼 상공을 날고 있다.

제에 불과했다. 왕샤오모는 총 설계사의 짐을 젊은 사람에게 내려놓고 자신
은 총 고문을 맡아 조기 경보기의 장기적인 발전 비전에 더욱 많은 힘을 쏟
기로 했다.

2009년, 국경 60주년 경축식 현장에서 레이더 원반을 단 조기 경보기
'공중 경보 2000'이 선두에 서서 다른 비행기들을 인솔하여 1초의 오차도
없이 톈안먼 상공으로 날아왔다.

관람대에서 백발이 성성한 앙샤오모가 눈물을 훔쳤다. "저게 우리가 만
든 거야, 우리가 만든 거라고!" 그는 흥분하며 하늘을 가리키며 주변 사람들
에게 소리쳤다.

"중국의 공중 경보 2000은 미국의 E-3C보다 한 세대를 앞섰다!" 미국 정
부의 싱크탱크가 평론을 내놓았다. 총 설계사 루궈은 더 인상적인 비유를 내
놓았다. 국산 조기 경보기의 정확도는 한 사람이 20km 밖에 있는 성냥이 일

으킨 불꽃을 볼 수 있고, 그 위치의 정확도는 사격대회에서 모든 총알을 과녁에 정확히 맞추는 것에 못지 않다는 것이다.

2010년, 중국 조기 경보기의 제작은 국가 과학기술 진보 특등상을 수상하였고, 왕샤오모의 이름은 제일 앞에 거명되었다. 이 때 왕샤오모는 더 높은 계획을 가지고 있었다. 지금의 조기 경보기는 목표를 봐야 할 뿐만 아니라 공중전에서 지휘의 축이 되어야 하고, 그 자신이 전자전에서 방해와 방해를 막아내는 역할을 해야 한다는 것이다. 우리 미래의 목표는 명실공히 국제적인 흐름을 리드하는 것이어야 한다.

모든 일은 좋은 면을 봐야 한다

2006년, '공중 경보 2000' 관련 연구에 몰두하던 무렵에 왕샤오모는 시험 비행 기지에 다녀오던 중에 교통사고를 당해 다리뼈가 골절됐다. 얼마 지나지 않아서 악성 림프종이 발견되었다. 이로 인해 주변의 많은 사람들이 걱정했다. 왕샤오모가 지도하는 첫 번째 박사생 차오천曹晨이 소식을 듣고 병원으로 달려왔는데, 뜻밖에 왕샤오모의 병실에서 느긋한 목소리가 들려왔다.

"내 일평생 순조롭지 못한 일이 많았습니다. 하지만 나는 자신을 조절할 기회를 찾았습니다. 그 안에서 좋은 면을 보고 빠르게 지나갈 수 있었습니다." 왕샤오모는 자신이 겪었던 슬픈 날들을 떠올렸다. '대약진' 시기에 그는 대학에서 공부 중이었는데, 학교에서는 사람들을 조직하여 공장에 가

2013년 1월, 왕사오모가 조기 경보기 실험 플랫폼을 지나고 있다.

서 일을 하게 했다. 매일 총기 1,000여 자루를 만들게 했고, 너무 피곤해서 화장실에 가서도 잠을 잘 정도였다. 일을 마치고 나서 그는 논에 가서 모내기를 했고, 매일 허리를 펴지 못할 정도로 피곤했다. 얼굴은 온통 모기 물린 자국이었고, 다리에는 말거머리가 달라붙었다. 화제를 바꿔 그는 괴로움 속에서 즐거움을 찾았다. "좋았던 것은 이런 경력 때문에 나는 생활에 지나치게 높은 요구를 하지 않아요. 현재의 생활에 만족합니다. 지금 아이들이 온실속에서 크는 것이 정말 문제입니다."

악성 종양이 발견된 이후 왕샤오모는 며칠을 괴롭게 지냈다. 하지만 금방 웃는 얼굴을 되찾았다. 그는 자신이 하고 싶은 일은 다 했고, 가야 할 곳은 다 갔다고 생각하면서 이 한평생이 가치 있었다고 생각한다. 그는 적극적으로 항암치료를 받으면서 일을 계속 하고 있다. 의사는 매운 것을 먹지 말라고 이르지만 그는 여전히 가족들과 함께 마라훠궈를 즐긴다.

중국 과학기술계의 별들을 담다

다행스러운 것은 제 때에 발견한 덕분에 왕샤오모의 악성 종양은 치유될 수 있었다. 지금 그는 여전히 매일 출근하고, 짬을 내어 수영과 등산을 하고 있다. 다리뼈 안에 철심을 박아 걷는 데 다소 불편한 것 말고는 그의 몸과 정신은 상당히 좋은 편이다.

사람들이 '마귀' 왕샤오모가 점이 많다고 하면, 그는 점이 많은 것이 많이 보고, 많이 공부해서 그런 거라고 말한다. 그는 새로운 것을 배우기 좋아한다. 라디오 조립부터 컴퓨터, 인터넷, 통신 등 새로운 과학기술을 익힌다. 그는 늘 엔지니어의 사고는 복잡한 문제를 최대한 단순화시키는 것이라고 말한다. 매번 새로운 기술이 나타날 때마다 그는 몇 년간을 집중해서 연구하고, 한두 마디 말로 기술의 핵심을 말할 수 있을 때가 되어서야 그 운용을 조기 경보기의 연구 제작에 적용했던 것이다.

자신이 '국가 최고 과학기술상'을 받게 되었다는 소식을 들은 왕샤오모는 말했다. "이것은 레이더 업계의 자랑이고, 잠재력이 큰 분야에 사람들이 새롭게 관심을 가질 수 있게 해 주었다. 동시에 중국 전자 과학기술 그룹의 자랑이기도 하고, 보다 많은 사람들이 묵묵히 봉사하는 팀이 있다는 것을 알도록 해주었으며, 국가가 모두를 잊지 않고 있다는 것을 말해주는 것이다."

18

王永志
왕용즈

대스승의 하늘을 나는 꿈

—

1932~
우주 기술 전문가, 중국공정원 원사, 국가 최고 과학기술상 수상

"나는 나태한 적이 없이 일생 열심히 살았다."
"'안전' 두 글자에는 만 분의 일의 가능성도 배제해서는 안 된다. 반드시 만전을 기해야 한다."
"우리 세대가 그렇게 좋은 기회를 많이 잡았다고 부러워하지 마라. 지금 사업은 갈수록 발전하고 있다. 기회는 매일 있다. 관건은 당신이 준비가 되었느냐이다."

王永志
왕용즈

대스승의
하늘을 나는 꿈
——

그는 185cm의 키에 용모가 준수한 편이다. 만났을 때 깔끔한 청색 양복에 흰색 와이셔츠, 남색 넥타이를 매고 소나무처럼 꼿꼿하게 서서 팔순을 넘겼다고는 보이지 않았다. "머리는 염색을 했는데 많이 하지는 않았습니다." 그는 웃음 띤 얼굴로 말하면서 한 손으로 검은 머리를 쓸어 넘겼다.

그의 이름은 왕용즈로, 사람들은 그를 '왕초' 또는 '대스승'이라 부른다. 그는 평범한 '스승'이 아니기 때문이고, 중국의 우주 비행 역사상 가장 복잡하고 난이도가 가장 높으며 안전성이 가장 요구되는 대형 시스템 공정인 유인 우주선 공정의 총설계사이기 때문이다.

왕용즈의 인생 스토리는 몇 글자로 정리된다. '지식이 운명을 바꿨다' 그는 가난한 소작농 가정에서 태어나 공부를 통해 가난에서 벗어나고자 했다. 중국이 천 년간 꿈꾸었던 하늘을 나는 꿈을 이룰 기회를 갖게 되리라고는 생각하지 못했다. 그는 중국의 다종 신형 미사일 제작을 주도하였고, 실패한 적이 없다. 중대한 정책 결정을 여러 차례 하였고, 그 과정에서 논쟁이 이어졌지만 그 후에는 그의 선견지명이 인정되었다. 그는 이렇게 말한다.

중국 과학기술계의 별들을 담다

"우주 비행은 많은 위험이 따르고 높은 기술이 요구되는 분야여서 한평생 조마조마했다. 하지만 위험을 회피하게 되면 믿고 일을 할 수 없게 되거나 느려지게 된다, 그러면 일을 그르치게 된다!"

옳은 것은 견지하라

1964년 초여름, 지우취엔酒泉 위성발사센터가 있는 고비 사막의 열기는 후끈했다. 중국이 최초로 자체 제작한 중거리 유도탄 '둥펑東風 2호'가 발사 준비를 하고 있었다.

추진제가 주입되는 과정에서 뜻밖의 일이 벌어졌다. 추진제가 높은 온도에서 팽창하여 필요한 양만큼 주입되지 않는 것이었다. 계산을 거쳐 예정 사거리에 도달하지 못한다는 결론이 나왔다.

지휘부에서 전문가들이 숨가쁘게 해결방안을 연구하였다. 추진제를 첨가하는 방안을 마련했는데, 몇 가지 방안이 모두 추진되지 못한 채로 미뤄지고 있었다. 이 때 옆에 있던 한 젊은이가 벌떡 일어섰다. "연료 600kg만 흘려보내면 유도탄은 목표 구역에 진입할 수 있습니다." 이 젊은이가 바로 총무실 총무팀 팀장을 맡고 있던 왕용즈였다. 전문가들의 눈빛은 의심으로 가득했다. "애송이, 농담하고 있나. 미사일 추진력이 충분하지 않은데, 연료를 줄이라는 건가?"

왕용즈는 자신의 계산결과를 확신했다. 하지만 전문가들은 받아들일 생각이 없었다. 급박한 상황에서 왕용즈는 발사 현장의 최고 기술 책임자이자 '중국 우주비행의 아버지' 치엔쉬에썬의 방문을 노크하였다. 자신의 방안과 이유를 상세하게 설명하였다. 치엔쉬에썬은 다 듣고 나서 눈을 반짝였다. "일리가 있군. 된다고 보네!" 곧바로 총설계사를 불러 왕용즈를 가리키며 말했다. "이 젊은이 말이 맞네. 이 사람 말대로 하자고." 정말 연료를 흘려보낸 후에 유도탄은 순조롭게 목표 구역에 진입하였다. 곧 이어 연속해서 두차례 발사를 진행하였고, 모두 원만하게 성공하였으며 고비사막에서는 환호가 터져 나왔다.

모든 일에 맹종하지 않고 독립적으로 사고하며, 자신이 옳다고 생각하는 것을 계속 견지해 나가는 것이 왕용즈가 어려서부터 기른 습관이다. 바로 이런 습관이 그를 궁벽한 산골 마을에서 벗어나 중국의 가장 좋은 대학으로 달려가게 했고, 중국 최첨단 과학 기술 프로젝트에 참여하게 했으며 중국에서 가장 뛰어난 과학자 치엔쉬에썬의 곁으로 오게 하였다.

1932년에 왕용즈는 랴오닝성의 한 소작농 가정에서 태어났다. 12식구가 다 쓰러져 가는 집에서 복닥거리며 살았다. 일본 괴뢰정부가 요구하는 '출하량'을 내지 못해서 큰형이 마당에서 무릎을 꿇린 채로 얻어맞는 것을 왕용즈가 직접 본 적이 있다. 어느 해 겨울, 그는 눈싸움을 하는 부자집 아이 몇 명이 책가방을 메고 있는 것을 보고, 머리를 얻어맞은 듯 깨달았다. 공부가 운명을 바꾸는 유일한 탈출구이다.

공부하겠다는 왕용즈의 바램은 아버지의 반대에 부딪쳤다. "집이 이렇게 가난한데, 네가 2년을 공부한다고 하면 일하러 돌아오는 것도 아니고, 시간만 쓸데없이 보내는 거 아니냐." 평생을 지주 집 일만 한 아버지가 그에 대해 바라는 것은 경찰이 되는 것이었다. 서민들이 평상시에 늘 볼 수 있는 가장 높은 '벼슬'이었던 것이다.

결국 진학을 할 수 있었다. 왕용즈보다 19살 많은 큰형 덕분이었다. 왕용즈의 간절한 부탁을 듣고 큰형은 그를 지지하기로 결정했다. "우리 형제가 여섯인데, 한평생 집에서 일하게 할 수는 없다."

1939년 정월 16일 새벽, 아버지가 아직 잠에서 깨지 않았을 때, 큰형은 몰래 왕용즈를 데리고 8리 밖에 있는 초등학교에 등록하였다. 집으로 돌아와서 형 두 사람은 관학은 자퇴하는 것이 어렵다고 으름장을 놓았다. 아버지는 한바탕 성질을 부린 후에 마침내 타협하였다. "좋다. 하는 데까지 해 보거라."

22년 '1등 학생'

왕용즈는 진학 기회를 놓치지 않았다. 학교는 집에서 8리 길이었고, 학교에 살 돈은 없어서 그는 매일 걸어다녔다. 집에 돌아오면 농사일을 도왔고, 한마디도 원망하는 말을 하지 않았다. 수업할 때 그는 정신을 집중했고, 집에 돌아오면 주경야독 생활을 했다. 달빛에 책을 보는 것은 초등학생 왕용즈에게는 흔한 일이었다. 아버지가 반대하셨는데 성적도 좋지 않으면 조만간 집안 일이나 하게 될 것이라는 것을 왕용즈는 잘 알고 있었다. 1학년이 끝나고 왕용즈는 1등상을 받았다. 온 마을에 왕씨 집의 아이가 장래성이 있다는 것이 알려졌다. 아버지는 얼굴에 빛이 났고, 아들의 학업을 지지하였다. 살면서 처음 받은 상장을 왕용즈는 아직까지 귀중하게 보관하고 있다.

5학년이 되어 왕용즈는 반 1, 2등을 놓치지 않았다. 1944년 항전이 '여명 전의 암흑'으로 접어들면서 시국이 어지러워졌고, 동북은 무정부 상태로 빠져들었다. 학교는 문을 닫았고, 왕용즈도 어쩔 수 없이 집으로 돌아와 농사일을 거들었다. 1년 후에 일본이 항복했고, 팔로군은 챵투현昌圖縣에서 중학교를 열었다. 왕용즈는 당시 교실로 돌아올 수 있었다. 이 경험을 통해 그는 알게 되었다. 개인의 노력에만 의지하는 것은 부족하며 시대와 기회에 더욱 많이 좌우된다는 사실을.

"압박을 당한 사람들은 연합해야 합니다. 함께 합시다. 공산당을 따라 합

1960년, 왕용즈는 함께 모스크바에 유학중이던 왕단양王丹陽과 결혼했다.

시다." 1949년 봄, 왕용즈는 비밀리에 중국 공산당에 가입하였다.

중학교를 졸업할 무렵에 그는 당의 호소에 부응하여 군대에 갈 준비를 하고 있었는데, 갑자기 학교로부터 통지를 받았다. 반에서 가장 우수한 학생이 곧 열게 될 동북 실험학교에 가서 공부를 계속하고, 국가가 필요로 하는 인재가 되라는 것이었다.

농사를 짓는 집안 출신으로 어렸을 때 아버지가 하시는 '1년 고생해 봐야 건지는 것도 없다'는 탄식을 늘상 들었던 마당에 지금 공부할 기회를 얻게 된 왕용즈는 생물학을 연구하고 싶었다. 결국 그의 인생 길을 바꾼 것은 한국전쟁이었다. 전쟁이 발발하자 미군 비행기가 랴오둥遼東 상공으로 날아와 끊임없이 공습을 했고, 학교는 문을 닫았다. 왕용즈는 꿈에서 깬 것 같았다. "무슨 생물이니, 유전이니 하는 것들은 국방이 없으면 아무 소용이 없는 것이다." 1952년에 그는 우수한 성적으로 칭화대학 항공과에 입학하였고, 국가를 위해 비행기를 만들겠다는 의지를 다졌다.

칭화대학에서 1년을 공부한 뒤에 그는 베이징 외국어대학의 소련 유학 예비반으로 선발되어 공부하러 갔다. 1955년에 모스크바 항공대학에 가서 비행기 설계를 공부하였다. 2년 후에 중소 양국의 관련 협의에 의거하여, 소련은 처음으로 외국 유학생에게 미사일과 유도탄 설계 전공을 개방하였고, 왕용즈는 이 전공으로 바꾸는 유학생 8명 가운데 한 명이 되었다.

중국 과학기술계의 별들을 담다

1960년, 중소관계가 파탄 나면서 중국의 소련 유학생들은 대거 철수하였다. 저우언라이 총리의 지시에 따라 국방 관련 중점 전공에서는 유학생 1명을 남겼다. 왕용즈는 미사일 유도탄 전공에서 유일하게 남았다. 소련 '미사일의 아버지' 코롤로프의 조수이자 후계자이고, 모스크바 항공대학 미사일 연구실 주임 미션 원사가 이 사실을 알고 나서 유일하게 남은 중국 유학생의 학업 설계를 직접 지도하겠다고 제안하였다. 처음 만났을 때 미션 원사는 왕용즈에게 말했다. "중소 양당의 관계는 깨졌고, 중소 양국 정부의 관계도 깨졌지만 그건 정치가들의 일이고, 당신과 나의 스승과 제자 관계는 여전하다. 어떤 문제라도 물어볼 게 있으면 주저하지 말도록 해."

왕용즈도 여러 사람들의 기대를 저버리지 않았다. 졸업논문은 5점 만점을 받았다. 사실상 그는 모든 과목에서 5점 만점을 받았고, 우수 졸업생 메달을 받았다. 모스크바 항공대학 부학장 콜리모프는 왕용즈에게 계속 공부를 하라고 권했다. 그것은 이 학교로서는 고도로 비밀 유지를 하는 전례를 깨고 파격적으로 제안한 것이었다. 하지만 왕용즈는 완곡하게 거절하였다. "이런 기회를 주셔서 감사합니다. 다만 우리나라가 이 전공을 한 사람을 급하게 필요로 하기 때문에 조국으로 돌아가 건설에 참여해야 합니다."

1961년 3월, 22년간의 학업 기간 동안 발군의 1등 학생이었고, 중국 최초의 미사일 유도탄 전공자로서 소련 유학을 마친 왕용즈는 '건설 참여'의 열정을 안고 귀국행 비행기에 올랐다.

호랑이를 잡으려면 호랑이굴에 들어가야 한다

귀국한 뒤에 왕용즈는 중국 미사일과 유도탄 연구를 책임지는 국방부 제5연구원의 분원으로 배속되어 '양탄일성' 제작에 참여하였다. 그가 정식

❶ 1980년, 미국 전기회사를 방문중인 왕용즈(왼쪽에서 첫 번째)
❷ 1990년, 장정 2호 묶음식 탑재 로켓 최초 발사 직전

으로 참여한 첫 번째 프로젝트는 '둥펑 2호' 유도탄의 제작이었다. 이렇게 해서 발사장의 대담한 스토리가 만들어지게 되었다.

이후 여러 종류 미사일의 제작과정에서의 기술적 난관을 극복하는 과정에서 왕용즈가 떠안게 된 짐은 갈수록 무거워졌다. 1970년대 후반, 치엔쉬에썬이 직접 '제2세대 전략 유도탄의 제작에 제2세대 기수가 필요하고, 왕용즈를 총설계로 할 것'을 제안하였다. 40여 세의 왕용즈는 중국의 신세대 전략 유도탄의 총설계사로 임명되었다. 그는 자신이 그때부터 '탐색하는 사람'이 되어 연구의 최전선에 서게 되었다고 말했다.

왕용즈는 늘 말한다. "우주 비행은 많은 위험이 따르고 높은 기술이 요구되는 분야여서 한평생 조마조마했다. 하지만 위험을 회피하게 되면 믿고 일을 할 수 없게 되거나 느려지게 된다. 그러면 일을 그르치게 된다!"

중국 과학기술계의 별들을 담다

1986년에 중국 미사일 기술연구원 원장이 된 지 얼마 지나지 않아 왕용즈는 모험을 감행하였다.

그 해에 미국 '첼린지호'가 폭발하였다. 미국과 유럽의 로켓 발사가 연이어 실패하였고, 국제 우주사업은 커다란 타격을 받았다. 왕용즈는 그로부터 기회를 보았다. 그는 중국 미사일을 국제 상업위성 발사 시장에 내놓기로 결정했다. 다만 당시 중국 로켓의 탑재 능력이 2.5톤에 불과했다. 탑재 능력을 최대한 빨리 향상시켜야만 국제 대형 위성발사 시장에 선보일 수 있었다.

누추한 사무실에서 왕용즈와 동료들은 중국 최초의 묶음식 로켓의 대략적인 설계도를 구상하였다. '장정 2호' 로켓을 중심으로 해서 4개의 추진기를 묶어 중국 로켓의 탑재 능력을 2.5t에서 8.8t으로 향상시켰다. 이것이 바로 장정 2호 묶음식 탑재 로켓이다.

1988년 말, 이 로켓은 여전히 '탁상공론'에 불과했다. 미국 휴스턴 위성회사는 중국 측에 오스테일리아 위성을 쏘아줄 것을 위탁하였다. 조건은 로켓이 반드시 1990년 6월 30일 이전에 모든 발사 시험을 마쳐야 한다는 것이었고, 그렇지 않으면 계약은 즉각 중지되고 중국측은 미화 100만 달러를 배상해야 한다는 것이었다. 당시에는 반대의 목소리가 컸다. 18개월의 연구시간은 너무 짧고, 계산을 해보면 최소한 4~5년은 걸려야 완성되는 일이었다. 만약 시간에 맞춰 계약을 이행하지 못하면 거액의 배상금을 물어야 하는 입장에서 왕용즈는 개인적으로 패가망신하게 되고 중국이 미국 위성 발사에 실패했다는 소식이 전해지면 정치적으로 미칠 부정적 영향은 가늠할 수 없는 상황이었다.

"만약 박살이 나면 당신을 3등급 강등시킬 건데, 그래도 상관없다고 주장할 겁니까?" 토론회에서 한 지도자가 왕용즈에게 거리낌없이 질문을 던졌다.

"3등급은 말할 것도 없고, 몇 등급을 강등시킨다고 해도 전 할 겁니다.

다른 사람이 할 수 있다면 중국인도 할 수 있습니다. 중앙에서 지지만 해주시면 제때에 로켓을 발사대에 세우도록 하겠습니다!" 왕용즈는 가슴을 치며 일어나 자신감을 보였다.

결국 중앙의 지지하에 중국 로켓연구원은 은행에서 4억5천만 위안을 대출받아 로켓 개발에 사용하였다.

왕용즈는 왜 패가망신의 위험을 무릅쓰고 이 사업을 계속하려고 했던 것일까?

당시 경제 개혁은 이미 국방 산업으로 파급되었다. 국가가 로켓 연구원에 내놓는 자금은 매년 몇 억 위안에서 몇 천만 위안으로 줄어들었다. 전체 연구원 3만 명의 임금도 문제가 될 정도였다. 원장으로서 왕용즈는 연구원의 재정적 어려움을 해결하고 이후의 발전방향을 결정해야 했다. 이를 위해 그가 제시한 출로는 이것이었다. "자신이 가장 잘 하는 일이면서 해야 하는 일을 하자. 즉, 로켓을 만들고, 위성을 발사해 국제시장으로 들어가자.

이 밖에도 왕용즈는 원대한 꿈이 있었다. 오랜 기간 그에게는 세 가지 우주비행의 꿈이 있었다. 첫째, 유도탄을 세계의 어떤 곳이든 보낸다. 둘째, 위성을 우주의 다른 궤도로 보낸다. 셋째, 중국인을 우주로 보낸다. 당시 앞의 두 가지는 이미 실현되었다. 그리고 세 번째 꿈은 8t 이상의 적재능력을 가진 로켓이 병목이 되어 막고 있었다. 이로 인해 묶음식 운반 로켓의 제작 성공은 중국인의 유인 우주선에 기초 조건이 되었다. 따라서 그는 "이 일은 위험이 크고 의미도 크다. 나는 모험을 원한다"고 말했다.

18개월의 연구개발 시간 동안 그를 제외하고 성공할 거라고 생각하는 사람은 거의 없었다. 하지만 그는 현실을 뒤트는 능력이 있었다. 곁에 있는 사람들이 잠재능력을 불러일으킬 수 있도록 끊임없이 격려하였고, 불가능을 가능으로 만들었다. 한 번은 한 작업장 주임이 임무를 부여받은 후에 계산을 해 보더니 이를 악물고 말했다. "한 달 반만에 해내도록 하겠습니다." 왕용즈는 웃으면서 말했다. "18일 밖에 없어요." 결국 정말 예정한대로 완성되었다. 비슷한 이야기는 수도 없이 많이 있다. 그는 사람들을 이끌고 밤과 낮을 가리지 않고 바쁘게 움직였고, 기계 설비도 멈추지 않았다. 어떤 사람은 그들을 보고 "친척도 없고 친구도 없으며 아무 것도 돌아보지 않았다"고 하였다.

1990년 6월 30일, 장정 2호 묶음식 운반 로켓이 예정대로 시창西昌 위성 발사 센터에 우뚝 서서 발사를 기다렸다. 7월 16일, 엄청나게 큰 굉음과 함께 로켓이 하늘을 향해 치솟았고, 단번에 성공적으로 발사되었다. 실제 탑재 능력은 설계치를 초과하여 9.2t에 달했다. 이로부터 중국 로켓은 국제 시장에 성공적으로 진입하였고, 로켓 탑재 능력도 크게 향상되었다.

그 순간, 왕용즈는 흥분을 감추지 못했고, 무거운 짐을 내려놓은 듯 했다. "우리는 다른 사람의 돈을 써서 외화를 벌어 임금을 주고, 또 과학기술을 발전시켰다!"

하늘을 나는 천 년의 꿈이 설계도에서 현실로

하늘을 나는 것은 중국에 천 년 동안 전해지던 전설이었다. 또한 중국인, 특히 우주비행에 종사하는 사람들의 오랜 동안의 꿈이었다.

'문혁'이 끝나고 얼마 지나지 않아, 당시 중국 로켓연구원 총무부 주임이었던 왕용즈는 다음과 같은 건의를 하였다. 유인 우주선 연구를 하면서, 아울러 총무부 산하에 우주 비행선만을 연구하는 팀을 설치하도록 하자는 것이었다. 1986년 3월, 국무원은 전국 200여 명의 전문가를 모아 국가 고기술 발전 계획을 제정하였다. 왕용즈는 그 중에서 유인우주선 공정 연구팀 팀

❶ 2003년, 중국 최초의 우주비행사 양리웨이楊利偉를 전송하는 왕용즈
❷ 우주과학자 왕용즈

장을 맡았다. 후에 '863계획'이 정식으로 실시되었고, 왕용즈는 유인 우주
선 분야에서 7인 전문가 위원회 7인의 위원 가운데 한 명이 되었다. 중국 유
인 우주선 발전 청사진을 그리는 책임자가 된 것이다. 그리고 그는 팀을 이
끌고 장정 2호 묶음식 운반 로켓 제작에 성공하여 유인 우주선 개발 분야의
기초를 닦았다.

　1992년 9월 21일, 당 중앙은 '중국 유인 우주선 공정'을 정식으로 비준
하였다. 2개월 후, 왕용지는 중국 유인 우주선 공정의 총 설계사로 임명되었
다. 국방과학 위원회에서 유인 우주선 총설계사를 뽑을 때 치엔쉬에썬에게
의견을 구하자 그는 왕용즈가 뛰어난 점이 많고, 그의 생각이 보통사람들과
는 다르다고 하면서 젊었을 때 두각을 드러냈고, 그가 적합해 추천했다고 전
해진다.

　자나깨나 원하던 임무였지만 왕용즈는 유인 우주선 공정이 그의 일생에

　　　　　　　　　　　　　　　　　　중국 과학기술계의 별들을 담다

서 가장 커다란 도전이라고 단언했다. 총설계사로서 왕용즈가 당면한 가장 시급한 난제는 중국이 미국과 소련에 비해서 40년이 뒤쳐졌다는 사실로서, 어떤 방안이 국가 상황에 맞고, 또 국력과 국제적 지위를 향상시키며 민족의 자존심과 응집력을 증강시킬 수 있을 것인가 하는 것이었다.

왕용즈의 주도와 건의하에 전문가들은 '세 걸음' 발전 전략을 내놓았다. 첫걸음은 유인 우주선 발사. 두 번째 걸음은 공간 실험실 발사. 세 번째 걸음은 우주 정거장 건설이었다. 그 핵심 이념은 보수적이지 말고, 믿을만해야 하며, 후발주자로서의 장점을 충분히 이용해야 하고, 외국의 선전 경험을 빌어야 하며, 또 그대로 모방해서는 안되고 현대 선진기술을 융합해야 한다는 것이었다.

왕용지가 정한 목표는 낮지 않았다. "반드시 세상에 내놓을 때는 40년 격차를 단숨에 따라잡아야 하고, 부분적으로는 추월해야 한다"는 것이었다.

그럼 어떻게 청사진을 현실로 바꿀 것인가? 많은 경험을 거쳐 왕용즈는 '진정한 철벽은 군중'이라는 것을 잘 알고 있었다. 수천 개의 협력 부서, 몇 십만에 이르는 사람을 하나로 묶으면 거대한 힘이 된다. 그런데 한 사람이 중요한 포인트에서 문제를 일으키면 전체 시스템은 무너지게 된다. 따라서 모든 노력을 기울여 그가 우선적으로 해야 할 일은 모든 사람이 통일된 인식을 가지고 통일된 규범을 가지게 하는 것이었다. 그는 이렇게 말했다. "모든 사람이 각자 자기 일을 열심히 하면 그 일은 이룰 수 있다. 특히 '안전' 두 글자에는 만 분의 일의 가능성도 배제해서는 안 된다. 반드시 만전을 기해야 한다."

장장 7년 동안 왕용즈는 중국 유인 우주선 팀을 이끌고 묵묵히 일했다. 신문에도 오르지 않았고, 텔레비전에서도 다뤄지지 않은 채, 각종 기술적인 문제들을 해결해 나갔다. 1999년 '선저우神舟 1호' 발사가 성공하고, 중국 유인 우주선 공정은 세계인의 관심을 끌기 시작했다.

그리고 왕융즈라는 사람이 알려진 것은 2003년 10월 16일 이후였다. 그날 새벽 6시 23분, 중국 최초의 유인 우주선 '션저우 5호'가 성공적으로 지구로 귀환하였고, 양리웨이楊利偉가 밖으로 나와 사람들에게 손을 혼들며 인사했다. 그 순간 왕융즈는 눈물을 떨구었다. 그는 이렇게 말했다. "내 일생에서 이렇게 참을 수 없이 눈물을 흘리는 것은 드문 일이었다. 내가 가장 자랑스럽게 생각하는 것은 중국의 유인 우주선 공정이 완전히 중국인 자신의 능력으로 완성되었다는 것이다!"

기회의 비밀

2002년 연말의 어느 날 '션저우 4호' 발사가 임박했을 무렵, 왕융즈는 지우취엔 위성 발사센터에서 일을 하고 있다가 급성 췌장염을 일으켰다. 급성 췌장염은 이틀 안에 적합한 치료를 받지 못하면 사망률이 100%에 이르는 병이다. 다행스럽게 그는 베이징으로 급하게 옮겨졌고, 진료를 받아 건강을 금방 회복하였다.

회복 중이던 왕융즈는 옛날 일을 떠올렸다. 10세 되던 해에 그의 아버지가 위에 천공이 생겼는데, 집에 치료할 돈이 없어서 극도의 통증 속에서 아버지는 눈을 크게 뜬 채 돌아가시고 말았다. 그는 여러 감정이 교차한 채 말했다. "당시 공부는 운명을 바꾸기 위한 것이었다. 지금 운명은 이미 멀리 나의 예상을 뛰어넘었다."

배불리 먹어본 적이 없던 가난한 아이가 이제 '유인 우주선 공을 세운 과학자'이자 중국 공정원 원사, 2003년 국가 최고 과학기술상 수상자가 되었다. 또 우주에서 그 사람의 이름을 따서 만든 '왕융즈별'을 가지게 되었

중국 과학기술계의 별들을 담다

다. 그는 중국 여러 가지 로켓을 연구 제작하였는데, 실패한 적이 없다. 그가 내린 정책결정은 후에 모두 정확한 것으로 드러났다. 어떤 사람은 그를 '전략 과학자'라고 하기도 하고, 또 '불패 장군'이라 부르기도 한다. 그런데 그는 언제나 겸손하게 말한다. "이것은 전체 우주 비행팀의 공로이고, 혼자서는 해내지 못하는 것이다. 국가가 나에게 준 것은 사실 매우 많다."

일본의 침략으로 자신이 공부하던 초등학교가 문을 닫은 뒤로부터 '강국'은 왕용즈의 끊임없는 노력의 원동력이었다. 그는 일을 잘 하는 것이 자신의 애국심을 펼치는 방식이라고 말한다. 일을 하는 과정에서 그는 책임감을 가지고 개인의 주판알을 굴리지 않고 대국적인 견지에서 출발하는 젊은 이를 좋아한다. 논쟁이 벌어지면 그는 각 사람들의 의견을 경청하고 과학과 민주에 힘을 기울인다. 그는 남의 말에 따라가는 것에 반대하고 대담하게 창조하는 것을 격려한다. 그의 조수 리샤오닝李少寧은 이렇게 말했다. "대장님이 사람들을 가장 감탄하게 만드는 건, 언제나 국가의 이익에서 출발하고, 전체 국면에서 출발하며, 많은 사람들의 다양한 관점에서 중요한 점을 파악하고, 모두를 이끌어 정확한 방향으로 전진한다는 것입니다."

2006년, 유인 우주선 '선저우 6호'가 성공적으로 발사된 이후에 74세의 왕용즈는 은퇴하였다. 이어서 공정의 고급 고문을 맡았고, 동시에 모교인 칭화대학의 우주대학 학장을 겸임하였다.

왕용즈는 우주 탐색이 인류의 문명과 신기술 탐색에 있어 반드시 거쳐야 하는 길이라고 믿는다. 그는 말한다. "위성 텔레비전 방송, 일기예보, 인터넷, 위성 운항으로부터 각종 공간기술의 견인하에 연구되는 신재료, 신기술에 이르기까지 우주 발전이 사람들에게 가져다 주는 혜택은 도처에 깔려 있다."

그의 소개에 따르면, 현재 중국 유인 우주선 공정의 두 번째 관건 기술은

2011년 9월, 베이징 지휘센터에서 '텐궁 1호'와 '선저우 8호'가 진행하고 있는 중국 최초의 우주 공간에서의 만남을 주재하고 있는 왕용즈

이미 돌파되었고, 공간 교차와 여러 명이 여러 날 동안 실험실에 머무는 것이 성공적으로 이루어졌다. 이어서 그들은 계속해서 공고하게 할 것이고, 동시에 세 번째 우주 정거장 건설의 임무를 준비할 것이다. 2020년 전후로 중국은 자신의 우주 정거장을 가지게 될 것이고, 첫 화성 탐사를 실현할 계획이다. 2030년 전후에는 우주 비행사의 달 상륙을 실현할 계획이다.

그는 말한다. "비록 우리가 아직 우주인의 달 상륙과 화성 탐사를 하지 못하고, 미국이나 러시아에 비해 우주 비행 분야에서 비교적 큰 격차를 보이고 있기는 하지만 가까운 우주 분야에서 우리는 이미 그들의 선진 기술에 뒤지지 않는 기술을 가지고 있다. 우리 비행선과 로켓, 장래의 우주 정거장은 모두 세계 일류일 것이다. 다시 몇 년 더 지나면 중국의 유인 우주선 공정은 더 훌륭하게 발전할 것이다."

지금 왕용즈의 가장 큰 바램은 중국 우주 사업 분야를 이끌어갈 인재를

중국 과학기술계의 별들을 담다

길러내는 것이다. 그는 "나도 나이를 먹어 갈수록 알게 되는데, 한 사람이 아무리 재능이 있어도 그 재능을 몇 년이나 쓸 수 있겠습니까!"라고 말한다.

그가 젊은 사람들에게 당부하는 말이다. "나는 일생 게으름 피우지 않고 열심히 일했다. 부지런히 일하고 거기에 기회가 더해지면 그것이 바로 성공이다. 우리 세대가 그렇게 좋은 기회를 많이 잡았다고 부러워하지 마라. 지금 사업은 갈수록 발전하고 있다. 기회는 매일 있다. 관건은 당신이 준비가 되었느냐이다."

19

王振義
왕전이

행운의 백혈병 '킬러'

———

1924~

내과 혈액학 전문가, 중국공정원 원사. 국가 최고과학기술상 수상

"흰 가운을 입은 첫날부터 나는 이 일을 진심으로 좋아했다. 환자의 문제를 해결한 뒤의 성취감은 더욱 좋다."
"책만 답습하면 영원히 발전은 없다."
"사람은 결국 이 세상을 떠난다. 남는 것은 사람에게 공헌한 것 밖에는 없다."

王振義
왕전이

행운의 백혈병
'킬러'

—

　　2013년 청명절이 지나고, 상하이 루이진瑞金 병원 혈액과에서 10여명의 젊은 의사들이 백발이 성성한 나이든 의사를 따라 회진을 마친 후에 회의실로 돌아와서 토론을 했다. 사람들은 모두 그를 '왕 선생님'이라 부르며, 그에 대해 공경하는 자세를 보인다.

　　이 '왕 선생님'의 이름은 왕전이로 나이는 90세이다. 비록 인생 말년이지만 여전히 눈은 초롱초롱하고 태도는 품위가 넘치며 가지런한 은발에 셔츠와 넥타이도 반듯하다.

　　국제적으로 유명한 혈액학 전문가로서 그는 국제 종양계의 최고상인 '캐터린상'을 수상한 유일한 중국인이다. 또한 국가 최고 과학기술상을 최초로 수상한 내과의사이다.

　　그는 세계에 팬들이 많이 있다. 왜냐하면 그가 세계 최초로 백혈병을 정복하였고, 또 암을 치료하는 인류의 방식을 뒤집었기 때문이다. 그는 말한다. "백혈병은 킬러이다. 나는 '킬러'의 '킬러'이다."

중국 과학기술계의 별들을 담다

감독관을 긴장시키는 '오픈북 테스트'

흰 머리의 왕전이가 회의실 긴 탁자의 끄트머리에 앉아 자체 제작한 영문 컴퓨터 슬라이드를 넘겨가며 억양을 달리 하면서 각종 병례病例를 설명하고 있다. 탁자에 앉아 있는 흰 가운을 입은 사람들은 중요한 부분을 놓칠세라 아무 소리 없이 집중해서 경청하고 있다.

회진에서 토론까지 이것들은 모두 왕전이가 만들어낸 '오픈북 테스트'의 일부분이다. '수험생'은 다른 사람이 아니고 바로 자기 자신이다. '감독관'은 루이진 병원 혈액과 의사들이다. 매주 월요일, 의사들은 지난 주 임상 과정에서 만났던 난이도가 가장 높은 병례를 왕전이에게 넘긴다. 그는 이어지는 며칠간 외국문헌을 찾아보고 매주 목요일에 병의 원인, 임상 표현, 국제 최신 치료법 및 효과 등에 대해 답안을 제출한다.

이 '시험'은 2001년에 시작되었다. 그 해에 고희를 넘긴 왕전이는 점차 임상 일선에서 물러났고, 이 방식을 생각해냈다. 10여 년간 매주 한 차례 무슨 일이 있어도 열렸다.

왕전이의 지도로 석사학위를 받은 전 루이진 병원 혈액과 주임 선즈샹沈志祥은 이렇게 말했다. "때때로 날씨가 너무 덥거나 추울 때 사람들이 왕선생님의 건강을 걱정하거나 아니면 몰래 게으름을 피울 생각에 한두 주 쉬자고 제안하면 왕선생님에게 혼이 나곤 했다."

'오픈북 테스트' 얘기를 꺼내면서 왕전이는 농담하듯 웃으면서 말했다. "좋은 점이 아주 많아요! 시간을 때우기도 좋고 노년에 치매도 예방할 수 있어요." 사실 그가 중요하게 생각하는 목적은 젊은 사람들을 격려하는 것이다. 1996년, 그는 72세의 나이에 컴퓨터와 인터넷을 배우기 시작했다. 이 때부터 매일 인터넷상에서 의학 문헌을 서너 시간 이상 찾아 읽는다. 인터넷이 없던 시절을 생각해보면, 그는 매주 주말에 중화의학회 상하이 분회 도서

2013년 4월 11일, 정례적으로 진행되는 오픈테스트에서 답변하고 있는 왕전이

관으로 뛰어가 자료를 열람하고 다시 한 글자씩 가치 있는 내용을 베끼는데, 하루에 기껏해야 문장 4, 5편 정도 읽을 수 있었다. 그는 감탄하였다. "인터 넷은 정말 좋은 거예요. 너무 편리합니다."

그는 말한다. "본이 되는 스승으로서 나는 옛날 지식을 가지고 젊은 사 람을 건성으로 대할 수는 없습니다. 그들에게 나의 학문이 여전히 쉬지 않고 발전하고 있다는 것을 보여주어야 그들도 자극을 받아 쉬지 않고 공부할 수 있습니다."

사실 매주 치러지는 '오픈북 테스트'에서 가장 긴장하는 것은 '수험생' 왕전이가 아니고 반대로 '감독관'들이다. 젊은 의사들은 왕 선생님에게 전수 받을 수 있는 기회가 생겨 기쁘고 또 왕 선생님이 낼 수 있는 각종 문제로 인 해 긴장을 한다. 왕전이 옆에서 일해본 경험이 있는 사람들은 헤아릴 수 없는 '어째서'에 대한 인상이 매우 깊다. 자신이나 타인에 대한 그의 요구는 엄격 하다. 잘못이 있으면 누구를 막론하고 인정사정 없이 면전에서 지적한다.

중국 과학기술계의 별들을 담다

때때로 학생들도 선생에게 도전하기도 한다. 한 번은 션즈샹沈志祥이 보기 드문 병례를 만났다. 많은 시간을 들이고, 많은 문헌을 찾아보고 나서야 마침내 이것이 국내에 아직 보고되지 않은 신형 백혈병이라는 것이 밝혀졌다. 그는 환자의 간단한 병력을 왕 선생에게 넘기고 나서 '오픈북 테스트'에서 고견이 발표되기를 기다렸다. 뜻밖에 48시간이 지나서 왕 선생의 첫 번째 슬라이드에 션즈샹이 오랫동안 고심한 끝에 얻어낸 진단결과가 씌어 있었다. 그는 탄복해 마지않았다. "이후로 나는 더 이상 잔머리 굴리지 않고 선생님을 따라 서천에 불경을 가지러 가겠습니다."

훌륭의 의사의 비방祕方

의사의 길은 왕전이 평생의 꿈이었다. 7세 되던 해에 그를 아껴주던 할머니가 장티푸스로 돌아가셨다. "왜 할머니에게 병이 생긴 거지? 장티푸스가 무슨 병일까? 치료할 방법은 없었던 걸까?" 나이 어린 왕전이는 오랫동안 답을 구하지 못했다. 대학입시 때에 그는 의학을 공부하기로 결정하고, 더욱 성숙해져서 현실적인 고려를 하게 되었다. "의사는 사람들의 존경을 받는다. 임금도 높고 생활도 안정되어 있다. 사람이 병이 날 수 있고, 병이 나면 의사를 찾아야 한다. 의사는 직장을 잃을 일이 없다."

1948년, 왕전이는 전단震旦대학 의학과를 졸업하였다. 반 1등의 성적으로 학교 부속 광츠廣慈병원에 남아 근무하였다. 그는 말했다. "첫째 날부터 흰 가운을 입고 나는 진심으로 이 직업을 좋아했다. 더구나 환자의 문제를 해결한 뒤의 성취감은 더욱 좋았다."

왕전이가 잊을 수 없는 처음 '환자를 위해 문제를 해결한' 경험은 한국전쟁에서 발생했다. 1953년, 한국전쟁에 의료 지원부대로 참가하였다. 10월에 동북군 지역 내과 순회 진료팀의 주치의로서 그는 헤이룽장성의 한 병원으로 가서 진료를 하였다. 그 곳에는 60여 명의 지원군이 각혈하면서 두통 등의 증상을 보이고 있었다. 초진 결과 결핵성 늑막염으로 판정되었다. 하지만 29세 된 왕전이는 한 무리의 사람들이 동시에 발병한 이유를 알 수가 없었다. 그는 의학서적에서 폐디스토마병을 본 적이 있었는데, 병사들의 증상과 매우 비슷했다. 현지 의사들은 이 병을 들어본 적이 없었다. 그들은 반신반의하면서 환자가 토한 혈담을 현미경으로 관찰해보니 벌레알을 발견하였고, 왕전이의 판단이 옳았다는 것을 알게 되었다.

원래 한국전쟁의 음식물 보급은 늘상 중단되었고, 병사들은 산골의 시냇물에 가서 가재를 잡아먹곤 했었다. 가재는 생김새가 큰새우와 비슷한데, 몸에 폐디스토마가 있어서 만약 완전히 익히지 않고 먹으면 폐디스토마균이 사람 몸에 기생하게 되고 뇌막에까지 침투하여 각혈을 일으키고 두통 증상을 수반하게 된다. 정확한 진단과 함께 병사들은 적시에 치료를 받을 수 있었고, 이로 인해 왕전이는 중국 인민해방군 2등 공로상을 받았다.

전쟁터에서 상하이로 돌아온 지 얼마 지나지 않아 왕전이는 다시 임상과정에서 많은 구강환자가 치아 발치 등의 수술 후에 출혈이 멈추지 않는데 그 원인을 알지도 못하고, 보통 지혈로는 근본적인 해결을 하지 못한다는 것을 알게 되었다. 이 때문에 왕전이는 밤새도록 의학자료를 뒤적였고, 마침내 한 외국 문헌에서 혈우병에 관한 연구보고를 발견하였다. 보고에서는 이 병을 앓는 환자의 혈액 속에 혈액 응고 인자 V3의 수준이 정상인의 5~25%에 불과하다고 지적하면서, 비록 가벼운 수술이라도 출혈이 멈추지 않는다고 밝혔다. 이 보고를 참고하여 국내에 아직 실험에 필요한 실리콘이 없는 상황에서 왕전이는 파라핀으로 실리콘을 대체하고 국내에서 처음으로 혈우병을 진단하는 방법을 성공적으로 찾아냈다.

중국 과학기술계의 별들을 담다

이후 왕전이는 환자를 위해서 크고 작은 많은 문제를 해결하였다. 그는 "만약 내가 책을 많이 읽어서 정보를 많이 파악하지 못했다면 창의성은 불가능했을 것"이라고 말했다. 그는 손에 아이폰을 들어 보이면서 말했다. "잡스의 애플도 마찬가지로 좋은 것들을 한 데 모아놓은 것이다. 진보는 앞사람의 기초 위에 세워지는 것이고, 다른 사람이 하는 일은 당신에게 영감을 준다. 하지만 책만 들이파서는 안 된다. 모든 일은 왜 그런지를 물어야 한다. 안 그러면 책만 흉내내게 되고, 영원히 진보는 없게 된다."

백혈병 '킬러'

1952년, 광츠 병원은 소화, 심혈관, 내분비, 혈액 4개 전공으로 세분화하였다. 왕전이는 유명한 내과 전문가 쾅안쿤鄭安堃의 지도하에 혈액학 연구에 종사하였다. 그는 백혈병 환자가 통증과 화학요법으로 인한 고통 속에 죽어가는 것을 여러 차례 지켜보았다.

백혈병은 인류 조혈계통의 악성 종양으로, 사망률이 매우 높다. '대약진' 시기에 젊고 혈기 왕성했던 왕전이는 '몇 년 내에 백혈병을 정복하겠다'는 뜻을 세우고 루이진 병원 백혈병 병실 주임의 짐을 떠안았다. 하지만 몇 달 근무하는 동안 10여 명의 급성 백혈병 환자들이 세상을 등졌고, 그는 침통한 마음으로 "단순한 열정만 가지고, 병을 치료할 재주는 없구나."라고 생각하게 되었다.

왕전이는 어려서부터 성격이 온화했다. 부모님의 눈에는 착한 아이였고, 선생님의 눈에는 착한 학생이었으며 자라고 난 뒤에는 '조직의 분배에 복종하는 훌륭한 동지'였다. '문혁'을 전후하여 10년 동안 비록 근무지가 여러 차례 옮겨지기는 했지만 그는 원망의 말을 하지 않았다. 영원히 조직의 안배에 따르는 입장이었다. 그 세월 동안 그는 의사로서 기초 연구를 하였고, 중의를 공부하였으며 농사를 지으면서 공부하는 의학 전공 선생이었다. 심지어는 한평생 농촌에서 '맨발의 의사'를 할 준비를 하기도 했다. 어디에 있든지, 무엇을 하든지 그는 한결같이 열심히 일했다. 그 덕분에 그는 매번 수확이 있었고, 헛되이 보내는 일이 없었다. 1984년에 그는 상하이 제2 의과대학 (지금의 상하이 자오통대학 의대) 학장으로 임명되었다. 조직 상부에서 그의 경력을 맘에 들어 했다고 한다. 그는 웃으면서 자기가 "손해를 조금 보고 큰 이익을 얻었다"고 하였다.

지금 걸어온 길을 돌아보면 왕전이는 자신이 어떤 환경에도 잘 적응하고 만족하는 성격으로 장점이기도 하고 단점이기도 하다고 생각한다. "항쟁 스타일도 아니고 뚜렷하게 정한 방향도 없다. 만약 당초에 계속 백혈병 연구를 허가로 했으면 50세가 되어서야 시작하지 않았을 것이고, 아마도 더 많은 성과를 낼 수 있었을 것이다."

백혈병은 시종 왕전이 마음속에 떨쳐내지 못하는 '마음의 병'이 되었다. 1973년, 그는 마침내 상하이 루이진 병원 내과로 발령을 받았고, 백혈병 치료와 연구에 돌입하였다. 회진을 하지 않거나 진료를 하지 않으면 그는 곧 국내외의 학술 문헌을 뒤졌고, 동시에 혈액 관련 저작에 참여하였다. 하지만 백혈병 연구는 지지부진하였다.

일의 전기는 1978년에 발생했다. 왕전이는 동료들에게 먼저 들었고, 나중에 중화의학회 상하이 분회 도서관의 문헌에서 확인한 사실로서, 이스라엘 전문가가 흰 쥐 실험으로 성공한 것인데, 백혈병 세포가 일정 조건에서 역전이 발생하고 정상 세포를 변화시키는 것이었다. 이로 인해 왕전이는 커다란 자극을 받았다. 그는 병원에 원래 식당에서 밥짓는 데 사용하던 주방을 배양실, 실험실 겸 사무실로 개조해줄 것을 신청하고 연구생 몇 명을 데리고

중국 과학기술계의 별들을 담다

백혈병 세포 유도 분화연구를 시작하였다. 어떠한 기초도 없었고, 실험 장비도 부족한 상태였다. 세포를 배양하는 데 쓰는 온실상자를 포함한 것들은 모두 다른 병원에 빌어다 썼다. 하지만 사람들은 모두 힘을 냈다. 2년이라는 시간이 훌쩍 지나고 그들은 많은 방법을 생각해내고, 많은 약품들을 시험하면서 셀 수 없이 많은 실험을 했다. 하지만 소득은 없었다.

"실패하면 다시 계속한다." 왕전이는 얼렁뚱땅하며 말했다. 그는 진작에 지구전에 들어갈 준비를 하고 있었다.

1983년, 왕전이는 다시 외국문헌에서 희망을 발견했다. 한 미국 전문가의 보고였는데, '13-비타민 A산'의 유도하에 병변세포가 정상세포로 역전된다는 것이었다. 당시 중국에는 '13-비타민 A산'을 합성하는 곳이 없었다. 이런 수입약은 가격이 비싸고 국내외 병원에서 임상시험을 했지만 그 효과가 그다지 좋지 않았다. 국내에서 유일하게 찾을 수 있는 비타민 A는 상하이 제6 제약공장에서 생산되는 레티노이드였다. 이것은 통상적으로 피부병을 치료하는 약이었다. 왕전이는 이 약으로 시험을 진행하기로 결정했다. 비록 매일 실패하기는 했지만 그는 조금도 기가 꺾이지 않았다. 끊임없이 실험 방안을 조정하였고, 마침내 반 년 후에 서광이 비쳤다. 현미경에서 관찰된 바로는 급성 조혈모 세포가 레티노이드의 작용으로 순조롭게 정상세포로 분화되었다. 다시 1년을 전력투구한 끝에 이 분화 유도 효과는 확인이 되었다.

1985년 어느 날, 왕전이는 아내와, 또 대학 동창으로부터 상하이 아동의 학원에서 5세 된 샤오징小靜이라는 소아환자가 왔는데, 급성 백혈병을 앓고 있다는 연락을 받았다. 아이는 심하게 피를 흘리고 있었고, 극도로 허약해진 상태로, 더 이상 어쩔 도리가 없어서 부모가 침통함 속에서 현실을 받아들이고 있었다.

왕전이는 아이에게 레티노이드를 복용하게 해보자고 건의하였다. 혹시

일말의 희망이 있을지도 모른다는 것이었다. 그는 "사람을 구하는 것이 의사의 천직이다. 만분의 일의 희망이라도 시험해 봐야 한다"는 신념으로 아내를 설득하였다. 하지만 이런 치료 수단은 임상에 적용해 본 적이 없었던 터라 병원 측은 반대하였고, 의문을 품은 목소리는 훨씬 더 많았다. "피부병 치료약으로 백혈병을 치료한다고?" 내막을 모르는 사람은 왕전이가 정말 새로운 세상을 열고 있다는 사실을 깨닫지 못했다. 어떤 사람은 그에게 좋은 말로 권하면서 전문가이자 교수, 대학 학장으로서, 왜 패가망신의 위험을 무릅쓰고 자기가 책임지지 않아도 되는 환자를 구하기 위한 시도를 하냐고 말하기도 했다. 하지만 왕전이는 자신의 시험 결과에 대해서 자신도 있었고, 또 '시험해 보는 것이 최고'라는 생각을 가지고 있었다. 결국 그는 압력을 버텨내고 아이 부모의 동의를 얻은 후에 자신의 치료방법을 실시하였다.

7일 후, 기적이 일어났다. 샤오징의 증상이 명확하게 호전되었고, 1개월 후에는 완전히 완화되었다. 숨도 제대로 쉬지 못했던 어린 여자아이가 왕전이의 처방으로 죽음 직전에서 살아돌아왔다. 그 아이는 세계에서 처음으로

1985년 상하이 의학원을 대표하여 프랑스 파리 제5대학 총장에게 명예교수를 수여하는 왕전이

중국 과학기술계의 별들을 담다

레티노이드를 복용하여 급성 백혈병을 치료한 환자가 되었다. 30여 년이 지난 지금 그 아이는 건강하게 성인으로 성장하였다.

　그 해에 왕전이는 다시 힘을 내서 위험을 무릅쓰고 상하이의 각 병원에서 급성 백혈병 환자를 찾아 레티노이드 처방을 해서 24케이스를 치료하였고 완전 회복률은 90%를 상회하였다. 그는 관련 성과를 논문으로 써서 국제 혈액학의 권위있는 학술 잡지 〈혈액〉에 발표하였다. 즉각 세계에 충격을 주었고, 백혈병 치료의 '중국 혁명', '상하이 방안'이라 불렸다. 이 논문은 나중에 세계 혈액학 분야에서 100년간 가장 영향력 있는 86편의 학술 논문 가운데 하나로 선정되었다.

　"기초 연구와 임상 실천을 서로 결합하여 양자가 서로 보완한다." 이것은 다년간 의학에 종사한 왕전이의 깨달음이다. 또한 그가 상하이 제2 의과대학 학장으로 재직하는 기간에 극력 제창했던 '의학으로의 전환' 사상의 요체이다. 그는 반복해서 강조한다. 의사는 끊임없이 공부해야 하고, 연구해야 한다. "당신의 지식이 전면적일수록 진단은 잘못을 저지르지 않게 된다. 당신의 의학 수준이 높으면 높을수록 도와줄 수 있는 환자는 많아지게 된다."

청빈한 모란

　왕전이는 점점 국제적으로 유명해졌다. 상하이 루이진 병원의 의사가 외국에 나가게 되면 늘 외국에서 만나는 동종업계 사람들은 말했다. "제가 당신 나라의 왕전이라는 의사를 알고 있습니다."

　왕전이는 프랑스 과학원 외국 국적 원사와 중국 공정원 원사로 뽑혔다. 1994년, 그는 국제 종양학계의 노벨상이라 불리는 '캐터린상'을 수상하였다. 수상 이유는 그 공헌이 획기적인 의미가 있다는 것이었다. "암 연구 역사에서 어떻게 자연적이고 비화학적인 물질로 인체 내의 암세포를 좋은 것으로 바꾸는 것을 최초로 발견하였고, 전통적인 화학요법이나 방사선 요법으로 암세포를 죽이는 방법을 사용하지 않았다." 그는 또 중국 국가 최고 과학기술상, 홍콩의 허량허리何梁何利 기금상, 치우스求實 걸출한 과학자상, 미국 콜롬비아대학 명예과학박사학위 등을 받았다.

하지만 왕전이의 사무실에서는 어떠한 상장이나 메달도 볼 수가 없다. 또한 유명인사와 찍은 사진도 없다. 그의 집에도 마찬가지이다. 거실 벽에 〈청빈한 모란〉이라는 제목의 백모란 유화만 하나 걸려 있을 뿐이다. 그 그림은 친척이 그린 것으로, 그가 좋아하는 것을 보고 보내준 것이다. 왕전이는 이 그림에 대해 "일을 매우 중요하게 생각해야 하고, 명예나 이익은 가볍게 봐야 한다"고 해석하였다.

그의 가족은 45m²의 옛 집에서 오랫동안 살았다. 그의 사무실은 원래 약 20m²였는데, 그에 의해 절반을 다른 사람에게 떼어주었다. 왜냐하면 자기가 실재 사용하지 않기 때문이었다. 그는 사무실에 풍경을 볼 수 있는 커다란 창이 있는 것만으로 만족하고 감격하였다. 그는 이렇게 말했다. "사람은 자신이 무엇을 위해서 살아가는지를 알아야 한다. 젊었을 때에는 날들이 길게 느껴지는데, 지금은 생명이 끝나감을 발견하게 된다. 인생은 사실 매우 짧다. 사람은 결국 이 세상을 떠나야 하는데, 남는 것은 사람들에게 공헌한 일 뿐이다."

많은 사람들 눈에 왕전이는 성인에 가깝다. 그는 일에 대해서는 열심히 성실하게 임했고, 환자에 대해서는 따뜻하고 살갑게 대했다. 대학을 막 졸업했을 때 그는 한 환자가 치료비 160위안을 못내는 것을 보고는 그것을 기꺼이 부담했고, 병원 급여에서 매월 10위안씩 1년여 동안 공제하였다. 농촌에 치료 봉사를 갔을 때 그는 환자를 돌보고 곁을 지키느라 밤새도록 돌아오지 않기도 했다. 그는 많은 사람들의 생명을 구했고, 환자들에게 절대 돈을 받지 않았다. 그의 학술 성과는 탁월하다. 하지만 이름을 적거나 심사 표창을 할 때에는 일관되게 성과를 팀에게 돌렸고, 함께 작업한 사람, 특히 젊은 사람을 앞에 내세웠다.

하지만 왕전이는 말한다. "나는 그저 좋은 사람이 되기 위해 노력하는 것일 뿐이지 절대로 성인은 아니다." 그는 자신이 대학 시절에 연애하느라 바빠서 한 시험에서 63점 밖에 얻지 못한 것을 회고한다. 너무나 뼈아픈 고통을 겪은 후에 그는 당시 여자친구, 나중에 아내가 된 셰징시옹謝兢雄과 합의를 해서, 학업을 중요하게 생각하고 함께 발전하자고 하였다. 인생 말년이 되어 아내는 알츠하이머 병을 앓았고, 왕전이는 10여년간 성심을 다해 돌봐주어 친지들이 감동하기도 했다. 왕전이는 어떨 때에는 답답한 경우도 있다고 솔직히 고백한다. 특히 마지막 몇 년간은 무슨 말을 해도 아내는 거의 반응을 보이지 않았다. 하지만 그는 나름대로 해석하면서 답답함을 해소하였다. 그는 이렇게 말했다. "'가난하든 부자든. 병이 들었든 건강하든 영원히 그녀를 사랑하고 함께 할 겁니다.'라는 이 말은 많은 사람들이 결혼식에서 말한다. 중요한 것은 정말 그렇게 할 수 있느냐는 겁니다."

의사로서, 또 한편으로 상하이 제2 의과대학 교수로서 왕전이는 제자가 상당히 많다. 그의 학생들 중에서 어떤 사람은 지방의 요원이 되었고, 어떤 사람은 국제적으로 제일 가는 혈액학 전문가가 되었으며 대학총장이 된 사람도 있다. 가장 유명한 제자는 현재 전국인민대표대회 상임위원회 부위원장이자 전 국가 위생부 부장 천주陳竺이다. 왕전이는 천주의 재능을 제대로 알아본 사람이라고 할 수 있다. 당시 천주는 전문대 학력으로 왕전이의 격려 속에 우수한 성적으로 대학원생이 되었고, 나중에 왕전이의 도움으로 파격적으로 교수로 승진하였다.

❶ ❷ ❸ ❶ 1994년 6월 15일, 미국에서 국제 종양계의 노벨상으로 불리는 캐터
린상을 수상하는 왕전이(왼쪽에서 세 번째)

　왕전이는 이렇게 말한다. "사람을 보는 것은 말을 고르는 것과 같다. 그
것이 멋있는지 여부만을 봐서는 안되고, 더 중요한 것은 어떻게 달리느냐이
다." 그의 마음속에 있는 인재는 먼저 사상이 올발라야 하고, 명확한 학습과
작업 동력이 있어야 한다. 그래야 각고의 노력을 기울여 연구하는 정신이 생
기게 된다. 그 다음으로 중요한 것은 일을 하는 중에 재능을 드러낼 수 있느
냐는 것이다. 마지막으로 다른 사람을 도울 줄 알아야 한다는 것이다. 그는
"천주는 분명히 인재이다. 게다가 능력이 매우 전방위적"이라고 생각한다.
　많은 우수한 인재들을 길러내기는 했지만 왕전이 자신은 많은 시간을
들여 힘들게 지도하지 않았다고 생각한다. 그는 이렇게 말했다. "어떤 시대
라도 여러 가지 사조가 있을 수 있다. 관건은 자신이 어떻게 취사선택하느냐
이다. 한 사람의 인생관과 도덕관은 점차 세워지고 공고해진다. 가정, 사회,

❷ 1978년, 루이진병원 혈액과의 레지던트 및 인턴들과 함께. 앞줄 오른쪽에서 첫 번째가 왕전이. 뒷줄 왼쪽에서 네 번째가 전 국가 위생부 부장 천주이다.
❸ 1990년, 자전거를 타고 루이진 병원에 출근하는 왕전이

개인 등 다방면의 요소가 공동으로 작용한 결과인 것이다. 만약 내가 주변 사람들에게 다소간에 영향을 끼칠 수 있었다면 자신의 행동을 통해 알게 모르게 그렇게 되었을 것이다."

왕전이의 이런 교육 이념의 형성은 그 개인의 성장 이력과 밀접하게 관련되어 있다.

그는 1924년 상하이의 한 부유한 가정에서 태어났다. 아버지는 유달리 교육을 중시하였고, 다른 사람들과 잘 지낼 것을 강조하였다. 왕전의는 8남매로서, 막내 여동생이 '문혁'의 영향을 받은 것 이외에 나머지 7명은 모두 국내 유명대학을 졸업하여 모두 2개국어 이상 능통하고 성인이 된 이후에 자신의 분야에서 활약하고 있다.

왕전이는 자신이 공부 방면에서 천부적이라고 생각한 적이 없다. 어린

시절에 그는 자신이 마음에 두던 학교에 합격하지 못했다. 하지만 교육을 중시하는 가정 분위기 속에서 그는 어려서부터 자율을 배웠고, 공부와 놀이가 충돌할 때면 항상 공부가 우선이었다. 쩐단震旦대학 부속 중학교에서 공부할 당시는 마침 중국이 가장 격동의 세월을 보내고 있던 시기였는데, 그는 6명의 친한 친구와 서클을 만들어 함께 클래식도 듣고, 탁구도 치고, 외국어 공부도 하고 연설 연습도 하였다. 왕전이는 이 경험이 그에게 올바른 길로 가는 데 매우 중요한 역할을 했다고 생각한다.

왕전이에게 있어 인생 최대의 즐거움은 두 가지다. 하나는 공부로서, '모르는 것을 아는 것으로 바꿔준다. 다른 하나는 환자의 병을 잘 치료하는 것이다. 사실, 그의 일생 가운데 대부분의 시간은 기본적으로 공부가 아닌 치료로, 아니면 치료를 하도록 가르치는 것으로 보냈다.

구순을 넘긴 왕전이는 여전히 백혈병 연구에 힘을 쏟고 있다. 그는 팀을 이끌고 여러 해동안 깊이 연구하고 있다. 급성 조혈모세포 분화를 유도하는 의학적 원리를 밝히고 난 후 알게 된 사실은 당시 국내에서 유일하게 합성 가능했던 레티노이드는 급성 백혈병을 치료할 수 있는 가장 효과적인 약이었다는 사실이다.

왕전이는 자신이 치료에 성공할 수 있었던 것은 운이 좋았기 때문이며, 그는 그것을 '하늘이 준 기회'라고 말한다. 하지만 그는 기회는 하늘에서 뚝 떨어지는 것이라고 믿는다. "기회가 찾아오는 것은 전제와 조건이 있다. 먼저 사상을 바르게 하고 문제를 연구하는 목적이 돈을 버는 것이 아닌 다른 사람을 돕는 것이어야 한다. 만약 돈을 벌기 위한 것이라면 나는 그렇게 실패를 거듭하면서 버티지 못했을 것이다. 다음으로 부지런한 연구이다. 어려움을 만나더라도 끊임없이 극복해 내는 것이다. 또, 사실과 과학을 존중하고 날조해서는 안 된다. 당신이 준비가 끝났으면 기회는 조만간 찾아올 것이다."

중국 과학기술계의 별들을 담다

王振義 진이
왕

20

王忠誠
왕 종 청

좋은 의사 되기는 쉽지 않다

———

1925~2012
신경외과 전문가, 중국 공정원 원사, 중국 신경외과 사업의 개척자이자 기초를 놓은 인물,
국가 최고과학기술상 수상

"이른바 '좋은 의사'는 잘못을 안 저지르는 사람이 아니고 끊임없이 성공경험을 총결산하고, 실패교훈을 받아들여 잘못을 가능한 한 최소화하는 사람이다."
"사람의 중추신경계통은 대단히 복잡하다. 우리가 지금 알고 있는 것은 극히 미미한 부분이다. 의사로서 학문에는 끝이 없고, 늙어죽을 때까지 배우는 것이다."
"의사로서 훌륭한 덕이 없으면 아무리 좋은 의술도 소용이 없다."

**王忠誠
왕종청**

좋은 의사 되기는
쉽지 않다

—

베이징 톈탄天壇공원 동남쪽의 톈탄 병원에 각종 사투리의 환자와 가족
이 드나든다. 그 중에서 90% 이상의 환자가 외지에서 온 사람들로, 전국 내
지 전 세계 신경외과 계통 환자들이 명성을 듣고 이 곳으로 찾아온다. 1956
년 개원부터 지금까지 이 병원은 중국 신경외과가 무에서 유를, 약한 상태에
서 강한 상태로 되었다는 것을 입증하고 있다. 지금 이 곳은 세계 최대의 신
경외과 임상, 과학연구, 교육의 중심이 되었다. 또 그것이 건설되고 발전하
고 장대하게 된 것은 왕종청과 밀접하게 관련이 있다.

베이징 톈탄병원의 명예교수와 중국 신경외과 연구소 소장을 역임한 왕
종청은 중국 신경외과의 창시자 가운데 한 사람으로서, 중국 최초의 신경외
과 전문서 〈뇌혈관 조영술〉을 출판하기도 했다. 세계 신경외과 연합회 '최
고 영예메달'을 수상한 유일한 중국인으로서, 신경외과 분야에서 많은 세계
기록을 보유하고 있다.

의사 생활 60년, 그는 수없이 많은 뇌수술을 하였고, 많은 생명들을 살
려냈다. 어떤 사람은 그를 보고 '화타의 재림'이라고 말하기도 하고, 또 어

중국 과학기술계의 별들을 담다

떤 사람은 지금 그가 치료할 수 있는 병을 화타도 치료하지 못했을 것이라고 말한다. 하지만 그는 이마를 찌푸리며 말한다. "의사 노릇 하기 너무 어려워요. 조심, 조심, 또 조심해야 합니다."

압록강가에서 맹세하다

"돌격, 돌격…" 1951년, 한국전쟁의 후방 압록강변에서 많은 중국군이 전투를 벌이다가 머리를 다쳤다. 어떤 사람은 혼미한 가운데에서 큰 소리로 돌격을 외치고 있었다. 이 함성 소리는 왕종청의 뇌리에 오래도록 남아 있다. 당시 중국의 신경외과는 거의 공백 상태였다. 한국전쟁 치료부대 의사로서 26세 왕종청은 동료들과 병사들이 고통 속에서 죽어가는 것을 속수무책으로 지켜보아야만 했다.

"자신의 무능함을 느끼고 그 사람들에게 면목이 없었다. 정형외과, 외과, 내분비과 등은 나도 치료할 수 있는데, 머리 외상은 치료할 수 없었다." 왕종청은 맹세했다. 귀국하면 반드시 뇌과학을 공부하리라!

왕종청은 가난한 집안 출신으로, 의학공부를 하게 된 것은 어쩔 수 없는 선택이었다. 1925년 산둥 옌타이煙台에서 9남매 가운데 여섯째로 태어났다. 부모님은 노점상 등을 하면서 어렵게 생계를 유지했고, 집이 가난하여 형제들은 중학교 졸업이 최고일 정도로 배움의 기회를 갖지 못했다. 왕종청만이 주경야독하면서 고등학교까지 공부했는데, 마지막 학기에 집안이 너무 어려워져 학업을 중단해야 했다. 다행히 교장 선생님이 배려해 준 덕으로 학업을 마칠 수 있었고, 결국 우수한 성적으로 베이핑 의학원(지금의 베이징 대학 의과대학)에 입학하였다. 구사회의 부패를 목격하고, 일본군의 침략을 직접 겪으면서 그는 공학을 공부하여 부국강병을 꿈꾸었으나 경제적인 조건의 제약으로 학비가 면제되는 의학원을 선택하였다.

대학 4학년 때, 왕종청은 열심히 공부하는 한편으로 아르바이트로 가정교사, 석탄 나르기를 하면서 생활비를 벌었다. 추운 겨울에 그는 새 옷을 살 수가 없어서 마음씨 좋은 친구가 '빌려'준 솜저고리를 입기도 했다.

1949년 대학 졸업 후에 그는 톈진 병원의 외과 의사가 되었다. 그는 너무 좋았다. "너무 좋다. 드디어 돈을 벌게 되었다!" 2년 후, 업무의 중추로서 그는 한국전쟁 치료부대를 따라 압록강변으로 갔다. 눈 덮인 황량한 들판에서 그들은 흙집을 짓고 밤낮없이 부상병들을 치료하였다.

1952년, 왕종청은 톈진으로 돌아왔다. 국가 위생부에서 톈진에 신경외과 연수반을 만든다는 말이 들렸다. 오랫동안 바라 왔던 터라 그는 조금도 주저하지 않고 가입을 신청하였고, 신중국 제1기 신경외과 의사가 되었다. 얼마 있다가 중국 최초의 신경외과 연구소가 베이징에 세워졌고, 왕종청은 베이징으로 발령받았다.

죽음을 각오하고 돌파하다

대학 시절에 왕종청은 해부 과목에서 만점을 받았다. 하지만 신경외과 과목은 여전히 어려웠다.

"사람의 뇌는 두부와 같아, 매우 부드러워서 손으로 집으면 망가진다. 그 안에는 인체 20%의 피가 집중되어 있고, 신경섬유는 머리카락보다도 가늘고 복잡하다. 대뇌는 인체의 '사령부'로서 생명, 생각, 행동의 중추 시스템이다. 신경 체계가 병이 걸리면 보통은 심각해서, 가벼우면 마비, 무거우면 생명이 위험해진다." 왕종청의 설명이다.

신중국 수립 초기에 국가 경제는 매우 어려웠고, 학습, 과학연구 조건이

중국 과학기술계의 별들을 담다

모두 힘들었다. 기존 교재도 없었고, 서방은 중국에 대해 기술 봉쇄를 실시하고 있어서, 왕종청과 동료들은 너무나 적은 번역 자료를 가지고 모색할 수밖에 없었다. 두뇌 표본이 없어 실험을 할 수가 없어서 그들은 심야에 공동묘지로 가서 주인 없는 무덤을 파헤치고 자체적으로 표본을 만들어 신경 해부도와 대조하기도 했다.

왕종청은 낮에 출근하고 밤에 공부하면서 연구에 온 힘을 기울였다. 1년 후에 그는 처음으로 뇌종양 환자에게 수술을 해서 성공했고, 그의 자신감은 배가되었다.

중국 신경외과 초창기에 뇌질환 진단 분야에서 국내에는 '기체조영' 기술만 있었다. 이 방법은 2~3%의 위험성이 있었고, 환자들은 큰 고통을 감내해야 했다. 당시 국제적으로는 이미 선진적인 뇌혈관 조영술이 있어서 위험성이 0.1~0.3% 낮춰졌고, 환자들도 고통을 거의 느끼지 않는 수준까지 도달해 있었다. 왕종청은 스스로 뇌혈관 조영술을 연구해야겠다고 결심했다.

연구의 관건 시기는 여름철이었다. 여름철 내내 왕종청은 동료들과 함께 바람도 통하지 않는 병원의 한 방 안에 틀어박혀서 연구와 실험을 했다. 실내에는 통풍 시설이 없어서 시신 냄새가 진동했고, 땀이 비 오듯 흘렀다. 이에 개의치 않고 그는 온 신경을 집중해서 뇌혈관 통로를 찾았고, 연습을 반복한 끝에 마침내 뇌혈관 조영술을 초보적으로 이해하였다. 본래 예닐곱 시간 걸리던 확진 시간을 15분으로 단축함으로써 환자의 치료에 있어서 황금과도 같은 일분일초의 시간을 아낄 수 있게 되었다.

이후 그는 실제 임상에 착수하였고, 뇌혈관 조영술을 지속적으로 보완해 나갔다. 당시 조건의 제약으로 말미암아 관련 격리 방호 조치가 부족해서 많은 진료와 테스트 과정에서 왕종청은 장기간 방사선에 노출되었고, 백혈구 수치가 기준치 이하로 떨어져 평생 회복하지 못했다. 체내 백혈구 숫자가 감소하면 면역 능력이 떨어져, 그는 감기와 열나는 것을 가장 두려워했다. 8차례 폐병을 앓았고, 가슴에 물이 차올라 목숨이 위험하기도 했다. 하지만 원망도 후회도 없다. "죽기를 각오했어! 외국 사람들이 했는데, 우리도 연구해서 방법을 생각해 내야지!"

1965년, 왕종청이 심혈을 기울여 완성한 〈뇌혈관 조영술〉이 출판되었다. 이 저서는 중국 신경외과의 획기적인 발전을 나타내 주며, 중국 신경외과 진단 기술이 세계 선진 수준과의 격차가 30년 줄어들었다는 것을 말해 준다. 수없이 많은 환자들이 그 혜택을 보았다.

모든 병례는 새로운 도전이다

몇십 년을 하루 같이 뇌부 조영과 수술대를 마주하면 재미가 없지 않을까? 왕종청은 말한다. "사람의 상황은 너무 복잡하다. 모든 병례는 모두 다르다. 모두 새로운 도전이다. 매일 발전하고 있다."

1980년대, 새로운 시대의 CT 진단 기술, 현미경 외과 수술 등이 중국에 들어왔다. 왕종청의 신경외과 의료 기술도 날로 완비되고 있다. 그는 뇌수술 10,000여 차례를 넘긴 세계 유일의 의사이다. 이 숫자는 외국의 동종업계 사람들에게 0 하나를 더 붙인 것으로 오해받기도 했다. 1985년, 그는 직경 9밀리미터의 뇌동맥 종양 절제에 성공했다. 직경 크기로 지금까지 최장의 기록으로 남아 있다.

하지만 지금까지 어떤 성과를 거뒀든지 간에 왕종청은 전진의 발걸음을 멈추지 않는다. 그는 다시 국제 학술계에서 수술 금지구역으로 여겨졌던 뇌간에 대한 탐색을 하고 있다.

뇌간은 인간의 생명 중추로서, 그 곳에 칼을 대는 것은 매우 위험한 일이

중국 과학기술계의 별들을 담다

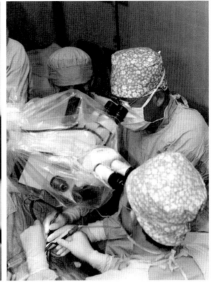

❶ 실험에 열중하고 있는 왕종청
❷ 신경외고 수술중인 왕종청

다. 모든 미세한 동작은 환자의 생사와 직접 연결된다. 10여년의 연구를 거쳐 왕종청은 점진적으로 이 금지구역을 돌파하였다. 1995년 11월, 그는 시드니에서 열린 국제 신경외과 대회에서 〈뇌간 종양 250사례〉를 발표하여 세계를 놀라게 했다. 그는 일생 수백 사례의 뇌간 종양 수술을 했는데, 횟수의 많음과 낮은 사망률은 세계1위를 유지하고 있다.

이후 왕종청은 또 다른 불치병을 향해 진군하기 시작했다. 척수내종양이다. 오랫동안 이 병은 수술 후에 마비가 많은 등 수술효과가 적어서 외국에서는 거의 다루는 사람이 없었다. 하지만 왕종청은 170 사례의 척수내종양 수술을 해서 한 사람도 사망하지 않는 기적을 만들어냈다.

1995년, 장쑤성의 18세 된 남자의 척수에서 두께 2.5cm, 길이 22cm의 커다란 종양이 자라나서 9번 척추 공간으로 파고들었다. 고희를 넘긴 왕종청이 수술대에서 10시간을 보낸 끝에 성공적으로 종양을 제거하였다. 이것은 지금까지 세계에서 절제한 척수내종양 가운데 가장 큰 것으로, 국제 동종업계 사람들로부터 '세계를 진동시킨 세기적 작품'이라 일컬어진다.

수술 사망률이 세계 최저라고는 하지만 왕종청은 마음을 놓지는 못한다. 그는 언제나 학생들에게 말한다. "사람의 실제 상황은 너무 복잡하다. 모든 사례가 다 다르다. 항상 생각지 못하는 상황이 생기고, 아무리 조심하더라도 잘못을 피할 수 없을 때가 있다. 따라서 진단을 내리는 것은 100%라고 말해서는 안 된다. 이른바 '좋은 의사'는 잘못을 안 저지르는 사람이 아니고 끊임없이 성공경험을 총결산하고, 실패교훈을 받아들여 잘못을 가능한 한 최소화하는 사람이다."

가족을 사랑하듯이 환자를 사랑한다

의사로서 일생을 살면서 왕종청은 수없이 많은 환자들의 생명을 구했다. 많은 환자들과 가족의 눈에 그는 '화타'의 재림이고 목숨을 구해 준 은인이다. 하지만 그는 언제나 말한다. "목숨을 살리고 다친 것을 치료하는 것은 의사의 천직이다. 환자도 우리들이 성장하는 데에 커다란 공헌을 하였다. 우리는 환자들을 위해 많이 생각해야 하고, 가족을 사랑하듯 환자를 사랑해야 한다. 의사로 말하자면, 첫째는 기술이고, 둘째는 품덕이다. 의사로서의 훌륭한 덕이 없으면 아무리 좋은 의술이라도 소용이 없는 것이다."

매번 수술이 끝나면 왕종청은 안심하지 못하고 늘 환자를 보러 간다. 아니면 전화를 해서 환자의 회복 상황을 묻는다. 그는 말한다. "우리는 사람의 목숨을 살릴 뿐만 아니라 그를 뛰어다니게 해야 한다."

21세기에 들어와 중국 인구가 급속하게 노령화됨에 따라 동맥경화 등이 일으키는 신경외과 계통의 발병률이 날로 증가하고 있고, 뇌혈관병과 심

① ②

❶ 조수들과 함께
❷ 동료들과 병례에 관해 토론중인 왕종청

혈관병, 암 등이 현대인의 '3대 사망 주범'으로 꼽히고 있다. 이 때문에 의학 기술을 끊임없이 연구하는 것 이외에 왕종청은 중국 신경외과 사업의 건설과 완비에 몸과 마음을 쏟고 있다.

몇십 년 동안의 왕종청과 동료들의 노력으로 중국은 〈중화 신경외과 잡지〉를 창간하였고, 중화 신경외과학회를 만들고, 전국 각지에 분회를 설치하였다. 또 베이징 톈탄 병원과 중국 신경외과 연구소를 기반으로 중국 신경외과 대학을 만들어 신경외과 인재를 배양하고 있다. 이 밖에 '왕종청 우수의학 인재 장려기금'을 만들어 외딴 지역의 신경외과 건설에 사용하고 있다.

왕종청은 일생동안 중국 신경외과 사업에만 마음을 쏟았다. 그는 어려서 힘들게 살았고, 생활은 일관되게 소박했다. 그는 환자들의 사례를 받지 않는다. 크고 작은 상금은 모두 기부한다.

팔순을 넘긴 후 그는 비록 메스를 내려놓았지만 여전히 매일 시간에 맞춰 출퇴근을 한다. 그의 사무실에 있는 화이트보드에는 일정이 빽빽하게 적혀 있다. 그는 이렇게 말한다. "사람의 중추신경계통은 대단히 복잡하다. 우리가 지금 알고 있는 것은 극히 미미한 부분이다. 의사로서 학문에는 끝이 없고, 늙어죽을 때까지 배우는 것이다. 나는 만년의 시간을 틀어쥐고 유익한 일을 많이 해서 환자들을 위해 문제를 많이 해결해 줄 수 있기를 바란다."

과로가 원인이 되었는지 그는 암 진단을 받았다. 일하는 시간을 방해받지 않기 위해서 그는 매일 새벽 4시에 운동을 시작해 왔는데, 결국 병이 심해져 입원을 하고 나서야 그가 사랑하는 일에서 멀어졌다. 병원에서 그는 치료에 적극적으로 임했다. 원망의 말 한 마디 없이 병세가 호전되기를 바라며 돌아가 출근하였다. 약물 반응으로 인해 그는 잠을 잘 이루지 못하고 밤이면 혼자 중얼거린다. 늘 일 얘기다. "환자 8명이 더 있는데, 어떻게 됐는지 좀 가 보라고 … 난 아직 찾지 못한 자료가 있는데, 내 대신 좀 찾아 주게나.…"

2012년 9월 30일 오후 4시 8분에 왕종청 선생은 베이징에서 세상을 떠났다. 향년 87세.

誠_정
忠_충
王_하

21

翁 史 烈
윙스리에

'중국 동력'의 불멸의 추구

———

1932~

동력기계 전문가, 중국 공정원 원사, 중국 신세대 열에너지 터빈의 개척자 가운데 한 사람

"다른 사람의 오늘을 써서 우리의 내일을 꾸며낼 수는 없다."
"창조적인 연구를 진행하는 데 있어서 실패는 불가피하다. 방향만 정확하게 볼 수 있으면 실패를 해도 다시 하면 된다."
"공정 학문으로서 논문만 발표하는 것은 소용 없다. 기본으로 돌아가는 것이 실제 문제를 해결할 수 있다."

翁 史 烈
윙스리에

'중국 동력'의
불멸의 추구
—

금테 안경, 정갈한 셔츠, 곱게 빗은 흰 머리, 팔순을 넘긴 윙스리에는 시종 젊은 시절과 같은 우아한 모습을 유지하고 있었다.

그는 상하이 자오통대학 총장을 14년 역임하였고, 상하이시 과학협회 주석과 국내외 많은 동력, 에너지 관련 전공 학회의 이사장 또는 주석을 맡았었다. 지금 그는 평온하고 단순한 생활 속에서 시간을 보내고 있다. 내려놓을 수 없는 직무 외에 그는 과학 연구와 학생 지도에 힘을 기울이고 있다. 그는 말한다. "지금은 안심하고 가르칠 수 있고, 별 걱정 근심 없이 연구하고 있다. 나는 이런 환경에 대해 만족한다."

윙스리에의 마음 속에는 사라지지 않는 목표가 두 가지 있어, 북극성처럼 사방으로 빛을 쏘고 있다. 하나는 세계에서 가장 선진적인 모터를 만드는 것이고, 다른 하나는 전 세계 일류 인재를 길러내는 것이다. 이 두 가지 꿈을 실현하는 것이 매우 어려운 일이라는 것을 그는 잘 알고 있다. 하지만 "한걸음씩 전진하다 보면 희망은 있다"는 사실을 굳게 믿고 있다.

다른 사람의 오늘을 이용하여 우리의 내일을 꾸미지 마라

윙스리에 사무실의 책꽂이에는 고급 과학기술 장비 모형의 '보고'가 있다. 구축함, 탱크, 전투기, 잠수함, 해양석유 플랫폼 등이 진열되어 있는데, 그들의 심장은 모터로서, 윙스리에 전공인 '동력기계 공정'에 사용되는 것이다.

1937년, 다섯 살 된 윙스리에는 부모님을 따라 고향인 닝보에서 상하이로 이사하였다. 전시 '고도孤島'에서 성장하면서 그는 피점령 지역의 상처들을 목격하였고, 황푸강변에 정박해 있는 열강의 상선과 군함 중에 단 한 척도 중국인의 것이 없다는 현실을 보면서 그는, 자라서 배를 만들겠다는 결심을 남몰래 하였다.

1949년, 윙스리에는 바라던 대로 국립 상하이 자오통대학 선박공정과에 입학하였고, 후에 소련 레닌그라드(상트페테르부르크) 조선대학에 유학을 가서 1962년에 과학기술 부박사학위를 받았다. 귀국하고 얼마 있다가 1,000kw 발전용량의 가스 터빈 제작에 참여하였다.

"가스 터빈은 20세기 증기터빈, 내연기관에 이어 출현한 새로운 모터 품종으로 마력이 크고, 중량은 가벼우며 기동성이 좋고, 천연가스가 환경에도 우호적이어서 육해공에 모두 필요하다. 그것은 신기술, 신재료가 하나에 모아져 있어서, '장비 제조업의 왕'으로 군림한다. 하지만 우리의 취약한 고리이다." 본업을 들먹이며 윙스리에 말은 끝없이 이어진다.

그의 기억으로는 당시 그가 막 귀국했을 무렵에 가스 터빈은 국제적으로 몇 년 안 된 상태였다. 중국의 가스 터빈은 소련 기술을 참고하여 자주 개발을 진행하였고, 외국과는 격차가 그다지 크지 않은 상태였다. "모두가 힘을 냈고, 난징에서 연속해서 시험 운전을 했을 때 3일 밤낮으로 잠을 자지 않았다."

안타깝게도 후에 국내에서는 에너지가 매우 부족했다. 베이징, 상하이

❶ ❷

❶ 1952년 대학졸업 사진
❷ 웡스리에(오른쪽 첫 번째), 상하이 도서관 관장 우지엔중吳建中(왼쪽 첫 번째), 중국과학원 원사 정스링鄭時齡(왼쪽 두 번째), 상하이 박물관 관장 천시에쥔陳燮君이 2010년 세계박람회 기획 책임자로서 개최 장소인 황푸강변을 시찰하고 있다.

의 버스는 모두 석탄으로 바꾸었고, 천연가스와 석유를 동력 원료로 하는 가스 터빈 프로젝트는 속속 막을 내렸다. '문혁'이 끝나고 나서 중국의 가스 터빈 연구는 다시 새롭게 출발하였다. 세계 선진 수준과는 그 차이가 훨씬 더 벌어져 있었다. 그리고 선박과 항공 등 관련 공정의 건설과정에서 오랜 시간의 경과와 함께 국내에서는 선체와 비행기 본체 제작을 더 중시하는 경향이 있었고, 통신과 동력 등 보조 시스템에 대해서는 중시하지 않았다. 그 결과 "현재 중국의 선체 제조 수준은 높은데, '심장'은 좋은 상태가 아니고, 심지어 우리가 만든 비행기가 국제시장에 진입한 상황에서 모터는 다른 사람의 것"인 상황이 되었다. 웡스리에가 애석해하며 말하는 내용이다.

오랫동안 웡스리에는 국산 가스 터빈 연구에 몰두해 왔다. 그는 상하이 자오통대학 동력기계 공정과 부주임, 주임을 맡으면서 중국의 첫 복합디젤기관을 만들고 중국 최대의 바퀴풍선 모터의 여러 용도 개조 연구를 실시하

중국 과학기술계의 별들을 담다

였고, 근 10여 개에 이르는 국가 중대 과학연구 프로젝트를 수행함으로써 일련의 기술적인 난제들을 해결하였다. 상하이 자오통대학의 행정 업무가 바쁘기는 하지만 그는 국산 가스 터빈 관련 연구와 관심은 멈추지 않고 있다.

웡스리에에게 자극을 준 것은 최근, 동력 시스템이 점차 선박과 비행기 자체와 동등하게 중시를 받고 있다는 점이다. 동시에 지멘스, 미쓰비시, 제너럴 모터스 등 외국기업의 선진 기술을 들여와 국내에서 일정 규모 생산되고 중국의 가스 터빈 기술이 크게 신장되었다.

웡스리에가 조금은 감동적으로 말한다. "과거에 중국 군함은 먼 바다로 나가는 것이 어려웠다. 지금은 선박을 호위하러 아덴만까지도 갈 수 있다. 또 항공모함 '랴오닝호'와 함상에 탑재된 비행기가 있으며 동력계통의 공헌은 상당하다. 외부에서는 그중의 분량을 모를 수도 있지만 우리는 큰 힘을 얻는다. 하지만 시진핑 주석이 말한 '중요한 기술은 우리 손에 움켜쥐고 있어야 한다'는 말과는 상당한 거리가 있다."

지금 웡스리에는 여전히 상하이 자오통대학 가스 터빈 연구원의 명예원장을 맡고 있고, 박사반 대학원생을 지도하고 있다. 현재 중국의 가스 터빈 기술은 국제 선진 수준과 격차가 매우 크게 나는 상태라고 그는 솔직하게 말한다. 과거에 서방 기술을 들여온 것은 긍정적인 의미가 있기는 하지만 '다른 사람의 오늘을 가지고 우리의 내일을 꾸밀 수는 없다.'고 그는 생각한다. 국산 가스 터빈의 자주적인 창조 능력을 어떻게 강화할 것인가에 대해서 그는 생산과 과학기술 제작을 진일보 개혁해야 하고, 기초연구 강화에 목표를 두고 높은 수준의 기술 노선을 제정하며, 역량을 모아 가스 터빈의 설계, 계산, 실험, 가공 등의 중요한 기술을 돌파해야 한다는 것이다.

"건성건성하는 것을 두려워하고 실패를 두려워하지 않는다. 창조적인 연구를 진행하는 데 실패는 불가피하다. 방향만 정확하게 볼 수 있으면 실패

를 해도 다시 하면 된다. 게으름 피우지 않는 노력을 견지해 나가면 아마 2020
년 쯤에 가장 좋은 재료와 선진적인 정보기술, 그리고 우리의 동력기계가 결
합되어 세계 선진 모터를 만들어낼 수 있다고 나는 믿는다." 웡스리에는 미
래에 대해 동경을 가지고 있고, 또한 젊은 세대에게 많은 바람을 가지고 있다.

세계 일류대학을 만드는 것이 그렇게 단순하지가 않다

상하이시의 가장 번화한 상권인 쉬자후이徐家匯의 동남쪽 코너에 빽빽하
게 들어차 있는 상점과 오가는 차량들 속에서 고색창연한 사당식 건물이 우
뚝 서 있다. 여기가 상하이 자오통대학 정문이다. 웡스리에는 대부분의 생애
를 이 캠퍼스에서 보냈다. 1984년부터 1997년까지 총장으로 일했는데, 이는
상하이 교통대학 역사상 가장 오래 재임한 것이다.

'어려움' 웡스리에가 취임 초에 가장 깊게 받았던 느낌이다. 당시 중국
은 개혁 개방 초기였다. 과학연구와 교육경비는 턱없이 부족했다. 어느 해엔
가는 그가 직접적으로 학생들의 교무 관련에 들어가는 것을 제외하고 나머
지 모든 부문의 경비 예산은 15% 삭감한다는 발표를 할 수밖에 없었다. "비
교해 보자면 지금 대학총장은 행복한 겁니다. 과학연구와 교육 경비가 풍족
하고, 각종 기초 시설도 괜찮으니까요." 그는 부러움의 웃음을 짓는다.

상하이 자오통대학의 이과와 관리학과를 회복하고, 학과 체계를 완비한
것은 당시 총장으로서 웡스리에가 주관한 큰 일이었다.

세상 사람들이 보기에 상하이 자오통대학은 본래 공과가 인정을 받았지
만 사실은 상당히 긴 시간 동안 이과, 공과, 관리 등의 삼족정립의 종합 고등
교육 기관이었다. 그 전신은 역사적으로 유명한 '난양공학南洋公學'으로서,
청일전쟁에서 패배한 뒤 1896년에 중국 근대 실업가 성쉬엔화이盛宣懷가 뜻있

는 인사들을 모아 세운 것이고, '스스로 강해지려면 재주를 모아야 하고, 재주를 모으려면 먼저 배움을 일으켜야 한다'는 취지였다. 이 학교는 역사적으로 치엔쉬에썬, 마오이성茅以升, 우여우쉰吳有訓 등 걸출한 과학자들을 길러 냈고, 그 밖에도 차이위안페이蔡元培, 이슈퉁李叔同, 쩌우타오펀鄒韜奮 등 문화계 거물들을 배출해냈다. 나중에 여러 차례의 변천과 학과 조정을 거쳤고, '문혁'이 끝나고 나서 인문학과가 없어졌으며, 이과도 푸단復旦대학에 편입되었다.

"공정은 모두 물리에 의지하고, 수학은 도구이자 사유방법이다." 웡스리에는 공과 발전을 지탱하는 차원에서 자오퉁대학 이과의 패권적 지위를 회복하는 것을 반드시 시행해 나가야 한다고 생각했다.

동시에 시장경제의 수용에 적응하기 위해서 웡스리에는 관리대학을 다시 세웠고, 국제 첨단 관리대학과 합작을 통해, 그리고 사회적 자금 지원을 통해 전국 관리학과 가운데 가장 선두에 설 수 있게끔 발전시켰다. 그는 또 상하이시와 국가 교육위원회의 지원하에 유럽연합과 함께 세계 톱클래스의 상학원인 '중국 유럽 국제 상공대학'을 만들고 제1대 이사장을 맡았다.

"그 당시 나는 문과를 다룰 용기가 없었다." 이 노총장은 솔직하게 말했다. 하지만 그는 사임 후에 상하이 자오퉁대학이 인문, 법학, 생명과학, 농학, 의학 등의 학과를 계속 복구시키고, 종합대학으로서의 면모를 갖추어 나가는 것을 즐거운 마음으로 지켜보게 되었다.

"세계 일류대학을 만들려면 일류 학과체계가 있어야 한다. 하지만 진정으로 '일류가 된다'는 것은 이런 정도로는 충분하지 않다." 웡스리에의 생각에, 일류인 대학은 발표 논문의 숫자가 얼마나 되느냐에 있는 것이 아니고, 결국은 얼마나 실제 문제를 해결하느냐에 달려 있다. 일류대학이 관심을 두는 것은 이미 성숙된 것이어서는 안 되고, 제일 앞서 있고, 선도하는 면이 있어야 한다.

❶ ❷ ❸

❶ 상트페테르부르크 국가기술해양대학 명예박사학위를 받는 웡스리에

　이상의 두 가지는 어떤 대학에게도 매우 커다란 도전이다. 어떻게 해낼 것인가? 웡스리에는 교수의 수준이 관건이라고 생각한다. 그는 이렇게 말한다. "대학 시절에 이론적 기초가 확실하게 다져진 학생일수록 갈수록 힘있게 발전한다. 문제는 거의 모든 책이 이론이라는 것인데, 그렇게 되면 교수가 어떤 이론으로 학생들을 가르칠 것인가, 우수한 이론적 수양과 싶은 실천을 통한 단련을 했는가, 학과발전의 앞날을 잘 이해하고 있는가의 여부가 교수의 능력이 되는 것이다."

　오랫동안 아무리 바빠도 웡스리에는 박사과정생을 직접 지도해 오고 있다. 아울러 상하이 자오퉁대학 기계와 동력 공정대학의 본과 신입생 한 과목을 맡고 있고, 부정기적으로 학술보고와 강좌를 열고 있다. 이런 일들은 많은 시간과 정력의 소모를 필요로 한다. 하지만 웡스리에는 어떻든지간에 교육 일에서는 벗어나려 하지 않는다. 그는 자신이 배운 것을 젊은 세대에게 전해 주기를 희망한다. 아울러 이를 통해 자기 자신을 끊임없이 격려하기를 희망한다. 그는 늘 학생들에게 말한다. "공부에서 가장 중요한 것은 문제를 분석하고 해결하는 능력을 기르는 것이다. 수준이 낮다 하더라도 성실하게 해야

❷ 상하이 자오통대학 총장 자격으로 1992년 졸업한 외국 유학생과의 합동 촬영
❸ 박사생 지도중인 웡스리에

하고, 거짓으로 해서는 안 된다. 편안하게 대업을 성취하는 방법은 없다!"

어린 친구와 옛 친구를 위한 봉사

매일 새벽에 웡스리에는 집을 나선서 대로를 가로질러 상하이 자오통대학에 도착한다. 그는 캠퍼스에서 운동삼아 30분간 산보를 하고 나서 사무실에 들어가 하루 일을 시작한다. 점심 때 교수식당에 가서 식사를 하고, 오후에 일을 계속 한다. 저녁 식사 후에 다시 캠퍼스에서 30분간 산보를 한 뒤에 귀가한다.

이것이 웡스리에의 일상적인 하루이다. 지금 그는 대부분의 사회 직책을 내려놓고 과학연구와 교육에 몰두하고 있다. 하지만 상하이 두뇌 올림피아드 협회 회장은 그가 지금까지 유지하고 있는 얼마 되지 않는 직책 가운데 하나이다. 그가 이 직함을 가진 것은 그가 중국 공정원 원사가 되었을 때인 1995년보다도 더 이르다.

이른바 '두뇌 올림피아드'는 1978년에 미국에서 시작되었다. 청소년의 창조력을 기르는 활동을 하자는 취지로써, 지금까지 국제대회로 발전하여 서방 선진국에서는 매우 중시 받고 있다.

윙스리에가 청소년을 키우는 문제에 처음 관심을 가지게 된 것은 1984년 유명한 물리학자로서 노벨상 수상자인 양전닝楊振寧이 중국을 방문했을 때였다. 양전닝은, 중국경제가 발전하기 위해서는 능력있는 인재가 많이 필요한데, 중국의 시험제도는 이런 인재를 길러내는 데 불리하다고 지적하면서 전문적인 수상 종목을 만들어 청소년의 능력을 길러내는 데 박차를 가해야 한다고 주장하였다. 윙스리에는 이 주장에 반응을 보인 몇 안 되는 사람 가운데 하나였다. 결국 '이리다Yilida 청소년 발명상' 총회를 상하이 자오퉁대학에 세웠다.

나중에 윙스리에는 '두뇌 올림피아드'를 발견하였다. 이 대회는 연령별로 팀을 나누어 유치원부터 초등, 중고등, 대학생까지 모두 참가할 수 있고, 매년 다른 문제를 내고, 모든 문제는 표준 답안이 있다. 하지만 손과 발을 결합하여야 하고, 팀이 협력하여야 하며, 각 나라에서 먼저 우승자를 가려내고 마지막으로 미국 대회에 참가하게 된다.

"과학 연구, 특히 공정 분야에서 창조 능력과 손을 움직이는 능력은 매우 중요하다. 팀 협동 능력도 간과해서는 안 된다. 한 사람이 아무리 능력이 있어도 독불장군은 안 된다." 윙스리에는 이런 조직 규범을 바탕으로 하는 국제 대회는 청소년들에게 매우 좋은 단련의 기회라고 생각하고, 1987년에 상하이 두뇌 올림피아드 협회 회장을 맡게 되었고, 지금에까지 이르고 있다.

처음에 미국 대회에 참가한 중국인은 몇 명 되지 않았고, 게다가 번번이 떨어졌다. 하지만 2013년 제34회 세계 두뇌올림피아드 대회에서 중국은 20개 팀을 참가시켰고, 금메달 4개와 은메달 4개를 획득하였는데, 그 가운데 상하이가 금과 은 각 3개씩을 획득하였다. 미국 학생들과 견줘 봤을 때 아직 격차가 있는 것이 사실이지만 중국 학생들은 가장 좋은 성적을 거두었다. 아이들을 격려하기 위해서 윙스리에는 시장의 자금을 아끼지 않고 좋은 성적을 거둔 상하이 학생들을 여러 차례 접견하였다.

"창의성은 일종의 소질로서 어릴 때부터 길러야 한다." 윙스리에는 두 뇌올림픽이 매우 의미가 있다고 생각하고, 신체적인 조건만 허락된다면 그는 계속 '어린 친구들의 지원자'가 되겠다는 뜻을 밝혔다.

이 밖에도 윙스리에는 마찬가지로 상하이시 중국 공정원 원사 자문과 학술활동센터 주임을 오랜 기간 맡고 있다. 주로 '오랜 친구들'인 원사들에게 봉사하기 위해서이다.

"상하이의 원사들이 매우 많다. 공정원에만 8~90명 정도 되는데, 과학원도 비슷하다. 하지만 연락이 되는 사람은 많지 않다. 매년 원사 대회에 모였다가 흩어져서 각자 자신의 역할을 하기는 하지만 서로 소통이 적고, 힘을 합칠 수가 없다." 윙스리에는 상하이 원사 센터 설립 이유를 이렇게 설명하였다.

상하이 원사 센터는 2001년 정식으로 설립되었다. 독립 법인 자격의 사업 단위로서 원사들의 역량을 한 데 모아 싱크탱크 역할을 하자는 것이 주된 취지이다. 윙스리에는 이 센터가 성립된 이후로 상하이 지역의 경제와 국가의 중대한 프로젝트를 위해 수십 차례 자문을 하였고, 과학기술, 경제와 사회발전 과정에서의 난점이나 이슈 등에 대해 학술토론회와 원사 살롱을 개최하였다고 기쁜 마음으로 소개하였다. 원사들은 살롱에서 하고 싶은 말을 다 했고, 불꽃 튀는 사상적 교류를 했으며, 이 불꽃은 중요한 자문 내용으로 발전하기도 했다.

"공정원에서 나는 이 일을 계속해 나갈 것이고, 정신도 아직 그런대로 괜찮아 계속 진행해 나갈 것이다. 나는 평생 그렇게 커다란 목표는 없다. 그저 중국을 위해 뭔가를 좀 해보고 싶을 뿐이다." 팔순을 넘긴 노인은 품위 있는 모습으로 웃으며 말했다.

22

吳良鏞
우량용

인간은 시적 정취로 살아야 한다

———

1922~

건축학자, 도시와 농촌의 기획자이자 교육자, 중국과학원 원사, 중국 공정원 원사,
거주 환경과학 창시자, 국가 최고과학기술상 수상

"진정한 건축 스승은 자신이 에펠탑과 같은 영원히 전해지는 고전 건축물을 지었느냐
를 보지 않고, 자신의 나라의 국민들이 거주할 곳을 지었느냐 여부를 본다."
"건축의 기본 단위는 집이 아니라 '취락'이다. 취락은 물질적인 것이 아니고 정신적
인 필요이다."

吳良鏞
우량용

인간은 시적 정취로
살아야 한다
—

하얀 머리와 흰 눈썹의 그는 지팡이를 짚고 부축을 받으며 엘리베이터에서 '우량용' 문패가 걸린 사무실 쪽으로 천천히 걸어왔다. "강의 전에는 아무 말도 하지 않는다." 노인은 온화하면서도 단호한 태도로 주변 사람들에게 '함구령'을 내렸다.

우량용의 눈에는 '강의는 며칠 뒤'였다. 1946년 량쓰청梁思成의 초청으로 칭화대학 건축과 창설에 참여한 이후로 우량용은 칭화에서 70년을 지냈다. 매체에서는 그를 중국의 유명 건축가, 도시계획학자, 건축교육자로 부르는데, 그 자신은 자기를 '교육자'라고 부르는 걸 좋아한다. 이 신분에 특별한 무게가 있다고 생각하는 것이다.

량쓰청의 제자이자 전 국제건축협회 부주석, 세계주거협회 주석, 국가 최고 과학기술상을 수상한 유일한 건축학자인 우량용의 가장 대표작은 고층빌딩이나 극장, 체육관 등의 대형 건축물이 아니라 서민들이 사는 골목이다. 그가 생각하기에 건물의 의미는 오랫동안 전해지는 몇 칸의 집을 짓는 것이 아니고, 어떻게 보통 사람들이 시적 정취가 넘치게 살아가게 짓느냐이다.

중국 과학기술계의 별들을 담다

강의의 행복

2013년 9월 17일, 칭화대학 건축대학 건물 앞에 자전거가 멈췄다. 그 날 오후에 91세 된 우량용이 직접 강의를 하기로 되어 있어서, 많은 학생이 일찌감치 자리를 잡기 위해 왔다.

2000년에 칭화대학 건축과에 '주거환경과학 개론' 과목이 개설된 이후, 첫 시간과 마지막 시간을 신입생을 위해 강의하는 것이 우량용의 관례가 되었다. 강의 때마다 그는 새롭게 준비를 하고 재탕하지 않는다. 강의 시작 30분 전은 그가 마지막 준비를 하는 시간이다. 올림픽 체조 선수가 시합 전에 동작의 요령을 묵묵히 익히는 것처럼, 이 때가 되면 모든 사람들은 옆에 묵묵히 서 있게 마련이다.

우량용은 느린 걸음으로 사무실 탁자로 와서 앉아, 가지고 온 책을 펼친다. 그리고 준비해온 강의원고를 자세하게 살펴본다. 허리를 곧게 펴고 정신을 집중하고 앉아 있어 마치 무슨 신성한 의식을 진행하는 모습을 보인다. 방안에 있는 사람들은 아무 소리를 내지 못하고 걸음걸이도 조심하며 노교수를 방해하지 않기 위해 노력한다.

"갑시다." 강의 시간까지 10분이 남아 있다. 그는 책을 덮고 지팡이를 들고는 부축을 받아 강의실로 향한다. 1~200명을 수용하는 강의실은 이미 가득 차 있다. 칭화대학 건축과 학생들 외에도 다른 학생들도 강의를 듣기 위해 많이 와 있다.

우량용의 서재

"노년의 과학자로서 오늘 여러분들과 함께 토론하고, 내가 조금 알고 있는 것을 말할 수 있게 되어서 매우 행복합니다." 확성기를 통해 전달되기는 하지만 여전히 우량용의 목소리는 작게 들렸다. 하지만 생각은 또렷했고, 1시간 30분간 강의하면서 쉬는 시간은 없었다. 생동감 넘치는 이야기로 자신이 세운 '주거환경과학'의 기원, 발전, 핵심 이념을 설명하였다. 또한 오늘 연로한 그가 나이 어린 학생들에게 말하고자 하는 핵심적인 내용은 학문을 하는 철학과 방법론이었다. "어떻게 문제의 핵심을 찾느냐, 어떻게 착안점을 찾느냐, 어떻게 문제를 해결할 것이냐, 무수히 많은 성공과 실패 속에서 계속 날카로움을 유지해 나갈 것이냐이다."

넓은 의미의 건축 : 집부터 '취락'까지

'주거환경과학' 이론은 중국 및 국제건축학회에 대한 우량용의 가장 중요하고도 가치가 있는 공헌이다. 그것의 탄생과 발전은 기본적으로 그가 환갑 이후 30년간 이루어졌다.

1981년에 우량용은 서독에서 돌아왔다. '문혁' 이후 처음 당선된 중국과학원 학부위원(1994년 이후 원사로 개칭)으로 중국과학원 학부 대회에 참가하였다. '과학으로 가자'는 구호를 듣고 그는 뛸 듯이 기쁜 마음으로 중국 건축을 위해 과학적 발전의 길을 찾고자 하였다. 하지만 구체적으로 어떻게 할 것인가에 대해서는 여전히 막막했다.

'문혁' 시기에 이론부터 형식에 이르기까지 중국 건축계는 일대 비판에 빠져 있었다. 우량용 또한 그 안에 휘말려 들어가 있었다. 상당히 오랜 기간 동안 그는 고심에 빠져 있었다. 건축의 본질은 도대체 뭐란 말인가?

1984년에 우량용은 칭화대학 건축과 주임 자리에서 물러났다. 행정 업무도 없었다. 그의 개인적 학술생애는 느즈막히 피크가 찾아왔다. "문혁에서 잃어버린 시간을 만회해야겠다는 생각을 했는데, 그런 격정은 다른 시대에는 없던 것이었다."고 그는 말한다.

은사인 량쓰청이 1947년 미국에서 돌아온 뒤에 나눴던 대화에서 우량용은 영감을 얻었다. 그 대화에서 량쓰청은 '건축'이라는 단어가 일본에서 번역된 것이고, 사실은 정확하지 않다고 하면서 사람들로 하여금 글자만 보고 대강 뜻을 짐작하게 했고, 그 바람에 중국 사회가 오랫동안 건축을 집짓는 곳과 동일한 것으로 여기게 했다고 지적하였다. 량쓰청은 또 '거주자가 집을 갖는 것'과 '형태 환경론'을 언급하여 우량용이 창립한 '주거환경과학'의 원류가 되었다.

"건축은 당연히 집이 없을 수는 없다. 하지만 보다 중요한 것은 집의 내재적인 면이다. 거주에 관련된 사회현상은 건축의 범주에 포함되어야 한다." 이로부터 우량용은 량쓰청 관점의 기초 위에 '넓은 의미의 건축학' 개념을 발전시켰다.

하지만 넓은 의미의 이 건축은 '복잡하고 거대한 시스템'인데, 어떻게 연구할 수 있을까? 몇몇 단편적인 견문과 사고는 우량용으로 하여금 점차 '취락'이라는 이 이상적인 착안점을 찾게 만들었다.

멕시코의 인류학 박물관에서 그는 인류의 초기 거주 유적지를 보았다. 중국 역사박물관에서 그는 산시성陝西省에서 발굴된 신석기 시대 모계사회 유적지를 보았다. 티벳의 산골에서 그는 예스럽고 소박한 촌락의 생김새를 보았다. 중국 남극 과학기지의 사진에서 그는 에스키모의 생활을 자세히 관찰하였다. 이것들을 통해 우량용은 다음의 사실을 깨닫게 되었다. 인간이 사는 곳에는 '집단 거주'가 있고, 인류 최초의 유적지로부터 현대화된 도시의 출현에 이르기까지 집이 단독으로 출현하는 것은 매우 적고, 대부분 여러 채

❶	❷

❶ 1984년, 쓰촨에서 과학연구조사를 진행할 당시 마을 노들과의 교류인
❷ 1970년대 말, 우량용(오른쪽 세 번째)와 베이위밍貝聿銘(오른쪽 첫 번째)이 베이징 샹산香山호텔의 설계 방안에 대해 토론하고 있다.

의 집이 하나의 형태로 나타나며 이렇게 해서 사람들은 더 좋게 생활할 수 있다는 것이었다.

이로부터 우량용은 '건축 세계에서 끝없이 광활한 세계'로 나아가 본래는 단일 학과인 건축학, 풍경원림학, 도시계획학을 하나로 합쳐 새로운 '넓은 의미의 건축학'의 핵심을 형성하였다. 아울러 사회, 정치, 문화, 교육, 환경, 지리, 예술 등의 여러 학문의 관련 내용을 건축학의 외연 체계로 하였고, 나아가 진정으로 사람에게 적합한, 지속 발전이 가능한 거주 환경을 건설하였다.

"건축의 기본 단위는 집이 아니라 '취락'이다. 취락은 물질적인 것이 아니고 정신적인 필요이다." 이것은 건축학에 대한 우량용 인식의 한 차례 도약이다.

중국 과학기술계의 별들을 담다

1993년, "대규모 부대가 합동작전을 벌이면 공동 강령이 반드시 필요하다"는 것을 느끼고 우량용은 '거주환경과학'이라는 개념을 정식으로 명확하게 제기하였다. 새로운 이론이 제기되자 즉각 국내외 건축학계의 칭찬이 쏟아졌다. 그가 쓴 〈광의의 건축학〉은 업계에서 '건축사의 필독서'로 불렸고, 중국 현대 건축학의 체계적인 이론 전문서라는 영예를 얻었다.

1999년, 국제 건축사협회 제20회 세계건축사 대회가 베이징에서 열렸다. 우량용은 과학위원회 주석을 맡아 거주환경과학 이론을 기초로 하는 〈베이징 헌장〉 초안을 잡았고, 아울러 대회에서 주제보고를 하여 참석자들의 지지하에 통과되었다. 이것은 국제건축협회 창립 이후 50년만의 첫 헌장으로서 세계 건축발전의 중요한 강령적 성격의 문헌이 되었고, 중국, 영국, 프랑스, 스페인, 러시아 등의 5개 언어로 출판되었다. 당시 국제 건축사협회 회장은 이 헌장이 '학술적 공헌 의미가 영원히 남는' 문헌이라고 찬사를 보냈다. 영국의 건축평론가 폴 헤이트는 우량용이 낙관주의적이고 이타적인 모습으로 미래 발전을 이끄는 노선도를 제시했다고 말했다.

쥐얼후퉁菊兒胡同 : 표본의 성과와 부득이함

"진정한 건축 스승은 자신이 에펠탑과 같은 영원히 전해지는 고전 건축물을 지었느냐를 보지 않고, 자신의 나라의 국민들이 거주할 곳을 지었느냐 여부를 본다." 이것이 우량용이 처음부터 끝까지 고수하는 건축관이다.

우량용에게 있어서 주거환경과학은 절대 상아탑에서 만들어 낸 추상적 학술개념이 아니라 실재적이고 실천적인 건축이론이다. 이 이론의 지도하에 베이징 시민의 '쥐얼 후통菊兒胡同' 프로젝트가 생겨났고, 우량용의 가장 유명한 대표작이 되었다.

쥐얼 후통은 쯔진청紫禁城에서 약 2km 떨어진 조그만 후통이다. 1987년 이 후통은 베이징시의 '쓰러질 위험이 있는 집'의 전형이었다. '41호'를 예로 들면, 이 집은 원래 옛날 사당이었는데, 40여 가구가 모여 살고 있었다. 공동 수도, 하나의 하수도를 사용하고, 공공 화장실이 100m 밖에 있으며 집은 다 낡아 부서진 채 엉망으로 배치되어 있었다. 게다가 빗물이 새고 비만 오면 '저수지'가 될 정도였다.

이 낡은 베이징 후통을 개조하는 프로젝트는 설계비만 1만 위안이 들어갔고, 대상 면적이 넓어 쉽지 않은 일이어서 많은 설계 부서에서 맡으려 하지 않았는데, 우량용은 커다란 관심을 보였다.

량쓰청과 마찬가지로 우량용은 베이징을 사랑했다. 그는 베이징을 '도시계획의 걸작'이라고 생각했다. 그는 '쥐얼 후통' 프로젝트를 통해서 '광의의 건축학'과 '주거환경과학'의 지도하에 중국의 구도시를 새롭게 하는 새로운 길을 모색해 나가고자 하였다. 이를 위해 이 프로젝트에 '초호화' 연구 설계팀을 투입하였다. 우량용은 수십 명의 칭화대학의 선생과 학생들을 이끌고 7년 동안 95장의 설계도를 내놓았고, 여러 편의 석사와 박사논문을 이 프로젝트로 완성하게 하였다. 대상 면적이 넓고 새로운 내용이 많아 비용 조달에 있어 우여곡절로 인해 7차례 넘게 심사가 진행되었다. 우량용은 싫증내는 일 없이 반복하여 수정하였고, 프로젝트는 마침내 통과되었다.

공사를 마친 쥐얼 후통은 원래 있던 고목을 원형 보존하였고, 원래 있던 백색 담장과 회색 기와도 주변의 옛집들과 조화를 이루게 하였으며 때로 짙은 붉은색을 사람들에게 보이게 하는 것은 황성 아래에 있는 건축이라는 것을 보여주는 것이다.

새로운 건축물은 1층에서 3~4층으로 넓혀 지었으며 들쭉날쭉 하면서 운치있게 하면서 '새로운 사합원'이 되게 하였다. 더 많은 가구를 살게 했고, 복잡하고 무질서한 것을 넓고 깔끔하게 변모시키면서도 사합원의 운치를 잃지 않도록 했다. 가구당 면적 40~90평방미터로 샤워 시설도 완비되었다. 안팎으로 화단, 벤치, 돌탁자 등을 설치하였고, 아이들이 뛰어놀 수 있게 하였고, 어른들도 바람을 쐴 수 있도록 하였다. 각 마당들 사이에는 쑤저우 대저택처럼 벽을 설치하였고, 마당 안에 '동네 골목'을 두어 마당에서 합쳐지게 하였다.

"옷이 헤지면 꼭 버려야 하나? 방법을 잘 생각해서 예를 들어 예쁜 헝겊 조각이나 수를 놓을 수도 있다. 정성스럽게 꿰매기만 하면 낡은 것이라도 아름다움을 유지할 수 있는 것이다." 이것이 바로 우량용이 제기한 '유기적으로 새롭게 하는' 구도시 개조 이론이다. 좋은 것을 보존하고, 반쯤 낡은 것을 수선하며 망가진 것을 철거하여 새롭게 짓는 것이다. 그는 구도시를 생명이 있는 완전체로 보고, 다 부숴서 바꿀 수 없고, 또 박물관에 전시품으로 할 수 없다면 유기적으로 신진대사를 시켜 그 생명력을 영원히 보전해야 한다고 지적하였다.

쥐얼 후통 프로젝트는 하나의 모범 사례가 되어 국내외에서 많은 상을 수상하였다. 유엔의 '세계 주거상', 세계 도시건설 영예공정, 아시아 건축사 협회 우수건축 금상 … 지금까지 그 프로젝트는 국내외에서 가장 많은 상을 수상한 건축 작품으로서, 〈세계건축사〉에 실렸고, 국제사회로부터 높은 평가를 받고 있다.

❶ 재건축 이후의 쥐얼 후통
❷ 1993년, 우량용의 쥐얼 후통 재건축 프로젝트가 세계 주거상을 수상하였다.

유감스러운 것은 우량용이 심혈을 기울이고 호평을 받았던 이 쥐얼후통 프로젝트 시도가 아직 철저하게 완성되지 않았다는 점이다. '죽음의 세포'를 어떻게 깨끗하게 없애버리고 '새로운 세포'를 돋아나게 할 수 있을까 하는 우량용의 탐색이 이뤄지고 있을 무렵 부동산 산업이 중국에서 불붙었다. 1994년에 쥐얼 후통의 2기 공정이 끝나고 나서 3기 공정의 설계가 나왔는데, 개발업자가 돈이 안 된다는 이유로 방해를 하였다. 동시에 보편적인 반응도 "좋기는 좋은데, 용적률이 너무 적어서 많은 사람들이 수요를 만족시킬 수 없다"는 것이었다. 어느 정도 쥐얼 후통은 '고립된 예'가 되고 말았다.

장인이 나라를 만들고, 철학적 장인이 건축을 한다

2006년, 칭화대학 건축대학 설립 60주년 때에 우량용은 '장인영국匠人營國(기술자가 나라를 만든다)' 이라는 네 글자를 썼다. 그것을 '학훈學訓'으로 해도 무방하다고 생각했다. 건축 실천, 학술 연구, 학생들을 가르치는 것 모두 그가 국가 건설을 해나가는 방식에 불과하다고 할 수 있다. 그에게 '천하 흥망이 필부의 책임'이라는 정서가 짙게 배어 있는 것도 청소년 시절의 성장 이력과 밀접한 관계가 있다.

1922년, 우량용은 장쑤성 난징시에서 태어났다. 그의 청소년 시절은 내우외환이 이어지고 전란이 끝없이 벌어지던 시기였다. 1937년에 난징이 함락되고, 그는 가족들을 따라 피난을 떠났다. 우한과 충칭을 떠돌면서 공부하다가 마침내 쓰촨성 허촨合川(지금의 충칭시 허촨구)에서 고등학교를 졸업하였다. 그 때부터 지금까지 그는 1947년 7월 27일, 대학입시가 끝난 그 날 오후를 잊지 못한다. 허촨이 일본군의 공습을 받아 큰 불이 났고, 다음날 아침에 비가 내려 꺼질 때까지 불에 타서 아비규환의 현장이 되었다. "전란의 고통이 집을 다시 일으켜 세우겠다는 나의 열망에 불을 지폈고, 나는 결국 충칭 중앙대학 건축과에 입학하였다. 건축을 전공으로 한 것은 이것이 시작이었다." 우량용은 한 연설에서 이렇게 말했다.

대학 시절에 그는 건축의 대스승 량쓰청의 눈에 들었다. 1945년 봄, 량쓰청이 군용 지도에 화베이와 각 성 전투 지역의 문물 건축에 표시를 해서 미군이 일본군에게 폭격할 때 문물 훼손을 방지하는 것을 도와주었다. 일본이 항복하고 나서 량쓰청은 칭화대학에서 건축과를 만들었고, 우량용을 조교로 불렀다. 그는 조금도 주저하지 않고 응답하였다.

1948년, 우량용은 량쓰청의 추천을 받아 건축 대가인 이리엘 샤리닝이 주관하는 미국 크랜브룩 예술 아카데미에 가서 석사학위를 받았다. 그는 뛰어난 모습으로 "새로운 것과 낡은 것이 결합된 중국 현대성의 정신"이라는 샤리닝의 칭찬을 받았다. 1950년, 우량용은 미국에서 린후이인林徽因이 구술하고 뤄저원羅哲文이 대필한 편지를 받았다. 빨리 귀국하여 신중국의 건설에 참여하라는 내용이었다. 그는 즉시 홍콩을 거쳐 귀국하였다. 이후 칭화대학 건축과에서 지금까지 일하고 있다.

'과학으로 진리를 구하고, 인문으로 선함을 구하며, 예술로 아름다움을 구한다' 이것이 우량용이 추구하는 바이자 목표이다. 그는 건축사라는 이 직업이 '장인'이고, 이 '장인'을 잘 하고 싶으면 반드시 이상이 있어야 하고 사고할 줄 알아야 하며 인문을 이해하는 '철학적 장인'이어야 한다고 말한다. 국가에게 '철학적 장인'을 많이 길러주기 위해 그는 서방 건축교육의 장점과 단점을 열심히 연구한다. 또한 중국 건축 교육의 경험과 교훈을 성실하게 결산하여 건축교육에 관련된 체계적인 생각과 건의를 제기한다. 그의 노력으로 칭화대학 건축과는 처음의 두 세 명의 네다섯 칸짜리 방에서 국내 최고의 건축학부가 되었다. 건축 분야의 두드러진 공헌으로 우량용은 1996년

에 '국제 건축협회 교육평론상'
을 수상하였다.

우량용은 항상 젊은이를 '한
걸음 앞서 가서' 자신의 길을 탐
색하도록 격려한다. 이 이치는
그가 실천 속에서 깨달은 것이
다. 항전 당시 윈난에서 피난생
활을 할 때, 그는 부대가 가는 산
길이 항상 진흙탕이어서 발을 내
딛을 수가 없어 다른 길을 내야
만 쉽게 갈 수 있다는 것을 보게

1950년, 미국 샤리닝 건축사무소에서 설계도를 그리는 우
량용

되었다. 이 생각은 그의 일생 동안의 학문하는 자세에 깊은 영향을 미쳤다.
"학문을 하는 데 있어서 가장 중요한 것은 창조성이다. 창조성은 남의 주장
을 도용하는 것이 아니고, 형식적 기교를 부리는 것도 아니며 소화를 시키고
각 방면의 이해를 종합하여 문제를 해결하는 독립적인 학문을 제시하는 것
만이 일종의 창조라고 할 수 있는 것이다." 다년간에 걸친 학술연구에서 얻
은 것을 총결하면서 우량용은 특히 '항상심을 가지는 것이 귀하다'고 강조
한다. 그는 이렇게 말했다. "학술 거장의 위대한 점은 관건이 되는 모든 문
제에 있어서 특유의 학술적 깨달음이 있다는 것이다. 하지만 사과가 떨어지
면서 뉴턴 만유인력의 법칙을 발견했다는 이런 이야기는 현실에서는 드문
일이다. 하나의 이론은 단번에 나오지 않는다. 학문은 조그만 깨달음이 점
차 쌓이는 것이다. 한 사람이 끊임없이 어떤 문제에 대해 사색하다가 한 번
번쩍 찾아오는 영감이 있을 수 있는데, 만약 그것을 붙잡지 않으면 유성처럼
지나가 버려 아무 것도 남지 않게 된다. 그 영감을 붙잡았다고 생각하면 그

것을 써내는데, 그것으로는 불충분하다. 10년간 검을 가는 노력이 필요하고 끊임없이 파고들어야 자신의 학술체계에 세울 수 있게 되는 것이다."

'반쪽짜리 인간의 세계'에 대항하다

신중국 수립 초기에 량쓰청과 천잔샹陳占祥이 공동으로 제기한 '고금을 함께 보고 신구가 모두 이롭게'라는 베이징시 계획 방안은 받아들여지지 않았고, 많은 사람들의 마음 속에 영원한 유감으로 남고 말았다. 우량용은 미래를 바라보며 말했다. "과거는 이미 지나갔다. 현재 상황이 이러하니 가장 중요한 것은 현재의 기초에서 어떻게 그것을 좋게 변화시킬 것인가 하는 것이다."

2012년에 국가 최고과학기술상을 수상한 이후로부터 그가 이끄는 팀이 다시 여러 편의 학술논문을 발표하였고, 신간 〈내일의 주거〉를 출판하여 '주거환경과학' 이론을 한 걸음 더 발전시켰다.

다만 학술의 발전이 야만적인 자본 앞에서 무력한 모습을 보여주었다. 2012년 춘절 전야에 량쓰청과 린후이인의 옛집이 개발업자에 의해 '유지 보수 성격의 철거'를 당했다. 누군가 우량용에게 느낌을 물었고, 그의 대답은 '분기탱천'이 아니라 '곤혹스러움'이었다. "곤혹스러움은 학술적으로 원칙상의 길이 현실적인 상황에서 벗어났다는 점에 있었다." 반세기 전에 량쓰청이 미국의 한 대학총장의 말을 빌어 예술을 지나치게 중시하고 인문을 이해하지 못한 결과 윤리도덕이 망가지는 사회를 '반쪽 짜리 인간의 세계'라고 불렀던 것을 우량용은 떠올렸다. 광위안廣元 철도를 건설할 당시에 엔지니어가 길을 조금 돌아가기 위해서 당나라 마애 석각을 상당히 많이 훼손한 것을 량쓰청은 혹독하게 비판했던 것이다.

중국 과학기술계의 별들을 담다

최근에 중국에서의 대규모 건설과정에서 우량용의 비판 목소리가 늘 들리곤 한다. 그는 중국이 서방 기형 건축의 시험장이 되어서는 안 된다고 경고한다. 그는 중국의 몇몇 도시 건설이 "좋은 것은 허물고, 넘치는 것은 더욱 넘치며, 고성은 훼손하고 새로운 것은 어지럽게 한다."고 비판하였다. 그는 또 "역사문물을 훼손하는 현상이 전해져 온 글씨와 그림을 펄프로 여기고, 상商나라와 주周나라의 동기를 폐품으로 여기고 있다"고 질책하였다. 우량용이 보기에 이런 여러 가지 모습은 모두 '반쪽짜리 인간'에게서 비롯되는 것이며, 따라서 인문정신을 새롭게 일깨우는 것이 절박하면서도 장엄한 임무이다.

2012년 2월, 베이징시 량쓰청과 린후이인 옛집을 불법 철거한 업자에 대해 벌금 50만 위안을 부과하였다. 아울러 원상복구를 명령하였다. 7월, 두 옛 집은 복원되었다. 몇 년 뒤에 길을 지나던 네티즌이 '주변이 깔끔해졌다'는 게시글을 올렸고, 다시 지어진 건축물은 '황무지 가운데 조그만 덩어리'라고 하였다.

1999년 제20회 세계건축사 대회에서 우량용은 주제 발표에서 감개무량하게 말했다. "나는 조국의 반세기에 걸친 발전을 가슴 벅차게 지켜봤다. 그리고 가슴을 치면서 묻는다. 우리는 어떤 세계를 우리 자손들에게 물려줄 것인가?"

그렇다. 우리는 어떤 세계를 우리 후손들에게 물려줄 것인가?

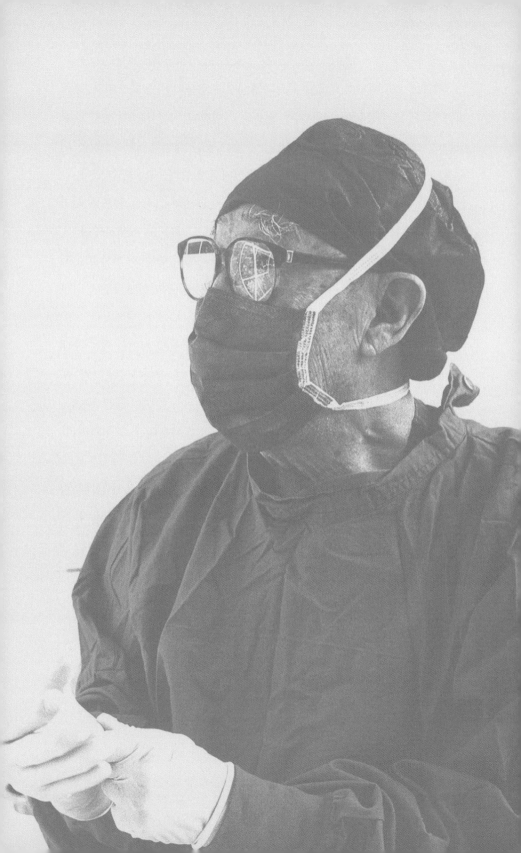

23

吳 孟 超
우멍챠오

무영등 아래 늙지 않는 전설

———

1922~

간장외과 전문가, 중국과학원 원사, 중국 간장외과 개척이자 기초를 놓은 인물,
국가 최고과학기술상 수상

"나는 신이 아닌 인간이고 평범한 의사다. 만약 어떤 비결이 있는지 말해야 한다면 집중과 끈질김이다."
"우리 의사가 해야 할 모든 것은 환자의 생명과 건강에 관련되어 있다. 조금이라도 건성으로 해서는 안 된다. 의사로서 먼저 어질고 사랑하는 마음이 있어야 하고, 그 다음에 책임감이 있어야 하며 기술은 맨 마지막이다."

吳 孟 超
우멍챠오

무영등 아래
늙지 않는 전설

———

　우멍챠오는 보통 사람과는 다른 손을 가지고 있다. 이 두 손은 희고 길며 재빠르게 움직인다. 오른쪽 손가락은 매의 발톱처럼 굽어져 있는데, 그 가운데 식지 끝 관절은 더 구부러져 있고, 중지와는 전혀 합칠 수가 없다. 이것은 늘 메스를 꽉 잡느라고 그렇게 된 것이다.

　바로 이 두 손이 말레이시아에서 고무를 자르고, 건축 대가 량쓰청에게 그림을 그려주었다. 지금은 중국의 간장외과에서 '하늘의 손'이라 칭송받고 있다. 사람 간장의 좁은 공간에서 메스를 휘두르며 무영등 아래의 수술대 위에서 중국 간장외과의 전설을 만들어가고, 사경을 헤매는 수없이 많은 생명을 살려내고 있다.

　그는 "내 일생의 유일한 취미는 '칼놀이'"라고 말한다. 젊은 시절, 우멍챠오는 큰 희망을 가졌었다. 중국의 간암 대국이라는 타이틀을 태평양에 버리겠다는 것이었다. 이로부터 구순을 넘기기까지 그는 줄곧 메스를 내려놓지 않았다. 평생 분초를 다퉈가며 열심히 노력하며 이 꿈을 실현하기 위해 전력투구하였다.

　　　　　　　　　　　　　　중국 과학기술계의 별들을 담다

그는 중국 최초로 간장외과 분야의 전문서적을 번역, 출판하여, 간장외과의 중요한 이론과 기술체계를 세웠고, 인체 가운데 간엽 수술 금지구역을 앞장서 돌파하였다. 그가 이끄는 '3인 연구팀'은 점차 발전하여 국제적으로 규모가 가장 큰 간질환 진료센터와 과학연구 기초 기지가 되었다. 1991년에 그는 중국과학원 원사로 뽑혔고, 2005년에 국가 최고 과학기술상을 수상하였으며, '중국 간장외과의 아버지'가 되었다.

그는 은사인 치우파쭈裘法祖의 말을 늘 입에 달고 산다. "덕이 부처에 가깝지 않은 사람은 의사가 될 수 없고, 재능이 신선에 가깝지 않은 사람은 의사가 될 수 없다."

늙지 않는 '오씨 칼놀림법'

점심시간이 다가오자 구순을 넘긴 우멍챠오는 수술실에서 나와 마스크를 벗고 손으로 이마의 땀을 닦았다. 그는 방금 주치의로서 간암 절제 수술을 마쳤다. 수술복은 땀으로 젖었지만 노선생이 기분이 좋은 걸로 봐서 수술은 성공적으로 보였다.

이것은 우멍챠오가 당일 오전에 했던 두 번째 수술이었다. 이제까지 그는 15,000번의 수술을 하였고, 전 세계에서 외과 수술을 하는 최연장자 가운데 한 명이다. 2017년에 95세인 그는 여전히 매년 200회 이상의 수술을 하고 있고, 출장이 없으면 여전히 매주 수술을 하고 있다.

의학계에서 우멍챠오는 '안정됨, 정확함, 빠르기'로 유명한 '오씨 칼놀림법'으로 유명하다. 오늘까지 비록 노안으로 안경을 쓰고는 있지만 그의 동작은 여전히 소년처럼 민첩하다. 방금 진행된 수술도 일사불란하게 마쳤고, 손에 잘라낸 간의 종양 부위를 쥐기까지는 30분밖에 걸리지 않았다. 환

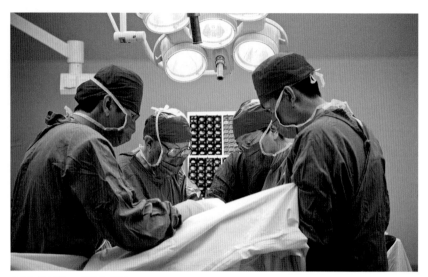
수술을 하고 있는 90세의 우멍챠오

자의 출혈량도 미미하였고, 이를 지켜보던 의사 연수생들도 감탄을 금치 못했다.

　　수간호사 청위에어程月娥는 우멍챠오와 황금 조합을 이뤄 20여 년간 손발을 맞춰왔다. 그녀는 "우선생님의 손 감각은 특별히 좋으세요. 마치 '세 번째 눈'인 것 같아요."라고 말한다. 한 번은 환자가 수술 중에 큰 혈관이 파열되어 복강 안이 온통 붉게 물들어 피와 살이 구분이 되지 않을 정도였는데, 사람들이 모두 어찌할 바를 모르고 있는 상황에서 우멍챠오가 두 손으로 파열된 혈관을 찾아낸 뒤 신기하게도 잡아매어 피를 멈추게 한 적도 있다.

　　우멍챠오가 보기에 외과 의사의 두 손과 메스는 과학이자 예술이다. 그가 수술을 '안정되고 정확하고 빠르게' 하는 것은 인체 간장의 내부구조와 혈관이 마음 속에서 수없이 많이 그려지고 있어서 모든 세부적인 부분도 모두 마음속에 익숙해 있는 상태이기 때문에 무영등이 들어오기만 하면 메스를 들고 자유자재로 수술할 수 있는 것이다. 이것은 그의 성격과도 부합되는 것으로,

그는 "일을 하는 데 주저하거나 미적지근하게 하는 것"을 싫어한다.

"이 종양은 크지도 않고 복잡하지도 않아서 조금도 어렵지가 않았어요." 방금 잘라낸 종양에 대해서 우멍챠오는 별 거 아니라고 생각했다. 그는 유명한 전투를 많이 치러냈다. 중국 최초의 간암절제수술을 성공적으로 마쳐 중국 간장외과의 선구자가 되었다. 세계 최초로 중간엽 절제 수술을 마쳐 중국 간장외과를 세계 수준으로 올려놓았다. 세계 최초로 복강경으로 간암절제수술을 마쳐 간 종양 수술의 새 시대를 열었다. 4개월 된 여자아이의 간세포 종양을 절제하여 동일 종류 수술을 받은 최연소자 기록을 세웠다.

외국의 동종업계 종사자들은 그가 이렇게 많은 연령에 그렇게 빠르고 정확하게 할 수 있다는 것을 믿을 수가 없었다. 그래서 국제 교류의 기회를 이용하여 무대를 마련, 우멍챠오와 동시에 수술을 함으로써 기량을 겨뤘다. 그 결과, 우멍챠오가 두 차례의 수술을 마쳤을 때 상대방의 첫 번째 수술은 아직 끝나지 않은 상태였다.

모든 어려움은 종이 호랑이다

우멍챠오의 뛰어난 수술 기량은 젊은 세대로부터 '마귀급'이라는 찬탄을 받는다. 하지만 그는 자칫하면 자신이 좋아하는 외과와 인연을 맺지 못할 뻔 했다.

1922년 푸젠성에서 태어난 우멍챠오는 말레이시아에서 돌아온 귀국 교포이다. 다섯 살 때, 그는 어머니를 따라 아버지가 있는 말레이시아로 가서 아버지가 하는 고무 베는 일을 도우면서 공부를 하였다. 17세 되던 해에 우멍챠오는 큰 뜻을 품은 채 부모님과 눈물의 작별을 하고 귀국하여 옌안으로 달려가 항일에 참가할 생각이었다. 하지만 혼란스러운 전쟁통에서 옌안으로 갈 수는 없었고, 쿤밍에 머물면서 전시에 서쪽으로 옮겨온 통지同濟대학 부설 중고등학교에 다니면서 '공부로 나라를 구하자'는 뜻을 품었다.

1943년, 우멍챠오는 통지대학 의과대학에서 '중국 외과의 아버지' 치우파쭈를 포함한 여러 명의 의학계 유명 스승들을 만났다. 우멍챠오가 가장 좋아했던 과목은 해부학이었다. 그는 늘 동급생들과 시신을 찾아 해부연습을 할 생각을 했다. "인체 구조를 명확하게 연구하지 않고 어떻게 치료를 하고 사람을 구한단 말인가?" 우멍챠오가 보기에 대담하면서 세심한 마음은 외과 의사가 가져야 할 소질이다. 시체를 무서워하는 사람은 절대 외과의사가 될 수 없다는 것이다.

당시 의과대학에는 한 가지 관례가 있었다. 성적이 제일 좋은 과가 거기에 맞는 방에 가서 일하는 것이었다. 대학 졸업 당시에 우멍챠오의 소아과는 95점을 받았다. 그리고 그가 가장 일하고 싶었던 외과는 65점이었다. 그는 고민이 됐다. "학교는 어떻게 해야 할지를 몰랐다." 학교는 성적에 근거하여 그를 통지대학 부속병원의 소아과로 배속하였다. 그는 내키지 않아서 배속을 맡고 있던 선생님께 찾아가서 상의했는데, 오히려 비웃음을 샀다. "네 키를 보거라. 162cm로 외과 일을 할 수 있겠니?"

하지만 우멍챠오는 고집을 꺾지 않았다. "전 꼭 외과 의사가 될 겁니다. 그것도 아주 훌륭한 외과 의사 말입니다!" 화동 군관구 인민 의과대학의 제1부속병원(훗날 창하이長海병원)에 합격되어 외과 군의관이 되었다. 몇 년 후에 은사인 치우파쭈도 이 곳에 와서 교수를 겸직하였고, 우멍챠오는 기쁜 마음으로 다시 그의 학생이 되었다. 치우파쭈는 메스 쓰는 것이 정확한 것이 장점으로, 수술할 때에 메스를 많이 쓰지 않고 많이 꿰매지도 않아, 환자의 상처를 최소한으로 줄여 주는 데 능한데, 나중에 '우씨의 메스법'도 여기에서 기원한 것이다.

1960년대, 우멍챠오와 그의 동료들은 수십명의 환자들에의 간엽절제 수술을 성공적으로 시행하였다.

　　레지던트부터 시작하여 7년 후에 우멍챠오는 주치의로 승진하였고, 적극성을 보이고 일도 빼어나게 잘하여 입당하게 되었다. 하지만 자신의 미래의 주 공략방향에 대해서는 여전히 막막한 상황이었다. 치우파쭈는 그에게 권하길, 만약 결심이 섰으면 당시 중국에서 공백 상태이지만 발병률이 높은 간장외과에 지원해 보라고 하였다. 간장은 사람 몸에서 가장 큰 내장으로서, 혈관도 많은 데다가 가늘어서, 줄곧 수술 금지 구역으로 여겨져 왔다. 중국은 간암 발병률이 높아서 매년 발병 환자 수가 전 세계의 절반을 차지하고, 셀 수 없이 많은 환자가 간암으로 죽거나 고통받고 있었다. 우멍챠오는 선생님의 권유를 받아들여 금지 구역으로 뛰어들었다.

　　우멍챠오는 병원의 당 위원회에 간장외과로 나아가고, 간장외과를 전담하는 팀을 만들겠다는 보고를 올렸다. 병원의 지도부는 그 용기와 투지에 대해 칭찬하고, 우멍챠오, 장샤오화張曉華, 후홍카이胡宏楷로 구성된 '3인 전담팀'을 만드는 것을 비준하였고, 우멍챠오가 팀장을 맡기로 하였다.

　　외국 문헌 연구부터 시작하여 우멍챠오는 중국 최초의 간장외과 번역서

인 〈간장 해부 입문〉을 번역해 냈다. 그는 연구 기자재를 자체적으로 만들어 중국 최초의 간장 부식 표본을 만들어냈다. 이후 몇 차례 실패를 경험한 후에 그는 탁구공 재료인 셀룰로이드를 사용하여 4개월 이상 걸려 중국 최초의 완전한 모습을 갖춘 인체 관장 혈관 모형을 만들어냈다. 이 기초 위에서 그는 많은 연구를 통해 원래 간장을 좌우 양쪽으로 나누던 관점을 타파하고, '5단 4엽'의 간장 해부라는 새로운 이론을 창조적으로 제기하였다. 이것은 지금까지 국제 의학계에서 이용되고 있다.

1960년, 우멍챠오는 창하이 병원의 간암 절제 수술의 첫 사례를 완성하였다. 몇 해 뒤에 그는 "당시에는 조금도 긴장하지 않았는데, 마음속으로 계산이 서 있었기 때문이었다"라고 회고하였다. 하지만 그가 특별히 분명하게 하는 것은, 많은 매체에서 보도하는 것과는 달리, 이것이 간암 절제 수술의 중국 최초 사례가 아니라는 것이다. "이 이전에 이미 선배들이 간암 절제 수술을 했었다."

그 이후 몇십 년 동안 우멍챠오는 간장외과 수술 이론과 방법을 끊임없이 연구하였고, 국내 간암 조기 진단률은 98% 이상까지 상승하였으며, 수술 성공률은 90% 이상, 수술 후 5년 생존 확률은 대폭 상승하였다. 몇몇 다른 병원 내지 외국 병원에서는 손도 대지 못하는 수술을 그는 대담하게 받아들였고, 순조롭게 끝내어 위험에 빠진 생명을 구해냈다.

우멍챠오의 인솔하에 '3인 팀'은 먼저 창하이 병원 외과 직속의 간장외과가 되었고, 후에 독립된 간장외과가 되었다. 나중에 한 과로는 부족해서 독립된 건물을 갖는 '병원 안의 병원'이 되었다. 결국 독립된 제2군의대학 둥팡 간장 외과병원과 둥팡 간장외과 연구소가 되었다. 지금은 세계 최대의 규모와 일류 수준의 '과학연구소 임상회'가 합쳐진 간장 외과의학 기구가 되어 관련 분야의 인재를 길러내고 있다.

중국 과학기술계의 별들을 담다

"만약 그 분이 없었다면 중국의 간장외과는 오늘날처럼 되지 못했을 것이다." 우멍챠오의 문하생이자 간장외과 전문가 옌이췬嚴以群은 말한다. "그 분이 사람을 가장 놀라게 만드는 것은 보통 사람이 불가능하다고 생각하는 일을 가능으로 바꾼다는 것이다."

많은 사람들이 몰래 우멍챠오를 '늙은 신선'이라 부른다. 하지만 그 본인은 이 호칭을 그다지 좋아하지 않는 것 같다. 그는 말한다. "나는 사람이지 귀신이 아니다. 보통 사람이다. 만약 어떤 비결이 있는지를 말해야 한다면 그것은 집중과 끈질김이다. 어떤 어려움이라 하더라도 정말 해결하고 싶다면 분명히 방법은 있다. 관건은 좌절을 만났을 때 견뎌낼 수 있는가이다. 견뎌낼 수 있다면 모든 어려움은 종이호랑이다."

환자에게 게을리 대하지 않는다

우멍챠오는 수술을 빨리 하는 것으로 국제 의학계에서 정평이 나 있다. 하지만 그는 문진은 매우 느리게 하는 것으로도 유명하다.

그는 모든 환자에 대해서 인내심을 가지고 질문하고 궁금증을 해결한다. 매번 회진을 돌 때에는 그는 기록을 자세하게 살펴본다. 등록하지 않은 환자가 들어온 경우가 있었다. 갑자기 무릎을 꿇고 앉아서는 살려 달라고 애원을 하는 것이었다. 그는 거절하지 않고, 그 때문에 이어지는 진료 시간은 또 늘어졌다.

사람들이 그의 의술만을 좋아하는 것은 아니다. 몇십 년을 하루 같이 이어오는 그의 '어진 마음'을 좋아한다. 귀천에 관계없이 그는 사람을 동일하게 대한다. 막무가내인 환자를 만나더라도 그는 지겨워하지 않고 설명해 준다. 학생이었던 옌이췬은 가장 심각한 상황에서 우멍챠오는 자신에게 '이

유명 간장외과 전문가로서 우밍챠오는 2005년에 국가
최고과학기술상을 수상하였다.

환자는 정말 다루기 힘들겠네'라고 말할 뿐이었다. 그의 학생들은 의사가 환자들에게 태만하게 하는 것을 우밍챠오가 가장 싫어한다는 것을 잘 알고 있다. 그런 모습을 보면 보자마자 욕을 했으며, 촌지를 받고 약에 대한 리베이트를 받는 것을 가장 싫어하였다.

'환자를 태만하게 대하지 않는다'는 것이 우밍챠오 일생의 신조였다. 그는 이렇게 말한다. "우리 의사가 해야 할 모든 것은 환자의 생명과 건강에 관련되어 있다. 조금이라도 건성으로 해서는 안 된다. 의사로서 먼저 어질고 사랑하는 마음이 있어야 하고, 그 다음에 책임감이 있어야 하며 기술은 맨 마지막이다."

젊은 사람들의 눈에 우밍챠오는 의사의 도道를 안고 융통성이 없을 정도로 빈틈이 없다. 그가 견지하는 병원의 첫 번째 의무는 병을 치료하고 사람을 구하는 것이지 돈을 버는 것이 아니다. 지금 동팡 간장외과 병원은 보증 효과의 전제하에 가능한 한 환자를 위해서 비용을 절약하도록 하고, 고가 약을 처방할지 말지에 대해, 고가 설비를 쓸지 말지에 대해 환자 위주로 고려하고 있다. 이곳은 전국에서 가장 좋은 간장 종양 관련 전문 병원으로, 비용은 매우 저렴하다. 예를 들어 일반적인 간암 절제수술은 다른 병원에서는 통상적으로 6~70만 위안이 들어가는데, 여기에서는 2만 위안이면 된다.

비교적 적은 수입으로 인해 최대한도로 비용을 절감하는 것이 병원 운

중국 과학기술계의 별들을 담다

영을 유지하기 위해 꼭 필요한 선택이 되었다. 우 원장은 병원에서 회의를 열 때에는 종이컵 사용을 하지 말고, 회의 자료 인쇄는 이면지를 쓰도록 하며 퇴근할 때에는 반드시 소등한다는 등을 규정하였다. 하지만 절약을 할 수 있다 하더라도 동종업계에서 비교적 낮은 임금 수준으로 의료 인력은 원망을 하지 않을 수 없게 되고, 인재들이 빠져나가는 것도 피할 수는 없었다. 이에 대해 우멍챠오도 심사숙고하게 되었다. 일의 유일한 목적이 돈을 위한 것인가? 그는 자신의 생활을 되돌아 보았다. 오랫동안 옹색하게 지내면서 군복을 입고 지냈고, 옷도 거의 사지 않았다. 국제회의 같은 격식을 갖춘 자리에 출석하기 위해서 한 벌의 양복으로 그는 2~30년을 입었고, 단추가 떨어진 채로 입기도 했다. "정말 돈이 그렇게 필요한 건지 모르겠다."고 그는 말한다.

의사는 강한 마음을 가져야 한다

직접 눈으로 보지 않으면 믿기 힘든 것이 다음과 같은 구순 노인의 하루이다. 오전에 두 차례의 간암 수술을 마치고 오후에 한 단체활동에 참가하여 확성기를 통해 연설하고, 1시간 정도 걸려 차를 타고 돌아오는데, 차에서는 취재에 응한다. 또 저녁에는 세 차례 연속 손님을 맞으러 간다. 많은 사람들이 이렇게 생각한다. 일찌감치 행복을 누려야 할 나이에 왜 이렇게 힘들게 움직이나? 또 그는 뭐 하러 이렇게 하나?

"그분에게 수술을 하지 못하게 하는 것은 그분에게는 괴로운 일입니다." 주변 사람들은 모두 이것을 이해한다. 최적의 건강과 정신 상태를 유지하기 위해서 우멍챠오는 자신만의 양생 비법을 가지고 있는 것이다. 마음의 평화를 유지하고, 머리를 늘 쓰며, 늘 손발을 움직이고, 말수를 줄이고 늘 건강상태를 체크한다. 둘째 딸은 이렇게 말했다. "아버지가 오늘 이런 상태를 보이는 것은 아버지의 의지와 무관하지 않아요."

젊은 시절에 우멍챠오는 이렇게 결심했다. "중국의 간암 대국이라는 타이틀을 태평양에 던져 버리겠다." 최근에 들어 동팡 간장외과 병원의 진료 숫자가 갈수록 늘어나고, 병상 숫자가 갈수록 늘어나며, 입원을 하기 위해 차례를 기다리는 간암 환자의 줄이 갈수록 길어지고 있어 '간암 소멸'의 꿈은 갈수록 멀어지고 있다. 2005년 국가 최고과학기술상 수상 이후 우멍챠오는 곧 바로 두 가지 일을 했다. 하나는, 상금 500만 위안을 간암 연구 기금으로 내놓은 것이고, 다른 하나는 6명의 원사가 모여 국무원 총리에게 편지를 써서 국가 간암연구센터 건립을 신청한 것이다.

이제 상하이시 근교에 국가발전계획위원회가 세운 국가 간암연구센터가 자리잡았다. 1500 병상에 30개의 수술실, 세계 일류의 의료진과 연구 설비 등, 이 센터는 이미 우멍챠오의 꿈을 담고 있다.

병원을 새로 짓기 위해서 인생 말년의 노인은 사방에서 돈을 끌어 모으고 있다. "의사라는 이 위험 많은 직업에 종사하려면 우선 강한 마음을 가져야 한다. 당신 손에 넘겨진 것이 하나하나의 생명이니, 당신은 반드시 위험과 책임을 감당해야 하고, 좌고우면해서는 안 된다. 죽고 사는 것에 대해 두려워하지 말아야 한다."

언론 취재 같은 일들은 그는 사양하기도 한다. 하지만 시간이 허락된다면 그는 최대한 응하려고 노력한다. 그는 자신이 군인이고, 취재가 조직에서 준비한 것이라면 그는 그 준비에 따르겠다고 말한다. 이것이 그의 일이기 때문이다. 또 기자도 쉽지 않은 일인데, 왜 남을 괴롭게 하겠는가. 또 사람들에게 의사의 생활을 알게 하고 의사와 환자의 갈등을 풀어주는 데 도움을 주기도 하는 것이다.

의사이자 원장으로서 우멍챠오는 갈수록 치열해지는 의사와 환자의 갈

중국 과학기술계의 별들을 담다

장녀(오른쪽), 차녀와 함께

등에 대해 거리낌 없이 비판을 가한다. "의사로서의 덕을 말하지 않는 의사가 존재하는 것은 사실이다. 심지어 돈을 벌기 위해서 비싼 약을 처방하고, 검사를 과도하게 하고, 과잉 진료를 하는 등, 이런 상황은 물론 환자들에게 불만을 일으킨다. 하지만 환자도 꽤 많은 사람들이 의사에 대해 잘 이해하지 못하고 기초적인 의학 상식이나 치료과정에 위험이 따른다는 사실도 인지하지 못한 상태에서 사고가 터지면 모두 의사의 잘못으로 돌리곤 한다. 그리고 매체는 중간에서 적극적이고 인도하는 역할을 하지 못하고, 오히려 큰 난리를 피운다. 특히 과장하거나 날조하는 가짜 뉴스를 만들어 이런 갈등을 더 격화시키곤 한다. 동시에 현재 국내 의사의 지위와 수입은 국제적인 수준에 비해서 형편없이 낮다. 이것은 이 일을 하는 사람들을 격려하기에 불리하고, 더욱이 가장 우수한 인재를 이 분야로 끌어들이는 데 불리하다."

그럼 어떻게 의사와 환자간의 갈등을 해소할 것인가? 그는 그 문제가 제도의 수립에 달려 있다고 본다. 과학적이고 합리적인 의사보호 규범을 제정해야 한다는 것이다. 예를 들어 어떤 병에 어떤 검사가 필요하고, 어떤 설비와 약이 필요하며 가격 구간은 어떻게 되는지 등등이 그것이다. "사실, 많은 나라에서 이렇게 하고 있다. 모두 규범에 따라서 일을 처리한다. 법적으로 하면 다툼은 많이 감소하게 된다."

우멍챠오는 환자와의 사이에 갈등이 없을 뿐만 아니아 친척처럼 가까울 때가 많다. 많은 환자들이 치유되고 나서 그와 연락을 취하고 있다. 예를 들어 18킬로그램 혈관 종양을 제거한 80여 세 된 지금까지 건강을 유지하고 있는 한 환자나, 수술 당시 4개월밖에 되지 않았던 여자아이는 지금 간호사를 하고 있다. 그들을 보면 우멍챠오는 마음으로부터 행복감을 느낀다. 하지만 만약 수술이 실패하거나 환자가 수술 후에 암이 재발하여 세상을 떠나게 되면 그는 그럴 때마다 괴로운 마음을 갖게 된다. 의사로서 이 모든 것은 자기가 감당해야 할 몫이다.

2017년 중앙텔레비전의 춘절 연환회에서 95세 된 우멍챠오가 맑은 정신으로 딸과 사위와 함께 노래를 불렀다. 우멍챠오는 사람들에게 표준적인 군대식 경례를 했고, 엄숙하면서도 따뜻한 모습을 보였다.

2017년 6월, 우멍챠오를 모델로 하는 영화 〈나는 의사다〉가 방영되었다. 우멍챠오는 상하이 영화 그룹이 조직한 '영화 수업' 현장에 나타나 관중들에게 자신의 의사 경험을 들려주었다. 그는 이렇게 말했다. "국민 대중의 건강을 위해 봉사하는 것, 이것이 내가 입당할 때에 받았던 승낙이었다. 나는 일생 이 승낙을 이행하였고, 줄곧 일을 할 수 없게 되는 그 날까지 계속될 것이다."

우멍챠오에게 수술대를 떠나라고 권하는 사람은 없다. 그가 자신을 위해 세워 놓은 이상의 귀착점을 누구나 다 알고 있다. "만약 어느 날 수술대 위에서 쓰러진다면 그것은 나의 가장 큰 행복이다." 하지만 우멍챠오도 만약 어느 날 수술의 질을 보장할 수 없게 되면 수술대에서 물러날 것이라고 말한다. 이제 95세인 그는 여전히 수술대를 지키고 있다. 양손을 날래게 움직이기 위해서 그는 틈나는 대로 스스로 만들어 낸 건강체조를 한다. 그는 말한다. "손의 신경과 뇌는 서로 연결되어 있다. 손을 늘 움직이면 뇌도 단련할 수 있다."

24

謝家麟
셰자린

물리학자의 '가속의 꿈'

—

1920~2016
가속물리학자, 중국과학원 원사, 중국 입자가속기 사업의 개척자이자 기초를 놓은 인물,
국가 최고 과학기술상 수상

"중국은 과거에 너무 뒤떨어졌다. 우리는 힘을 내야 한다. 선진국이 할 수 있으면 우리
도 할 수 있다. 비록 우리 조건이 그들만 못하지만 능력은 그들보다 뒤지지 않는다."
"과학 연구는 가야 할 길이 없을 때, 스스로 길을 만들어 가는 것이다. 만약 길이 저기
에 있고, 당신이 그 길을 따라서 간다면 무슨 과학 연구라 하겠는가?"

謝家麟
셰자린

물리학자의
'가속의 꿈'
—

셰자린의 반평생은 '가속' 중에 지나왔다. 세계 최초의 고에너지 종양
치료 가속기, 중국 최초의 고에너지 전자 직선 가속기, 중국 최초의 고에너
지 가속기 베이징 전자 충돌기, 아시아 최초의 자유전자 레이저 장치 등등…
이런 세계 최초이거나 국내 최초인 고에너지 가속기(또는 입자 가속기)는 입자
물리학 연구와 미시적 물리 세계의 기본적인 법칙을 탐구하기 위한 조건을
만들어냈고, 동시에 셰자린 개인의 과학적 이상이 끊임없이 앞으로 나아가
도록 해주었다.

그는 옌징燕京대학 물리과를 졸업하였다. 캘리포니아 이공대학과 스탠
포드 대학에서 석사와 박사학위를 받았다. 1980년에 중국과학원 원사가 되
었고, 2011년에 국가 최고 과학기술상을 수상하였으며 '중국 입자가속기의
아버지'라 불린다.

"진리로 인해 자유를 얻고 그것으로 봉사한다." 이것이 셰자린의 모교
인 옌징대학의 교훈이다. 그는 당시 재학 시절에는 깊이 깨닫지 못했지만 나
중에 인생을 살아가면서 점차 그 안에 담긴 의미를 이해하게 되었다고 말한

중국 과학기술계의 별들을 담다

다. "이 몇 글자가 '가속기'와도 같아서 자신의 인생에서 의식적이든 무의식적이든 이 몇 글자가 묘사한 궤적을 따라 전진하였다."

혼란이 극심한 시절

1944년 일본군의 제2차 광시廣西 침략이 벌어졌고, 구이린에 위치한 중앙 라디오 부품 공장 전 직원은 급하게 도망쳐 구이양, 쿤밍 등지를 전전하였다. 그 중에는 24세 된 셰자린과 여자친구도 포함되어 있었다. 그들은 옌징대학 물리과 동기동창으로 캠퍼스에서 만나 연애를 하는 중이었다. 전쟁으로 인한 혼란기에 두 사람은 결혼하기로 결정하였다. 그들의 짐에는 셰자린이 약국에서 사온 활석이 들어 있었는데, 고온 진공 전기난로 제작에 쓰이는 것이었다. 신혼여행 기간에 그들은 일을 잊지 않았고, 철물점을 찾아내 연구를 계속하였다.

다른 사람이 보기에 일에 대한 셰자린의 지극 정성은 정신이 나갔다고 볼 정도였다. 하지만 그로 말하자면 실험은 가장 재미있는 놀이였다. 어릴 때부터 클 때까지 그가 가장 재미있어 하는 것은 손을 움직여 놀이를 하는 것이었다.

어릴 때, 셰자린은 대를 이을 아들이 없는 백부의 집에 맡겨져서 고향 허베이 우칭현武淸縣에서 자랐다. 그곳에는 그가 가지고 놀만한 장난감이 없었고, 집안의 각종 가구와 가재도구는 그가 가장 좋아하는 장난감이었다. 그는 집 전등에 있는 흑연, 폭죽 가게에서 사온 검은색 화약, 남아 있는 성냥과 탄피를 가지고 폭탄을 몰래 만들었다. 사정거리는 만족스럽지 않았지만 효과는 좋았다.

중학교를 졸업하고 그는 부모 곁으로 돌아왔다. 아버지는 하얼빈에서 유명한 변호사였다. 나중에는 모두 베이핑北平으로 이주하였다. 셰자린은 유명한 후이원匯文중학에 입학하였고, 성적은 평범했는데, 유달리 물리 과목을 좋아했다. 방과 후에 그는 무선 전신을 가지고 노는 데 시간을 보냈다. 광석 라디오부터 끊임없이 라디오 성능을 향상시켜 가는 과정에서 그는 만족감과 성취감을 크게 느꼈다. 1937년에 중일전쟁이 발발하자 셰자린이 자체 제작한 라디오는 온 가족이 전쟁상황을 파악하는 유일한 통로가 되었다.

고3이 되자 셰자린은 긴박감을 느꼈고 입시 준비에 몰두하면서 성적은 상위권으로 뛰어올랐다. 1938년에 옌징대학 물리과에 입학하였다. 아름다운 캠퍼스에서 셰자린은 계속 라디오에 빠져 있었고, 대학 동기들 중에서 실험과 손놀림 능력이 좋다는 것으로 유명해졌다.

1941년, 태평양전쟁이 발발하자 옌징대학은 문을 닫았다. 셰자린은 피점령지 학생의 신분으로 우한武漢대학에서 반년을 공부했고, 후에 청두成都에서 다시 문을 연 옌징대학으로 돌아왔다. 졸업 후에 그는 아내와 함께 구이린에 위치한 중앙 라디오 부품공장 연구실에서 일했다. 그들은 낮에는 함께 연구하였고, 퇴근 후에는 함께 마음을 터놓고 얘기를 나누었다. 한가할 때에는 공장에서 멀지 않은 리강漓江으로 놀러가곤 하였다. "사랑하는 반려자와 함께 지내면서 재미있는 연구를 통해 국가에 공헌할 수 있다는 것은 정말 내 인생에서 가장 커다란 행복이었다." 셰자린의 말이다.

애석하게도 좋은 시절은 오래 가지 않았다. 구이린에 온 지 반 년만에 일본의 침략이 다시 시작되었고, 셰자린은 아내와 함께 피난길에 올라야 했다.

일본이 항복한 뒤에 과학기술로 나라를 구하겠다는 포부를 안고, 셰자린은 당시 국민정부 교육부가 주관한 미국 유학 시험에 응시하여 유학의 기회를 얻었다. 후에 캘리포니아 이공대학 입학 자격을 얻었고, 1947년 8월, 상하이에서 출발하여 미국으로 유학을 떠났다. 큰아들이 태어난 지 4개월 되던 때였다. 이후로 아내와 8년간 이별하게 될 줄은 그는 예상하지 못했다.

고국의 산하가 꿈속에

캘리포니아 이공대학으로 가겠다고 신청한 것은 이 학교가 세계적으로 유명한 학교이고, 특히 그가 좋아하는 물리과에 노벨상 수상자가 2명 있다는 사실을 셰자린이 들었기 때문이었다.

셰자린은 9개월만에 우수한 성적으로 석사학위를 취득하였다. 하지만 그는 캘리포니아 이공대학이 물리 기초연구에만 편중되어 있다는 것을 알게 되었다. 그가 가장 흥미있어 하는 것은 실제 응용되는 마이크로 웨이브 물리기술이었는데, 이 분야는 스탠포드 대학이 독보적이었다. 이 때문에 그는 캘리포니아 이공대학 학장인 노벨상 수상자 로버트 엔드루스 밀리칸 교수를 찾아가서 추천서를 써달라고 부탁하였다. 셰자린이 우수하다는 것을 알고 있는 밀리칸 교수는 흔쾌히 응해 주었고, 추천서에서 셰자린이 자신이 가르쳐 본 학생 중에서 몇 안 되는 우수한 학생이라고 해 주었다. 이 때문에 셰자린은 스탠포드 대학의 받아들이겠다는 회신을 빨리 받을 수 있었다.

학교를 옮기는 일을 떠올리면서 셰자린은 이를 통해 자신이 두 가지 사실을 알게 되었다고 말한다. "첫째, 학교와 과를 옮기는 것이 허락된 것은 인재 성장에 매우 중요하다. 학생이 학업을 시작할 때에는 자신이 평생 노력을 기울일 분야와 목표에 대해 정확히 알기 어렵기 때문이다. 둘째, 각각의 다른 대학은 부화뇌동하며 따라 가서는 안 된다는 것이다. 한 대학이 성공을 거둘 수 있느냐는 특정한 학술 분야에서 세계 톱의 위치를 차지할 수 있느냐에 달려 있는 것이다."

스탠포드 물리과에서 박사과정을 이수하는 동안에 셰자린은 두각을 나

1950년, 미국 스탠포드 대학 동료들과 전자 직선 가속기 제어대 앞에서

타냈다. 이 대학 물리과에서는 박사과정 학생에게 매년 필기시험과 구두시험을 포함한 종합시험에 참가할 것을 요구하고 그 결과가 좋아야 박사논문을 쓰기 시작할 수 있는 것이다. 시험의 난이도가 매우 높아서 시험 보는 날은 '지옥의 날'이라고 불린다. 셰자린은 첫 해 시험에서 4등을 하였고, 그 후 2년 연속 1등을 하였다. 박사논문 답변 때에는 노벨상 수상자를 포함한 답변팀이 많은 문제를 내놓았고, 셰자린은 청산유수로 대답하면서 공인된 난제들을 해결하였고, 답변 팀의 칭찬을 들었다.

    1951년 9월, 31세의 셰자린은 오랫동안 떨어져 살던 아내를 보고 싶은 절박한 마음과 배운 내용으로 조국 건설에 이바지하겠다는 마음을 안고 조국으로 출발하였다. 이전에 그는 당시 중국과학원 비서장 치엔싼치앙錢三强의 지지를 받아 마이크로 웨이브 실험실에 필요한 기자재를 구매하고 귀국할 때 가지고 들어갈 준비를 하고 있었다. 하지만 귀국선이 하와이 호놀루루에 도착했을 때 연방 조사관 몇 명이 명단을 가지고 배에 올라서 셰자린을

중국 과학기술계의 별들을 담다

포함한 8명의 중국 유학생을 강제로 미국으로 돌려보냈다. 이유는 관련법에 근거하여 미국정부가 교전국의 과학기술을 전공하는 학생을 경내에서 벗어나지 못하게 한다는 것이었다.

배에서 내린 후에 셰자린은 화를 참지 못하고 백악관에 전화를 걸어 항의하였다. 하지만 그 역시 "전화비를 낭비하는 것"이라는 사실을 잘 알고 있었다.

오레곤 주립대학에서 1년간 교편을 잡은 뒤에 셰자린은 스탠포드 대학의 마이크로 웨이브 물리 실험실 조교로 돌아왔다. 반 년 뒤에 그는 시카고의 의학센터로 파견되어, 당시 세계 최고 용량의 의료용 가속기 제작을 맡았다. 생산된 고에너지 전자빔으로 암을 치료하는 것이었다. 셰자린은 50여 세의 엔지니어와 함께, 또 신문에 초빙광고를 낸 퇴직한 레이더 노병과 함께 2년여에 걸친 노력을 통해 따를만한 선례가 없는 상황에서 기술적인 어려움을 극복하고 세계 최초의 고에너지 전자빔을 이용한 암 치료 장치를 성공적으로 제작하였고, 이 사실은 미국 매체에 대대적으로 보도되었다. 성공은 기뻤다. 하지만 '다른 나라에 살면서 돌아갈 기약이 없는' 현실은 셰자린의 마음 속 고통이 되었다.

4년을 바라던 끝에 셰자린에게 마침내 오매불망하던 귀국의 기회가 찾아왔다. 저우언라이 총리가 1954년 제네바 회의에서 미국에 머물고 있는 중국 학생의 귀국문제를 제기하였고, 1955년 초에 셰자린은 미국 이민국의 편지를 받았다. 미국 영주권과 기한 내에 미국을 떠나는 것 중에 선택하라는 것이었다. 선택의 여지가 있겠는가? 당연히 귀국이었다.

回到了祖國的
留美学生

謝家麟 著文

一个人应該抱着自己的能力来献給自己的祖国。我回到美国好几年，可是我总掛念祖国自己的祖国和同胞：这就是我决心返国的原因。

我是在一九四七年到美国去学物理的。一九五一年六月我在史丹福大学得到物理学博士学位，那时中期已经成立了一年多，祖国的新气象时时牵动着我。一九五一年八月我向美国政府提出短期申请，但美当局扣住我的护照不让我到别的国家去，这是美国移民局和司法部多方面的阻挠和威胁。直到今年七月，我才离

謝家麟為別人幾年的妻子和孩子团聚了。

开一我留美同学带領回国。在回国的途中經过馬尼拉和香港時，我仍然受到美国官员百般刁难的折磨和侮辱；他们还在美国内的政權人已"锁海岸了"，並且还煽动用恩，发誓在美国的一个小船拦许我危急，思脑执界失鍋敝。

今年八月二日，我们终於带美同学总共回到了祖国的怀抱。当我跑入国界，第一次看到五星国旗在天安門飘揚的時候，我们感到作为新中国公民的光荣和自豪。我们一踏入国土，就受到了同胞们热情的欢迎和挟待。八月七日我到建北京，和家裏人团聚，我的父母都綱都好，我的妻子在北京郵電学院任职；我的弟弟利杨都也都参加了工作。我的兒子当快我到美国还是棋捉学的要兒，现在已是八岁的小学生了。大家親会，欢喜之情是可以思見的。

但是，使我更加欢喜和兴奋的却是祖国多方面的迅速建设。全国各地都在建设，新的工厂、铁路、水库、窑场、住宅等等不断出现。北京这几年的变动更大，到处美好飞不那出现，北不能搬回了。有很多新的小巷已经变或宽阔的格局好；破旧新建了许多大巷，四周的新建地更多是不要嘛了。我曾經乘坐过别有北京第二條錄鈴线。这个不久前就工的现代化铀鈴配有十万伏特，全部机器装备都是我們自製的。根据工业

发展的速度实实在令人陸擊：现在我已在中國科学院工作，其他路朋的留学也都获得了适当的工作，祖国伟大的建设期期

开始，展示在我们面前勇的是一一每一个人都有无限的前途，每一个人都有无限的前程，在貫貧资扑美国的和不經资貧不

謝家麟已在中國科学院工作。他正和科学院物理研究所的工作人員在作研试验。

回到了祖國的
留美学生

謝家麟 著文

<인민화보> 1955년 11기 <조국으로 돌아온 미국 유학생> 특집보도에서 셰자린 등의 유학생들이 귀국한 일들을 다룬 내용

중국 원사와 장인정신

이제 걸음마를 떼고

오랫동안 떠나 있던 조국으로 돌아와 가족들과 다시 만난 기쁨 속에서 셰자린은 현재의 신중국을 새롭게 인식하고 적응하면서 빠르게 국가 과학 기술 건설에 투신하였다. 그는 중국과학원 근대 물리 연구소(1958년에 원자에너지 연구소로 개편)에서 일하면서 칭화대학과 중국과학원 전자학 연구소에서 겸직하였다.

그는 자신의 첫 번째 중대한 목표를 고에너지 발전의 직선 가속기를 만드는 것으로 하였다.

당시 국내에는 셰자린이 연구하는 '가속기'를 이해하는 사람이 거의 없었다. 그것의 원래 명칭은 '미립자 가속기' 또는 '고에너지 가속기'로서, 인공적인 방법으로 전기를 띤 입자를 광속에 접근할 정도로 가속시켜 최고의 에너지 용량 상태에 이르게 하는 장치이다. 원자핵과 입자를 연구하고 우주의 신비를 탐색하는 중요한 도구로서 많은 분야에서 널리 사용된다.

귀국 초기에 셰자린 앞에 놓여 있던 문제는 실험 조건이 극단적으로 낙후되어 있고, 관련 기자재가 없는 상황에서 세계에서 가장 선진적인 과학기술 장치를 만들어내야 한다는 것이었다. 하지만 셰자린은 자신이 어려서부터 라디오를 가지고 놀던 경험과 미국 연구소에서 의학용 가속기를 연구한 경험에 의지하면 맨손이라도 해낼 수 있다고 생각하였다. 그는 이렇게 말했다. "중국은 과거에 너무 뒤떨어졌다. 우리는 힘을 내야 한다. 선진국이 할 수 있으면 우리도 할 수 있다. 비록 우리 조건이 그들만 못하지만 능력은 그들보다 뒤지지 않는다."

이렇게 하여 직접 만든 각종 마이크로 웨이브 부속품으로부터 셰자린은 몇 명의 학생을 데리고 제로부터 시작해서 마이크로 웨이브 실험실, 조제기 실험실을 만들었다. 그는 그 모습을 "찐빵을 먹고 싶으면 먼저 보리를 심으라"는 말로 묘사하였다.

셰자린은 팀을 이끌고 8년을 분투한 끝에 여러 가지 어려움을 극복하고, 1964년에 중국 최초의 고에너지로 발전하는 전자 직선 가속기를 만들어냈다. 그것을 이용하여 진행한 첫 번째 실험은 모의 핵폭발에서 생기는 방사에 관한 연구였다. 그 사이에 그들은 국내 최초의 전자 회선 가속기, 펄스 출력이 가장 큰 속도조절관 등을 성공적으로 제작하였다. 이것들은 모두 전국 과학대회상을 수상하였다. 셰자린은 또 국방 과학기술 과제를 맡아 원자탄 폭발 유도 중자관을 만들어냈다.

1972년에 중국 과학계에 큰 영향을 주는 사건이 발생하였다. 물리학자 장원위張文裕가 이끌고 셰자린을 포함하여 18명의 과학자가 참가하여 쓴 한 편의 보고서가 완성되었다. 이듬해 연초에 저우언라이 총리의 지시로 전 중국과학원 원자에너지 연구소의 기초 위에 중국과학원 고에너지 물리연구소가 세워졌고, 장원위가 초대 소장을 맡았다.

왜 이 일이 영향이 크다고 하는 것일까? 우주 공간을 관측하고 싶은 생각이 허블 우주망원경과 뗄 수 없는 것과 마찬가지로 미시적 세계의 물질구조와 운동 법칙을 한 걸음 더 나아가 이해하기 위해서는 고성능 가속기가 필요하다. 그것은 마치 미시 세계를 여는 열쇠 같기도 하고, 기초 이론물리와 현대 과학기술이 한 걸음 더 발전하기 위한 필요조건이다. 고성능 물리실험을 전개하기 위해서 중국 물리학자들이 오랜 기간 꿈꿔 왔던 이상이었다.

'문혁'이 끝나고 나서 중국 과학자들은 중국과 선진국과의 격차를 뼈저리게 느끼게 되었고, 과학기술 수준을 향상시키려는 바람은 절박해졌다. 그 중에서 기초이론 연구는 다른 학문 발전의 초석이었다. 또 기초 이론연구는 실험에 의존해야 했다. 결론은 중국이 고성능 가속기 발전을 절박하게 필요로 한다는 것이었다. 1979년, 덩샤오핑은 중국 대표단을 이끌고 미국을 방문

1978년, 셰자린(오른쪽 네 번째)이 고성능 가속기 설계 시찰팀을 인솔하여 미국의 페이미 국가 실험실을 방문하였다.

하여 중미 과학기술 합작협의에 서명하였는데, 고성능 물리합작은 그 가운데 하나였다. 이로부터 중국 고성능 가속기 연구의 최고 물리학자인 셰자린은 중미 양국을 오가면서 베이징 충돌형 가속기 공정 연구 제작에 몰두하였다.

십 년 갈은 검

충돌형 가속기는 충돌을 만들어내는 장치이다. 그것은 세계 고성능 가속기의 1차 혁명으로서, 당시 국제적으로 가장 선진적인 첨단 과학기술이었다. 기술 난이도가 높고 투자 금액이 많고, 다루는 면이 넓으며 건조 주기가 길다. 중국의 취약한 기초 위에서 베이징 충돌형 가속기를 만들어 내는 것은 철로 플랫폼에 서서 빠르게 달리는 열차에 뛰어드는 것과 같아서 만약 뛰어들면 앞으로 날 듯이 달려가게 되고, 꽉 붙잡지 않으면 산산조각이 날 수 있다는 것이다.

셰자린은 엄청난 압력을 버텨 내면서 팀을 이끌고 발걸음을 떼었다. 외국의 가격 2,000만 달러에 비해서 베이징 충돌형 가속기는 총예산 9,000만 위안으로 대폭 줄였지만 싼 게 비지떡이어서 논쟁은 끊이지 않았다. 프로젝트 시동 초기에 회의적인 시각을 가지고 관망하는 태도를 보이던 사람들이 많았다. 셰자린은 자신을 '눈덩이'에 비유했다. 앞으로 굴러가야 눈들이 뭉쳐지게 되고 구를수록 점점 커지면서 속도가 붙게 되면 앞으로 나아갈 힘이 생기는 것이다. 추진 과정에서 프로젝트는 포기할 위험에도 처했지만 노벨상 수상자인 물리학자 리정따오李政道의 설득으로 계속될 수 있었다.

셰자린은 본래 자신을 보통 사람이라고 생각한다. 하지만 그는 "하늘이 나를 낳은 것은 반드시 쓸 데가 있어서"라고 믿는다. 그는 사람이 한 방향으로 열심히 노력하면 반드시 성과를 거둘 수 있다고 생각한다. "관건은 포기하지 않는 정신에 달려 있다. 어려움을 만났을 때 포기하지 않고, 방법을 생각해서 극복하고 해결하는 것이다. 해결하는 어려움이 많아지면 자신은 더욱 커다란 자신감을 가지고 더욱 커다란 어려움을 해결할 수 있게 된다."

한걸음씩 우여곡절 속에서 전진하고, 어려움 속에서 모색해가면, 이후의 결과는 모두가 알게 된다. 중국의 고성능 물리연구는 날 듯이 달려가는 쾌속열차에 성공적으로 뛰어오르게 되었다.

1988년 10월, 베이징 충돌형 가속기의 성공은 중국 과학기술 발전사상 매우 중요한 영향을 미친 이정표가 되었다. 이 프로젝트는 보통 사람들에게는 잘 이해되지 않는 정밀 첨단기술로서 매체에서는 이런 방법을 보편적으로 사용하였다. 즉, 이것은 원자탄과 수소탄의 발사 성공과 인공위성을 쏘아 올린 이후 과학 기술 분야에서 거둔 또 하나의 성과라는 것이다.

1990년에 베이징 충돌형 가속기 공정은 국가 과학기술 진보상 특등상을 수상하였고, 이 공정의 주요 책임자이자 총설계사로서 셰자린은 대원 가운

중국 과학기술계의 별들을 담다

데 가장 앞자리에 이름을 올렸다.

종점이 없는 여정

청년 시절부터 셰자린은 위로 올라가려 하지 않고 현실에서 벗어난 자신의 인생관을 자조하곤 하였다. 그는 일생 동안 권세와 지위를 하찮게 여기고 과학 구국만을 생각하였다. 많은 사람들이 입신출세와 돈 버는 일에 관심을 가지는 것을 보고 그는 무시하는 태도를 보였다.

신중국 수립 이전에 구이린의 중앙 라디오 부품 공장에서 일하던 기간에 셰자린은 새로운 원리의 지뢰 탐측기를 개발해냈다. 이 일은 당시 공장에 있던 국민당 당부 책임자의 주목을 받아 국민당 가입을 권유받았다. 만약 입당하지 않으면 출세하기 힘들다는 말을 들었지만 셰자린은 거절하였다.

개혁 개방 후에 베이징 충돌형 가속기 프로젝트가 가동되었고, 셰자린은 초대 책임자가 되었다. 그는 "국가가 필요로 하면 어려움을 위해 힘쓴다"고 말했다. 공정 건설 과정에서 더 적합한 사람이 책임자가 발견되면 그는 즉각 사의를 표명하고 자리를 양보하였다.

셰자린의 많은 학생들은 모두 중국 물리학의 발전과정에서 중요한 역할을 하였다. 그가 학생 논문을 지도할 때 많은 일을 하는 것을 보고 학술 비서가 셰자린의 이름을 필자 이름에 넣었다. 셰자린은 이것을 보고 자기 이름을 빼줄 것을 강력하게 요구하였다. 그는 "학술계에서 무임승차 같은 낡은 관습을 나는 반대한다."고 말했다.

그는 많은 상을 수상하였다. 그 중에는 2011년도 국가 최고 과학기술상이 포함되어 있다. 그러나 그는 그것을 마음에 두지 않는다. 몇몇 중요한 메달이나 증서는 어디에 두었는지도 모른다.

2011년, 셰자린과 부인, 큰아들이 베이징의 집에 함께 있는 모습

"우리 세대 사람들의 가장 큰 바람은 국가와 국민에 대해 쓸모 있는 사람이 되는 것이었다. 자신이 어떤 성과를 거둬야겠다든지 어떤 인물이 되어야겠다든지, 어떤 댓가를 받아야겠다든지 하는 것은 고려한 적이 없다." 그는 민주와 과학이라는 구호의 영향을 깊게 받아 일생 동안 고개를 푹 숙인 채 일에만 몰두하여 사람들과 교류하는 것을 잘 못한다고 하였다. 하지만 이런 단순한 사상의 영향을 받아서 그랬는지 그는 단순하게 즐겁게 살아간다.

베이징 충돌형 가속기 프로젝트 이후 셰자린은 과학연구의 발걸음을 멈추지 않았다. 고희를 넘긴 그는 여러 가지 첨단 기술의 '혼혈아'를 많이 제작해냈다. 자유 전자 레이저, '피드포워드 통제' 방법의 사용은 직선 가속기의 성능을 향상시켰다. 80세 이후에 그는 실용적인 신형 전자 직선 가속기를 연구 제작하였고, 단순해진 전자 직선 가속기의 구조를 통해 성능도 향상시키고 제조 원가는 낮추었다.

2007년에 셰자린은 "인생의 마침표를 찍기 전에 자신의 족적을 남길 필요"를 느끼고 후인들의 참고가 되기 위해 직접 자서전 〈종점이 없는 여정〉

중국 과학기술계의 별들을 담다

을 집필하였다. 과학기술이 영원히 발전하는 가운데 과학연구 탐색이 종점이 없는 여정이라는 뜻을 피력하고자 하였다.

세자린은 과학연구의 근본 정신이 창의성이라고 말한다. "과학 연구는 가야 할 길이 없을 때, 스스로 길을 만들어 가는 것이다. 만약 길이 저기에 있고, 당신이 그 길을 따라서 간다면 무슨 과학 연구라 하겠는가?" 그는 특히 과학기술 분야에서 이론과 실천은 똑같이 중요하며 어느 하나라도 빠져서는 안 된다고 강조하면서, 미래에 과학기술 사업에 투신할 뜻이 있는 젊은이들은 '손과 뇌를 함께 쓰는 것'에 주의를 기울여야 하고, 스스로 움직이기만 하면 문제가 어디에 있는지를 알 수 있게 된다고 하였다.

2011년, 세자린은 마지막 박사 졸업생을 지도하였다. 하지만 그는 여전히 영문으로 된 전문서적과 학술논문을 읽는다. 매주 월요일에 지팡이를 짚고 중국 과학원 물리연구소에 출근한다. 그는 아내와 하이디엔구海淀區의 평범한 주택에서 살고 있다. 아내는 세자린의 건강이 아직은 괜찮다고 하면서, 운동은 적게 하지만 성격이 좋아서 어떤 일을 만나든지 서두르는 일이 없다고 한다. 세자린도 스스로를 낙천파라고 하면서 자신이 좋은 아버지이고, 착한 남편이라고 말한다. 이 말을 할 때 그의 모습은 마치 천진난만한 아이 같다.

수십 년간 사람들은 늘 세자린에게 귀국을 후회한 적이 없느냐고 물었다. 만약 미국에 있었으면 아마도 더욱 커다란 성과를 남겼을지도 모른다는 이유였다. 그는 이렇게 대답했다. "나는 후회하지 않는다. 뿐만 아니라 매우 다행이라고 생각한다. 정확한 선택을 해서 내가 배운 지식을 펼칠 기회가 있었고, 국가 건설을 위해 봉사할 수 있었다. 나는 미국에서 했던 것은 '금상첨화'에 불과하고 조국에 돌아와 했던 것은 설중송탄雪中送炭(급할 때 도움을 준 것)이었다."

2016년 2월 20일 오전 8시 12분, 세자린 선생은 베이징에서 세상을 떠났다. 향년 96세.

25

徐 光 憲
쉬광시엔

화학 대가의 행복 철학

———

1920~2015
화학자, 교육자, 중국과학원 원사, 중국 희토 화학의 개척자이자 기초를 놓은 인물,
국가 최고과학 기술상 수상

"과학에는 국경이 없다. 그러나 과학자는 자신의 조국이 있다."
"학문을 하게 되면 반드시 어려움을 만나게 된다. 하지만 내 생각에, 어려움을 극복하
는 과정은 즐거운 일이다. 심지어 극복한 이후에 영예로운 즐거움을 얻게 되고 그 안
에서 누리게 된다."
"교사에게 있어 수업과 과학연구는 하늘보다 소중하다."

徐 光 憲
쉬광시엔

화학 대가의
행복 철학
—

햇빛이 창문을 통해 들어와 베이징의 한 아파트 단지에 있는 거실을 가득 채운다. 노인이 회색 셔츠를 입고 검정과 붉은색이 어우러진 넥타이에 갈색 양복 차림으로 소파에 앉아서 우아한 신사의 기품을 보이고 있다. 그의 뒤에 있는 벽에 걸린 대련 한 폭이 눈길을 사로잡는다. "바다 위에는 밝은 달이 떠 있고, 인간 세상은 밤이 되어 다시 맑아지네."

그는 쉬광시엔으로 화학자이다. 어린 시절에 미국에 유학을 하여 콜롬비아 대학에서 이학박사 학위를 받았다. 한국전쟁이 발발한 후에 그는 콜롬비아 대학에서 교편을 잡을 기회를 뿌리치고 여러 가지 어려움 속에서 신중국으로 돌아와서 베이징대학에서 교편을 잡았다.

반세기 동안 열심히 일하면서 그는 양자화학, 배위화학, 추출화학, 핵연료 화학, 희토화학과 캐스케이드 추출이론 등 여러 분야에서 탁월한 성과를 남겨, 중국 과학원 원사로 당선되었고, 아시아 화학연합회 회장을 역임하였으며, 국가 최고 과학기술상을 수상하였다. 그는 중국 희토 화학의 기초를 놓은 인물로서, 그가 희토류 추출 분야에서 이뤄낸 기술 혁신으로 중국은 희토류 자원 대국에서 생산대국으로 비약하였다. 이를 통해 전 세계 희토류 시장의 판도를 바꿔놓았고, 국제 희토류 업계에서 '중국 충격China impact'이라는 놀라움을 안겨 주었다.

하지만 이 화학자의 마음 속에 관심 사항으로 자리잡은 것은 과학만이 아니다. 세 시간 동안의 대화에서 그는 미소를 유지하고 있었고, 이렇게 말했다. "인생에서 가장 중요한 것은 행복입니다."

"집에 아무리 좋은 땅이 많아도 한 가지 기술만 못하다"

1937년, 항일전쟁이 발발하고 항저우가 함락되었다. 16세였던 쉬광시엔은 항저우에서 닝보로 전학하였고, 시골의 한 무너진 사당에서 생활하였다. 그는 줄곧 어머니의 가르침을 머리에 새겼다. "집에 아무리 좋은 땅이 많아도 한 가지 기술만 못하다" 전쟁으로 혼란스러운 시대이기는 했지만 학업을 포기할 생각은 없었다.

쉬광시엔은 어려서부터 이웃사람들로부터 '공부하기 좋아하는' 아이라는 소리를 들었다. 그는 1920년에 저장浙江 샤오싱紹興의 중산층 가정에서 태어났다. 부친은 정법대학을 졸업하고 변호사 사무실에서 일했다. 쉬광시엔의 이름에 '시엔憲'은 헌법에서 취한 것이다. 아버지는 〈구장산술九章算術〉에 정통하였고, 일찍이 어린 광시엔이 학교에 가기 전에 그에게 장기와 방정식 문제 풀이를 가르쳐서 수학 논리에 흥미를 가지도록 하였다. 불행하게도 그가 중학 시절에 아버지는 병으로 세상을 떠났고, 가세는 기울었다. 쉬광시엔은 항저우 고급 공업직업학교에 입학하여 집안에 보탬이 되기를 바랬다.

1939년 졸업 후에 쉬광시엔은 다른 7명의 동급생과 함께 철도회사에 견습공으로 취업하였다. 뜻밖에 도중에 인솔자가 여비를 가지고 사라지고 말

쉬광시엔(앞줄 오른쪽에서 두 번째)와 상하이 자오퉁대학 화학과의 일부 동기들

았다. 무일푼이었던 쉬광시엔은 상하이로 가서 그 곳에서 중학 교원을 하던 큰형에게 의탁하는 수밖에 없었다.

쉬광시엔은 상하이에서 가정교사 일을 하게 되었는데, 배불리 먹고 자고 용돈도 조금 받을 수 있었다. 가르치는 일은 주로 밤에 하게 되어 있어 낮에는 시간이 많아서 쉬광시엔은 다시 교과서를 잡고 대학입시 준비를 하였다. 반년 후에 그는 자오퉁대학(현재 상하이 자오퉁대학)에 입학하였다. 그가 선택 가능한 학교 가운데 학비가 가장 저렴한 대학이었는데, 매년 10위안만 있으면 되고, 장학금도 있었다. 졸업할 무렵에 쉬광시엔은 우선적으로 생계를 고려하였다. 물리와 수학을 더 좋아하기는 했지만 졸업 후에 취업할 생각까지 하여 화학을 공부하기로 하였다.

1941년~1944년까지 항전 시기의 상하이는 전쟁의 불길 속에서도 외국 조계지만은 상대적으로 안정된 '고도孤島'였다. 자오퉁대학은 프랑스 조계 안에 있는 전단震旦대학(현재 상하이 자오퉁대학 의과대학) 교실을 빌어 수업을 했

중국 과학기술계의 별들을 담다

다. 기숙사는 없어서 모두는 각자 집으로 돌아갔다. 화학과의 실험실은 조그만 폐공장 안에 있었다. "비록 조건이 좋지는 않았지만 모두는 열심히 노력했다. 선생님들도 모두 좋았고, 요구는 매우 엄격했다. 우리는 좋은 훈련을 받았고, 좋은 기초를 쌓았다." 쉬광시엔의 회고담이다.

대학 4년, 쉬광시엔의 성적은 시종 학과 1등이었다. 그는 또 평생 반려자를 찾았다. 그녀는 반에서 유일하게 졸업하고 학위를 받은 여학생이었다.

"과학은 국경이 없다. 하지만 과학자는 자신의 조국이 있다"

대학 졸업 후에 쉬광시엔은 상하이 바오화寶化화학 공장에서 기사생활을 했다. 후에 자오통대학으로 돌아와 조교를 하였다. 1948년, 쉬광시엔은 아내와 함께 미국 유학 시험을 쳤다.

성 루이스 워싱턴 대학 화공과 연구원에서 반년간 공부한 뒤에 쉬광시엔은 콜롬비아 대학 화학과에 입학하였고, 양자화학을 전공하였다. 아울러 조교장학금을 받았다. 이 학교에서 그는 학과 수석을 달렸고, 2년 8개월만에 박사학위를 취득하였다. 아울러 피 람다 업실론Phi Lamda Upsilon 명예화학회원과 시그마 시Sigma Xi 명예화학회 회원이 되어 학술생애의 첫 피크를 맞이한다.

몸은 비록 태평양 저편에 있었지만 쉬광시엔은 여전히 중국의 시국을 걱정하고 있었다. 1949년, 중화인민공화국이 수립되었다는 소식을 전해 듣고 쉬광시엔은 기쁘지 그지 없었다. 그는 몇몇 중국 유학생들과 함께 동급생이 결혼한다는 핑계를 대고 국제 학생 기숙사의 실내 농구장을 빌려 중화인민공화국 수립 경축식을 거행하였는데, 그 자리에는 7~80명이 참석하였다.

박사 졸업 후에 쉬광시엔은 학교에 남아 강사를 할 기회를 갖게 되었다.

1948년 미국에서 부인과 함께

지도교수 베크만도 그의 학술적 잠재력을 좋게 보고 그를 시카고대학 포스트닥터 과정에 추천하였다. 본토학생들에게 이것은 상당히 좋은 기회로 앞날이 보장되는 케이스였다. 이 기간에 아내도 미국 뉴욕으로 와서 주경야독 생활을 하고 있었다.

하지만 평온한 생활은 전쟁으로 인해 오래 가지 않아 깨지고 말았다. 1950년 6월, 한국전쟁이 발발하였다. 쉬광시엔은 미국 대통령이 법안을 제출하여 중국 유학생을 귀국하지 못하도록 하면서 미국 국적을 취득할 것을 요구했다는 소식을 들었다. "못 돌아가게 되면 법안이 통과되기를 기다렸다가 다른 국가에서 계속 살 수도 있을 것이다." 당시 아내는 아직 박사학위를 취득하지 못한 상태였다. 하지만 심각하게 고려한 뒤에 부부 두 사람은 결단을 내렸다. 즉각 귀국하기로 한 것이다. 1951년 4월 15일, 쉬광시엔 부부는 화교가 친지를 방문한다는 명목으로 비자를 받았고, 귀국선에 올랐다. 이는 나중에 '중국 유학생의 귀국을 금지하는' 법안이 정식으로 발효되기 전에 이루어진 것이다.

쉬광시엔은 이렇게 말했다. "만약 한국전쟁이 없었으면 아마 나는 미국에 더 머물렀을 것이다. 하지만 귀국은 정해진 것이었다. 과학에는 국경이 없지만 과학자에게는 자신의 조국이 있다."

중국 과학기술계의 별들을 담다

"과학연구 과정에서 어려움을 극복하는 즐거움을 누리다"

1951년, 콜롬비아 대학 친구 탕아오칭唐敖慶(후에 지린대학 총장, 중국 양자화학의 아버지라 불림)의 소개로 쉬광시엔 부부는 베이징대학 화학과에서 교편을 잡게 되는데, 교편생활은 이후 수십 년간 이어진다.

"당시 사람들은 일심단결하여 일을 하는 과정에서 공동의 즐거움을 느낄 수 있었다." 쉬광시엔은 국내의 과학연구 조건과 미국과는 천양지차라는 것을 느꼈다. 하지만 사람들의 일에 대한 열정은 뜨거웠고, 모두들 힘을 내는 상태였다.

쉬광시엔은 베이징대학에서 '물리화학', '핵물리 이론' 등의 과목을 강의하면서, 신중국 1세대 방사 화학 인재를 길러냈다. 그가 펴낸 〈물리구조〉는 국가 우수교재 특등상을 수상하였고, 수십 년간 이 과목의 전국 유일의 교재로서 많은 영향을 미쳤다. 국가 건설의 수요에 따라 그는 여러 차례 연구방향을 바꿨다. 먼저 양자화학, 방사화학, 배위화학, 추출화학 등의 연구에 힘을 기울여 많은 성과를 거두었다. 희토류 사업에서 정점을 이루면서 그의 업적은 세계를 놀라게 했다.

희토류 원소는 17종의 특수 원소의 통칭으로서, 18세기말부터 계속 발견되기 시작했다. 당시 사람들은 물에 녹지 않는 고체 산화물을 흙이라 하였다. '희토'라는 호칭은 역사적으로 전해 내려온 것이다. 지금 희토는 이미 세계에서 가장 중요한 전략 자원 가운데 하나가 되었다. 휴대폰, 컴퓨터, 텔레비전, 카메라 등 현대인이 늘 사용하는 물건으로부터 석유, 화학, 야금, 방직, 도자기, 유리 등의 분야에 이르기까지, 또 각종 군사 설비에도 희토는 빠질 수 없는 성분이다.

덩샤오핑은 일찍이 "중동에는 석유가 있고, 중국에는 희토가 있다"고 말하기도 했다. 중국은 희토 자원 대국이다. 하지만 과거의 생산기술은 외국

중국 희토화학의 기초를 놓은 쉬광시엔

의 소수 장인들 손에 장악되어 있었고, 중국은 장기적으로 희토 광산을 수출하고 다시 고가로 희토 제품을 수입했었다.

1972년, 베이징대학 화학과는 긴급한 군사적 임무를 받았다. 희토 원소에서 성질이 가장 가까운 원소인 프라세오디뮴과 네오디뮴으로 분리하라는 것이었다. "하늘에 보물산이 있고, 사람의 제약을 받는다"는 국면을 바꾸기 위해서 52세가 된 쉬광시엔은 과제를 맡은 군 장교에게 임무를 받았다. 이로부터 30여년간 봉사하였다.

쉬광시엔은 국제적으로 통용되는 이온 교환법을 과감하게 포기하고 다른 길을 걸어 캐스캐이드 추출이론을 만들어 프라세오디뮴과 네오디뮴의 분리계수를 국제 동종업계 수준에서 크게 뛰어넘도록 하였다. 이 기초 위에서 그는 또 10여 개의 공식을 도출하여 순도 높은 희토 생산품의 생산 원가를 4분의 3 낮췄다. 동시에 그는 '전국 캐스캐이드 추출 연습반'을 열어 새로운 이론과 방법을 실제 생산에 광범위하게 응용될 수 있도록 하였다. 중국이 생산하는 단일 고순도 희토 생산품은 세계 생산량의 90% 이상을 차지하였고, 매년 수억 위안의 국제 수입을 늘려 주었다. 국제 희토업계는 '중국 충격China impact'에 놀라움을 표하였다.

성과가 탁월하기는 했지만 쉬광시엔은 언제나 겸손했다. 그는 이렇게

중국 과학기술계의 별들을 담다

말한다. "만약 과학자를 몇 종류로 나눈다면, 어려운 일을 가볍게 처리하는 부류가 있고, 쉬운 일을 어렵게 처리하는 부류가 있는데, 나는 어려운 일을 어렵게 처리하는 부류에 속한다."

쉬광시엔이 말하는 '어려운 일을 어렵게 처리한다'는 방법은 '힘들게 노력한다'는 것이다. 그는 이렇게 말한다. "학문을 하게 되면 반드시 어려움을 만나게 된다. 하지만 내 생각에, 어려움을 극복하는 과정은 즐거운 일이다. 심지어 극복한 이후에 영예로운 즐거움을 얻게 되고 그 안에서 누리게 된다. 예술가 챵샹위常香玉가 '연극은 하늘보다 크다'라는 말을 한 적이 있는데, 이것은 맡은 바 일에 진지하게 책임지는 정신이다. 우리 교사에게 있어 수업과 과학연구는 하늘보다 크다."

"인생의 목적은 공동의 행복"

쉬광시엔은 천성적으로 활달하다. '문혁' 시기에 '스파이로 잡혀,' 격리되어 조사를 받았고, 학생 기숙사에 갇혀서 매일 새벽 3시, 6시까지 잠을 못 잘 때도 있었다. 쉬광시엔은 자살을 생각해 본 적이 없다. 매일 '개조'가 끝나면 옷도 벗지 않은 채로 잠들 때도 있었다. 그는 어록에 있는 말을 떠올렸다. 공산당이 일시적으로 잘못을 저지를 수도 있다. 하지만 당의 위대함은 결국 자신의 힘에 의지하여 잘못을 바로잡고, "어느 날이고 일은 밝혀질 것이고, 잘못은 바로잡힐 것"이라고 그는 생각했다.

베이징대에서 50년간 교편을 잡으면서 쉬광시엔은 총명하고 부지런한 학생들을 길러내는 것이 가장 큰 행복이라고 느꼈다. 지금 그의 많은 문하생들은 이미 원사가 되었고, 우수한 학자 또는 학문의 지도자가 되었다. 이로써 그는 '교육자'라는 타이틀도 가지게 되었다.

학생들은 모두 쉬광시엔을 '선생님'이라고 불러 그에 대한 존경심을 나타낸다. "수십 년간 가르치시면서 선생님은 1분도 지각한 적이 없으십니다." "선생님은 평소에 사람들과 친근하게 지내십니다. 가까이에 있는 사람들이 자신들의 의견을 개진하게 하시고 제시된 합리적인 의견을 선생님은 꼭 받아주십니다." "저희가 병가로 임금을 공제하거나 자비로 약을 사야 할 때면 선생님은 직접 돈을 대주셔서 그걸로 병을 치료하게 하십니다." "선생님은 '문혁' 중에 자신을 보호하기도 힘든 상황에서 학생들이 비판받을 때 나서 주셔서 조반파造反派에게 '저 사람들은 절대 스파이가 아니다'라고 말씀해 주셨습니다." 이런 이야기들은 셀 수 없이 많다.

'자신으로부터 나아가 다른 사람에게까지 그 영향이 미치게 한다'는 것이 쉬광시엔의 처세 신조이다. 그는 이것을 '뉴턴의 제3 법칙'에 비유한다. "작용은 반작용과 같으니, 당신이 다른 사람에게 어떻게 대하느냐에 따라 다른 사람도 당신에게 똑같이 대한다는 것이다. 유가에서 말하는 것도, 자기 자신을 먼저 세우고 다른 사람을 세우고, 자기 자신을 목표에 도달하게 하고, 다른 사람을 도달하게 하라는 것이다. 또한 자신이 하고자 하지 않는 일을 다른 사람에게도 하라고 하지 마라는 말도 마찬가지이다. 지시엔린季羨林 선생이 말하길, 다른 사람을 고려하는 것을 자신을 고려하는 것보다 좀 더 많이 하면 좋은 사람이라 부른다고 하였다. 나중에 왕쉬엔王選이 말하길, 기준은 좀 낮출 수 있다. 다른 사람과 자신을 똑같이 고려하면 좋은 사람이라고 하였다."

생활 속에서 쉬광시엔은 많은 사람들의 마음 속에 큰일을 하는 좋은 사람일 뿐만 아니라 정을 소중하게 생각하는 사람이다. 그와 아내는 50여 년을 같이 지냈고, 함께 베이징대에서 교편을 잡았다. 두 사람은 1980년에 중국 과학원 원사에 함께 당선되었다. 학생들의 인상은 이렇다. "두 분의 감정은

학생들과 함께

정말 좋다. 몇십 년간 부부로 지내면서 어디를 가든지 손을 잡고 다니신다."
쉬광시엔은 기분 좋게 말한다. "내 일생에서 가장 만족스러운 일은 아내와
지낸 52년이다. 가장 유감스러운 일은 그녀를 잘 돌봐주지 못한 것이고, 그
녀를 나보다 앞세운 것이다."

　아버지로서 쉬광시엔은 사람으로서의 도리를 간곡하게 타이른 적이 없
다. 몸소 실천하고 솔선수범하는 것을 중시했던 것이다. 그에게는 딸이 넷
있는데, 그 가운데 세 명은 훌륭한 가정과 사업을 꾸리고 있고, 그에게 위로
가 된다. 하지만 큰 딸은 윈난의 건설 현장으로 하방되었을 당시에 받은 충
격으로 집을 나가 실종되고 말았다. "아버지로서 나는 딸에게 면목이 없
다. 제때 딸아이의 사상을 바로잡아 주지 못했다." 그날 여기까지 말하고 얼
굴에 항상 웃음을 달고 살던 노인은 속상한 마음을 참지 못했고, 눈가에는
이슬이 맺혔다.

"그래서 모든 가정은 나름대로의 어려움과 슬픈 일이 있는 법이다. 하지만 우리는 최대한 즐거운 쪽을 바라봐야 한다." 노인의 말과 표정은 빠르게 밝게 회복되었다. 또 부인이 세상을 떠나고 나서 그는 1년여의 시간 동안 슬픔 속에 빠져 있다가 시간이 지나면서 이렇게 생각하게 되었다고 한다. "행복과 즐거움은 상대적인 느낌이다. 만약 물건 하나를 잃어버려 고민에 빠지게 된다면 잃어버린 것은 그 물건이 아니라 마음이고 시간이고 건강인 것이다."

"인생에서 가장 중요한 것은 그래도 행복과 즐거움이다." 노인은 결론 지었다. "인생의 목적은 개인과 최대한 많은 사람들의 행복이다. 덩샤오핑 동지가 '공동 부유'를 제기한 것이 있는데, 그 근본 목적은 바로 공동 행복이다. 만약 당신 주변에 있는 사람이 모두 행복하지 않다면 당신도 행복해지기 어렵다."

2008년도 국가 최고 과학기술상을 수상한 후에 쉬광시엔은 상금 500만 위안을 희토 연구팀에게 내놓았다. 그는 이렇게 말했다. "성과는 집단이 일한 결과이다. 명예는 집단의 것이다. 돈은 아주 잠깐 동안에 소중한 것이다. 먹어야 하기 때문이다. 하지만 어느 정도가 되면 돈은 무의미한 숫자일 뿐이다. 나는 한 달에 1만여 위안의 원사 월급을 받는다. 다 쓰지도 못한다. 다른 사람을 도와주는 게 더 낫다."

구순 고령에도 쉬광시엔은 매일 5시간 일하고 있다. 피곤해지면 신문을 보거나 쉬거나 산보를 한다. 그는 국가 교육부, 과기부, 중국과학원 등이 함께 발기한 '일만 가지 과학 난제'의 의견을 구하는 활동에서 화학 분야의 고문을 맡고 있다. 한편으로는 〈지식체계분류학〉을 집필하고 있다.

그는 젊은 사람들에게 말한다. "사람은 사회적 동물이다. 사람은 다른 사람을 떠나 생존할 수 없다. 젊은이들은 시대적 행복감, 사회적 책임감, 시대적 사명감이 있어야 한다. 지금은 중국 역사상 가장 좋은 시기이다. 하지만 해결되지 않는 많은 문제가 있기도 하다. 미래에는 젊은 사람들이 짊어져야 하는데, 그 때 우리 같은 사람들은 없을 것이다."

2015년 4월 28일 오전에 쉬광시엔 선생은 지병으로 베이징에서 세상을 떠났다. 향년 95세.

26

楊 樂
양 러

모든 일은 '수'에서 벗어나지 않는다

———

1939~
수학자, 중국과학원 원사. 화뤄겅華羅庚 수학상 수상

"중국인의 이름을 미래의 수학책에 써야 한다."
"수학은 일종의 세계를 인식하고 그려내는 강력한 도구이다. 아울러 현대사회에서 갈수록 중요해지고 있다. 수학의 응용은 도처에 깔려 있다."
"성공은 정해진 공식이 없다. 종합적으로 말해서 천부적인 것보다 부지런함이 훨씬 더 중요하다."

楊 樂
양 러

모든 일은 '수'에서
벗어나지 않는다
—

양러는 이미 40세가 되기도 전에 '과학의 봄날'이라고 불리는 시기에 화뤄겅, 천징룬陳景潤, 장광허우張廣厚 등과 함께 나란히 중국 수학계의 대표적 인물이 되었다.

1980년에 '문혁' 이후 중국과학원이 진행한 첫 선발에서, 그는 총 400명의 학부위원(1994년 이후 원사로 개칭) 중 가장 젊은 사람이 되었다.

양러는 일생 동안 수학을 배우고, 사랑하고, 가르치고 연구하였다. 그리고 "일생을 수학에 바치고 싶었다." 그의 눈에 수학은 무궁무진한 취미일 뿐만 아니라 각 분야 학문의 초석이며, 사람의 종합 능력을 길러내는 데 큰 의미가 있다. 그의 인생이나 그의 눈에 비친 세계 모두 모든 일은 '수'와 떨어져 있지 않다.

'중과中科'의 비밀

양러의 개인 역사를 꿰뚫는 주제는 '수학'이다.

중국 과학기술계의 별들을 담다

1939년 11월 10일, 양러는 장쑤성 난통시南通市에서 태어났다. 부친은 난통에 있는 전기회사에 다녔는데, 양러에 대한 아버지의 요구는 "열심히 공부해서 재능을 익히라"는 것이었다. 양러는 초등학교 때부터 학업 성적이 좋아서 그 지역에서 가장 좋은 난통중학에 입학하였다.

그가 처음으로 '수학의 위력'을 느낀 것은 초등학교 2학년 때였다. 영문 알파벳으로 연산을 하는 대수는 간결하면서도 교묘하게 초등학교 시절의 복잡한 난제들을 해결하였고, 이는 양러를 매혹시켰다. 평면 기하의 추리와 논증이 그에게는 매우 신선하게 느껴졌다. 그는 수학 교과서를 반복해서 공부하면서, 그 가운데 많은 정리가 외국인의 이름을 따서 지어진 것을 보고 생각했다. "만약 중국인의 이름을 미래의 교과서에 쓸 수 있다면 얼마나 좋을까."

학교의 수학 진도에 대해 양러는 "좀 느렸다"고 말한다. 선생님은 내주는 문제를 그는 늘 10분만에 풀었다. 수업이 끝나면 그는 수학 참고서를 찾아서 각종 연습문제를 풀었다. 바깥에 그가 중고등학교 시절에 만 개 이상의 수학문제를 풀었다고 소문이 났다. 양러 본인에게 이 일을 물어보자 그는 자신이 직접 계산해 보지는 않았지만 "중고등학교 6년간 모두 2000일인데, 그당시 매일 1~20문제는 늘 풀었으니까 만 문제는 분명히 넘었을 것"이라고 답했다. 초등학교 3학년 때 양러가 대학 입학시험 문제를 구해서 풀었는데 한 문제만 못 풀었다. 당시 그는 흐릿하게 자신의 바람을 가지게 되었다. 대학에 가면 수학을 공부해야겠다. 한평생 수학연구를 해야겠다.

고등학교 1학년이 개학하자 그는 자신의 새 수학 교과서에 예쁜 표지를 씌웠다. 그리고 그 표지에 몰래 '중과中科' 두 글자를 썼다. 미래에 중국 최고의 학술기관인 '중국과학원에 들어가겠다는 희망을 적은 것이다.

고등학교 3학년 때 양러는 학교에서 가장 인기 있는 수학 최고수였다.

젊은 시절의 양러

고등학교 1학년 때에는 고3학생이 어려운 문제를 들고 와서 그에게 가르쳐
달라고 했다. 한번은 수학시험에서 양러가 20분만에 답안지를 제출하자, 감
독 교사가 백지 답안지를 내는 줄 알고 자세히 살펴보고 나서 모두 정답이라
는 사실을 알고 놀라움을 금하지 못했다.

1956년, 17세가 채 되지 않은 양러는 베이징대학 수학과에 입학하였다.
베이징대학에서 6년 동안 공부하고 양러는 '중과'의 꿈을 안고 한 걸음 더
나아갔다. 그는 베이징 샹산香山의 단풍이나 위위안탄玉淵潭의 벚꽃, 13릉의
지하 궁전을 구경한 적이 없었다. 단지 수학의 세계에서만 놀면서 매일 12시
간 이상을 수학에 매달렸다. 대학교 3학년 때 강의 시간에 그는 갑자기 유명
한 수학자 쫭인타이莊圻泰 교수에게 그들이 공부하고 있는 어떤 정리에 관해
자신이 교과서보다 더 간결한 증명을 할 수 있다고 말하면서 그 자리에서 풀
었다. 쫭교수는 그것을 매우 칭찬하였다. 이 젊은이가 고전 저작에 대해 중
요하지는 않지만 칭찬들을 만한 견해를 제기하였다고 한 것이다. 대학 시절

중국 과학기술계의 별들을 담다

후반에 사회적 환경에 큰 변화에 따라 학술연구가 쓸데없는 것이 되었고, 비판을 받게 되었다. 양러는 노트를 품속에 감추고 사람이 없는 교실로 숨어들어가 계속 수학을 공부하였다. 나중에 후베이의 한 공사현장에 하방된 그는 늘 수학책을 잊지 않았고, 매일 육체노동이 끝나면 다른 사람들이 막사에서 포커나 잡담을 하고 있을 때 한쪽에서 수학을 연구하였다.

수학이 어떤 매력이 있길래 이토록 그를 끌어당겼을까? 양러는 이렇게 말한다. "수학의 매력은 참됨과 아름다움에 있다. 수학의 '참됨'은 그것이 진리의 추구에 대해서 매우 순수하다는 것이다. 예를 들어, 골드바흐의 생각은 지금까지도 세계적인 난제인데, 설령 컴퓨터로 검증한다고 해도 억 이상의 숫자는 모두 들어맞지 않는다. 수학 추리에서 엄격하게 증명되지 않으면 그것은 성립했다고 말할 수 없는 것이다. 그리고 수학의 '아름다움' 역시 엄밀한 논리적 추리 속에 담겨 있다. 많은 경우에 질이 높고, 중요한 창조일수록 그 표현방식도 보다 간결하고 아름답기 마련이다."

'양楊 – 장張 부등식'

1962년, 양러는 우수한 성적으로 대학을 졸업하고 그가 오랫동안 바라던 중국과학원 수학연구소에 입학하여 수학 대가 시옹칭라이熊慶來 교수의 제자이자 화뤄겅의 동문 제자가 되었다.

양러는 지금도 기억이 새록새록하다. 당시 고희에 가까웠던 시옹칭라이 선생이 그에게 말했다. "내 나이가 많아 비록 너희들에게 구체적인 도움을 주지는 못하지만 경험은 많네." 당시 그는 시옹 선생을 따라 수학분야의 첨단 방향인 '함수 분포론'을 연구하기 시작했다. 이 방향은 오랜 시간 동안 세계 수학의 중심 위치에 있었고, 문헌과 전문 서적이 매우 많았다. 그런데

함수이론을 연구 중인 양러(오른쪽)와 장광허우

어디서부터 시작할 것인가, 어떤 책을 읽는 것이 비교적 좋을까? 양러는 만약 문외한인 자기에게 고르라고 하면 그는 6~700페이지의 정장을 고를 것이라고 생각했다. 하지만 시옹 선생은 100여 쪽에 불과한 전문서적을 추천하였다. 쓴 사람은 현대 함수 분포론의 창시자였는데, 양러는 그것을 다 읽고 나서 이 분야의 세계 첨단 핵심문제를 매우 빠르게 접하게 되었다.

시옹 선생의 지도하에 3개월 연구 끝에 양러는 논문 〈유리형 함수와 함수 조합의 가중치〉를 완성하였고, 후에 〈수학학보〉에 발표하였다. 1964년, 그는 장광허우와 전함수와 유리형 함수를 공동 연구하여 좋은 성과를 거뒀고 학술논문은 이듬해 〈중국과학〉에 발표하였다. 여러 해 후에 그들은 당시의 연구 성과가 영국의 유명 수학자 헤이먼이 1964년 국제 수학회의에서 제기한 〈함수론 연구에서의 약간의 난제〉에서의 한 문제를 해결하였고, 국제 동종업계 종사자들의 주목을 받았다는 사실을 알게 되었다.

화살, 권총, 대포, 미사일의 변화처럼 근 100년간 인류는 수학 분야에서

중국 과학기술계의 별들을 담다

도 가속 발전의 과정을 겪었다. 양러가 보기에 초중고등학교의 수학과 대학의 고등 수학을 이해했다 하더라도 또, 대학원생 시절에 수학 한 분야의 첨단 연구를 초보적으로 접촉했다고 하더라도 수학 연구의 문에 이제 막 들어선 것이었다. 일반적으로 말해, 박사 졸업 후의 몇 년간 창조성이 가장 강하고 정력이 가장 왕성한 시기는, 또 각종 사무에 바쁠 필요가 없는 시기이기 때문에 연구성과가 가장 두드러지는 단계이다. 하지만 양러가 힘을 모으고 활약을 준비하던 시기에 '문혁'이 터졌다. 중국과학원 수학연구소의 연구는 완전히 중단되었다. 양러는 박사논문을 완성한 상태였지만 정상적으로 졸업할 수 없었다. 이후의 4,5년간 그는 수학책을 접할 기회조차 없었다. 그저 머릿속에서만 맴돌 뿐이었고, 추상적으로 몇 가지 수학문제만 생각할 뿐이었다.

1971년 문화 족쇄가 좀 느슨해지고, 저우언라이 총리가 직접 중국과학원의 일들을 물으면서 기초 이론 연구의 중요성을 인정하였다. 이에 양러는 점차 연구를 다시 하게 되었고, 도서관에서 문헌을 찾아볼 수 있게 되었다. 그는 배전의 노력으로 연구에 임하여 질좋은 학술논문 수십 편을 연속 발표하였다. 그 기간에 그는 장광허우와 공동으로 함수 분포론 중의 두 가지 주요 개념인 '제외치'와 '기이 방향' 간의 구체적인 연계를 발견하고 국제 학술계의 주목을 받았다. 나중에 이 성과는 '양 - 장 정리' 또는 '양 - 장 부등식'으로 불리게 되었다. 양러 소년 시절 "중국인의 이름을 교과서에 올리겠다"는 꿈이 마침내 이뤄진 것이다.

수학의 응용은 도처에 깔려 있다

1978년 3월, 전국 과학대회가 베이징에서 열렸다. 양러와 화뤄경, 천징룬, 장광허우 등 중국과학원 수학연구소 동료들은 함께 이 대회에 참가하였다. 아울러 '전국 과학대회상'을 수상하였다. 마침내 그는 중국의 과학자들과 함께 '과학의 봄날'을 맞이하게 된 것이다.

같은 해 4월, 당 중앙의 비준을 거쳐 양러와 장광허우는 스위스로 달려가 취리히 국제 함수론 회의에 참가함으로써 10년 재난 후 처음으로 출국하여 개인 학술교류를 한 중국 학자가 되었다. 양러는 아직도 기억하고 있다. 막 회의장에 도착했을 때 많은 외국 학자들이 그를 일본인으로 오해했었는데, 알고 보니 오랫동안 국제학술회의에 모습을 드러내지 않았던 중국 학자였던 것이다. 대회에서 양러는 영어로 〈정함수와 순함수의 몇 가지 새로운 성과〉라는 제목의 학술보고를 하였다. 결과는 매우 성공적이었고, 많은 외국 학자들의 중국 수학자에 대한 생각을 바꿔 놓았다. 보고회가 끝나고 팔순을 넘긴 핀란드의 유명한 수학자이자 근현대 유리 함수론의 창시자인 네반리나Nevanlinna가 양러에게 말했다. "방금 말씀을 들어보니 당신들은 유럽의 수학자들에게 배우러 왔다고 했는데, 내 생각으로는 유럽의 수학자들이 당신들에 배워할 것 같습니다."

개혁 개방 이래로 양러는 계속해서 〈수치 분포 이론과 그것의 새로운 연구〉 등 많은 영향을 미친 학술 전문서와 논문을 발표하였다. 그는 프린스턴 대학, 하버드 대학, 스웨덴 황실과학원 등 세계 여러 곳의 유명 대학과 연구기관의 방문교수를 하였고, 많은 나라 각 대학과 연구기관의 학술 강연과 교류를 요청받기도 했다.

학술적인 뛰어난 공헌으로 양러는 1979년에 중국 수학회 상무이사로 뽑혔고, 1980년에 중국과학원 최연소 원사가 되었다. 1982년에는 중국 과학원 수학연구소 부소장이 되었고, 1987년에 소장이 되었다. 다섯 차례 연속 전국 정협 위원, 제5, 6기 전국 청년연합회 부회장에 임명되었고, 중국 수학회

❶ 1978년에 개최된 전국 과학대회에서 화뤄겅(오른쪽에서 두 번째)와 유명한 청년 수학 자 천징룬(오른쪽 첫 번째), 양러(왼쪽 첫 번째), 장광허우(왼쪽에서 두 번째)가 얘기를 나누 고 있다.
❷ 2002년 8월, 유명한 이론 물리학자 스티븐 호킹이 베이징에 왔는데, 양러가 중국측 대표 자격으로 호킹을 맞이하였다.

이사장, 중국 과학협회 위원과 상임위원, 국무원 학위위원회 위원 등의 직을 역임하였다.

이제 고희를 넘긴 양러는 여전히 일하는 날의 오전에 중국과학원 수학 과 시스템과학 연구원에 출근한다. 비록 일선 학술 연구는 하지 않지만 그의 대부분 일은 수학 학문의 발전과 밀접한 관계가 있다.

수학에 대해 커다란 흥미를 가지고는 있지만 양러는 학술연구를 한다는 것이 매우 힘든 일이라고 솔직히 말한다. 매번 학술연구의 중요한 관문에서 그는 '먹어도 단맛을 모르고 밤에도 잠을 이루지 못하는' 상태가 된다. 어떤 때에는 새벽 한두 시까지 계산하다가 잠을 자면 새벽 네다섯 시에 일어나 계 속 일을 하게 된다. 잠이 오지 않기 때문이다. 식당으로 밥을 먹으러 가면 평 상시에 좋아하던 음식을 먹어도 맛을 못 느낀다. 왜냐하면 머릿속에 온통 어 려운 문제를 생각하기 때문이다. 이런 상태는 일반적으로 문제가 풀릴 때까지 몇 주일이 지속될 수도 있다.

양러가 보기에 개혁개방 이후의 30여년은 중국의 수학 연구가 비약적으로 발전한 시기이다. 그의 생각에 수학은 일종의 세상을 인식하고 묘사하는 힘있는 도구이고, 현대사회에서 갈수록 중요해지고 있다. 반세기 이전에 수학은 주로 물리, 천문 등 분야에 응용되었다. 지금은 공정 분야의 신기술, 생명과학, 경제, 금융, 관리 등을 포함한 각 분야에서 학과 발전이 깊이를 더해 감에 따라 과거의 질적 연구는 이미 수요를 만족시킬 수 없고, 갈수록 많아지는 학문은 수학의 정량화되고 정밀화된 연구에 의존할 필요가 있게 되었다.

양러는 이렇게 예를 들어 설명한다. 현재 최고 수준의 생물학 연구에서 수많은 수학 도구를 응용하고 있고, 월스트리트의 많은 금융가들이 수학 전공 출신이며, 또 전국의 식량 생산 예측, 국방 시스템 개발 등등이 그것이다. "수학의 응용은 이미 도처에 깔려 있다. 이것들은 보통 사람들이 비교적 이해하기 쉬운 수학 응용 실례의 빙산의 일각에 불과하다."

개인적으로 말하자면, 양러는 수학이 한 사람의 논리 추리, 분석 귀납, 창조 등의 종합능력을 기를 수 있다고 생각한다. 따라서 그는 대학 문과생이라도 수학을 배워야 한다고 주장한다. "나는 수학 공부 머리가 천성적으로 없다"는 생각은 과학적이지 못한 것이라고 생각한다. 아울러 '흥미는 기를 수 있다'고 믿는다. 관건은 방법을 터득하는 것이다. 성공은 정해진 공식이 없다. 종합적으로 말해서 천부적인 것보다 부지런함이 훨씬 더 중요하다."

중국 과학기술계의 별들을 담다

樂
楊
커
앻

27

葉銘漢
예밍한

'커다란 기기'를 써서 '소우주'를 탐색하다

—

1925~
실험 핵물리학자, 중국 공정원 원사

"물리는 매우 기묘해서 일이 어떻게 발생하는지를 연구할 수 있다."
"첫째만을 경쟁하면서 너무 계산하고 따지는 것은 반대로 잘 배우지 못하게 된다. 최선의 노력만 다하면 되는 것이다."
"사람은 한평생 공부해야 한다. 기술발전은 매우 빠르다. 문제가 앞에 놓여 있고, 새로운 것, 새로운 발견이 끊임없이 나타날 수 있다."

葉銘漢
예밍한

'커다란 기기'를 써서
'소우주'를 탐색하다

—

　　예밍한은 중국 물리학계의 '1대 스승' 예치쑨葉企孫의 조카이다. 지금 예밍한도 중국의 유명한 물리학자가 되었다.

　　에너지가 더 높고, 더욱 정확한 입자가속기와 탐지기의 탐지, 물질의 미시적 '소우주' 내부의 더욱 깊은 비밀을 탐색하는 것이 입자물리학의 첨단 과제이고, 예밍한이 평생 힘을 쏟고 있는 일이다.

　　만나던 날 그는 흰색 셔츠에 검은 자켓, 회색 바지를 입고 은발을 한 채 깡마른 모습으로 시종 웃는 모습을 하고 있었다. 매우 교양 있고, 사고는 민첩하여 사람들에게 깊은 인상을 남겼다. 그는 자신이 어떻게 원자 핵물리학 분야에서 살아왔는지, 중국 최초의 입자가속기 연구에 어떻게 참가하게 되었는지, 중국의 고에너지 물리실험이 국제적 수준으로 뛰어오르게 된 과정 등에 대해서 조곤조곤 말해주었다. 이야기를 할 때 그는 득의양양한 표정도 아니었고, 지나치게 겸손한 말도 하지 않았다. 다만 조용히 과거에 대한 이야기, 특히 재미있었던 일을 얘기할 뿐이었다. 그는 이렇게 말했다. "물리는 매우 기묘해서 일이 어떻게 발생하는지를 연구할 수 있다."

　　　　　　　　　　　　　　　　　　　　중국 과학기술계의 별들을 담다

자신의 길을 찾다

스위스와 프랑스의 국경을 가로질러 지하 100m 깊이에 27킬러미터에 달하는 대형 하드론 충돌기가 있다. 이름 하여 '세계에서 가장 커다란 기기' 이다. 그것의 효율이 최대에 이를 때에 수억 개의 입자가 가속기 내에서 초당 30만 km의 속도로 급속하게 지나가는데, 이는 광속의 99.0000001%에 해당한다.

세계 최대의 기기를 이용하여 가장 미시적인 입자를 연구하고, 우주의 비밀을 탐색하는 것, 이것이 입자 물리학자들이 하는 일이다. 예밍한은 이 일이 매우 재미있고, 자신에게 맞는다고 생각한다. 하지만 당시 그는 우여곡절을 겪은 뒤에야 이 길을 찾아냈다.

예밍한은 1925년 상하이의 한 지식인 가정에서 태어났다. 그의 할아버지는 청나라의 거인擧人이었다. 아버지는 상하이시 난스구南市區 전화국 국장을 지냈다. 그는 어려서부터 몸이 약하고 병치레를 많이 했다. 성격은 내향적이었고, 운동을 잘 하지 못했다. 초등학교 성적은 중하 수준이었고, 유독 집에 있는 책 뒤적어보기를 좋아했다. 초등학교 2학년 때 그는 숙제를 하면서 뛰어난 모습을 보여 뜻밖에도 선생님의 칭찬을 들었다. "자기도 모르는 사이에 공부에 대해 생각이 일어났다." 학기말에는 처음으로 반에서 1등을 했다.

1942년, 예밍한은 숙부의 부름을 받고 충칭에서 학업을 계속하면서 상하이에서 벌어진 전쟁의 화를 피할 수 있었다. 2년 후에 그는 중양中央대학과 시난 연합대, 상하이 의학원을 동시에 합격하였다. '공학을 배우는 것이 밥벌이에 좋다'는 생각에 그는 최종적으로 시난 연합대학 토목과를 선택하였다.

당시 숙부 예치쑨도 시난 연합대학에서 교편을 잡고 있었다. 예치쑨은 중국 근대물리학의 기초를 높은 사람으로서 칭화학당의 학생이었고, 후에

1946년, 시난 연합대학에서 공부할 당시 동기생들과 함께. 왼쪽부터 차례대로 러우거樓格, 리정다오李政道, 예밍한, 루쭈인陸祖蔭.

미국 시카고대학과 하버드 대학에 유학하여 박사학위를 취득하고 귀국하여 칭화대학 물리과 주임, 이학원 원장을 역임하였다. 양전닝楊振寧, 리정따오李政道, 왕간창王淦昌, 자오지우장趙九章, 치엔웨이장錢偉長, 치엔싼치앙錢三强, 왕다헝王大珩, 주광야朱光亞, 저우광샤오周光召, 덩지아시엔鄧稼先 등 쟁쟁한 물리학자들이 모두 예치쑨의 학생이었다. 그래서 어떤 사람은 그를 '대가의 대스승'이라고 부르기도 했다. 예밍한은 어려서부터 숙부를 존경하였고, 그를 인생의 롤모델로 삼았다. 그의 성장과정에서 숙부는 지지를 많이 해주었고, 그의 중고등학교 학비는 모두 숙부가 대주었다.

하지만 예밍한은 자신의 학업과 인생의 선택에 있어서 숙부는 간섭하지 않았다고 말했다.

대학에 들어가고 얼마 지나지 않아 일본군이 중국 서남부를 공격하였고, 애국심에 불타오르던 예밍한은 1945년 1월에 학교에서 청년 원정군에 지원하여, 비행기를 타고 인도로 날아가 기차 병단에 편입되었다. 당시 전쟁

중국 과학기술계의 별들을 담다

은 이미 끝물이어서 그는 전쟁터로 가지는 않고 기차 운전연습을 했다. 항전 승리 전에 전우들과 함께 미국 지프를 타고 국내로 돌아왔고, 항전 승리 후에 복학하였다.

하지만 이 특별한 경험이 예밍한의 인생 항로를 바꿔 놓았다. 청년 원정군에서 사귄 몇몇 친구가 물리과 학생이었는데, 그들의 영향을 받아 예밍한은 물리에 대한 관심이 생겼다. 1년 후에 시난 연합대학이 문을 닫았고, 칭화대, 베이징대, 난카이대가 원래 자리로 돌아왔다. 예밍한은 전과 시험을 통해 원하던 대로 숙부가 근무하는 칭화대 물리과에 들어가게 되었다. 그는 숙부의 배려를 받지 않았다고 말했다. 베이징으로 돌아온 뒤에 숙부의 숙소에 살지 않았다. 그는 "숙부는 사람됨이 엄하고 치밀해서 공사 구분이 확실했다. 나도 그분에게 배웠다."고 회고하였다.

나중에 예밍한은 다시 기상학으로 전과할 생각을 가지기도 했다. 왜냐하면 자신이 물리학의 몇 과목에 대해 흥미가 있기는 했지만 순수 이론 내용에 대해서 아무런 흥미가 없다는 것을 알게 되었기 때문이었다. 대학교 3학년 말에, 나중에 원자 에너지 사업의 창시자로 불리는 치엔싼치앙이 귀국하여 칭화대학에서 원자물리학에 관한 학술보고를 하게 되었는데, 예밍한에게 계속 물리과에 남아서 공부할 것을 결정하라고 촉구하였다. 그는 "사실에 대한 실험은 이론을 발전시킨다. 나는 실험이 나에게 맞는다고 생각하고, 너무 '현묘한' 것이 아닌 것에 비교적 맞는다"고 생각하였다.

중국 최초의 입자 가속기

청년 시절에 예밍한은 여러 유명 스승 곁에서 공부와 일을 할 기회가 있었고, 많은 사람들로부터 부러움을 샀다.

1953년 당시 예밍한

1949년, 본과 졸업 후에 예밍한은 칭화대학 석사반에 합격하였다. 지도교수는 그의 인생 선택에서 깊은 영향을 미친 치엔싼치앙이었다. 예밍한은 원자 물리학 연구에 종사할 마음이 있었고, 양자 물리학 등 관련 과목에서 두각을 나타냈다. 지도교수 치엔싼치앙은 그가 친구들 가운데 가장 훌륭하다고 칭찬하면서 그에게 외국에서 가지고 온 회선 가속기에 관한 참고도서를 주었다.

회선 가속기는 입자 가속기의 일종이다. 1897년 원자가 원자핵과 전자로 구성되었다는 것을 발견하고, 1932년에 원자핵이 양자와 중성자로 구성되었음을 발견한 이후 과학자들은 계속 양자와 중성자보다 더 작고 기본적인 입자를 발견하였다. 이렇게 해서 양자 물리학(고에너지 물리학)이 형성되었다. 이 미시 입자를 연구하기 위해서 인류는 현미경으로 세포를 관찰하는 것처럼 관찰을 진행할 수 없었고, 단지 입자 가속기를 통해서 이 작은 입자를 광속에 가까운 속도로 가속하여 목표를 맞춰서 그 상태를 변화시켜 미시 물질의 구성과 운동법칙을 이해하고 분석하였다.

"치엔 선생님이 돌아온 데에는 이유가 있었다. 그것은 바로 중국에서 핵물리 실험을 전개하기 위해서였다." 예밍한은 이렇게 회고하였다. 핵물리 실험은 인류가 미시적 세계를 인식하는 수단이자 현대 과학기술 발전의 필요조건이다. 중국이 서방과의 과학기술 격차를 줄이려면 최대한 빨리 핵물리 실험을 해야 했다.

중국 과학기술계의 별들을 담다

입자 가속기는 그 중에서 중요한 실험 장치였다. 1949년부터 예밍한은 지도교수 치엔싼치앙의 지도하에 관련 연구를 시작했다.

1년 후에 당시 조건과 정책의 제한으로 입자 가속기는 중국 과학원에서만 만들어졌다. 예밍한은 지도교수의 명을 받고 중국과학원 근대 물리연구소로 옮겨 왕간창, 샤오지엔蕭健이 이끄는 우주 라인 연구팀에서 일했다. 오래지 않아 인류 역사상 양전자를 최초로 발견한, 후에 '중국 원자 에너지의 아버지'라 불리는 핵물리학자 자종야오趙忠堯가 여러 어려움을 뚫고 귀국하여 정전 가속기 팀을 만들었다. 예밍한은 중국 최초의 입자 가속기 제작에 참가하게 되었다.

당시 국내의 핵물리 기초는 공백에 가까웠다. 경비는 제한이 있었고, 물자는 부족했다. 과학연구 조건이 미흡했으며 핵물리 실험 기자재는 더욱이 귀했다. 그들은 당시 상황을 "빵을 먹고 싶으면 먼저 보리를 심는다"고 표현했다. 기초 설비 제작부터 시작한 것이다. 자오종야오는 귀국할 때 미국에서 고생 끝에 구매한 정전 가속기 부품과 핵물리 실험 기자재를 가지고 왔는데, 중국 핵물리 발전에 중요한 역할을 했다. 그는 정전 가속기의 전체적인 방안을 설계하였다. 서로 다른 부품의 구체적인 임무를 연구팀 구성원들에게 분배하였다. 예밍한은 안배에 따라 주요 부품 가운데 하나인 이온 소스의 제작을 맡았다.

비록 조건은 힘들고 일은 빡빡했지만 예밍한은 매일 공부가 늘어가는 것을 느끼면서 기분이 매우 좋았다. 1953년, 중국 최초의 700kV 전자 정전 가속기가 완성되었다. 이 정전 가속기의 용량은 비록 많은 건 아니었고, 진행된 과학연구도 많지 않았지만 나중에 대학으로 옮겨져 학생들의 실험에 사용되었다. 하지만 그것은 중국의 입자 가속기가 성공적으로 첫걸음을 내딛었고, 기술을 탐색하고 인재를 길러냈다는 것을 나타내 준다. 예밍한은 이렇게 말했다. "우리는 이것을 연구 제작해 본 적이 없었다. 지금 보기에는 매우 단순한 물건인데 당시에는 적지 않은 시간을 들였다. 하지만 그것은 우리에게 자신감을 심어 주었다. 다른 사람들이 할 수 있는 일은 아무리 어려움이 있더라도 우리가 열심히 노력만 하면 결국 어려움을 극복하고 해낼 수 있는 것이다."

1957년, 예밍한은 중국의 두 번째 정전 가속기 연구 제작에 참가했다. 그 용량은 1959년에 설계치 250만 kV에 달했다. 건설 이후에 예밍한은 정전 가속팀 부조장 자격으로 그 운행과 개선 작업 책임을 맡아 여러 가지 입자 탐지기를 앞장서 연구 제작하고 발전시킴으로써 중국 최초의 저에너지 물리 실험을 전개하였다. 아울러 1960년대 초에 국제 수준의 성과를 만들어 냈고, 국제적으로 아직 실험과정에서 탐지해내지 못한 밀리그램 원자핵(24mg)의 새로운 에너지 준위를 탐지해 냈다.

"새로운 에너지 준위를 발견한 것은 물론 기뻤다. 하지만 사실은 매우 작은 일이었다. 그것의 의미는 우리 기술이 일정 수준에 도달했다는 것을 나타낸 것이다." 예밍한은 겸손하게 말했다. "당시 외국의 발전도 매우 빨랐다. 이미 직렬 연결 정전 가속기까지 발전하였고, 용량은 천만 킬로볼트까지 이르렀다. 분명한 사실은 우리는 막 입문했고, 국제 수준과는 격차가 매우 크다는 것이었다. 하지만 우리는 희망을 보았고, 발전은 기약도 없이 아득히 먼 것이 아니었다."

"빠르게 달리는 쾌속열차에 올라타라"

희망을 품고 동료들과 국제 수준을 향해 속도를 올리려 할 무렵에 예밍한은 상황이 갈수록 안 좋아지고 있다는 것을 알게 되었다.

중국 과학기술계의 별들을 담다

1964년, 국가가 1,000만 위안을 들여 제작한 직렬 정전 가속기 프로젝트가 멈춰 섰고, 예밍한은 '사회주의 교육운동'에 참가하게 되었다. 오래지 않아 '문혁'이 시작되었고, 그는 '반혁명분자'가 되어 중점 비판대상이 되었다. 숙부 예치쑨은 더욱 탄압을 당해 집이 수색당하고, 수감되기까지 했다. 예밍한은 자살까지 생각했지만 다행히 체념하였다. 1969년에 그는 후베이의 '5.7간부학교'로 하방되었고, 그는 매일 일이 끝나면 몰래 책을 보면서 기분은 점차 느긋해졌다.

1972년, 각지의 '간부학교'가 점차 해산되었고, 예밍한은 베이징으로 돌아와 정전 가속기의 응용 연구에 투입되었다. 이듬해 중국과학원 고에너지 물리연구소가 설립되었고, 예밍한은 이 연구 물리1실의 팀장이 되어 고에너지 물리실험에서 상용되는 입자 탐지기의 제작에 참가하였다.

1978년, 전국 과학기술 대회가 개최되면서 '과학의 봄'이 찾아왔다. 중국의 고에너지 가속기 건조는 국가 자연과학 발전계획 항목에 편입되었다. 이때 10년 재난을 거치면서 중국의 기초 과학연구는 매우 어려운 처지에 놓여 있었고, 국제 선진 수준과의 격차는 갈수록 커져 갔다. 중국의 고에너지 가속기 발전 방향을 어떻게 잡아야 할 것인가에 대해서, 먼저 확실한 양자 가속기를 먼저 건설하는 것이 맞는가 아니면 당시 국제적으로 보다 선진적인 쪽으로 목표를 잡는 것이 옳은가의 문제가 있었는데 각자의 의견은 갈렸다.

초기의 입자 가속기는 모두 고성능 입자를 이용했고, 권총으로 과녁을 맞추는 방식이었다. 그런데 충돌기는 두 고성능 입자로 충돌을 시켜 폭탄을 터뜨리는 것과 맞먹는다고 한다. 그것은 생산 효율이 높은 실험 방법이지만 기술이 더 복잡하고 기준이 너무 엄격하며 연구 제작의 난이도가 높다는 것이다.

"첫째, 자금이 제한적이다. 둘째, 양자 가속기가 국제적으로 이미 경쟁

❶ 1984년, 리정다오와 토론하고 있는 예밍한(오른쪽)
❷ 중국 핵과학의 개척자이자 기초를 놓은 인물 가운데 하나인 왕간창王淦昌(왼쪽에서 두 번째)을 모시고 중국과학원 고에너지 물리연구소를 참관중인 예밍한(왼쪽에서 첫 번째)

력이 없고, 충돌기가 국제 첨단의 작업을 할 수 있다." 예밍한은 충돌기 방안을 찬성하였다. 이는 국가의 최종방안이 되었다. "어떤 사람이 우리가 마치 플랫폼에 서서 날 듯이 달리는 쾌속열차에 뛰어들 생각을 하는 것 같다고 말했다. 만약 뛰어들면 지금부터 세계 앞줄에 서는 것이고, 아니면 온몸이 부서지는 것이다." 예밍한의 회고담이다.

중국이 하루 빨리 충돌기를 건조할 수 있도록 하기 위해 미국 화교 물리학자이자 노벨 물리학상 수상자인 리정다오가 방문학자 프로젝트를 만들어 중국 학자에게 미국의 최첨단 고성능 물리실험에 들어가 일을 할 수 있도록 했다. 예밍한은 이 프로젝트의 1979년 연말 프린스턴 대학 방문학자를 했었기 때문에 1981년에 다시 유타대학에서 방문교수를 하였다. 미국에서 일과 학업을 병행하면서 그는 중국과 미국간의 학술 격차를 절감하였다. 하지만 "조건만 허락되면 우리는 마찬가지로 해낼 수 있다"는 확신을 가지게 되었다.

1982년, 예밍한은 귀국하여 중국과학원 고에너지 물리연구소 물리1실

　　　　　　　중국 과학기술계의 별들을 담다

주임을 맡고, 베이징 양자 충돌기의 '눈' - 대형 입자 탐지기의 제작을 담당하였다. 2년 후 그는 고에너지 연구소 소장으로 승진하였고, 베이징 양자 충돌기 제작을 이끌게 되었다.

예밍한의 말에 따르면, 베이징 양자 충돌기는 '천시天時, 지리地利, 인화人和'를 만났다고 한다. '천시'는 개혁개방으로, 중국과 미국의 고에너지 물리 합작 협의가 이루어졌고, 당시 국내에서 생산할 수 없었던 재료를 미국에서 구매할 수 있었다. 연구 제작과정에서 맞닥뜨린 몇 가지 문제들은 미국 전문가와 토론할 수 있었다. '지리'는 연구소가 베이징에 소재해 있고, 국가에서는 이 프로젝트에 경비, 물자 등을 우선적으로 배려하는 등 최대한 지원하고 있다. '인화'는 당시 수준이 높은 몇몇 인재들은 모두 명예와 이익을 따지지 않고 일심단결하여 작업에 몰두했던 것이다.

1988년 10월 16일, 베이징 양자 충돌기는 양자 충돌을 처음으로 실현하였다. 마침내 중국은 미시 세계를 연구하는 가장 선진적인 '무기'를 가지게 되었고, "중국이 원자탄과 수소탄 발사, 인공위상 발사 성공에 이어 고급 과학기술 분야에서 중대한 성과를 거두었다." 1990년, 베이징 양자 충돌기와 베이징 스펙트럼 분광기는 국가 과학기술 진보상을 수상하였다.

한평생 공부해야 한다

예밍한은 천성적으로 내성적이다. 반드시 어떤 성과를 이뤄내야겠다는 '웅지'를 가져본 적이 없다. 자녀 교육을 할 때 자식에게 큰 기대를 거는 부모들과 달리 그는 아이에게 "싸우지 않는 게 제일"이라 하였다. 이유는 "첫째만을 경쟁하면서 너무 계산하고 따지는 것은 반대로 잘 배우지 못하게 된다. 최선의 노력만 다하면 되는 것이다."

과학연구 분야에서 예밍한은 치엔싼치앙, 자오종야오 등 은사들의 영향을 받아 문제 해결은 과학적 방법에 따라야 하고, 치밀해야 하며 사람들의 역량을 적극적으로 불러일으켜야 한다고 본다. 팀장이든 주임이든 연구소 소장이든 그는 최대한 권한을 내려놓고 함부로 지휘하지 않는다. 결정하기 어려운 문제가 생기면 자신이 책임을 떠맡아 사람들이 안심하고 일하도록 한다.

1995년, 예밍한은 중국 공정원 원사로 당선되었고, 1996년 후에는 중국 고등과학 기술센터 학술주임이 되었다. 연로한 나이에 그는 여전히 일을 하고 있고, 가장 관심 있는 분야는 여전히 중국 입자 물리 발전이다. 그가 보기에 실험을 기초로 하는 학문으로서 입자물리의 발전 역사는 실험과 이론이 끊임없이 상호 촉진하는 역사이고, 물질 세계에 대한 인류의 인식이 끊임없이 심화되는 역사이다. 입자물리학은 사람들의 생활과 비교적 멀리 떨어져 있는 듯하다. 하지만 물리 미시 구조의 연구는 각 학문 연구의 기초이다. 레이저, 통신, 신재료, 생물, 의학, 농업 등 학문의 수많은 신기술은 모두 원자 물리학의 성과에서 나온 것들이다. 예를 들어, 국제 웹망은 고에너지 물리 분야에서 최초로 탄생했고, 세계의 과학자들이 인터넷을 이용하여 정보 교류와 정보 검색을 하는 도구이다.

덩샤오핑은 당시 베이징 양자 충돌기를 참관했을 때 "중국은 반드시 세계 고급 과학기술 분야에서 한 자리를 차지해야 한다"고 말했다. 지금 예밍한은 이 '한 자리'를 이미 단단하게 차지했다고 의견을 나타냈다.

베이징 양자 충돌기가 건조되고 운행된 이후로 이미 일련의 국제 선진 수준의 성과를 얻었다. 아울러 지속적인 개조를 거쳐 국제 최고 선진 수준의 충돌기 가운데 하나가 되었다. 예밍한은 현재 세계에서 규모가 가장 큰 입자 물리연구 기관이 유럽 핵공학 센터인데, 미래 중국의 입자 물리학이 어떻게

1985년, 예밍한(오른쪽)과 은사인 치엔싼치앙과 당시 중국과학원 고에너지 물리연구소 상무부소장이었던 장허우잉張厚英(왼쪽 첫 번째)

발전된 것인가, 유사한 규모의 센터를 건립할 수 있는가, 어떻게 합리적으로 기초연구의 평가방법과 관리 시스템을 개선 발전시킬 것인가 하는 것이 중국 물리학계가 현재 고려해야 하는 문제라는 것이다.

"사람은 한평생 공부해야 한다. 기술발전은 매우 빠르다. 문제가 앞에 놓여 있고, 새로운 것, 새로운 발견이 끊임없이 나타날 수 있다." 은발의 예밍한은 웃으면서, 자기가 최근에 스마트 폰을 사서 위챗으로 열심히 공부하고 있는 중이라고 말했다. "하지만 나는 하루종일 휴대폰과 들여다보는 것을 좋아하지는 않는다. 일할 때 방해받기 싫기 때문이다."

28

俞鴻儒
위 훙 루

땅에서 '하늘'을 만드는 사람

———

1928~
기체 동력 전문가, 중국과학원 원사, 중국 충격파관,
충격파 터널 연구의 개척자이자 기초를 놓은 인물

"선생님은 우리에게 벼락출세하는 '용'이 되라고 하지 않았습니다. 착실하게 살아가는 '소'가 되라고 하셨습니다."
"과학 연구에서 가장 중요한 것은 사람, 창의성이지 돈이 아니다."
"과학 연구는 콜롬부스의 신대륙 발견과 같은 창조적인 작업이다. 어떻게 개발할 것인가 하는 것은 공정의 범주로서 각자가 자기의 역할을 하는 것이다."

땅에서 '하늘'을
만드는 사람
—

그는 백발의 머리에 회색 제복을 입고 재빠르면서도 집중하여 '터널' 시험을 하고 있었다. '터널'이라고 불리는 관 모양의 설비는 지극히 평범해 보이지만 중국 항공과 우주 공정 발전에서 엄청난 역할을 해냈다.

위홍루라는 이름의 그는 중국 기체 동력학자로서, 중국 과학원 원사, 국제 충격파 학회 종신회원이다. 그는 국내에서 최초로 충격파관 연구를 하여 중국 최초의 기체가 초음속으로 움직이는 충격파관을 만들어냈다. 아울러 성능이 국제 수준에 도달한 충격파 터널을 건조하였다. 그리고 수많은 비행체의 제작과정에서 각종 어려운 문제를 해결하는 데 도움을 주었다.

이른바 '터널'은 비행체의 '요람'이라고 불리는데, 기류의 인공 생산과 제어가 가능하여 지면에서 비행체 제작에 압축공기로 작동하는 대형 실험 장치가 필요한 '우주 비행'을 인공적으로 만들어낼 수 있다. 현대의 비행기, 미사일, 인공위성 등은 터널 안에서 수없이 많은 바람을 불어넣어야 하늘로 올라갈 수 있다.

위홍루의 독창적인 폭발 가동 기술의 도움을 받아 현재 중국은 세계에서 앞장서 소리 속도의 5배의 비행 조건을 보이는 지면 실험 설비를 갖출 수 있게 되었다. 만약 비행기가 상응하는 속도로 비행할 수 있다면 베이징에서 뉴욕까지 날아가는 데 걸리는 시간은 14시간에서 2시간으로 단축될 것이다.

'터널' 안의 풍경

2016년, 중국 학자 지앙쭝린姜宗林이 미국 항공우주학회 지면 시험상을 수상하였다. 이는 이 상의 설립 이래 40년간 아시아 학자에게 처음 수여된 것으로서, 그가 이끄는 팀이 세계에서 '모의 초음속 비행조건을 실현한 세계 최대의 충격파 터널'을 성공적으로 제작한 것을 표창하는 것이었다. 지앙쭝린 교수는 중국과학원 역학 연구소 연구원으로서 위훙루가 직접 선정한 후계자이다.

4년 전, 초음속 비행조건의 긴 시험 시간을 실현한 충격파 터널이 베이징에 처음 건조되었다. 이것은 사람 키 반 정도 높이의 금속 관으로서, 길이는 265미터이고, 관은 거칠기도 하고 섬세하기도 하며 단락마다 색깔이 바뀌고 밖에서 볼 때는 좁아 보이지만 국제적으로 동종업계 사람들은 '울트라 드래곤'이라고 부른다. 중국과학원 역학연구소의 충격파 터널 시리즈에 맞추어 그것은 'JF12'로 명명되었다.

위훙루는 'JF12의 아버지'이다. 왜냐하면 JF12는 그가 독창적으로 만들어낸 폭발 가동기술의 기초 위에서 구상해 낸 것이기 때문이다.

위훙루의 소개에 따르면. 20세기 초에 비행기가 발명된 이후로 인류는 줄곧 비행 속도를 향상시켜 왔다. 유체가 소리 속도를 넘어설 때 충격파가 발생하기 때문에 비행기 속도가 갈수록 공기 중의 소리 속도에 가까워지고, 그 상태에서 초음속으로 높아질 때 비행기의 개발은 커다란 기술적 장애에

❶ 중국과학원 역학연구소 충격파관 실험실에서
❷ 1988년, 서독 야탄대학의 초청을 받아 초음속 연구에 참가

직면하게 된다. 이른바 '소리 장애'라는 것이다. 프로펠러 비행기가 소리 장애를 넘어서는 것이 매우 어려운데, 나중에 분사식 모터가 발명되어 소리 장애의 난제가 해결되었다.

'마하'는 비행 속도를 묘사하기에 편리한 전문용어이다. 그 수치는 비행 속도와 소리 속도의 비율이다. 마하가 1보다 작으면 비행 속도가 소리보다 느리다는 것을 말하고, 마하가 1보다 크면 소리 속도보다 빠르다는 것으로 이른바 초음속이다. 마하가 5보다 크면 초고음속이라 하고, 이것은 비행 속도가 소리 속도의 5배 이상이라는 것을 의미한다.

초고음속 비행이 실현되고 나서 사람들은 그 이상의 비행 속도에 도전을 했다. 오늘날 세계의 비행기 속도는 최고 마하 3 안팎에 달한다. 이것은 마하 5에 도달하면 새로운 기술적 장애를 즉, '초고음속 장애'를 만나기 때문이다. 현재 어떻게 초고음속 장애를 넘어서서 초고음속 비행을 실현할 것

중국 과학기술계의 별들을 담다

인가 하는 것이 국제적 난제이고, 세계 각국은 이것을 극복하기 위해서 노력하고 있다. 당시 '소리 장애'의 돌파와 마찬가지로 '초고음속 장애'를 돌파하기 위해서 먼저 필요한 것이 거기에 부합하는 모터이다. 그리고 그 모터를 만들어내기 위해서는 지면에서 초고음속 비행 시험을 할 수 있어야 한다. 즉, 초고음속 시험 기류를 만들어낼 수 있는 지면의 실험 장치가 필요한 것이다.

1980년대에 미국, 독일, 일본 등의 나라들은 오스트레일리아 학자 스토커Stalker가 발전시킨 자유 피스톤 충격터널을 제작하였다. 하지만 이 터널은 제조 가격이 너무 비싸고, 성능도 좋지 않았다. 독립적인 탐색과 연구를 거쳐 1988년에 위홍루는 충격파 터널 디토네이션 구동 기술을 만들어냈다.

이 기술은 제조 가격이 상대적으로 저렴하고 성능도 뛰어나서 국제 동종 업계의 찬사를 들었고, 중국 역학사업의 중대한 성과 가운데 하나가 되었다.

디토네이션 구동 기술의 기초로 한 JF12 터널은 2008년 정식으로 프로젝트화되었고, 4년만에 건조되었다. 위홍루의 말에 따르면, 초음속 흡기 모터의 지면 시험에서 필요한 시험 시간은 최소 60~70ms이고, 외국의 충격파 터널은 30밀리초까지 가능한데, JF12는 이미 100ms를 초과하여 5~9마하에 달한다고 한다.

마하 9는 어떤 개념일까? 만약 비행기가 이 속도로 비행한다면 베이징에서 뉴욕까지 2시간이면 갈 수 있다. 어떤 사람이 묘사하기를, 비행기 속도가 9마하이면 비행기의 모터에 불이 붙는 것이 마치 용이 바람을 타고 올라가면서 불길 속에 휩싸이는 것 같을 것이라고 하였다. JF12는 지면에서 이런 장면을 연출할 수 있다. 이것은 초음속 모터를 연구 개발하는 데 조건을 마련해 준 것이다.

"내가 알기로는 이 설비가 세계에서 유일하다. 그것의 생산 플로우 필드 구역이 넓다는 것, 기류 속도가 빠르다는 것, 시험 시간이 길다는 것에서 의미가 있고, 보다 중요한 것은 가장 독특한 디토네이션 구동기술을 응용하였다는 것과 자유 피스톤 구동 기술의 약점을 극복했다는 점이다. 당신들은 믿을 만한 초음속 시험 수치를 얻었다는 것에 대해 자랑스러움을 느끼게 될 것이다." JF12 충격파 터널을 참관하고 국제적으로 유명한 충격파관 기술 전문가이자 국제 충격파 연구원을 만든 타카야마 카즈요시高山和喜의 말이다.

위홍루는 미래를 바라보고 있다. 그는 이렇게 말한다. "JF12는 초고음속 흡기식 추진기술의 발전은 믿을 만한 지면 시험 기초를 제공해 준다. 하지만 진정한 초고음속 순항 비행과는 아직 거리가 멀다. 계속해 나가야 하고, 하나씩 문제를 해결해 나가야 한다."

독립적으로 사고하고, 잘못을 범하는 것을 두려워하지 않아야 한다

이제 위홍루는 인생 말년에 접어들었다. 백발이 성성한 그는 일을 할 때는 집중하고 엄숙한 모습이었다가 일이 끝나면 살가운 표정이다. 그의 말에는 장시 사투리가 섞여 있다. 성격은 쾌활하고 자신에 대한 모든 존경과 반대에 대해서 애증을 분명하게 드러낸다. 그는 이런 성격을 아버지로부터 받았다고 말한다.

1928년, 위홍루는 장시성의 산골에서 태어났다. 아버지는 담배 판매상으로서 실용적인 것을 중시하였다. 위홍루의 기억에 아버지 50세 생일 되던 해에 축하방식이 다른 사람들처럼 손님을 초청하여 잔치를 벌이는 것이 아니라 울퉁불퉁한 좁은 길을 평탄한 신작로로 만드는 것이었다. 아버지는 항상 그에게 다른 사람의 견해를 무작정 따르지 말고, 어떤 사물을 관찰할 때에는 겉만 보고 미혹되지 말고 그 실질을 분명히 볼 줄 알아야 한다고 가르

중국 과학기술계의 별들을 담다

쳤다.

위홍루의 학생시절은 전란이 끊이지 않았던 때였다. "학업 여건은 너무 어려워서 교과서조차 없을 때도 있었다. 또 걸핏하면 폭격을 피해 방공호로 숨기도 했다." 하지만 그가 보기에 오늘 거울로 삼을 만한 장점도 있었다. "그 당시 열심히 재주껏 공부해서 7,80점 정도 받으면 좋은 성적이었다. 죽어라고 외워서 높은 점수를 받을 필요가 없었기 때문에 당일치기를 하거나 명예나 이익을 쫓아가는 습성에 쉽게 물들지 않았다. 따라서 그 시절이 사실 많은 인재를 배출한 것이다."

1946년, 위홍루는 통지同濟대학 수학과에 입학하였다. 당시 국가는 혼란에 처해 있었다. 학생운동이 끊이지 않았고, 위홍루도 거기에 적극 참여하였다. 1949년 8월, 신중국의 경제 건설에 이바지하기 위해 그는 옛 해방구에 위치한 다롄大連대학(지금의 다롄 이공대학)에 다시 입학하였고, 졸업 후 학교에 남아 교편을 잡았다.

1956년, 중국과학원은 연구생을 공개 모집하였는데, 이것이 위홍루 인생에 중요한 전환점이 되었다. '치엔쉬에썬 선생님의 귀국에 감명을 받아' 위홍루는 역학 연구소 치엔위에창錢偉長 선생의 연구생에 응시하였고, 나중에 치엔위창과 치엔쉬에썬의 명의로 모집한 학생들은 모두 막 귀국한 궈용화이郭永懷 선생이 지도하는 것으로 바뀌었다는 사실을 알게 되었다. "신입생을 모집할 때 궈 선생님은 아직 돌아오지 않으셨다. 하지만 귀국할 것이라는 사실을 알고 있었기 때문에 두 치엔 선생님이 특별히 그분을 위해 학생을 모집해 준 것이다." 위홍루의 설명이다.

궈용화이는 중국 근대 역학 사업의 기초를 놓은 인물이다. 1938년에 중국과 영국의 경자庚子 배상 기금회가 거행한 유학생 모집 시험에서 그와 치엔웨이창, 린자치아오林家翹가 함께 합격하였다. 미국에서 그는 국제 항공우주 분야의 대가인 폰 카먼에게 배웠고, 마하 1과 관련한 뛰어난 논문을 완성하였다. 박사학위를 취득한 후에 그는 코넬대학 우주 연구원의 세 명의 관리자 가운데 한 명이 되었다. 궈융화이는 마하에 관련된 중대한 이론 문제를 해결하였다. 특히 치엔쉬에썬과 함께 마하와 관련된 난제들을 해결하였고, 국제적으로 'PLK방법'이라 불리는 이론을 만들어냄으로써 세계적으로 유명해졌다. 1956년 겨울, 그는 귀국하여, 치엔쉬에썬과 함께 중국과학원 역학연구소 건설에 투신하여, 상근 부소장을 맡았고, 훗날 '양탄일성'의 연구 제작 과정에서 많은 기술적 난제들을 해결하였다.

위훙루와 그 밖의 네 명의 학우들은 궈융화이 쪽으로 정식 이동하였고, 귀국 후의 첫 제자가 되었다. 위훙루는 지금도 기억하고 있다. 궈 선생이 그들을 처음 만나자 엄숙하게 말하는 것이었다. 그가 귀국하는 것은 국가의 과학 사업에 초석을 놓기 위한 것이고, 그들도 이런 생각의 준비를 하고 있기를 바란다는 것이었다. "선생님은 우리에게 벼락출세하는 '용'이 되라고 하지 않았다. 착실하게 살아가는 '소'가 되라고 하셨다." 위훙루의 말이다.

위훙루의 기억 속에 궈융화의 학생 지도는 계발과 유도 스타일이었다. 그는 언제나 문제를 제기하지만 구체적으로 어떻게 해라 하고 말하지는 않는다. 제안을 하더라도 이 한 마디를 할 뿐이다. "단지 제안이고 자네가 더 좋은 방법을 생각해보길 바란다."

초음속 비행 연구를 위해서 1958년에 궈융화이는 역학연구소에 충격파 관 팀을 만들 것을 선포하였고, 아울러 위훙루를 팀장으로 지명하였다. 위훙루의 말이다. "원래는 궈 선생님이 팀장을 맡을 예정이었는데, 선생님 말씀이 자신은 실험 경험이 없고 대체적인 방향만 알 뿐이어서 자신이 맡는 것은 부당하니 나보고 맡으라 하였다. 선생님은 또 중국인의 실험 능력이 부족해서 우리가 이 분야에 더 많이 노력해야 한다고 하셨다."

중국 과학기술계의 별들을 담다

귀용화이의 격려와 지지를 받고 위홍루는 산소수소 연소 구동 충격파 관을 연구하였다. 이것은 당시 국제적으로 사용하지 않는 실험방법이었다. 왜냐하면 비용이 저렴하고 구동력이 좋기는 하지만 기류 시험 품질이 낮고 사고가 나기 쉽기 때문이었다. 귀 선생은 위홍루와 함께 충격파관을 어떻게 만들었을까. 위홍루 생각에, 국제적으로 유행하는 방법은 가격이 너무

1956년 따리엔 공학원 근무 당시의 위홍루

비싸고 기술이 복잡하며 산소수소 연소 구동은 중국 상황에 더 적합하다고 봤다. 또 그 결점은 개선할 수 있기 때문에 어떻게 고칠지는 말하지 못하더라도 잘 연구하면 해결방법을 찾을 수 있을 자신은 있었다. 귀용화이는 위홍루의 방법을 지지하기로 결정했다.

처음에는 실험과정에서 여러 차례 사고가 발생하였다. 가장 심각한 사고는 임시로 만든 실험실 전체가 폭발한 것이었다. 하지만 매번 사고가 나면 위홍루는 책망을 받지 않았다. 반대로 위로와 격려를 받았다. 비난의 목소리가 들리더라도 치엔쉬에썬, 귀용화이 등 지도자들은 지지를 보내주었다. 역학연구소는 아예 시멘트와 목재를 한꺼번에 신청해서 매번 실험실에서 폭발사고가 일어나면 곧 바로 다시 짓고는 했다. 결국 위홍루는 사고 원인을 철저하게 규명하고 예방조치를 취했다. 그가 만든 산소수소 연소 구동방법은 지금까지 쓰이고 있고, 몇십 년 동안 심각한 사고는 다시 일어나지 않았다.

"과학연구를 할 때에는 반드시 독립적으로 사고 해야 하고 맹목적이지 말아야 하며 잘못을 범하는 것을 두려워하지 말아야 한다." 당시 귀용화이

와 치엔쉬에썬도 그의 이러한 점을 눈여겨 본 것이라고 위홍루는 말했다. 중국과학원 역학연구소에서 연구와 공부를 병행할 당시의 그의 신분은 다롄 공학원의 교수였다. 1962년 광저우 전국 과학사업 회의 기간에 치엔쉬에썬이 다롄 공학원의 치엔링시 교수에게 제안하길, 위홍루를 역학연구소에 남게 하고 그들이 역학연구소에 와서 임의로 젊은 사람을 하나 뽑아갔으면 좋겠다고 하였다. 이렇게 하여 위홍루는 역학연구소에 남아서 오늘까지 일하게 된 것이었다.

나중에 위홍루가 학생들을 길러내게 되었을 때, 그가 가장 좋아했던 것도 독창적인 견해를 말할 줄 아는 창조성이 있는 학생이었다. 그는 웃으면서 말했다. "능력이 좋은 학생은 무슨 말이든지 하려고 한다. 또 지도자에게 잘못을 저지르는 걸 두려워하지 않는다. 나는 이런 학생을 좋아한다."

돈은 적게 쓰고, 창조성은 많이

반세기 동안 위홍루가 꾸준히 추구하는 것이 있다. 가능한 한 낮은 비용으로 가능한 한 높은 성능의 에어 실험 장치를 연구 제작하는 것이다.

"과학연구에서 가장 관건이 되는 것은 창조이지 돈이 아니다. 창조가 있으면 아무리 가난해도 자신만의 방법으로 세계에 둘도 없는 일을 잘 해낼 수 있다. 창조가 없으면 아무리 많은 돈을 쓰고, 아무리 많은 외국 선진기술을 모방해 만들어 낸다 해도 짝퉁으로 진정으로 가치를 지닌 과학적 성과를 이루어 낼 수 없다." 위홍루는 이 관점을 반복해서 피력하고 강조하였다. 이 생각은 지도교수인 궈융화이의 영향을 받은 것이다.

1960년을 전후하여 3년의 고난 시기에 역학연구소의 수많은 연구 프로젝트는 취소되었다. 위홍루이 프로젝트는 보류되기는 했지만 경비가 처량

중국 과학기술계의 별들을 담다

할 정도로 적었다. 궈융화이는 여러 차례 그에게 말했다. "돈이 적어도 일할 수 있다. 가장 돈을 절약하는 방법으로 어려운 문제를 해결할 수 있는 능력이야말로 진짜 능력이다."

당초 위훙루는 궈 선생의 말이 당시의 어려운 환경을 염두에 두고 그를 격려하기 위한 말이라고 생각했다. 1967년 봄에 경비가 매우 제한적인 조건에서 위훙루는 고성능의 대형 충격파 터널을 제작하였다. 하지만 궈 선생은 그것을 보더니 화를 크게 냈다. 위훙루는 선생님이 왜 화를 내는지 몰라 답답했다. 궈 선생이 그를 앞에 두고 책망하였다. "자넨 도대체 어디에서 그렇게 많은 돈이 생긴 건가?" 위훙루는 그제서야 알게 되었다. 자신이 큰 돈을 써서 이 일을 완성했다고 생각한 것으로 선생님이 생각했었던 것이다. 당시 베이징 대학에서 규모와 성능이 가장 낮은 충격파 터널을 가공했는데 가공비만 80만 위안이 들었기 때문에 궈선생은 이렇게 성능이 좋은 충격파 터널을 건조하는 데 최소한 수백만 위안이 들었을 것이라고 생각한 것이다. 위훙루는 즉시 선생님에게 자신이 어떻게 폐설비를 모아서 이용했는지, 또 비용도 적게 들고 품질도 보증되는 가공 공장을 어떻게 찾아냈는지, 그래서 가공비가 8만 위안만 들은 것에 대해 보고하였다. 궈 선생이 듣고 나서 그제서야 함박웃음을 지으면서 시험 구역을 더 늘일 수 있는지를 물었다.

이 일로 위훙루는 진정으로 깨닫게 되었다. 궈 선생이 '돈이 적어도 일할 수 있다'는 말이 어려운 환경을 염두에 두고 한 틀에 박힌 말이 아니고 과학연구자가 돈에 힘을 쏟아서는 안 되고 국가가 많은 돈을 쓰게 해서는 안 되며 가능한 한 단순하고 기술적인 방법으로 문제를 해결해야 하고, 그렇게 해야 효율적인 연구를 할 수 있다는 것을 알려준 것이다.

이때부터 최선을 다해 돈을 적게 쓰고 많은 문제를 해결하는 것이 위훙루 연구의 지금까지 이어지는 일관된 풍토가 되었다. 주지하는 바와 같이 구제적인 부러움을 사고 있는 JF12 터널은 4,600만 위안이 들어갔다. 위홍루의 독창적인 디토네이션 구동 기술에 들어간 비용은 외국의 같은 종류 터널에 비해서 훨씬 저렴하다. JF12 터널 프로젝트 책임자인 지앙쫑린은 "창조 정신이 없었으면 4억이 들어가도 해내지 못했을 것"이라고 말했다.

위홍루는 JF12 충격파 터널이 국가 재정부와 중국과학원의 공동 지원한 8개 중대 과학연구 장비 제작 프로젝트 가운데 하나라고 하면서 전문 경비를 사용한 것이라고 말했다. 이 경비는 외국에 없는 기술을 연구 제작하는 데에만 쓰는 것으로서, 그를 통해 국내 과학 연구 기기가 대부분 수입과 모방제품에 의지하는 상황을 바꿔 보자는 것이다.

"과학연구 프로젝트의 평가는 골동품을 사는 것과 같다. 물건을 볼 줄 아는 사람만이 진정한 가치를 분별하는 것이다. 만약 외국인만 따라가고 모방만 하게 되면 영원히 뒤떨어질 수밖에 없다. 또한 절대로 돈으로 과학연구의 가치를 평가하는 기준으로 삼아서는 안 된다. 돈을 더 많이 들인다고 해서 가치가 있는 것은 아니다." 위홍루는 의미심장하게 말했다. "정말 국내의 자주적 창조 능력을 강화하고자 한다면 사람들이 생각을 바꾸고 체제를 개선해야 한다. 절대 한 사람의 힘만으로는 해낼 수 없다."

그는 현재 몇몇 과학연구 분야에서 과학연구와 공정을 섞어서 말하고 있는데, 이는 잘못된 것이라고 지적한다. "과학연구는 과학기술 사업의 가장 앞서 있는 하나의 고리로서, 마치 콜롬부스의 신대륙 발견과 같다. 어떻게 개발하는가 하는 것은 공정의 범주로서, 양자는 그 역할이 다르다. 만약모든 사람이 발견도 하고 개발도 하느라 바쁘다면 주방장에게 요리를 만들라고 하면서 채소부터 심으라고 하는 것으로서 이건 되지도 않는 일이다."

2015년, 위홍루는 '치엔쉬엔썬 역학상'을 처음 수상하였다. 충격파와 충격파관 기술 분야에서 창조적 공헌을 해낸 것을 표창한 것이다. 그는 수상

중국 과학기술계의 별들을 담다

소감에서 이렇게 말했다. "치엔 선생님은 내가 존경하고 흠모하는 어른입니다. 그분의 이름을 딴 상을 받게 되어 영광입니다. 상을 받고 나서 생각난 것은 선생님이 말년에 하신 두 가지 걱정이었습니다. 하나는 과학기술 창조 인재 문제인 '치에쉬에썬의 물음'이고, 다른 하나는 중요한 과학기술 창조 성과의 문제인데, 이것은 사람들의 주목을 끌지 못하고 있습니다. 1995년 정월 초하루에 선생님은 왕서우윈王壽雲 등 여섯 분의 동료에게 편지를 쓰셨습니다. '60년대 우리나라 과학기술 인력이 쿼크보다 먼저 스트라톤 이론을 내놓고, 먼저 인공 인슐린을 합성하고 수소탄 기폭의 독특한 기술을 성공적으로 실현했지만 오늘은?… 나는 현재 너무 서양 사람들에게 빠져 있고, 담이 너무 작다고 생각한다. 만약 창조적이지 않으면 우리는 무능한 사람들이 되고 말 것이다!' 치에 선생님의 우려는 민족의 부흥과 국가의 강성이라는 문제와 관계되어 있습니다. 모두 그 분의 우려를 씻기 위해 노력합시다. 나는 비록 늙어 쇠약하지만 여기에 뜻을 두는 청년 동지와 함께 계속 노력해 나가고 싶습니다."

"창조만이 초음속 비행과 다른 각종 과학기술의 발전을 현실로 만들 수 있다." 일생 자신이 초음속 비행을 실현하려는 중국인의 꿈을 도와왔다고 말하면서 위홍루는 목소리를 높이면서 만감이 교차한 듯 말했다. "창조는 우리 이 노인네들만 의존해서는 안 되는 것이고, 관건은 젊은 사람들한테 달려 있다!"

29

郁銘芳
위 밍팡

화학섬유의 꿈

———

화학섬유 전문가, 중국공정원 원사, 중국 화학섬유 분야의 개척자이자 기초를 놓은 인물

"과학 연구는 유물론적 변증법을 소중히 여겨야 한다."
"모든 사람은 자신의 인생에 책임을 져야 한다. 우리는 일생에서 많은 어려운 문제를 만나게 되는데, 가장 중요한 것은 낙관적이어야 한다는 것이다."
"화학섬유업은 여전히 새로운 생명력을 발산하고 있다. 방직으로부터 공업, 국방, 항공우주에 이르기까지 응용 범위가 매우 넓고 많은 생산품과 새로운 분야가 연구를 기다리고 있으며 발굴할 만한 엄청난 잠재력이 있다."

郁銘芳
위밍팡
화학섬유의 꿈

—

상하이 둥화東華대학 쑹장松江 캠퍼스 재료대학의 시설이 소박한 사무실 안에 백발이 성성한 위밍팡이 짙은 남색 자켓을 입고 회색 바지를 입고 컴퓨터 앞에 앉아 일을 하고 있다. 매우 마르고 귀는 보통 사람에 비해 조금 길어 보이며 눈은 크지 않지만 밝게 빛나고 상하이 사투리가 강한 노인이다.

그는 정통 상하이 토박이다. 상하이에서 태어나 공부를 했고, 일을 했으며 반평생을 상하이의 '어머니 산업'이라 할 수 있는 방직업에 종사하였다.

그는 중고등학교 시절부터 화학을 좋아했다. 대학 졸업 후에는 방직공업에 발을 들여놓으면서 멍한 적도 있었고, 여러 가지 어려움을 겪기도 했지만 자신의 추구, 즉 화학적 방법으로 보다 좋은 인조견을 만들어내자는 꿈을 견지하였다.

중국 최초의 합성섬유를 만들어내는 것으로부터 최초의 국산 군용 낙하산 줄 생산까지, 탄소 섬유와 아라미드 섬유 등의 새로운 고성능 섬유 제작에 이르기까지, 국민들의 의류문제 해결부터 국방 장비의 재료 문제 해결에 이르기까지 위밍팡은 중국 화학섬유 분야에서 혁혁한 공을 세웠다.

그는 "우리는 제로에서 시작하여 지금은 화학섬유 대국이 되었다. 하지

중국 과학기술계의 별들을 담다

만 화학섬유의 강국이 되려면 여전히 가야 할 길이 남아 있다"고 말한다.

'진기'한 화학

어린 시절에 위밍팡의 꿈은 천문학자가 되는 것이었다. 그는 상하이의 중산층 가정에서 태어났다. 아버지는 외국인 상사에서 일을 했다. 어머니는 그에게 견우직녀와 항아분월 같은 중국의 옛날 얘기를 해주었다. 그는 이 얘기들을 들으면서 아득히 먼 밤하늘을 바라보며 꿈을 키웠다. 중고등학교 시절 화학 과목은 그의 꿈을 바꿔놓았다.

화학 수업 시간은 지금도 그의 기억에 새록새록하다. 선생님이 투명한 액체를 다른 무색 투명한 액체에 넣어서 혼합하니 붉은 색으로 변했고, 다시 세 번째 투명액체에 넣어 혼합하자 다시 무색으로 변하는 것이었다. 선생님이 말하길, 이것이 화학반응을 일으켜서 새로운 물질을 만들어낸 것이라고 하였다. "두 물질을 한 데 섞으니 새로운 물질을 만들어낼 수 있다는 것이 매우 신기했다." 이 때부터 위밍팡은 화학에 흥미를 보이기 시작했다.

위밍팡은 집안의 장손이었다. 구식 가정에서 자상스럽기도 하고 책임감이 느껴지기도 했으며 압력도 많았다. 아버지는 자녀 교육을 중시하였고, 위밍팡도 어려서부터 열심히 공부하였다. 1944년, 그는 우수한 성적으로 둥우東吳대학 화공과에 입학하였다. 전쟁의 와중에 둥우대학은 고정된 교사가 없었다. 그는 학교를 따라 곳곳을 전전하였다. 하지만 전쟁으로 인해 학업이 중단되는 일은 없었다. 대학 4학년 때 그는 견실한 기초를 쌓았고, 화학에 대한 흥미는 더욱 심화되었다. 아울러 은사인 구이둥顧翼東 선생의 "화학자는 반드시 인류를 위해 유용한 것을 남겨야 한다."는 말씀이라든지 '다섯 가지 W' 등의 학문 이념에 대한 인상은 매우 깊었다.

1948년, 위밍팡의 동우東吳대학 졸업사진

1948년 대학 졸업 당시에 위밍팡은 선생님이 추천한 타이완 석유화학 공장 취업을 거절하고 친구들과 함께 중국 방직건설 회사에 응시하여 최종 합격자 세 명 가운데 한 명이 되었다. 당시 상하이 제17 방직 공장의 화학실험실에서 인재를 급히 구하고 있어서 위밍팡은 그곳의 연습생으로 배속되었고, 그가 바라던 염색 실험실로는 가지 못했다.

"나염은 색깔과는 다르다. 이것은 화학이고, 방직은 주로 물리로서 새로운 물질을 만들어내지 못한다." 위밍팡은 멍한 상태에 빠졌다. 한 선배가 그에게 방직을 배우라고 권했다. 그는 싫다고 했다. 그의 마음 속에는 바램이 있었다. 화학과 관련된 일을 하고 싶었던 것이다.

화학으로 국민들의 의류 문제를 해결하다

방직공장의 실험실에서 위밍팡은 5, 6년간 일했다. "학술적으로 5, 6년을 낭비했지만 정치적으로 발전했다"고 위밍팡은 말했다.

학생 시절의 위밍팡은 정치에 관심을 두지 않았다. 몇몇 친구들이 정치 문제로 수업거부를 하는 것에 대해서 찬성하지도 않았다. 졸업 후에 한 당원 친구와 함께 상하이 제17 방직공장에 가서 일을 하게 되었는데, 당의 선전 자료 인쇄를 도와달라고 하였다. 또 신중국 수립 후에 전체적인 사회 분위기

중국 과학기술계의 별들을 담다

의 영향으로 위밍팡은 사상적으로 마르크스 레닌주의, 마오쩌둥 사상을 받아들이고 중국공산당에 가입하였다.

그가 화학 관련 일을 하게 된 계기는 1955년에 마련되었다. 저우언라이 총리가 전국 지식인 대회에서 '과학을 향해 진군하자'라는 구호를 제기하였다. 이후 상하이 각 체계에서는 전공과 맞지 않는 기술 인력을 본업으로 돌아갈 수 있도록 하는 조치를 취했다. 위밍팡은 공장 지도자의 도움으로 상하이 방직국에 편지를 써서 화학섬유 연구에 참여하고 싶다는 뜻을 피력하였다.

위밍팡은 이렇게 회고한다. "당시 포목은 공급판매제를 하고 있었는데, 사람들은 포목을 살 때 표가 있어야 했다. 국민들의 입는 문제를 해결하기에 면화 생산량은 턱없이 부족했다. 국가 방직산업은 이미 화학섬유 쪽으로 결정되었는데, 상하이의 방직업은 전국 최고였다. 나는 이것이 나에게 가장 좋은 기회라고 생각했다. 그것과 화학과 관련이 있고, 나는 방직의 기본적 상황에 대해 좀 알고 있으니 나는 화학섬유를 하기로 맘먹었다."

1957년 11월, 11명의 기술 인력이 상하이 방직국에 새로 마련된 화학섬유 설립계획처로 배속되었다. 위밍팡은 그 가운데 세 명의 당원 중 한 명이었다. 몇 개월 뒤에 상하이 합성섬유 실험 공장이 만들어졌다. 주요 임무는 의류용 섬유를 연구하는 것이었다. 이 곳에서 위밍팡은 실험실 주임, 생산기술과장, 부수석 엔지니어 등을 역임하였다. 마침내 그는 원하던 대로 화학섬유 연구분야로 들어가게 되었다. 하지만 앞에 놓은 길은 첩첩산중이었다.

5~10만년 전에 체모가 퇴화하면서 인류는 짐승가죽, 나무껍질, 풀잎 등의 천연 섬유를 이용해서 몸을 가리고 체온을 유지했다. 나중에 융모, 면화, 아마, 누에실 등 천연섬유가 방직에 널리 이용되었다. 과학자들이 처음에 화학섬유를 구상하게 된 것은 17세기이다. 하지만 200여년 후에야 비로소 현

실이 되었다. 19세기 말에서 20기초에 세계 화학섬유 산업은 매우 **빠르게** 발전했고, 새로운 제품이 쏟아져 나왔다. 하지만 방직 역사가 유구한 중국은 당시에 오랜 전란 속에 **빠져** 있었고, 신중국 수립 초까지 중국 화학섬유 산업은 공백 상태였다.

1957년 말, 누추한 단층 건물에서 위밍팡과 동료들은 제로부터 시작해서 일과 학업을 병행하였다. 그들은 밤낮을 가리지 않고 외국 자료를 열람하면서 화학섬유의 원리를 연구하였고, 제품 종류를 이해하였으며 외국 연구 설비 도면을 찾아내어 국내 공장의 생산능력을 광범위하게 연구 조사하였다.

당시 국내의 과학연구와 생산 조건은 모두 낙후되어 있었다. 하지만 그들의 방법을 생각해내어 작업을 해나갔다. 원료를 합칠 때 쓰는 고압 솥은 고온을 견디고 부식을 견디는 재료가 필요한데, 전문가에게 백은을 이용해서 제작해 줄 것을 부탁했고, 섬유를 가공한 후에 처리할 기계가 없어서 그들은 공장에서 쓰지 않는 면사기를 이용해서 만들어 냈다. 설비 부품이 부족하면 그들은 전문가에게 가공해 줄 것을 부탁하는 등 부단한 노력을 기울인 끝에 1958년 6월 중국 최초의 면사를 만들어 냈다.

1959년, 위밍팡은 면사를 이용해 만든 5킬로그램의 그물을 베이징에서 열린 경축 10주년 성과전에 보냈다. 1960년에 그와 동료들은 중국 최초의 군용 낙하산 끈을 제작하였고, 군용 낙하산 원료의 공급문제를 완전히 해결하였다. 이 성과로 말미암아 당시 전국 인민대표대회 상임위원장이었던 주더朱德가 상하이 합성섬유 실험 공장으로 참관을 하러 와서 위밍팡과 악수와 함께 환담을 나눴다.

위밍팡은 자신이 화학의 방법으로 국가를 위해 문제를 해결했다는 것에 대해 매우 기뻤다. 그는 "한 사람의 일생에서 가장 중요한 것은 국가와 국민을 위해 쓸모있는 일을 하는 것"이라고 힘주어 말했다.

중국 과학기술계의 별들을 담다

과학연구도 변증법적 유물론을 말한다

개혁개방 초기에 '적확량的確良'은 시대의 집단 기억이었다. 사실 1960년대에 화학섬유 재료가 중국에 들어오기 시작했지만 가격이 너무 비싸서 '신분의 상징'으로 여겨졌다. 주요 원인은 그 원료가 수입에 의존하고 있었기 때문이었다.

'데이크론'의 원료 문제를 해결하기 위해서 1964년, 상하이 합성섬유 실험실 공장을 개조하여 만든 상하이 합성섬유 연구소는 국가 과학위원회가 하달한 '연생산 300t' 임무를 받았다. 당시 37세였던 위밍팡은 연구소 부소장 겸 수석 엔지니어를 맡고 있었는데 이 프로젝트의 책임을 떠맡았다.

충분한 조사 연구를 거쳐 위밍팡은 당시 국내 화학섬유공장이 널리 쓰고 있던 생산 기술이 좋지 않아 정기적으로 생산을 멈추고 청소를 해야 하는 등의 문제가 있어서 서독에서 국제적인 선진 설비를 들여오기로 결정하였다. 하지만 설비를 시험운전을 하자 기름이 새는 등의 여러 가지 문제가 발생했다. 위밍팡은 압력을 무릅쓰고 기술 인력을 조직하여 서양 설비에 대해 수술을 단행했다. 22곳을 고치고 나서 지속적인 실험을 통해 온도와 습도 등의 조건을 찾아낸 끝에 마침내 중국 방직 기술의 현대화를 이뤄냈다. 나중에 이 중국판 설비 기술은 국내 방직의 주요 기술이 되었고, 국민들의 의류 문제를 해결하였다.

1970년대에 위밍팡은 강도가 비교적 세고 밀도가 알루미늄보다 작으면서도 고온에 견디는 고성능 섬유재료인 고강도 1형 탄소섬유를 연구 제작해냈다. 이 재료는 미사일 분출구, 미사일 탄두, 위성 등 고정밀 장치에 쓰인다. 그는 또 아라미드 섬유 등의 분야에서 탁월한 효과를 보인 연구를 진행하였고, 고성능 섬유 방면의 개척성 공헌으로 여러 차례 국가 관련 부서의 훈장을 받았다.

1984년 11월, 미국 뉴욕에서

위밍팡은 다년간의 연구 경험을 결산하면서, 과학연구도 변증법적 유물론이 필요하다고 생각하였다. "사물은 언제나 변화하고 발전하고 있다. 하나의 문제를 연구하려면 수시로 조사 연구하고, 국제적으로 어떤 새로운 연구성과가 있는가, 왜 이렇게 했는가, 어떤 의미가 있는가를 이해해야 한다. 그리고 나서 스스로 어떤 아이디어를 가지고 부족한 점을 발견하고 문제해결방법이 있는지 여부를 생각하고, 어떻게 일을 이어나 갈 것인가를 생각해야 하는 것이다." 대충 말하는 것 같지만 과학 연구의 '진리'를 말하는 것이다. 바로 사상의 지도 아래 위밍팡은 언제나 중국 화학 섬유 분야에서의 발전을 이끌었던 것이다.

1980년대 초, 위밍팡은 외국 과학기술 간행물을 통해 비직조포 기술을 알게 되어 이 고분화 화합물로 직접 옷감을 만들고 방사로 실을 만드는 선진 기술이 필요 없게 되어 방식 과정을 대대적으로 단축할 수 있게 되고, 생산 효율성을 높일 수 있으며 이 기술로 생산해내는 제품이 원가도 낮고 용도가 많다는 것이라고 생각하게 되었다. 그는 상하이 방직국, 국가 방직산업부의 지원을 받아 국내에서 가장 먼저 관련 연구과제를 만들어 방직부에서 220만 위안을 받고, 상하이시에서 900여만 위안을 대출받았다.

당시 물가수준으로 900여만 위안의 대출을 받는 것은 위밍팡으로서는

중국 과학기술계의 별들을 담다

커다란 압력이었다. 하지만 그는 과학을 믿고 반드시 성공할 것이라고 믿었다. 공정의 질을 확보하기 위해서 회갑 나이의 그는 현장을 지키면서 기술인력, 노동자들과 함께 숙식을 같이 하며 일을 했다. 이 폴리프로필렌 프로젝트는 1989년에 마침내 생산에 돌입했고, 3년이 되지 않아 대출금을 전부 상환하였다. 아울러 비직조포 기술의 빠른 발전을 이끌었고, 이후 생산량도 세계적 수준으로 나아가게 하였다. 위밍팡은 이 공로로 2011년 중국 방직품 협회에서 '종신 성취상'을 받았다.

1990년, 상하이 방직 화학섬유 원료를 외국 제품에 의존하는 상황을 바꾸기 위해 이미 은퇴한 연령의 위밍팡이 상하이 방직국의 유사 이래 최대 프로젝트의 부름을 받았다. '연생산 7만톤 폴리에스텔 프로젝트'의 수석 엔지니어였다. 그는 세계 각국을 돌아다니며 고찰하였고, 탄탄한 기술과 유창한 영어 실력에 의지하여 외국측과 기술 담판을 벌이는 과정에서 개진된 의견을 내놓았고, 중국측의 이익을 보호하기 위해 노력함으로써 외국측으로부터 '속일 수 없는 담판 전문가'라는 말을 들었다. 이 프로젝트는 1994년 6월 생산에 성공하였고, 그해에 엄청난 이익을 실현하였다.

1995년, 위밍팡은 중국공정원 원사에 당선되었다. 그는 이미 푸단대학에서 은퇴한 은사 구이둥 원사를 찾아갔다. 위밍팡은 늘 이렇게 말하곤 한다. "나는 다만 내가 할 일을 했을 뿐인데, 많은 영예를 얻었다. 사실은 모두 여러분들이 공로다."

인생에서 가장 중요한 것은 낙관

세 아들의 기억 속에서 위밍팡은 늘 바빴다. 항상 집에 늦게 왔고, 휴일에는 집에 유일하게 있는 책상을 독차지하고 글을 쓰고 책을 읽었다.

동료와 학생들의 인상 속에 위밍팡은 성실하고 조금도 빈틈이 없는 사람이다. 그의 제자 종지밍鍾繼鳴은 자신이 당시 졸업논문을 마쳤을 때 60여 편의 참고문헌을 인용했는데, 지도교수 위밍팡이 장장 이틀동안 열거된 문헌을 하나도 빼지 않고 교열하였다는 것을 잊을 수가 없다. 위밍팡은 상하이 방직국의 부름을 받아 감정위원회 주임을 맡은 적이 있었는데, 어떤 사람이 그에게 너무 꼼꼼하게 말라고 하였다. 그러자 그는 "나에게 부탁을 하지 말든지, 서명은 책임을 져야 한다"고 하였다.

"모든 사람은 자신의 인생에 책임을 져야 한다. 우리는 일생에서 많은 어려운 문제를 만나게 되는데, 가장 중요한 것은 낙관적이어야 한다는 것이다." 위밍팡은 예를 들어 설명했다. 자신에게 일생 가장 큰 어려움은 질병이었다. 초등학교부터 중고등학교, 대학까지 중병을 앓았었는데, 이 질병은 오히려 다른 사람보다 더 심각하게 건강의 중요성을 깨닫게 해주어 매일 운동을 게을리하지 않았고, 고령에도 여전히 비교적 건강을 유지할 수 있었다는 것이다. 위밍팡은 "건강은 전제이다. 건강이 없으면 일도 할 수 없고, 다른 사람에게도 영향을 미친다."고 말한다.

2001년, 위밍팡은 중국 방직대학 재료과학원 교수와 박사과정생 지도교수가 되었다. 화학섬유 인재를 더 많이 길러내는 것이 그의 바람이었다. 지금 그는 비록 연구 일선에서 활동을 하지는 않지만 고문을 맡고 학술회의에 참가하는 등 학생들을 힘껏 길러 내고 있으며, 중국 화학섬유 발전에 공헌하고 있다.

그가 위안을 삼는 것은 "당시 우리는 제로부터 시작했고, 지금 의심할 바 없이 중국은 화학섬유의 대국이다."라는 사실이다. 지금 중국의 화학섬유 생산량은 전 세계 60% 이상을 차지한다. 사람들이 흔히 보는 폴리에틸렌 섬유, 비스코스 등 성분의 복장이 모두 화학섬유 제품이다. 전 세계 옷 두 벌 가운데 한 벌은 중국산이다.

중국 과학기술계의 별들을 담다

❶ 2005년, 국제학술회의에서 발표하는 위밍팡
❷ 2009년, 부인 및 학생들과 함께

　　하지만 그가 못마땅한 것은 "우리나라는 화학섬유 대국이지 화학섬유
강국은 아니다"라는 것이다. 화학섬유 강국으로 나아가기 위해 중국은 아직
갈 길이 멀다고 그는 말한다. 더욱이 고성능 화학섬유와 기계설비 등에서는
세계의 진정한 강국과 격차가 아직 크다는 것이다.

　　자신이 지나온 길을 돌아보면서 위밍팡은 자신이 화학을 수단으로 하여
국가와 국민을 위해 공헌한 것에 대해 기쁘게 생각한다. 동시에 이 산업이
외국에서 이미 성공한 설비 또는 제품을 중국에 들여와 자주적 성과를 결여
한 것에 대해 유감스럽게 생각한다.

　　위밍팡은 희망을 젊은 세대에게 걸고 있다. 오늘의 젊은이들이 끊임없
이 개척해 나갈 수 있다면 어느 날 전방위적으로 세계 수준을 뛰어넘을 수
있을 것이다. 그는 이렇게 말한다. "오늘날 화학섬유업은 여전히 새로운 생
명력을 발산하고 있다. 방직으로부터 공업, 국방, 항공우주에 이르기까지 응
용 범위가 매우 넓고 많은 생산품과 새로운 분야가 연구를 기다리고 있으며
발굴할 만한 엄청난 잠재력이 있다."

30

袁 隆 平
위안룽핑

교배 벼로 배고픔을 이기다

———

1930~

교배 벼 육종 전문가, 중국공정원 원사, 미국 국가과학원 외국국적 원사,
국가 최고 과학기술상 수상, 유네스코 '과학상'과 '식량 안전보장 영예상' 수상

"식량이야말로 농업에서 중요하고도 중요한 것이다."
"과학연구는 예술창조와 마찬가지로 영감이 필요하다."
"배를 타면 당신은 맞은 편 기슭까지 노를 저어야 한다."
"다른 사람들이 이해하지 못할 때 반드시 계속해 나가야 한다. 액운이 지나가면 서광
이 비친다."

袁 隆 平
위안룽핑

교배 벼로
배고픔을 이기다
—

그는 분명 중국 당대 가장 유명한 과학자 가운데 한 사람이다. 그의 이야기는 서로 다른 판본의 초등학교와 중고등학교 영어 교과서에 들어가 있다. 그가 한 말은 대학 입시의 작문 문제로 편성되었고, 그가 근무하는 직장 입구의 길과 은하계의 소행성도 그의 이름을 따서 지었다. 그는 '교배 벼의 아버지'인 중국공정원 원사인 위안룽핑이다.

그는 어려서부터 공부를 뛰어나게 잘 하지는 못했다. 손오공을 인생의 모델로 삼았고, 대학 친구들은 그에게 '자유를 애호하고 산만한 게 특징이자 장점'이라는 평가를 하였고, 그는 그것을 자랑스러워 했다. 자립할 때까지 그는 여전히 샹시湘西 외딴 산골의 한 농업학교에서 묵묵히 일하는 가난한 교원이었다.

하지만 세상에서 '성실' 두 글자가 가장 무섭다. 배고픔의 고통을 겪은 후에 그는 과학으로 중국인의 배고픔 문제를 해결하겠다는 결심을 뼈아프게 했다. 이때부터 어떤 의심이나 고난이나 어려움이 닥쳐도 그는 그 뜻을 굽히지 않았다. 무명의 젊은이가 마침내 대업을 이뤄내고, '쌀보살''당대

중국 과학기술계의 별들을 담다

신농'이 되었다. 이와 동시에 중국인들은 짧은 수십년 동안 배고픔에서 중산층으로 달려갔다. 위안룽핑은 마침내 평생의 숙원, 배고픔과의 전쟁에서 이긴 것이다!

배고픔에서 나온 희망

1960년 후난성 서부의 쉬에펑산雪峰山 아래 산골마을에 낡은 사찰을 고쳐 만든 안장安江 농업학교가 있다. 30세 된 위안룽핑은 이 학교의 평범한 교원으로서 유전학과 러시아어를 가르치고 있었다. 여기에서 그는 벌써 7년을 가르쳤고, 승진의 기회는 없었다.

처음에 그는 낡은 흙집에서 살았었는데, 나중에 벽돌로 지은 기숙사로 옮겨왔다. 사랑하는 사람이 있었지만 '가정 성분이 좋지 않아' 실패하고 말았다. 상대방은 결국 '출신 학교가 좋은' 다른 남성을 선택하였다. 학생들 말로는, 도시에서 온 이 선생님 말씀이 품위가 있고, 늘 교실에서 철학을 말하고, 시를 읊조리며 경전을 인용하고 동서고금의 이야기 하는 것을 좋아한다고 하였다. 저녁 시간에는 늘 그의 기숙사에서 아름다운 바이올린 소리가 흘러나오곤 했다. 들에서 일하는 농민들 말로는, 선생처럼 생기지 않은 이 위안 선생님은 갈수록 제대로 된 '시골뜨기'처럼 되어서, 농사일에 도가 튼 농민들조차도 그에게 엄지 손가락을 세우며 '위안 선생님이 일을 정말 잘 하신다'라고 칭찬할 정도라고 한다. 수업이 끝나면 이 젊은 선생님은 자기와 나이 차이가 별로 나지 않는 학생들과 실험밭에서 일을 한다. 그는 늘 "농업을 배우는 것은 실천이 수업을 듣는 것보다 중요하다"고 말한다.

바로 이 해에 중국에서 전국적인 대기근이 발생했다. 식량은 이미 2년 연속 생산량이 줄었다. 위안룽핑과 농업학교 선생, 학생들은 모두 기아의 고통 속에 빠졌다. 밤에 잠을 잘 때 위안롱핑은 온몸에 식은땀을 흘렸고, 꿈속에서 고기를 먹다가 깨어나 보면 초근목피를 씹을 수밖에 없었다. 그의 몸은 점점 부어올랐고, 책을 보고 싶어도 정신을 집중할 수가 없었다. 논밭에 나가 일하는 것은 더 말할 것도 없었다. 그는 길에서 굶어 죽은 사람을 여러 차례 보기도 했다.

이런 경험은 어려서부터 가정환경이 좋지 않았던 위안롱핑에게 커다란 울림이 되었다. 그는 베이핑에서 태어났다. 가족 가운데 '롱隆' 자 항렬이어서 이름을 '롱핑'이라 하였고, 집안의 둘째로서 유아명은 '얼마오二毛'였다. 그의 할아버지는 광동 원창文昌현의 현령이었다. 그의 아버지는 동난東南대학 중문과를 졸업하고 핑한平漢철도에서 일했으며, 항전 발발 후에 군에 입대하여 펑위샹馮玉祥 휘하에서 근무하였고, 신중국 수립 전에 난징 국민정부 교무僑務위원회에서 근무하였다. 그의 어머니는 영국 교회학교에서 공부를 하여 영어가 유창했고, 철학을 좋아하여 옛날 이야기 스타일로 아이들에게 사람됨의 도리를 말해주곤 했다.

어릴 적 위안롱핑은 활발한 장난꾸러기였다. 그는 목수를 흉내내어 못을 입에 물고 놀다가 삼키기도 했다. 항전 발발 이후에 일본군의 공습이 벌어지자 그는 방공호가 너무 답답해서 몰래 빠져나가 수영을 하러 가는 바람에 일가족이 기겁을 하기도 했다. 그는 규칙을 잘 지키는 착한 학생이 아니었다. 좋아하는 과목은 열심히 했지만, 그렇지 않은 과목은 낙제를 겨우 면할 정도였다. 그는 수영을 좋아했다. 중고등학교 시절에 후베이성에서 수영대회가 열렸는데, 발육이 늦고 키가 작아 체육선생은 그를 대회에 추천하지 않았다. 그는 친구를 따라 몰래 대회장으로 들어가 결국 남자 자유형 한커우지역 대회에서 1등, 후베이성에서 2등을 차지했다.

얌전하지 않은 이런 학생이 어떻게 농업을 배우겠다는 꿈을 꾸게 된 것일까? 그것은 '아름다운 오해'에서 비롯되었다. 위안롱핑이 6살 때였는데, 선생님이 친구들을 조직해서 교외에 있는 한 사업가의 원예농장에 참관을 하러 갔었다. 그곳에서 그는 형형색색의 꽃과 과일을 보게 되었다. 그것은 그가 평생토록 잊지 못하는 장면이 되었다. 어려서부터 대도시에서 살았던 그는 그 곳이 전설 속에 나오는 농촌이라고 생각하고, '이 농촌은 정말 아름답다'고 생각하게 되었다. 이 때부터 몽롱한 생각이 그의 마음속에 뿌리를 내리고 자라기 시작했다. "크면 농사를 배우자. 찰리 채플린의 〈모던 타임즈〉처럼 창문을 열면 포도를 먹을 수 있다면 얼마나 아름다울까!"

1949년 여름, 19세의 위안롱핑은 대학입시를 앞두고 있었다. 아름다운 농촌생활을 동경하던 그는 충칭 샹후이相輝대학 농학과에 지원하였다. 1년 후에 이 학과가 다른 9개 대학의 농학과와 합병하여 시난西南 농업대학이 되었다.

대학 시절 친구들의 위안롱핑에 대한 평가는 "자유를 좋아하고 산만한 것이 특기이자 장점"이었다. 그는 늦잠 자는 것을 좋아했다. 매번 긴급한 집합 사이렌이 울리면 바지를 입으면서 교실로 뛰어가곤 했다. 그는 서두르는 것이 제일 무섭다고 말한다. 선생님이 설득을 해도 그는 입단하지 않았다. 왜냐하면 자신이 모범적인 지도자 역할을 못할 것이라고 생각했기 때문이었다.

4년 후에 위안롱핑은 학교를 졸업했다. 줄곧 자유를 갈망하던 그는 졸업 배정 지원서에 이렇게 썼다. "가장 힘든 곳으로 가자. 조국이 가장 필요로 하는 곳으로 가자." 그는 샹시湘西의 안쟝 농업학교 교사로 배정되었다. 그는 지도를 펼쳐서 한참을 찾아도 안쟝이 도대체 어디에 있는지 찾지를 못했다. 나중에 그는 먼저 기차를 타고 다시 자동차를 타고 나서 마차로 갈아탄 다음에 마지막으로 짐보따리를 매고 큰 산을 넘어서 한참을 가고 나서야 마침내 당나라 시인 왕창령王昌齡이 귀양을 왔던 후난성 치엔양현黔陽縣에 도착하였다.

안쟝 농업학교의 생활은 매우 청빈한 삶이었다. 그가 꿈꾸던 '모던 타임 즈'의 모습이 전혀 아니었다. 그는 자조하듯 말했다. "만약 진정한 농촌이 이렇게 힘들고 고된 곳이라는 사실을 진작에 알았더라면 농사를 배우지 않았을 겁니다. 하하."

쾌활한 성품의 위안룽핑은 '진짜 농촌'의 환경에 빠르게 적응하였다. 당시 전국에서 힘차게 벌어지던 조국 건설의 큰 흐름 속에서 위안룽핑은 한편으로는 가르치면서 다른 한편으로는 학생들을 데리고 실험밭에서 농업 연구를 하면서 생활의 평화로움과 충실함을 느꼈다. 자신의 연구방향에 관해서 위안룽핑은 여러 차례 생각하고 시도하였다. 그는 원예와 과수 등을 전공할까 생각한 적도 있었고, 고구마 재배도 생각했었다. 기근이 이어지고 자신과 주변 사람들이 굶주림의 고통을 겪게 되자 위안룽핑은 찬물을 뒤집어쓴 듯한 깨달음을 얻었다. "식량이야말로 농업에서 중요하고도 중요한 것이다!"

배를 타면 맞은편 기슭을 찾아야 한다

"성인의 나이가 되어서도 여기저기 두리번거릴 수는 없었다. 이것을 연구하자. 배불리 먹을 수 있는 논농사를." 배고픔 속에서 위안룽핑은 인생 미래의 방향을 찾아냈다.

이때부터 위안룽핑은 하루 종일 안쟝 농업학교의 실험밭에 파묻혀 살았다. 머리 위로는 뜨거운 해가 내리쬐고 발은 서늘한 논이었다. 사계절이 지나가며 그는 매우 조심스럽게 실험 재배묘의 성장을 지켜주었다.

당시 중국에서는 '소련을 배우자'는 말이 유행했었다. 소련 전문가 미츠린과 리센코가 생물학 분야에서 가장 각광받는 스타였다. 그들이 주장한

중국 과학기술계의 별들을 담다

‘환경의 영향이 유전보다 더 중요하다’거나 ‘무성 교배가 간편하고 즉시 효과가 나타난다’ 등의 학설 영향을 받아 위안룽핑은 토마토를 감자에 접붙이기를 시도하였고, 호박을 수박에 접붙이기를 시도하기도 했다. 첫해에 그는 땅에서 감자를 캐냈는데, 줄기에서 토마토를 수확했고, 또 수박 같지도 않고 호박 같지도 않은 이상한 과일을 수확해서 학생들을 웃게 만들었다. 두 번째 해에 위안룽핑은 다시 수확한 그 이상한 과일들의 씨를 땅에 심었는데, 최종적으로 나온 것은 그 이전에 나온 것과 별반 차이가 없었다. 위안룽핑은 자신이 ‘길 잃은 양’처럼 느껴졌다. ‘무성 교배’의 미래가 어디에 있는 것인지를 보지 못했다.

“과학연구는 예술 창조와 마찬가지로 영감이 필요하다.” 이 말은 위안룽핑이 여러 해 동안 과학 연구에 종사한 뒤에 깨달음을 얻고 한 말이다.

그가 획득한 첫 번째 과학적 영감은 우연히 발견한 ‘군계일학’의 벼였다. 이 벼는 이삭도 많아서 1畝(약 666.7 제곱미터)당 소출이 500킬로그램에 달했는데, 당시 국내 생산량이 가장 많은 벼도 200~300킬로그램에 달하는 수준이었다. 위안룽핑은 귀중한 보물을 얻은 것 같았다. 그는 이 벼품종을 모아서 이듬해 정성껏 질항아리에서 배양하면서 날마다 관찰하였다. 하지만 결과는 실망이었다. 기대했던 만큼의 소출이 나오지 않았던 것이다.

당시의 그는 마치 안개가 자욱한 바다 위에서 항해를 하는 것 같았다. 간신히 어떤 방향에서 미세한 빛이 나오는 것을 발견하고 전력으로 다가갔는데, 결과는 그 빛이 ‘피식’ 소리를 내며 꺼져버린 것이다. 하지만 그가 낙심하고 있을 때 이전보다 더 밝은 한 줄기 빛이 대신해서 나타났다.

유전학의 분리법칙에서 보자면 순종 벼의 2세대는 모습이 분리될 수 없고, 잡종 2세대만이 모습이 분리되는 현상이 나온다는 사실을 위안룽핑은 떠올렸다. 이름하여 ‘모습 분리’, 즉 자식 세대의 생산과 부모 세대의 모습

교배 벼 연구의 창시자. 세계적으로 벼 교배의 장점을 최초로 이용한 인물.

이 다른 것이다. 그렇다면 실험에서의 자식세대는 윗세대와는 다른 자식세대의 모습이 나타나는 것이다. 이것은 그것들의 부모세대, 즉 군계일학이었던 벼가 분명히 천연적인 교배 벼로서 다른 보통 벼는 따라오지도 못하는 장점을 보였다는 것이다.

'교배 벼가 우세하다!' 이것이 돌파의 의미를 갖는 획기적인 결론이었다. 위안룽핑은 이 때부터 교배 벼를 이용하여 벼 생산을 늘일 대담한 구상을 하게 되었다. 이것은 영감이 임박한 순간이었다.

위안룽핑은 자신의 돌발적이고 기이한 생각에 흥분을 감추지 못했다. 하지만 이런 생각은 당시 확고한 지위를 차지하고 있던 소련 전문가들의 학설과 맞지 않았고, 고전 유전학 이론의 결론과도 맞지 않았다. 위안룽핑의 생각은 당시 많은 사람들에게 받아들여지지 않았다. 어떤 사람들은 그것을 '거짓 학설'이라고까지 하였다.

마음 속에 의문을 품은 채, 위안룽핑은 자비를 들여 베이징의 전문가를 찾아갔다. 다행스럽게도 베이징 농업대학 교수이자 유전학자인 바오원쿠이鮑文奎가 그의 생각에 대해 찬성 입장을 보였다. 바오 교수가 말했다. "교배 벼 연구를 하는 것은 생명의 본질을 통찰하는 것이고, 생명의 발전을 추동하는 것이며, 인류 문명 사업을 배양하는 것이다. 이런 사업을 하는 것은 생명의 가치가 있는 것이다." 위안룽핑은 바오 교수의 말을 기억하면서 스스로

중국 과학기술계의 별들을 담다

에게 말했다. "배를 탔으면 맞은편 기슭을 찾아야 한다."

'동방의 마술 벼' 탄생

당시 교배 옥수수는 이미 국제적으로 큰 성공을 거두었다. 일본, 인도, 미국 등에서 교배 벼를 연구하는 사람도 있었다. 하지만 지지부진한 상태였다. 원인은 옥수수가 자웅동체에 이화식물이어서 교배를 하기에 쉽다는 데 있었다. 벼는 자화 수분 작물로서 암술과 수술이 동일한 포에 담겨 있어서 다른 식주간의 교배가 일어나기는 대단히 어려운 것이다.

위안룽핑은 다시 앞이 보이지 않는 망망대해의 항해를 시작했다. 하지만 이번에 그는 연구방향을 확실히 결정하였다. 노력은 배신하지 않는 법, 결국 그는 훗날 세계를 놀라게 할 '삼계법' 순환 교배 기술 노선을 그려냈다. '불육不育' '유지維持' '회복回復' 등 3단계 순환 교배를 통해 대규모 생산이 가능하게 되었다.

1964년에 위안룽핑에게는 두 가지 커다란 일이 일어났다. 하나는 그와 마찬가지로 '출신이 좋지 않은 농업학교 동창'인 여성과의 결혼이었고, 다른 하나는 안쟝 농업학교 주변의 수없이 많은 벼를 조사하고 나서 그가 마침내 자신이 바라던 벼를 찾아낸 것이었다. 결혼과 함께 그는 더 이상 외롭지 않게 연구를 하는 데 있어서 든든한 지원군을 얻게 되었다. 또 바라던 벼를 찾아냄으로써 교배 벼 연구에 대한 자신감을 더 가질 수 있게 되었다.

2년 후, 1966년 제 17권 제4기 〈과학통보科學通報〉에 위안룽핑은 〈벼의 웅성雄性과 불임성〉을 발표하였다. 이 논문은 벼의 웅성의 불육성을 중국 최초로 논술한 눈문이다. 〈과학통보〉는 '문혁' 발발로 인해 정간되기 전 발행된 마지막 잡지였다. 당시 국가 과학위원회 제9국 국장이었던 자오스잉趙石

英이 이 논문을 보고 나서 후난성 과학위원회와 안쟝 농업학교에 편지를 보내 '교배 벼 연구가 의미가 있다'는 뜻을 피력하면서 위안룽핑에게 지지를 보내고 싶다고 하였다. 이 편지는 불량분자로 취급받던 위안룽핑을 보호 대상이 되게 하였고, 난세 속에서도 계속 과학연구를 할 수 있도록 해주었다.

그럼에도 불구하고 격동의 세월 속에서 위안룽핑은 몇몇 사람들에게 '학술 사기꾼'으로 매도되었고, 그가 심혈을 기울여 키운 교배 벼 모내기판은 두 차례에 걸쳐 부서졌다. 어느 날 밤에 위안룽핑은 꿈에서 '소크라테스'를 만났다. 깨어나서 그는 이렇게 생각했다. "자신이 숭배하는 이 우상처럼 사람들에게 이해되지 않을 때 꿋꿋이 버텨나가야 한다. 액운이 지나가면 서광이 비치는 법이다."

이후 오랜 시간동안 위안룽핑은 그의 조수와 함께 철새처럼 남북을 전전하였다. 봄여름에는 창사에 있다가 가을이 되면 난닝南寧에 갔다가 겨울이 되면 하이난으로 갔다. 적합한 벼를 찾기 위해서이기도 했고, 동일한 해에 벼가 얼마나 크는지를 보고 연구에 속도를 붙이기 위해서였다. 1964년에 처음으로 원하는 벼를 찾아낸 후로부터 위안룽핑은 장장 6년의 시간을 들여 3,000여 개의 교배 조합 육종 실험을 했지만 100% 만족스러운 벼를 길러내지 못했다.

일의 전기는 못쓰게 된 것에서 발견되었다. 1970년, 위안룽핑의 조수인 리삐후李必湖가 하이난에서 자라지 않은 천연 웅성 야생벼를 찾아냈다. 나중에 위안룽핑은 그것을 '야생 실패작野敗'이라 이름 붙였다. 그들은 '야생 실패작'의 불육성 유전자가 벼 재배로 들여와 그 후대의 웅성 불육 특징의 100% 유전을 실현하였다. 이것은 '삼계법'이 한 걸음 더 발전한 것이고, 마침내 성공을 거두었음을 의미하는 것이었다. 위안룽핑은 너무 기쁜 나머지 며칠간 잠을 이루지 못했다.

중국 과학기술계의 별들을 담다

❶ ❷

❶ 책상에서 작업중인 위안롱핑
❷ 교배 벼를 심는 필리핀 농민과 함께

　오래지 않아 후난성 농업과학원은 교배 벼 연구 협력팀을 만들었고, 위안롱핑은 그 곳으로 발령을 받았다. 국가 과학위원회는 교배 벼를 전국 중점 과학연구 프로젝트에 포함시켰고, 전국 10여개 도시의 30여개 과학 연구단위를 조직하여 협력하도록 했다. 수천 개의 품종과 '야생 실패작'의 후대를 이용하여 수만 차례에 걸친 고배 실험을 벌였다. 1974년, 교배 벼 삼계법은 성공을 거두었다. 1976년, 교배 벼는 먼저 후난에서 보급되었고, 곧이어 전국에서 결실을 맺었다. 당시 교배 벼는 200여만 묘에 보급되었고, 평균 묘당 생산량이 2~300킬로그램에서 단번에 500킬로그램으로 수직 상승하였고, 중국의 식량문제를 대대적으로 해결하였다.

　개혁개방 후에 위안롱핑은 세계 각국을 돌아다니며 교배 벼 재배를 도와주었다. 국제적으로 이 교배 벼는 '동방의 마술 벼'로 일컬어졌고, 그것이 나침반, 화약, 제지술, 활자 인쇄를 이은 중국의 '5대 발명품'이라고 말하는 사람도 있었다.

　1982년, 필리핀 마닐라에서 개최된 국제 학술회의에서 인도 농업부 전

장관 스와미나슨이 위안룽핑을 연단으로 안내할 때에 홀의 대형 스크린에는 커다란 영문이 나타났다. "교배 벼의 아버지 위안룽핑" 스와미나슨은 정중하게 말했다. "우리는 위안룽핑 선생을 교배 벼의 아버지라 부르는데, 그는 전혀 손색이 없는 분입니다. 그의 성공은 중국의 자랑일 뿐만 아니라 세계의 자랑입니다. 그의 성공은 세계에 복음을 가져다 주었습니다."

자연의 비밀을 캐내는 것은 영원히 멈추지 않는다

위안룽핑은 단숨에 유명해졌다. 그의 입장에서 이것은 귀찮은 일이었다. "'사람은 유명해지는 것이 두렵고 돼지는 몸집이 커지는 것을 두려워한다.'고 했는데, 어디를 가든 사람들이 모두 알아보고 사인을 요청하며 사진을 찍자고 했다. 조금의 잘못도 하지 않기 위해 말과 행동을 조심했는데, 정말 골치 아팠다."

위안룽핑은 관직에 뜻이 없었다. 후난성 농업과학원은 그를 원장으로 초빙하려 했지만 그는 완곡하게 거절했다. 나중에는 어쩔 수 없이 후난성 정협위원을 맡게 되었고, 다시 전국 정협 상무위원이 되었다. 그는 이 일을 사회에 마땅히 해야 하는 책임으로 생각했다. 가장 관심을 기울인 내용은 국가 식량 안보와 농민들의 수입이었다. 1993년, 후난성은 위안룽핑을 중국공정원 원사로 신청하였는데, 세 번 실패했다가 네 번째만에 당선되었고, 순식간에 장안의 화제가 되었다. 이에 대해 그 자신은 대수롭지 않게 생각했다. "뭔가를 다투는 것, 뭔가가 되었네 떨어졌네 하는 것은 새로운 이름일 뿐이다. 진실한 자아는 얼마나 변할 수 있을까?"

벼 재배 기술은 엄청난 경제 수익을 창출하였다. 그런데 위안룽핑은 여러 해에 걸쳐 월급 외에는 한 푼도 받지 못했다. 기술은 무료로 전국에 보급

중국 과학기술계의 별들을 담다

되었다. 미국의 한 종자 회사가 그의 특허를 이용하였고, 매년 그에게 1만5천 달러를 주었는데, 그는 그 돈을 모두 과학 연구 경비로 썼다. 그는 국제적인 상 수십 가지를 수상하였고, 국내에서는 더 많은 수의 상을 수상하였다. 국가 과학기술 발명 특등상, 국가 최고 과학기술상 등은 그가 최초 수상자였고, 모든 상금은 마찬가지로 과학연구 경비나 과학장려금으로 사용하였다.

위안롱핑은 생각지도 않게 하루 아침에 억만장자가 되어 있었다. 2000년 12월 11일, '롱핑 고등과학'이 선전 증권거래소에 상장되었다. 중국 최초의 농업과학자 명의의 회사였다. 후난 농업과학원은 위안롱핑 이름의 주식을 상장하는 동시에 위안롱핑은 회사의 명예회장이 되었고, 250만주를 보유하게 되었다. 이 일에 대해 위안롱핑은 이렇게 설명했다. 그는 원래 동의하지 않았는데, 나중에 동의하게 된 원인은, 첫째, 상장회사에 맡기는 것이 교배 벼를 전 세계에 보급하는 데 더 유리하고, 둘째, 과학 연구 경비 문제를 어느 정도 해결할 수 있기 때문이었다.

위안롱핑이 가장 마음에 걸리는 것은 실험밭이다. 그는 이런 꿈을 꾼 적이 있다. "나는 꿈속에서 교배 벼의 줄기가 수수처럼 크고, 이삭이 빗자루처럼 큰 데다가 포도알처럼 주렁주렁 열렸다. 나는 조수들과 논에서 산보를 했는데, 논 아래쪽이 서늘했다."

'기아와의 전쟁에서 승리하는 것'이 위안롱핑 일생의 꿈이었다. 이 꿈을 실현하기 위해서 그는 두 가지 목표를 세웠다. 하나는 묘당 1000kg의 울트라급 벼를 생산하는 것이고, 둘은 교배 벼를 전 세계에 보급하여 인류에게 복을 만들어주는 것이다.

이제 이 두 가지 목표는 이미 실현되었다고 할 수 있다. 2016년 10월, 위안롱핑의 지도하에, 후난 교배 벼 연구센터가 길러낸 실험 품종 '초우량 1000'이 실측 묘당 생산량 1013.8kg을 달성하여 관련 세계 기록을 만들어냈

❶ 육종가 위원회 개방회의에서 교배 벼를 주제로 강연하는 위안롱핑
❷ 학생 지도중인 위안롱핑

다. 동시에 교배 벼는 1979년에 처음으로 외국에 수출된 이후로 전 세계 수십 개 나라와 지역에서 연구와 보급이 이루어지고 있고, 미국, 브라질, 인도네시아, 인도, 미얀마 등 10여개 국가에서 상업화가 진행되고 있어서 세계적 범위에서 기아를 감소시키는 탁월한 공을 세웠다.

1994년, 한 외국 학자의 의문이 토론을 불러일으켰다. 21세기에 누가 중국을 먹여 살릴 것인가? 하는 것이었다. 오늘날 이 문제는 이미 문제가 되지 않는다. 그 가운데 교배 벼의 역할이 있는 것이다.

이제 시간만 허락된다면 위안롱핑은 여전히 논으로 간다. 논에서 문제를 해결하는 것이 수십 년간에 걸친 거의 오래 된 습관이다. 그의 서재에는 자신이 직접 쓴 칠언절구가 걸려 있다. '산 그 너머로 푸른 산은 끝없이 이어져 있으니 자연의 신비한 비밀은 멈춤이 없구나. 성공은 사람을 도취하게 만드니 백 척尺을 끝이라 여기지 말기를.'

중국 과학기술계의 별들을 담다

袁 隆 平
위안룽핑

31

張金哲
장진저

소아외과의 '마술사'

———

소아외과 전문가, 중국 공정원 원사, 중국 소아외과의 개척자이자 기초를 놓은 인물,
국제 소아외과 최고상 '데니스 프랑 금상' 수상

"중국인 심지어 한 톨의 쌀알에 시를 새길 수 있다. 진심으로 일을 해내고 싶다면 무
엇을 못 해내겠는가?"
"만약 다른 사람의 규칙에 언제나 따라야 한다면 '2류 의사' 밖에는 되지 않는다. 학
생은 마땅히 선생을 뛰어넘어야 하고, 반드시 선생을 뛰어넘어야 한다."
"일생 노력하고, 청렴결백하고, 삼찬으로 배불리 먹고 사방의 이웃들에게 너그럽게
대하라."

張金哲
장 진 저

소아외과의
'마술사'

—

　일찍이 중국의 소아외과는 공백 상태였다. 장진저는 눈을 크게 뜨고 어린 생명이 죽어가는 것을 지켜보면서 자신은 속수무책이었다.

　자신의 딸에게 첫 번째 소아 외과 수술을 성공적으로 시행한 것으로부터 중국 최초의 소아외과 진료에 이르기까지, 또 중국 공정원 원사에 당선되고 '중국 소아외과의 아버지'라는 영예를 얻고, 국제 소아외과계의 최고상인 '데니스 프랑 금상' 수상, 세계소아외과 학회 연합회 종신 성과상 수상에 이르기까지 장진저는 중국 소아외과 발전을 이끌어 온 산 증인이다. 그는 수 없이 많은 영아를 살려냈고, 무수히 많은 선천적 기형 아동의 건강을 회복시켜 주었다.

　100세에 가까운 고령에도 그는 여전히 진료를 하고 있다. 아이들의 눈에 그는 변신술을 하는 '친한 친구'다. 가족과 의학계 동료들의 눈에 그는 회춘의 묘수가 있는 '마술사'이다. 그리고 그의 생각은 매우 단순하다. "아이들을 위해 더 많은 일을 하고 싶다."

중국 과학기술계의 별들을 담다

정말 하고 싶은 일이라면 뭐가 어렵겠는가

베이징 어린이 병원의 지극히 평범한 하루, 주변 도로는 꽉 막혔고, 병원 안은 인산인해, 아이들의 울음소리는 진동을 한다. 어떤 사람은 춘절 대이동의 상황은 1년에 한 번인데 어린이 병원이 북적거리는 것은 매일 벌어지는 일이라고 말한다. 전국 각지에서 몰려든 환자의 보호자들이 조급한 마음으로 이 곳을 매일 오간다.

진료동 6층, 키가 큰 은발의 안경 쓴 한 노인이 얼굴에 온화한 미소를 띤 채, 환자들을 맞이하고 있다. 그가 바로 베이징 어린이 병원에서 보물로 여기는 장진저로서, 이 병원에서 수십 년간 일해 왔다.

예전 중국에 '차라리 열 남자를 상대하지, 한 여인을 상대하지 말고, 열 부인을 상대하지, 어린 아이 하나를 상대하지 마라' 라는 말이 있다. 수십 년 전까지 중국의 소아과 치료는 성숙하지 못해서, 아동 수술 사망률이 30%에 가까웠다. 같은 기간 성인 수술 사망률의 6, 7배였다. 오늘날 보기에 경미한 병도 당시에는 수시로 아이의 목숨을 앗아 갔다.

1945년, 전쟁의 와중에 장진저는 옌징대학, 시에허協和 의학원, 상하이 성 요한대학, 상하이 의학원 등 여러 대학의 의학원을 전전하며 공부하다가 졸업 후에 베이징 중앙병원 (신중국 수립 후 중앙 런민人民병원으로 개칭, 현재 베이징 대학 런민병원) 외과 의사가 되었다. 당시 병원에 소아과가 있는 곳이 드물었다. 장진저는 '소아외과' 라는 이 의학 분야를 들어본 적도 없었다. 그가 소아과에 관심을 가지기 시작하고, 당시 사람들이 중시하지도 않았던 소아외과를 평생의 길로 선택하게 된 데에는 우연한 사건 때문이었다.

어느 날, 장진저가 병원에서 근무를 하고 있었는데, 자신의 중학교 때 선생님이 1살이 채 안 된 여자아이를 데리고 병원에 왔다. 아이가 앓고 있던 것은 디프테리아였다. 일종의 급성 호흡기 전염병으로 호흡 곤란을 초래하는

젊은 시절의 장진저

병이었는데, 당시 이미 생명이 위독한 상태였다. 선생님은 그를 보고서는 매우 기뻐하면서 아이에게 희망이 생겼다고 좋아하였다. 장진저가 배운 바로는 이런 병을 치료하려면 기관지 절개수술을 해야 하는데, 자신은 졸업한 지 얼마 되지 않아서 이런 수술을 할 수가 없었고, 다른 의사에게 봐 달라고 하였다. 그 의사는 그에게 아이에게 기관지 절개 수술을 할 사람이 없다고 하면서 병원에 아이 수술에 적합한 기자재도 없다고 하였다. 결국 모두는 아이가 죽어가는 것을 지켜봐야만 했다.

"분명 치료할 수 있는 병인데, 결국 그걸 할 사람이 없고, 설비도 없어서 아이가 죽고 말았다." 장진저는 애통하기 그지 없었다. 그는 지금도 선생님이 아이를 안고 떠날 당시에 아무 말도 하지 못했던 것을 기억하고 있다.

3년 후에 '신생아 피부 조직 괴사'라는 전염병이 전국 각지의 산부인과를 휩쓸었다. 사망률 100%의 무서운 병이었다 .당시 장진저는 병원의 수석 의사로 승진해 있었고, 각 병례는 그의 결정을 거치도록 되어 있었다. 그는 아이가 한 명씩 태어난 지 얼마 되지 않아 죽어가는 것을 직접 눈으로 지켜보면서 아무 것도 할 수가 없었다. 이 때문에 그는 많은 자료를 찾아보고 자세한 분석을 통해 감염 부위가 확산되기 전에 영아의 상처 부위를 절개하고 피고름을 짜냄으로써 병세를 완화시키는 방안을 과감하게 제기하였다. 그의 건의는 병리과 동료들의 지지를 받았다. 하지만 임상 의사들은 모두 반대하였다. 한의에서는 '충분히 침투한' 다음에 칼을 댈 수 있는 것이라고 하고, 양의에서는 '둘러싸서' 확산되지 않게 한 다음에 칼을 댈 수 있다고 하였다. 장진저의 생각은 두 분야에서 모두 인정할 수 없었다.

1948년 8월, 장진저의 두 번째 아이가 태어났다. 태어나자마자 퇴원했지만 이 전염병에 걸리고 말았다. 장진저는 결단을 내려 직접 자신의 딸을 자신이 생각한 방법대로 수술을 하였다. "너무 많이 봐서 난 알고 있었다. 메스를 대지 않으면 딸아이는 죽을 상황이었다. 이런 상황을 나로서는 누구에게도 부탁할 필요가 없었다. 또 다른 방법도 없었다. 그저 내가 결단할 수 밖에 없었다." 이렇게 해서 장진저의 딸은 전국에서 이 병으로 수술 받은 다음에 살아난 첫 번째 사례가 되었다. 또한 장진저가 한 소아외과 수술의 첫 번째 사례이기도 하다. 나중에 장진저는 같은 방법으로 여러 명의 아이들을 치료하는 데 성공했다. 매우 빠르게 이 방법은 전국으로 퍼져 나갔고, 이 병의 사망률은 10%로 떨어졌다.

장진저는 감개무량하게 말했다. "소아외과는 어렵다. 관건은 아무도 해본 사람이 없다는 것이었다. 중국인들은 쌀 한 톨에도 시를 새길 수 있는데, 진심으로 한 가지 일을 하려고 한다면 못 해낼 일이 뭐가 있겠는가?"

외과의사는 최소한 목수

1950년 7월, 신중국 제1기 전국 위생대표대회가 베이징에서 열렸다. 회의에서는 부녀자와 유아 보건 사업과 각 성에 어린이 병원을 설립하는 문제가 제기되었다. 회의에서는 유명한 소아과 전문가 주푸탕諸福棠이 당시 중앙런민병원 원장이었던 후촨쿠이胡傳揆에게 질문을 던졌다. "우리 외과 의사를 지원해줄 수 있습니까?" 후촨쿠이 원장은 자신의 곁에 서 있던 장진저를 가리키며 웃으면서 말했다. "이 사람은 어떠신가요?" 주푸탕은 장진저의 의향을 물었고, 당시에 소아외과 전공은 장진저의 바람이었던 터라 그는 조금도 주저하지 않고 흔쾌하게 대답했다.

오래지 않아 장진저는 중앙 런민병원에 중국 최초의 '소아 외과' 간판이 걸렸다. 사람들은 장전저에게 이 전공을 포기하라고 권했다. 왜냐하면 국내의 소아외과는 아무런 기초가 없었고, 조건이 힘들 뿐 아니라 위험 수치도 매우 높았기 때문이었다. 하지만 당시 중앙 런민병원 소아과 주임이었던 친전팅秦振庭 교수가 그를 지지해 주었고, 그에게 미국에서 가지고 온 〈소아외과학〉을 주었다. 또 그에게 다섯 병상과 함께 관련 간호 인력을 배치해 주었다.

예상치 못한 상황에서 장진저가 맞닥뜨린 첫 번째 어려움은 어려운 질병이 아니었고, 환자가 없다는 것이었다. 병상 다섯 개는 줄곧 비어 있었고, 등록하는 사람도 없었다. '소아외과'가 있다는 사실을 아는 사람이 없었기 때문이었다. 장진저가 계속해 나가기 힘들다고 느낄 무렵에 오물통에서 구조된 한 아이가 하마터면 닫힐 뻔 했던 진료실 문을 계속 열 수 있도록 해 주었다.

하루는 병원에서 한 임산부가 선천적 기형아를 출산하였다. 뇌 뒤쪽에 뇌보다도 큰 혹이 나 있었다. 아이는 태어나자마자 호흡이 없었고, 온몸이 검은 상태로, 부모와 의사 모두 포기한 상태였고, 영아는 오물통에 버려졌다. 나중에 청소원이 화장실 청소를 할 때 아이 울음소리를 듣고 긴급하게 간호사에게 알렸다. 아이는 장진저의 소아외과로 옮겨졌다. 장진저는 즉각 절제 수술을 했고, 부모는 소식을 듣고 급하게 쫓아왔다. 아이는 수술 후에 잘 회복되었다. 소식은 퍼졌고, 장진저는 순식간에 유명인사가 되었다. "밖에서는 내가 기사회생시킬 수 있고, 뇌를 절개할 수 있다고들 했다. 사실 수술은 매우 간단하다. 하지만 이런 선전 속에서 환자들이 오기 시작했다." 장

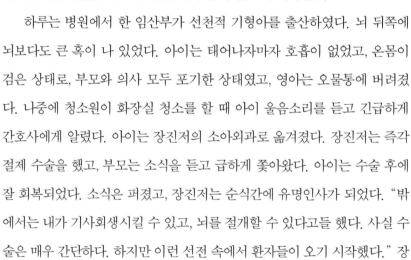

중국 과학기술계의 별들을 담다

<table>
<tr><td>❶</td><td>❷</td></tr>
</table>

❶ 장진저가 국제 소아과계의 최고 영예인 영국 황실 의학회의 데니스 프랑 금상을 받았다.

❷ 외국인 동료와 함께

전저의 회고담이다.

1955년, 장진저는 새로 지은 베이징 어린이병원 외과 주임으로 발령받았다. 15개의 병상에 2칸의 수술실, 이것이 당시 전국 최대의 소아외과 센터였다.

당시 서방에서는 중국에 대해 기술 봉쇄를 하고 있었고, 국내 의료 조건은 매우 열악했으며 기술력도 취약했다. 장진저는 그저 간단한 수술부터 시작할 수밖에 없었다. 동시에 실천과 연구를 병행하고 있었다. 노력을 거듭한 끝에 그는 점차 소아외과 수술에 적합한 마취 방법을 찾아가고 있었고, 그와 함께 아이에게 적합한 검사와 진단 방법을 모색하였으며, 소아외과 수술에 적합한 의료기기를 발명하기도 했다.

장진저의 집에는 수공 작업장이 지금까지 남아 있다. 팔걸이 의자를 개조해서 만든 것으로, 그 위에는 기계조립, 목공, 전기공의 각종 상용 도구들이 놓여 있다. 장진저의 어린 시절에 그의 아버지가 공구를 제작하는 조그만 공장이 있었는데, 그는 늘 그곳에 가서 놀면서 대패나 톱 같은 각종 연장들을 사용하는 것에 흥미가 있었다. 성장한 이후에도 그는 손과 머리를 쓰는 것을 좋아했다. 성인 환자에게 쓰는 의료기기가 소아과에서의 진단과 수술에 불편하자 그는 직접 개량하거나 새로 만들어내기도 하였다. 대략 50여 개의 발명품이 그의 수공 작업장에서 만들어졌는데, 그중에는 훗날 국제 동종업계에서 널리 칭찬받은 결장수술용 '장씨 집게', 무항문 수술에서 개복을 피하는 '장씨 막膜', 담도 재건 수술에서 역류를 방지하는 '장씨 판' 등의 원시 도구 모형 등이 포함되어 있다. 이런 발명품들은 전국에서 무료로 보급되었고, 부분적으로는 지금까지도 제3세계 국가에서 널리 이용되고 있다.

"외과는 손을 움직여야 한다. 헨리 노먼 베쑨Henry Norman Bethune은 말했다. 외과의사는 최소한 목수이다." 장진저는 늘 강조한다. "소아외과 의사가 되려면 반드시 손과 뇌를 동시에 써야 한다." 그는 서예 작품 '박사근동博思勤動(널리 생각하고 부지런하게 움직이다)'을 써서 집에 걸어놓고 자신의 좌우명으로 삼고 있다.

2000년, 장진저는 이탈리아에서 국제 소아외과계에서 최고 영예인 영국 황실의학회 '데니스 프랑 금상'을 수상하였다. 수상 이유는, 그가 13억 인구 대국의 소아과 의사의 기술 수준을 표한다는 것이었다. 그의 장씨 집게, 장씨 판, 장씨 막 등의 발명품이 국제 소아외과의 기술을 풍성하게 해주었다는 것이다. 2010년, 그는 또 세계 소아외과 학회 연합회가 수여하는 종신 성취상을 수상하였다.

장진저는 각종 영예의 공을 국제사회의 중국 소아외과에 대한 인정으로 돌렸고, 자신 개인의 성취로 돌리지 않았다. 동시에 그는 자신의 다년간의 임상과 과학연구 경험을 총결산하여 말했다. "임상에서 문제를 만나고, 순조롭지 않은 상황에 맞닥뜨리게 되면, 어떻게 해결하고 개선할 것인가를 생각하는 것이 바로 창조성이다. 조그만 성과라도 치료효과를 향상시킬 수 있고, 안전도를 늘일 수 있다. 커다란 개선은 종종 일반 규정을 뛰어넘어 이론으로 상승할 때가 있다. 과거의 의학 전통은 학생이 선생을 따라가며 배우는 것이었지만 지금은 그렇지 않다. 정보화 시대는 매우 빠르게 발전하고 있고, 나의 이른바 장씨 막, 장씨 판 등을 포함해서 세상을 떠들썩하게 하는 과학연구성과도 지금은 대부분 도태되었다. 만약 다른 사람의 일반 법칙을 따라가기만 하면 '2류 의사'만 될 수 있을 뿐이다. 학생은 선생을 마땅히 뛰어넘어야 하고, 게다가 반드시 선생을 뛰어넘어야 한다."

먼저 친구를 사귀고 수술을 하라

"안녕하세요, 앉으세요. 저는 닥터 장입니다. 무엇을 도와드릴까요?" 의사 생활 60여 년, 장진저는 환자들을 웃는 얼굴로 맞이하고 일어나서 배웅한다. 그는 명실공히 '중국 소아외과의 아버지'이다. 하지만 그를 만난 사람들은 모두 그에게 변함없는 노인의 진실함, 솔직함, 겸손함을 느낀다.

그는 자신이 몇십 년 전에 읽었던 〈새비스턴 외과학*Sabiston Textbook of Surgery*〉의 속표지에 크게 씌어 있던 글자를 젊은 후배들에게 말해 준다. "먼저 친구를 사귀고 수술을 하라" 장진저가 입는 하얀 가운 가슴팍에 자신이 펜으로 쓴 '외과 장진저' 다섯 글자가 뚜렷하게 보인다. 그는 이렇게 말한다. "환자는 생명을 당신에게 주었다. 당신은 사람들이 들어오면 알게 해야 한다. 그 사람이 생명을 누구에게 주었는지를."

장진저의 하얀 가운은 도라에몽의 보물상자처럼 그 안에 항상 변신하는

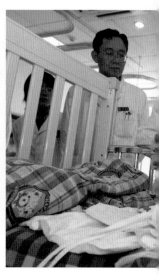

❶ 베이징 아동병원의 파티에서 장진저가 연출한 마술은 매우 호응을 얻은 프로그램이었다.

메모지와 기기들이 있다. 메모지에는 아이들에게 흔히 발견되는 증상, 치료 요점, 돌보는 데 주의사항 등이 간략하게 인쇄되어 있다. 보호자들이 병의 상황과 아이들을 돌보는 데 도움을 주기 위해서이다. 기기들 중에는 진단 도구도 있고, 아이에게 줄 마술용 소도구도 있다. 때로는 신체 검사를 할 때 아이가 울음을 그치지 않는 경우가 있는데, 그러면 그는 마술사로 변해서 아이의 주의력을 돌리는 동시에 아이의 몸 상태를 정확하게 진단해 낸다.

　　장진저는 좋은 소아과 의사가 되기 위해서는 먼저 아이를 사랑해야 한다고 말한다. "당신이 아이를 사랑하지 않으면 아이가 당신을 좋아하게 만들기는 힘들다. 좋은 소아과 의사는 아이가 찾도록 해야 하고, 엄마를 안심시켜야 한다."

　　그는 또 의사로서 두 가지 손으로 하는 작업을 연습해야 한다고 주장한다. 하나는 '3분 예술'인데, 이것은 3분 내에 일반 사람들이 알 수 있는 말로

❷ 장진저가 학생 왕환민王煥民과 환자의 병세에 대해 토론을 벌이고 있다.
❸ 2002년 춘절에 자신의 서화 작품 앞에서 부인과 함께

병의 원인, 병리, 치료 등을 분명하게 말할 수 있어야 한다는 것이고, 다른 하나는, '1분 검사'로서 환자가 들어온 후 1분 이내에 대체로 무슨 문제인지를 알아야 한다는 것이다.

수십 년 동안 장진저는 많은 의학적 난제들을 해결하였다. 수많은 영아들에게 수술을 하였고, 수없이 많은 어린 생명들을 구해냈으며, 수많은 선천성 기형을 가진 신생아들을 정상으로 회복시켰고, 건강하게 성장할 수 있도록 하였다. 아울러 소아 맹장염 수술 30년 15,000건 수술에 사망 제로, 괴사 쇼크 환자 포함 급성 교착성 장폐색 환자 100건에 사망률 제로 기록을 달성하였다. 그가 당시 홀로 세웠던 베이징 어린이 병원 소아외과는 지금 정형외과, 흉부외과, 종양외과, 심장외과, 신경외과 및 신생아과 등 10여 개 전공을 갖추게 되었다.

1997년, 장진저는 중국 공정원 원사로 당선되어 중국 소아외과계의 첫

번째 원사가 되었다. 많은 사람들이 그에게 축하인사를 하자 그는 서예를 하나 써서 집에 걸어놓았다. "일생 노력하고, 청렴결백하고, 삼찬으로 배불리 먹고 사방의 이웃들에게 너그럽게 대하라." 이것으로 "너무 축하를 받아 머리가 어지러워 방향을 잃지 않도록 하였다."

그는 자신의 전반생이 거의 평온하지 못했다고 말한다. 그는 1920년 톈진시 닝허현寧河縣에서 태어났다. 아버지는 소금을 만들던 '민족자본가'로서 집안 환경은 꽤 부유했다. 하지만 그는 기억할 수 있는 순간부터 피난을 다녔고, 군벌 혼전과 항일 전쟁 동안에 곳곳을 떠돌았다. 그 와중에 초등학교부터 대학까지 마쳤다. 특히 중고등학교 때부터 피점령지역 학생의 '망국노'라는 딱지를 붙이고 살았고, 그는 이에 대해 매우 열등감을 느꼈다. 처음에 그의 꿈은 공군 조종사가 되는 것이었다. 하지만 안타깝게도 시력이 기준에 미달하여 거절되고 말았다. 그는 어려서부터 그림 그리기를 좋아하여, 미술 또는 건축을 배울 생각이었다. 뜻밖에도 대학입시에서 세 곳의 대학에 응시하였는데, 제일 먼저 합격 통지서를 보내온 곳이 옌징燕京대학 의과대학이었다. 4년간의 학업을 마친 후에 그는 시에허 의학원에 들어갔고, 이 때부터 의학의 길을 걸었다. 의학이 그의 최초 지망은 아니었지만 그는 점차 "배워 들어갔다." 특히 어느 정도의 성적을 받았고, 배우면 배울수록 흥미가 생겨나서 환자들을 치료하는 것이 즐거워지기 시작했다.

장진저는 말한다. "사람이 살아가면서, 가장 중요한 것은 일을 하는 것이다. 사람이 만약 일을 하지 않으면 살아가는 의미가 없다고 할 수 있다." 그는 과학연구를 하는 목적은 작업을 개선하고 과학발전을 추진해야 하는 것이지, 명예와 이익을 위한 것이어서는 안 된다고 강조한다. "한 사람이 커다란 성과를 거둘 수는 있다. 하지만 기회를 따라잡지 않으면 반드시 이익이 되는 것을 얻는다고 할 수 없다. 이 안에는 기회의 문제가 있다. 하지만 명

중국 과학기술계의 별들을 담다

에, 이익과 과학연구는 직접적인 관계가 없다. 또한 우리 과학연구가 추구하는 목표가 되어서는 안 된다."

매주 두 차례 진료와 회진을 하는 것 이외에, 만년에 접어든 장진저는 여전히 학생을 지도하고 있다. 일을 마친 대부분의 시간은 컴퓨터 앞에 앉아서 논문이나 책을 쓴다. 청력이 그다지 좋지 않은 것을 제외하고는 그는 몸이 여전히 건강하다. 그는 말한다. "어제 할 수 있었던 일은 오늘도 분명히 잘할 수 있다. 오늘 잘할 수 있는 일은 내일도 마찬가지로 잘 할 수 있다. 언제나 이렇게 생각하고 해나가면 늙는다는 것은 상관없는 일이다."

32

鄭哲敏
정저민

폭발 역학자의 애국심

———

1924~
역학자, 중국 과학원 원사, 중국 공정원 원사,
중국 폭발역학의 개척자이자 기초를 놓은 인물, 국가 최고 과학기술상 수상

"사람은 결국 죽는다. 한 사람이 살아가는 가치는 일을 한다는 것이고, 사회를 위해 공
헌한다는 것이다."
"과학연구는 돌파하는 순간이 매우 즐겁다. 하지만 더 많은 경우에 무미건조하고 어
렵다. 한 번, 또 한 번의 잘못 속에서 새로운 진전을 찾아내고 수없이 반복되는 실험 속
에서 창조성을 총결산해 낸다."

鄭哲敏
정저민

폭발 역학자의
애국심
—

사람들은 그의 웃는 모습을 가장 잊지 못한다. 그 모습에 스며들어 있는 아이와 같은 천진난만함과 영리함은 그가 중국 역학계의 덕망 높은 태두라는 사실을 잊게 만든다.

그는 왜소한 몸에 행동이 재빠르며 사고가 민첩하고 언제나 사심없이 웃으며 말할 때에는 항상 아이처럼 손발을 움직인다. 그는 전형적인 '공부왕'의 길을 걸었다고 할 수 있다. 어려서부터 영리하고 공부를 좋아하여 명문대학에 입학하였고, 유명 교수에게서 배웠으며 서양에 유학하였고, 귀국하여 노력 끝에 탁월한 성과를 거두었다.

남들이 보기에 그는 국내외의 호평을 받는 유명 역학자이고, 중국 폭발 역학의 개척자이자 기초를 놓은 인물이며 국가 최고과학기술상 수상자이고 동시에 중국과학원과 중국공정원의 원사이자 미국 국가 공정과학원 외국국적 원사이다. 하지만 정저민 자신이 보기에 "모든 것은 기회와 인연이고, 운이다." "나는 마음 속에 큰 뜻이 없었다. 충분히 부지런하지 않았고, 그 때문에 더 많은 일을 할 수 없었다. 다만 지극히 평범한 과학연구자이다."

중국 과학기술계의 별들을 담다

그런데 우리가 더 깊숙이 그에게 다가가서 그를 이해하면, 노인의 밝은 미소와 험난한 인생을 살아온 소박함 뒤에 사실은 운명을 마주 대할 때의 그의 낭만적인 천성, 그리고 국가에 대한 변치 않는 애국심이 있음을 서서히 읽을 수가 있다.

아버지의 명을 따라 사업의 길을 가지 않았다

정저민의 인생에서 아버지는 그에게 가장 영향을 미친 사람이다. 아버지는 저장 닝보의 농촌 출신으로 어려서 집이 가난하여 공부를 많이 하지는 못했지만 총명하고 부지런했다. 16세 때 상하이로 와서 분투한 끝에 견습공부터 시작해서 결국 유명한 시계 상점 '헌들리'의 동업자가 되었고, 분점이 전국으로 퍼졌다. 아버지는 영어도 능통하였다.

1924년, 정저민은 산둥山東 지난濟南에서 둘째 아들로 태어났다. 그는 어려서 장난꾸러기였다. 공부에는 생각이 없었고, 장난치는 것을 좋아했다.

정저민에게 아버지는 선량하고 문화를 숭상하며 장사를 하고는 있지만 돈 버는 것만 신경쓰지 않는 사람으로 남아 있다. 첩도 두지 않았고, 친구들은 대부분 의사나 대학교수였다. 아버지는 자녀들이 자신의 장사를 이어받게 할 생각이 없었다. 자녀들은 그 영향을 받아 일생을 반듯하게 살았고, 공부에 뜻을 두었다. 정저민이 8살 되던 해에 아버지가 그에게 말했다. "장사하는 사람들은 사람들이 깔본다. 앞으로 장사의 길을 가지 말고, 공부를 잘해야 한다." 이 말을 그는 평생 동안 마음에 두고 있다.

전쟁이 벌어지던 시절에 성장하고, 게다가 소년 시절 심장이 좋지 않아 정저민의 학창 시절은 여러 차례 중단되었다. 하지만 아버지가 자녀 교육을 매우 중시했기 때문에 전쟁통이든 병이 났을 때에든 상관없이 학업을 완전히 중단하지는 않았다. 학교를 쉬는 기간에는 아저지가 특별히 정저민에게 가정교사를 붙여주어 보충 수업을 하도록 했다. 또 항상 그를 데리고 전국 각지로 돌아다니면서 그의 시야를 넓혀 주었다. 아울러 그에게 〈증국번曾國藩 가서家書〉를 사 주며, 그에게 사람됨과 일의 도리를 가르쳐 주었다. 또 그에게 영어를 큰 소리로 낭독하게 하여 영어 원서로 수학과 물리 등 과목을 독학하도록 하였다. 정저민은, 이런 하나하나의 일들이 그의 일생에 영향을 미쳤고, 그로 하여금 독학을 좋아하고 다른 사람에게 배움을 구하는 것을 좋아하지 않는 습관을 길러 주었다고 말했다.

1943년, 정저민은 우수한 성적으로 시난西南 연합대학과 국립 중앙대학에 동시에 합격하였다. 형 정웨이민鄭維敏이 1년 앞서 시난 연합대학에 입학했었기 때문에 정저민은 망설이지 않고 자신이 어려서부터 존경하던 형을 따라 시난 연합대학 공학원 전기과를 선택하였다.

명문대학에 진학하여 유명 교수를 만나다

가정 형편이 좋아 당시 정저민은 비행기를 타고 쿤밍으로 비행기를 타고 대학에 갔다. 하지만 1943년에서 1946년까지 시난 연합대학에서 공부하는 3년 동안 강의실은 초가 건물에 마련되었고, 학습과 생활 조건 모두 어려운 상황이었다. 그는 메이이치梅貽琦, 선충원沈從文, 원이둬聞一多 등 유명 교수를 만날 기회가 있었다. 그들은 소박하게 생활했고, 교육에는 열성을 보였으며 그에게 깊은 인상을 남겼다. 유명 교수들의 발표를 들으면서 농후한 학술적 분위기 속에서 정저민은 '학술적으로 이상을 가져야 하고, 사람이 되려면 이상이 있어야 한다'는 생각을 점차 가지게 되었다.

마찬가지로 그의 기억 속에 새록새록 남아 있는 것은 학교 내의 농후한

　　　　　　　　　　중국 과학기술계의 별들을 담다

민주적 분위기였다. 서로 다른 정견을 가진 학생들이 늘 토론을 벌였다. 정저민은 '중간파'에 속했다. 그 역시 국가의 미래를 생각했고, 아울러 사회의 수많은 문제가 체제에서 비롯된 것이라는 것을 점차 깨닫게 되었다. 하지만 그는 천성적으로 공명심과 이익에 관심이 없었다. 그는 '정치적으로 너무 위험하니' 공부하는 게 중요하다고 생각했다. 그는 '사람은 왜 사는가'와 같은 철학적 문제에 대해 진지하게 사고하였다. 특히 도서관에 있는 철학 서적에서 답을 찾으려 했고, 마지막으로 '인간은 결국 죽는다. 한 사람이 살아가는 가치는 일을 해야 하는 것이고, 사회를 위해 공헌을 해야 한다는 것'으로 결론을 얻었다. 그는 만약 형과 다른 전공을 공부한다면 아마도 함께 국가를 위해서 더 많은 공헌을 할 수 있을 것이라고 생각했다. 그래서 그는 전기과에서 기계과로의 전과를 신청했다.

제일 처음에 정저민의 꿈은 비행기 조종사나 엔지니어였다. 조종사는 전선에서 항전할 수 있었고, 엔지니어는 후방에서 국가 건설을 위해 일할 수 있기 때문이었다. 하지만 그는 결국 '역학'이라는 이론 연구의 길을 걸었다. 그에게 두 번째로 영향을 주었던 유명한 물리학자 치엔웨이창錢偉長을 만난 인연 때문이었다.

1946년, 항일전쟁 승리 후에, 베이징대, 칭화대, 난카이대 등 세 개 학교는 원래 위치로 돌아왔다. 정저민이 있던 공학원은 베이징의 칭화 캠퍼스로 돌아왔다. 같은 해, 치엔웨이창이 미국에서 돌아와 칭화대학에서 교편을 잡았다. 그의 과목에서 정저민은 처음으로 탄성 역학, 유체 역학 등 근대 역학 이론을 처음 접했다. 치엔웨이창은 엄밀하면서도 생동감 넘치게 분석과 해설을 하였고, 이는 정저민의 흥미를 불러일으켰다. 치엔웨이창도 이 총명한 젊은이를 칭찬하면서 늘 그를 집으로 불러 식사를 같이 했다. 정저민은 졸업 후에 학교에 남아 치엔웨이창 선생의 조교를 했다. 그 무렵 그는 칭화대학에 와서 강연을 하고 치엔웨이창의 집에 잠시 머물던 치엔쉬에썬 선생을 만나기도 했다.

몇 년이 지난 뒤에 정저민은, 치엔웨이창 선생이 자신에게 미친 영향이 큰 것은, 이때부터 자신이 역학 연구의 길을 확정하도록 해주었고, 아울러 수학과 물리 등의 기초 학문을 중시하도록 해주었다는 점이었다고 회고하였다. 이 밖에 정치사상 분야에서 치엔웨이창 선생은 당시 유명한 '진보 교수'로서, 애국 학생운동에 적극적으로 참여했고, 늘 학생들과 미국 사회에 대한 인식을 논하면서, 미국이 "비록 많은 과학 창조가 있기는 하지만 국민들에게 쓰이지 않는다"고 생각하였다. 이 또한 정저민에게 많은 영향을 미쳤다.

1948년, 칭화대학, 베이징시, 화북 지역과 전국 등 4급 선발, 동시에 칭화대학 총장 메이이치, 은사 치엔웨이창, 기계공정학과 주임 리지샹李輯祥 등의 추천을 받아 정저민은 경쟁자들보다 우수한 모습으로 전국 유일의 '국제 로터리 장학금' 수상자가 되어 미국 캘리포니아주 이공대학Caltech으로 유학을 떠났다.

나라가 필요로 하는 것이 내가 구하는 것

켈텍은 세계적인 명성이 있는 이공대학 가운데 하나로 수많은 노벨상 수상자를 배출하였고, 중국의 많은 유명 학자들이 이 학교에서 유학한 바가 있다. 그곳에서 정저민은 1년만에 석사학위를 취득하였고, 그보다 13살 연장자인, 당시 온세상에 이름을 날리고 있던 치엔쉬에썬 선생과 함께 박사과정을 공부하였다. 치엔쉬에썬은 이로 인해 정저민 인생에서 세 번째로 영향을 미친 사람이 되었다.

중국 과학기술계의 별들을 담다

켈텍에서 정저민은 세계 유명 학자들의 과목과 발표를 들을 수 있었다. 그는 더욱이 치엔쉬에썬을 대표로 하는 근대 응용 역학파에 깊은 영향을 받았다. 중대한 실제 문제를 중시하고, 엄격한 추리를 강조하며 분명하고 창조적인 이론을 설파하며, 나아가 새로운 기술과 산업을 열어나가는 학파였다. 이것 또한 정저민이 훗날 일생 동안 견지했던 연구방향이자 학문 풍격이었다.

정저민이 외국 유학을 한 목적은 국가에 더 잘 보답하기 위해서였고, "귀국하지 않을 것이라고는 전혀 생각하지 않았다." 하지만 신중국 수립 후에 미국 유학생들은 집단적으로 귀국을 저지당했다. 정저민은 졸업 후에 셀텍에 남아 2년간 조교를 하도록 강요받았다. 많은 미국인들이 우호적으로 대해 주기는 했지만 그는 여전히 미소 짓는 얼굴 뒤에 무시하는 모습을 보았고, "마치 당신과 교류하는 것이 당신에게 은덕을 베푸는 것"인 듯했고, 자신이 미국에 있는 것이 마치 뿌리를 내리지 못한 부평초같은 느낌이 들었다.

1955년, 정저민과 치엔쉬에썬 두 사람은 연이어 귀국하였다. 귀국 전야에 치엔쉬에썬은 특별히 그를 찾아서 마음을 터놓고 얘기하면서 그에게 귀국한 뒤에 첨단 연구를 하라고 말해주었다. "줄곧 미국에 있으면서 국내 과학 연구 수준이 얼마나 되는지를 몰랐다. 다만 국가가 필요로 하는 것을 우리가 한다는 생각 뿐이었다." 이후 50여년 동안 정저민의 과학연구 인생은 시종 은사인 치엔쉬에썬과 함께 하였고, 시종 스승의 말 즉, "국가가 필요로 하는 것을 우리는 한다"는 말을 실천하였다.

귀국 이후에 생활 여건은 확실히 미국만 못했다. 하지만 정민저는 '힘들다'는 말을 한 적이 없다. 그가 더욱 치중했던 것은 거리 질서가 더 이상 어지럽지 않고, 물가가 예전처럼 하루가 다르게 뛰지 않으며, 물건을 사도 더 이상 마대 자루에 돈을 담지 않고, 상점의 쇼윈도우에도 국산 전자제품과 다섯 가지 쇠붙이(금, 은, 동, 주석, 철) 제품이 있게 되었다는 점 등이다. 그는 서점

에 일부러 가서 〈헌법〉을 사서 자신의 눈앞에 펼쳐진 새로운 사회를 꼼꼼하게 연구하였다.

정저민은 은사 치엔웨이창을 찾아 중국과학원으로 왔다. 당시 중국과학원에는 역학연구소가 없었다. 역학연구실은 수학연구소에 설치되어 있었고, 치엔웨이창은 역학연구실에 새로운 방향, 즉 탄성 역학팀을 설립하였고, 정저민이 팀장을 맡도록 했다. 이 팀에서는 지진에 대한 댐의 내구성을 주로 연구하였고, 나중에는 대형 수력 모터의 방안 논증을 이끌도록 하였다. 치엔쉬에썬 선생이 귀국한 뒤에는 중국 과학원 역학연구소 창건을 이끌었고, 정저민은 자연스럽게 그 과정에 참여하여 이 연구소의 첫 번째 과학연구 인력이 되었다.

1960년, 중소 관계가 악화되면서, 소련 전문가들이 중국에서 철수하고, 정저민은 우주 분야의 폭발 형태 문제 연구를 위탁받았다. 이 당시 치엔쉬에썬은 새로운 학문이 탄생하고 있음을 예견하고, 그것을 폭발과학이라 이름 붙였다. 아울러 이 학문을 만들 임무를 정저민에게 넘겨 주었다.

중국 과학기술계의 별들을 담다

❶　❷　❸

❶ 1948년 9월, 미국 캘리포니아 이 공대학원 재학 시절의 정저민
❷ 정저민(오른쪽)과 은사 치엔쉬에썬
❸ 정저민(오른쪽)과 중국과학원 역학 연구소의 또 다른 유명 물리학자 궈잉화이郭永懷

정저민과 그가 이끄는 팀도 맡겨진 바를 저버리지 않고 '폭발 형태와 메커니즘'을 연구하였고, 아울러 이론을 기초로 하여 정밀도가 높은 미사일 부품을 연구 제작해 냄으로써 중국의 미사일 발사에 중요한 공헌을 하였다. 동시에 관련 이론과 기술은 그 밖의 국방과 민간 분야에 광범위하게 응용되었다. 4년 후, 많은 실험과 계산 분석의 기초 위에서 정저민은 독립적으로 외국의 동종 업계 종사자들과 동시에 새로운 역학 모델, 즉 유체 탄소성 모델을 제기함으로써, 중국 최초 핵실험의 당량當量 예보에 중요한 공헌을 하였고, 아울러 폭발 역학 학문 건립에 이론적 기초가 되었다.

'문혁' 기간에 정저민은 압박으로 연구를 중단하였다. 그는 격리되어 심사를 받았고, 간부학교로 가서 노동을 하였다. 하지만 몇 년 후에 다시 이 일을 언급하자 그는 담담하게 웃으면서 말했다. "난 그 일들을 다 잊어버렸다."

1971년에 정저민은 간부학교에서 중국과학원 역학연구소로 돌아와서 폭발 역학의 연구에 계속 노력하였다. 10년 노력 끝에 그는 여러 과제들을 해결하였고, 당시 외국 연구자들에 비해 보다 효과적이고 보다 실제에 부합하는 관련 모델과 계산 공식을 얻어냈으며 기존 중국 무기의 낙후된 상황을 바꾸어 놓았다. 이 밖에도 그는 폭발 역학과 고체 역학을 산업 분야에 응용하여 항구 건설 과정에서의 바다진흙 처리 문제와 같은 실제적인 문제를 해결하였다.

1984년 2월, 정저민은 치엔쉬에썬에 이어서 역학연구소 제2대 소장으로 임명되었다. 폭발 역학 실험실 주임을 맡지는 않았지만 그는 여전히 폭발 역학의 발전에 마음을 두고 있었고, 항상 구체적인 작업에 이론적인 지도를 하였다. 그는 역학과 관련 학문의 발전계획에 더욱 많은 힘을 쏟았고, 역학의 파생 학문 또는 분야의 건립과 발전을 추진하고 이끌어 나갔다. 아울러 과학 연구의 독자적인 분야를 개척해 나감으로써 중국 역학의 발전에 커다란 공헌을 하였다.

과학 연구에는 인내심이 필요하다

적지 않은 나이의 정저민은 여전히 매일 중국과학원 역학 연구소에 출근한다. 그는 산보와 음악감상을 즐긴다. 바흐와 베토벤을 가장 좋아하며, 집안일 하는 것을 운동으로 여긴다.

다른 사람이 그를 일찌감치 입신양명한 사람으로 보지만 그는 자신이 '가슴에 큰 뜻을 품고 있지 않다'고 말한다. 무엇이 되겠다고 생각한 적이 없다는 것이다. 그리고 또 자신은 '충분히 부지런하지 않았다'고 말한다. 따라서 더 많은 일을 할 수 없었고, 겁이 좀 많아서 꽉 잡아야 할 기회도 날려 버렸다는 것이다.

어떤 사람이 정저민과 그보다 5살 많은 켈텍의 학장인 펑위안전馬元楨과 비교하면서, 만약 총명함과 재능으로 따진다면 정저민은 펑위안전에 밀리지 않는다고 말했다. 당시 미국에 남기로 결정했던 펑위안전은 지금 '미국 생물 역학의 아버지'로 이름을 날리고 있고, 미국 과학계 최고의 영예인 '미국 국가 과학자상'을 수상하였다.

이에 대해 정저민은 노인이 되어 펑위안전과 미국에서 만나 두 사람의 다른 길을 걸었던 것에 대해 얘기를 나누었는데, 두 사람이 서로를 부러워했다고 말했다. 한 사람은 이름을 날렸고, 다른 한 사람은 나라에게 충성했으니, 서로 비교하기 어렵다는 것이다.

이제 정저민이 가장 관심을 가지고 있는 문제는 후학 양성 문제이다. 그는 중국의 역학 발전이 오랫동안 장족의 발전을 하기는 했지만 국제 선진 수준과의 격차가 아직 크다고 했다. 그는 특별히 학술계가 만약 기풍이 경박하다면 과학 연구 발전을 저해하는 중요한 요소가 될 것이라고 언급하였다.

"과학자는 보는 것처럼 그렇게 아름답지 않다. 과학 연구가 돌파되는 그 순간은 매우 즐겁다. 하지만 더 많은 경우에 무미건조하고, 힘들다. 한 번, 또 한 번의 착오 속에서 돌파를 찾아나가고, 반복, 또 반복되는 시험 속에서 창조성을 총결산한다." 그는 의미심장하게 말했다. "화학 연구를 할 때에는 인내심이 필요하다. 지금 어떤 사람들은 이루어 내는 것에 급급하다. 마음을 가라앉히고 지긋하게 앉아 있지 못하고 내놓는 결과는 기껏해야 중간 정도의 성과에 불과하며, 커다란 영향을 미치는 뛰어난 성과가 되기는 힘들다. 또 어떤 사람은 실제적인 효과에 급급한 경우가 있는데, 기초 이론 연구를 중시하지 않으면 최종적으로 전체 과학기술 발전에 커다란 제약이 되고 만다."

후기

이 책은 32명의 진실한 이야기를 수록한 고사집이다.

"고사는 인생의 설비이다." 미국의 수사학자이자 문예평론가 케네스 버크의 말이다. 그림책, 동화, 신문 기사, 잡담, 소설, 영화 등등의 고사에서 사람들은 세계를 알고, 생명을 이해한다.

그렇다면, 원사 32명의 고사는 우리에게 무엇을 말해주는 것일까?

그들은 금방 눈에 띄는 공통점을 가지고 있다. 대부분이 1920년대에서 1930년대에 태어나 한 세기에 가까운 격동과 변화를 겪었다. 비록 고사는 각기 다르지만 모두 과학기술의 최전선에서 활동했고, 탁월한 성과를 거두었다.

좁게 보면, 그들은 우리와는 좀 멀리 떨어진 듯 보인다. 결국 그들의 성장환경과 현재 중국과는 확연히 달라, 과학연구를 직업으로 하는 사람은 소수이고, 원사가 되는 사람은 거의 없다시피 하다.

하지만 시대와 직업을 막론하고 사람들은 몇가지 문제에 대해 똑같은 호기심을 가지고 있다. 수십년의 세월동안 어떤 사람은 엄청난 성과를 남기고, 또 어떤 사람은 아무 것도 이루지 못했을까?

우리는 32가지의 고사를 가지고 완전히 답변할 수는 없다. 하지만 그것들이 매우 유익한 계시를 해 주는 것은 확실하다.

출발선

현재 많은 부모들은 아이가 출발선에 뒤지지 않게 하기 위해 노심초사하고 있다. 그렇다면 먼저 이 32명 원사들의 출발선을 살펴볼 필요가 있다.

그들 가운데에서 어떤 사람은 명문 세가 출신이다. 핵물리학자 예밍한은 중국 물리학계 '1세대 스승'인 예치쑨^{葉企孫}의 조카이다. '양탄일성^{兩彈一星}'에 공을 세운 23명 가운데 13명이 예치쑨의 제자이다. 또한 부유한 가정 출신이다. 폭발 역학자 정저민은 가정환경이 좋아 1943년 시난 연합대학에 지원했을 당시에 비행기를 타고 갈 정도였다.

하지만 빈한한 가정 출신도 매우 많다. 신경외과 전문가 왕종청은 부모가 노점상으로 생계를 꾸렸다. 그는 장학금으로 배움의 기회를 이어갔고, 결국 베이핑 의학원에 학비 면제 장학생으로 입학하였다. 공정 폭파 전문가 펑슈위는 어려서 집안이 가난하여 몇 년 동안 교과서를 사지 못했고, 수업시간에 오로지 필기에 의존하였다. 수업이 끝나면 책을 빌어서 봤다. 당시 그의 가장 큰 바람은 어머니와 배부르게 밥을 먹는 것이었다.

인생이 마라톤과 같다면 출발선의 중요성은 사실 크지 않다. 반대로 똑같은 가정에서 자라난 서로 다른 아이도 완전히 다른 미래로 걸어갈 가능성이 있는 것이다.

우주 기술 전문가 왕용즈의 고사가 전형적이다. 그는 가난한 가정에서 태어나 어려서부터 '공부가 운명을 바꿀 수 있다'는 것을 깨달았다. 그는 진학을 원했지만 아버지에게 시간만 낭비한다는 타박을 받았다. 하지만 그는 포기하지 않았다. 아버지 몰래 학교에 등록했고, 시작부터 장학생이 되어 아버지의 지지를 받게 되었다. 이런 과정을 거쳐 중국 유인 우주선 공정의 '대스승'이 될 수 있었다.

인생에는 많은 분기점이 있다. 처지가 같더라도 서로 다른 사유방식은 다른 선택을 하게 하고, 다른 길을 가게 한다. 따라서 제어론과 인공지능 전문가 다이루웨이는 "인생에서 가장 중요한 것은 지혜를 가져야 하고, 지혜는 독립 사고의 원천"이라고 말했다.

자질

사람의 자질은 어떤 일에 보다 적합한 '재료'가 되는 것일까?

32가지 고사에서 어떤 이는 어려서부터 '남다른 아이'였다. 예를 들어 수학자 양러는 동급생들이 보기에 '수학천재'였다. 당시 어떤 선배가 그에게 모르는 문제를 물어봤는데, 초등학교 3학년이 대학입시 문제를 풀었던 것이다.

또 어떤 이는 커다란 장래성을 못 보여준 경우도 있었다. 금속학자 스창쉬는 초등학교 1학년때에 교과서를 외우지 못하는 몇 안되는 학생으로 엄마까지도 그를 '바보'라고 부를 정도였다.

원사 32명의 학생시절의 성정과 보여준 모습은 각기 다르다고 할 수 있다. 공통점은 마음을 굳히고 난 이후에 더욱 많이 표현된다는 것이다.

어떤 이는 인생의 방향을 일찌감치 찾았다. 양러는 중학 시절에 '중국인의 이름을 미래의 수학책 위에 씌여지도록 하겠다.'고 생각했고, 훗날 정말 '양 - 장' '부등식'을 탄생시켰다. 그가 가장 좋아하는 것은 수학 문제를 푸는 것이다. '천재'의 뒤에는 중학 시절 풀어낸 만 문제가 있었다. "매일 일이십 문제를 푸는 것은 늘 하는 일이었다."

어떤 이는 부지런해야 부족함을 보충할 수 있음을 일찌감치 깨달았다. 스창스는 스스로 자질이 평범하다는 것을 깨달았다. 하지만 자포자기하지 않고 각고의 노력을 다해 '책벌레'라는 별명을 얻었다. 초등학교 3학년 때부터 대학까지 줄곧 우등을 유지했고, 미국 유학도 전과목 A 성적으로 마쳤다.

또 깨달음이 늦은 사람도 있었다. 위안룽핑은 20여 세의 나이에도 궁벽한 농촌의 가난한 교원이었다. 늘상 겪는 굶주림 속에서 그는 배를 불릴 수 있는 논농사 연구를 하기로 결심하고 이 때부터 열심히 노력하여 여러 가지 좌절을 겪는 가운데에서도 뜻을 굽히지 않고 마침내 뜻을 이루었다.

'천재' 양러는 이렇게 말했다. "성공은 고정된 모델이 없다. 전체적으로 말해 자질보다 부지런한 노력이 훨씬 더 중요하다."

32가지 고사에 등장하는 거의 모든 인물은 주말과 휴일에 쉬려 하지 않았다. 수학자 천징룬은 하루 평균 4시간을 잤다. 그는 다음과 같은 명언을 남겼다. "과학이라는 봉우리에 오르는 것은 등반가가 에베레스트 봉우리를 오르는 것처럼 무수한 어려움과 위험을 극복해야 한다. 겁많은 사람이나 게으른 사람은 승리의 기쁨과 행복을 맛볼 수 없는 것이다."

그들 가운데 어떤 이는 어렸을 때에 장난치기를 좋아했다. 부지런함은 DNA 속의 천부적인 요소가 아니다. 어느 정도 일은 그들의 현실판 '놀이'이다. 그 곳에 푹 빠져서 끊임없이 기뻐하고 즐거움 속에서 피로를 느끼지 않는 것이다. '책벌레' 스창쉬가 말한 "다른 사람이 나를 보면 내가 아무런 재미도 없이 사는 것처럼 볼 수도 있지만 나는 매우 즐거움을 느낀다."고 말한 것 같은 것이다.

기회

그렇다면 자신의 '마음이 향하는 바'를 어떻게 찾아낼 것인가? 32가지의 고사에서는 책 한권, 수업, 한 사람이나 한 가지 일에서 비롯되었다. 때로는 이 일은 조그마한 기회가 필요한 경우도 있었다.

'중국 위성의 아버지' 쑨자동이 만약 원소절에 학교 식당에서 홍샤오러우를 더 먹고 싶은 생각이 없었다면 공군 항공학교 신입생 모집 기회는 스쳐 지나갔을 것이고, 인생은 바뀌었을 것이다.

'중국 품질관리의 아버지' 리우위안장은 어렸을 때 꿈이 엔지니어로서, 엔징대학에 진학하여 공부하고자 했던 것도 기계과였다. 만약 일본에 유학을 하고 전쟁으로 인해 체류가 길어지지 않았다면 일본의 패전 사조의 영향을 받지 않았을 것이고, 경제학으로 방향을 틀지 않았을 것이다.

이로부터 알 수 있는 것은 인생은 우연으로 가득차 있고, 미래는 여러 가능성이 있으며 결국 실현되는 것은 그 가운데 하나라는 것이다.

쑨자동은 행운아였다. 그는 홍샤오로우 한 그릇 때문에 꿈에도 그리던 항공 분야에 진입하였다. 하지만 만약 그가 두각을 나타내지 않았다면 이어지는 여러 선발 과정을 통과하여 소련 유학의 기회를 얻지 못했을 것이다. 훗날 그는 금메달을 가지고 귀국하여 '중국 우주산업의 아버지'인 치엔쉬에썬 선생의 칭찬을 받는 젊은이가 되어 유도탄을 제조하고, 위성을 발사하며 달을 탐사하게 되었다. 그는 운좋게 '좋은 상표'를 손에 넣었고, 더욱 찬란하게 사람들을 탄복시켰다고 말할 수 있다.

리우위안장은 운이 안 좋았다. 그는 열심히 노력하는 과정에서 간첩으로 몰려 일본 감옥에 수감되었다. 가까스로 귀국했는데, 다시 외국 스파이로 몰려 9년간 감옥생활을 했다. 타향을 떠돌았지만 그는 일본의 명문인 교토제국대학에 진학하였고, 후에 지도교수의 추천으로 미국 유학길에 올랐다. 영어의 몸이었지만 그는 각고의 노력으로 연구에 몰두하였고, '전체적 품질관리'라는 새로운 개념을 이루어냈다. 개혁개방 이후에 중국 경제가 발전하면서 물 만난 고기처럼 그는 많은 성과를 냈고, 주가는 올라갔다. 9년에 걸친 옥중에서의 노력은 묻히지 않았고, 그는 일생에서 가장 긴 성찰의 시간이었다고 했다.

이 책에서 유사한 이야기는 셀 수 없이 많다. 시대의 도도한 흐름을 뚫고 지나가는 과정에서 망망대해에 떠 있는 일엽편주처럼 어떤 기후와 풍랑을 만나느냐 하는 것은 예측하기가 힘들다. 하지만 운이 좋든 나쁘든 가장 중요한 것은 '선원'이 어떤 선택을 하느냐 하는 것이다. 미국의 정치학자 브라이언은 "천명은 기회가 아니라 선택이다. 운명은 기다리는 것이 아니라 노력하는 데 달려 있다."고 말했다.

창조성

한 사람이 기회를 잡고 방향을 찾아 충분히 부지런하면 반드시 비범한 성취를 이룰 수 있을까? 그 답은 '반드시 그런 것은 아니다'이다. 만약 끊임없는 창조와 돌파가 없다면 아무리 부지런해도 원 위치에서 맴돌 뿐이다. 당시 원사들이 창조성을 발휘할 조건을 턱없이 부족했다. 경제적으로는 말할 것도 없었고, 정치적인 격동기가 이어졌다. 어떤 사람은 과학연구를 할 때 풀떼기만 먹을 정도였다. 거처하는 장소는 형편 없이 누추했고, 인적 없는 산골마을에서 지내는 경우도 있었다. 하지만 세계 선진 수준과 어깨를 나란히 하는 성과를 냈다.

기체 동력학자 위홍루는 8만위안을 들여 스승 궈용화이가 수백만 위안이 들어갈 것이라고 생각한 충격파 터널을 만들어냈다. 그는 감개무량해 하며 말했다. "과학연구에서 가장 중요한 것은 사람이고 창조성이지, 돈이 아니다. 창조성이 있으면 아무리 가난해도 자신의 방법으로 세계 유일의 사업을 해낼 수 있다. 창조성이 없으면 돈이 많고 외국 여러 나라의 선진 기술을 아무리 많이 모방한다 해도 짝퉁에 불과하고 진정으로 가치 있는 과학적 성과를 만들어내기는 어렵다."

창조성은 본서에서 다뤄진 원사들이 가장 많이 언급한 키워드이다.

건축학자 우량용은 항전 시절 윈난 피난 과정에서 겪었던 이야기를 언급했다. 그는 대규모 부대가 지나간 산길은 종종 진흙탕으로 변해 버려 걷기가 힘들고, 많은 사람들의 뒤를 쫓아가거나 다른 길을 가는 것이 걷기에 좋다는 것을 알게 되었다. 이로부터 그는 모든 일을 하는 데 있어서 먼저 한걸음을 내딛어 자신의 길을 탐색해야 함을 주장하게 되었다.

창조성은 앞장서는 것을 의미한다. 물리학자 셰자린은 베이징 충돌형 가속기 수석 엔지니어를 맡으면서 플랫폼에 서 있다가 빠른 속도로 달리는 열차 위에 올라타는 것으로 비유되었다. 만약 올라타면 날 듯이 전진하는 것이고, 떨어지면 온몸이 산산조각 나는 상황이었다.

창조성은 또 고도의 정밀함에 영원히 멈추지 않음을 의미한다. 수력발전소 시공 전문가 탄징이의 공사 품질에 관한 요구는 '완전무결함의 추구'였다.

창조성은 또 개방적인 사고와 함께 착실함을 의미한다. 레이더 공정 전문가 왕샤오모는 5,000만 위안의 국제 주문서를 이용하여 계약을 체결할 때 샘플은 언급하지 않았고, 설계방안도 없었다. 하지만 그는 무턱대고 용감하지는 않았다. 계획이 이미 마음 속에 있었고, 일을 이뤄나가는 데 있어서 아무런 문제도 없었다.

창조성을 발휘하기 위해서는 앞서간 사람들이 못해낸 일이기 때문에 실패는 피할 길이 없다. 본서의 주인공들도 예외는 아니었다. '촉매제의 아버지' 민언저는 이렇게 말한다. "과학연구는 '서유기' 같다. 서역에 불경을 가지러 가는데 81가지 어려움을 겪는다 해도 결심이 흔들리지 않아야 불경을 얻을 수 있는 것이다."

진실한 마음

존경스러운 선생들이 나에게 준 인상은 무엇이었을까? 한참을 생각하다가 생각난 것이 바로 '진실한 마음'이었다.

그들은 이렇게도 나라를 사랑하고 조국의 강성을 위해 밤낮으로 노력을 기울였다. 소련에 유학을 갔던 이들은 모두 메달을 가지고 돌아왔고, 미국 유학을 했던 이들도 여러 가지 어려움을 뚫고 돌아왔다. 국가와 집이 망해가는 고통을 직접 겪으면서 그들은 "중국은 반드시 강성해질 것이고, 국가가 강대해져야 행복한 국민이 행복할 수 있다."고 굳게 믿게 되었다.

그들은 이렇게 순수한 마음으로 학문에 매진했다. "과학연구를 사랑하는 것은 애인을 사랑하는 것과 같다."고 생각하였고, "어려움을 극복하는 과정이 바로 즐거운 일이며 심지어 일을 겪고 나서 영예로운 즐거움을 얻을 수 있다."고까지 생각하였다. 그들은 고생스럽게 생활하면서 일생동안 근검절약하였고, 물질적인 풍요를 염두에 두지 않았다.

나라를 사랑했기 때문에 뜻을 멀리 둘 수 있었고, 개인의 안락을 위해 물질적 부를 축적하지 않았다. 강성대국을 위해 모든 어려움을 극복하였다. 이렇게 마음을 먹으니 성과도 컸고, 자아실현의 행복감도 만끽할 수 있었다. 진이리엔 원사는 과학연구가 성공했을 당시를 이렇게 회고했다. "그런 희열은 말로 표현할 수 없다. 일반 사람들은 체험하기 힘든 것이다."

순수하기 때문에 그들은 탐욕이나 두려움이 없었다. 욕심이 없으니 강직할 수 있었고, 어떤 고통도 견뎌낼 수 있었다. 가치있는 일을 해나가는 과정에서 명철보신에만 급급하지 않을 수 있었다. 세자린 원사의 말이다. "우리 세대 사람들의 가장 큰 바람은 국가와 국민에 대해 쓸모 있는 사람이 되는 것이었다. 자신이 어떤 성과를 거둬야겠다든지 어떤 인물이 되어야겠다든지, 어떤 댓가를 받아야겠다든지 하는 것은 고려한 적이 없다."

개인의 득실을 계산하지 않았기 때문에 어떤 처지에 있더라도 그들은 시종 전력투구하였고, 스스로 즐거움을 찾았으며 사람이나 하늘을 원망하지 않았다. 동력기계 공정 전문가 니웨이더우는 소련에 두 차례 유학을 했다. 하지만 오랜 기간 배운 것을 써먹지 못했다. 하방되어 '노동개조'를 당할 때에 그는 역학 원리를 이용해서 작업환경을 개선하였다.

마음에 달려 있는 까닭에 그들에게 나이는 중요하지 않다. 대기만성형도 있고, 어떤 이는 60세가 되어서 학문적 피크를 이루는 이도 있으며, 어떤 이는 80세가 되어서 성과를 내는 경우도 있다. 또 90세의 나이에 수술대에 서는 사람도 있다. 소아외과의 '마술사' 장진저는 100세에 가까운 나이에도 여전히 일을 하고 있다. 그는 이렇게 말한다. "오늘 잘할 수 있는 일은 내일도 마찬가지로 잘 할 수 있다. 언제나 이렇게 생각하고 해나가면 늙는다는 것은 상관없는 일이다."

마지막 한 마디

여기까지 읽어줘서 감사하다.

이 이야기들 대부분의 내용은 내가 당사자들로부터 직접 들은 것들이다. 부끄러운 것은 개인의 이력, 시야, 능력 등의 한계로 인해 원고를 완성하는 과정에서 부족함과 유감스러운 점이 있다는 점이다. 하지만 어떻든지간에 나는 최선을 다 했다.

아마 발견하셨겠지만 이 이야기들 속에는 장점을 많이 말했고, 단점은 매우 적게 말했다. 이 원사들은 사람됨이나 일을 해내는 데 있어서 모범인 것은 맞다. 그리고 그 장점을 배우는 것이 우리들의 당초 바람이었다. 만약 억지로 파헤친다고 해도 그들은 일생동안 명리에 초연했고, 때로는 시장이나 재물에 대한 이해가 편파적일 수는 있다. 그들은 늘 일에 바빠서 식구들과 함께 할 시간이 적었다. 이 일은 예로부터 완벽할 수 없는 노릇이다.

어떻든지 간에 만약 이 이야기들 속에서 어떤 편이나 어떤 단락, 또는 어떤 구절에서 마음에 생각하는 바가 있게 하고, 또는 조금이라도 현실적인 도움이 되었다면 나로서는 기쁜 일이 아닐 수 없다.

　　21세기 현대 사회는 효율성과 경쟁이라는 구호를 앞세워 다른 사람과 경쟁해서 이기라고 가르친다. 그 경쟁에서 이겨 더 많은 물질을 소유하라고 가르친다. 갈수록 치열해지는 경쟁으로 인해 현대인은 승자나 패자 모두 스트레스성 질환을 앓기도 한다. 심지어는 인간관계 마저도 경쟁으로 인식하고, 남의 행복을 나의 패배로, 남의 불행을 나의 승리나 행복으로 보기까지 한다. 그러나 정작 조만간 밀어닥칠 인공지능의 세계에서 필요한 것은 치열한 경쟁에서의 승리가 아니다. 한 분야에서 탁월하다는 것은 남과의 경쟁이 필요하지 않다. 다만 자신과의 경쟁만이 있을 뿐이다.

　　생각이 여기에 이르면 자연스럽게 떠오르는 말이 있다. "어떤 사실을 아는 사람은 그것을 좋아하는 사람만 못하고, 어떤 것을 좋아하는 것은 그것을 즐기는 사람만 못하다." 만고의 스승 공자님다운 말씀이다. 놀이가 되었건, 아니면 일이 되었건, 그것도 아니라면 공부가 되었건, 그것을 잘 알지 못하고, 좋아하지도 않고 따라서 즐기지도 못한다면 그 얼마나 괴로운 일이겠는가. 그 반대로 놀이나 일이나 공부를 잘 알고, 좋아하고, 즐기기까지 할 수 있다면 그 인생은 이미 절반 이상 아니 거의 100퍼센트 성공한 한 셈이라 할 수 있다.

　　이 책에서 다루고 있는 중국 과학원과 공정원의 원사 32명이 바로 그런 사람들이다. 개인의 행복과 함께 중국 과학기술계 나아가 인류의 행복 증진에 긍정적 영향을 끼친 그들의 100년에 가까운 삶은 결과적으로 성공적이었다. 그들 가운데에는 남다른 천재성을 가진 사람도 있었고, 유복한 가정환경의 도움을 받은 이도 있었다. 또 우연히 좋은 기회를 잡은 이도 있었고, 공부를 통해 가난을 극복하고자 한 이도 있었다. 처한 환경과 입장이 모두 다르지만 위대한 업적을 남긴 그들에게는 한 가지 공통점이 있었다. 그것은 바로 '열정'과 그것이 뒷받침된 '지독한 노력'이었다. 이 책에서 저자에 의해 유난히 강조된 '애국심'이나 '사명감'만 이들을 지탱했던 것은 아니다. 그것들이 중요한 요소이기는 했지만 난관에 봉착했을 때 그것을 뚫고 나갈 수 있는 힘은 그 난관 극복의 과정을 즐기며 나아가는 데에서 나왔다.

이 책에서 다룬 32명 원사 가운데 어느 누구도 단 한 번의 좌절 없이 성공한 사람은 없다. 인생을 살면서 단 한 차례의 고난도 겪어보지 않은 사람이 없는 것과 마찬가지이다. 문제는 그 어려움을 어떤 자세로 맞이할 것이냐에 달려 있다. 바로 그 해답을 32명의 원사들은 우리에게 분명하게 말해주고 있다.

신진호

문 화 와
역 사 를
담　　다
ㅇ　ɪ　3

중국 과학기술계의
별들을 담다

초판 1쇄 발행 2020년 11월 30일

지은이 리슈야李舒亞
옮긴이 탕쿤 · 신진호
펴낸이 홍종화

편집·디자인 오경희 · 조정화 · 오성현 · 신나래
　　　　　　박선주 · 이효진 · 최지혜 · 석수연
관리 박정대 · 임재필

펴낸곳 민속원
창업 홍기원
출판등록 제1990-000045호
주소 서울시 마포구 토정로 25길 41(대흥동 337-25)
전화 02) 804-3320, 805-3320, 806-3320(代)
팩스 02) 802-3346
이메일 minsok1@chollian.net, minsokwon@naver.com
홈페이지 www.minsokwon.com

ISBN 978-89-285-1341-3 04380
SET 978-89-285-1054-2

ⓒ 탕쿤 · 신진호, 2020
ⓒ 민속원, 2020, Printed in Seoul, Korea

저작권법에 의해 한국 내에서 보호를 받는 저작물이므로 무단전재와 복제를 금합니다.
이 책 내용의 전부 또는 일부를 이용하려면 반드시 저작권자와 민속원의 서면동의를 받아야 합니다.
이 도서의 국립중앙도서관 출판시도서목록(CIP)은 서지정보유통지원시스템 홈페이지(http://seoji.nl.go.kr)와
국가자료공동목록시스템(http://www.nl.go.kr/kolisnet)에서 이용하실 수 있습니다.(CIP제어번호: CIP2020048007)

※ 책 값은 뒤표지에 있습니다.
※ 잘못된 책은 바꾸어 드립니다.